ドナルド・キーン著作集

The Collected Works
of
Donald Keene

Volume 13

第十三巻

新潮社

ドナルド・キーン著作集　第十三巻　目次

明治天皇〔中〕

角地幸男訳

明治21年（1888）描画・撮影の「御真影」（宮内庁蔵）本文234頁参照

ドナルド・キーン著作集◇第十三巻　明治天皇〔中〕

明治天皇〔中〕

第二十六章　江華島事件と東奥巡幸

明治八年（一八七五）、数えで二十四歳となった明治天皇の治世八年目は、最も穏やかな年の一つだった。『明治天皇紀《めいじてんのうき》』は、元日の新年の儀式は「総《すべ》て去歳《きよさい》（去年）に同じ」だったと記している。二日、天皇は青《あお》山御所《やまごしょ》に皇太后を表敬訪問した。四日、天皇は正院《せいいん》に臨幸《りんこう》し政始《まつりごとはじめ》、すなわち政務の御用始めを行なった。この日、正院ではまず伊勢神宮《いせじんぐう》、賀茂社《かもしゃ》、氷川神社《ひかわじんじゃ》の奏上《そうじょう》が行われ、続いて各省庁からの報告があった。『日本地誌提要《にほんちしていよう》』七十七巻、『太政類典《だじょうるいてん》』二百九十九巻の編纂《へんさん》終了に伴う各編纂者の上進（昇進）が奏上され、「人民保護のため」全国に配置された警邏《けいら》（警察官）の数、開始予定の郵便為替《かわせ》業務などについて報告があった。前年には多くの中学校、小学校が開校され、今や小学生の数は百二十九万七千六百十二人となり、これは全国の人口の約二十四分の一に相当した。大蔵卿《おおくらきょう》の大隈重信《おおくましげのぶ》は、六月までの当年上半期の歳入出予算会計表を太政《だじょう》大臣に提出し、それによれば、歳入が歳出を四千万円あまり上回ることになった。つまり、日本は万事順調に運んでいるように見えた。

天皇はそれまでの学問の継続の一環として、毎月定められた日に福羽美静《ふくばびせい》、元田永孚《もとだながざね》、新たに出仕《しゅっし》を命じられた西村茂樹《にしむらしげき》（一八二八―一九〇二）らの進講を受けることになった。[1] これまでの『日本外史《にほんがいし》』、『貞観政要《じょうがんせいよう》』などのほかに、『輿地誌略《よちしりゃく》』など新しい学科も加わった。また元田、長炗《ちょうひかる》（三洲《さんしゅう》）から書道の指導も受けた。

学問以外の天皇の日常と言えば、儀式の挙行（歴代天皇の例祭など）、外国公使らの引見、功績ある侍臣《じしん》の顕彰、陸海軍の操練の観閲、そして和歌を詠《よ》むことだった。明治八年の御歌会始《おうたかいはじめ》の歌題は「都鄙《とひ》（都《みやこ》と田舎《いなか》）迎年」だった。天皇の御製《ぎょせい》に難解な表現は一つもない。

　みやこにもとほきさとにもあたらしきおなじとしをばうちむかへつゝ

一月二十一日、権典侍柳原愛子《ごんのてんじやなぎわらなるこ》を母とする、天皇の二番目の皇女《おうじょ》が誕生した。[2] 出産は、青山御所内に増築された新殿で行われた。皇子《おうじ》と皇女を死産で失い落胆していた後だけに、健康そうな皇女の誕生に皆は胸をなでおろした。この日から三日間、皇居に参賀の列が続いた。二十七日、天皇は誕生した皇女に薫子《しげこ》の名を賜《たまわ》った。[3] 住居が梅御殿であるため、薫子は梅宮《うめのみや》とも呼ばれた。皇女の誕生、命名が賢所《かしこどころ》（内侍所《ないしどころ》）、代々の天皇の霊、神殿に報告され、御座所《ござしょ》で宴《うたげ》が開かれた。皇女の長命と皇孫のますますの繁栄を祈って三条実美《さんじょうさねとみ》が祝辞を奏上し、天皇は参列者に勅答を賜った。「汝等朕《なんぢらちん》ガ嘉慶《かけい》ノ意ヲ体シ其《そ》レ能《よ》ク歓ヲ尽セヨ」[4] と。

この年二月、天然痘《てんねんとう》が流行した。天皇、皇后は率先して種痘《しゅとう》を受け、それが民衆に勇気を与えたようだった。一般庶民は恐らく異国の注射をすることに二の足を踏んでいたのではないだろうか。幼い皇女薫子でさえ種痘を受けた。[5] 二十日、薫子は生母愛子、祖父柳原光愛《みつなる》、伯父柳原前光《さきみつ》らに伴われ、初めて参内《さんだい》した。以後、薫子は足繁《あししげ》く参内するようになった。父天皇にしてみれば毎日でも皇女に会いたかったに違いないが、誕生間もない皇女を皇居に住まわせれば、前例を破ることになった。明治天皇自身、同じ慣例に従って中山《なかやま》家の祖父母のもとで幼少期を過ごさざるを得なかったのだ。薫子が五歳まで祖父母のもとで暮らすことは当然のなりゆきであった。

皇女の母柳原愛子は、明治天皇の側室の中で最も傑出した存在であったらしい。大正元年（一九一二）、明治天皇の宮廷の『女官物語《じょかんものがたり》』を書いた斎藤渓舟《さいとうけいしゅう》は、早蕨《さわらび》の局《つぼね》（柳原愛子の源氏名《げんじな》）(6)を「宮中第一の賢婦人《けんぷじん》」と呼び、「後宮《こうきゅう》に於《お》ける女官達の模範」だったと記している。愛子は、容貌《ようぼう》秀麗だったばかりでなく知性にも富んでおり、また、自らの振舞いにおいて極めて厳格であると同時に、柔和な徳をも備えた女性だった。「大《おほ》奥《おく》の人々は、上下《しやうか》押しなべて悉《ことごと》く柳原典侍に心服してゐる、如何《いか》なる人と雖《いへど》も典侍の言行に批難を挟む事は出来ない」と斎藤は書いている。

他の権典侍と同じく、愛子は皇居の中でもとりわけ陰に隠れた存在だった。一般に女官たちは外出するなど運動を奨励され、皇后の行啓《ぎょうけい》の際などには遠出の供をすることもあったが、権典侍だけは、皇居内にある自分の局を出ることさえ稀《まれ》で、日光を浴びることもないため顔色も青白かった。(7)その官位は、天皇の取り巻きの多くの女官たち（何人かはのちに典侍となり、最高位に就いた）の中でも高かったものの、権典侍のまわりには、どことなく秘事めいた雰囲気が漂っていた。宮廷で権典侍より低い官位にあった山川三千子《やまかわみちこ》は、次のように書いている。「権典侍は世俗の言葉で言えばお妾《めかけ》さんで、天皇の御身の廻《まわ》りのお世話がその主な仕事、お上《かみ》がお奥においでになるときは一人づつ交替でお側《そば》に詰めている」(8)。

権典侍は、例えば天皇が衣服を着る時や風呂《ふろ》に入る時、側に仕えて身の回りの世話をした。しかし彼女たちの最も重要な役目は、山川三千子がそれとなく触れているように天皇の夜伽《よとぎ》を務めることだった。この特殊な職務は公式に認められたものであり、女官たちの中で「化粧料」を受けていたのは権典侍だけだった。(9)権典侍は交替で天皇の寝室に仕えたが、その日の担当を決めるのは天皇自身でなく女官長だった。(10)明治天皇は、夜伽の相手に特に好みはなかったようである。もし天皇が嫌う側室がいれば、その女性は夜の務めを解かれるが、そんなことは滅多《めった》になかった。また、（明治十九年から三十年の間に生まれた）最後の八人の皇子皇女は、いずれも権典侍園祥子《そのさちこ》との間に生まれた子供だったことから、天皇は園を寵愛《ちょうあい》していたのではと思わせるが、単に園が例外的に多産であっただけかもしれない。天皇のお気に入りだったという小倉文子《おぐらふみこ》を含む幾人かの権典侍は、ついに天皇の子供を身籠《みごも》ることがなかった。(11)

薫子内親王《ないしんのう》の生母として、柳原愛子は格別の待遇を受けていた。しかし三番目の子供（のちの大正天皇）の出産がかなり難産で、産所に入ってからも「ひどいヒステリーで手のつけようが」なかったため、その後は夜伽の務めから外された。(12) しかし愛子は二位の典侍に昇進し、死後は従一位《じゅいちい》を贈られた。すべては皇位継承権を持つ皇子を産んだ結果である。

薫子内親王は生後数ヵ月で脳疾に罹《かか》り、一年半足らずで侍医らの必死の努力の甲斐《かい》なく死去した。(13) 薫子の誕生から次の皇子の誕生までには二年九ヵ月を経ている。権典侍の一人が着帯《ちゃくたい》（妊娠五ヵ月目の吉日に腹帯《はらおび》を締めること。その祝い）したという報《しら》せを、明治天皇がどれだけ待《ま》ち侘《わ》びたかは想像するに難くない。

その一方で、天皇の日常はいつもと変わりなく過ぎていった。内外の訪問者の謁見《えっけん》を受け、乗馬に励み、その時々の国事に関する詔勅《しょうちょく》を出した。また天皇は大臣以下の提出する建白書《けんぱくしょ》を読み、意見を述べなければならなかった。二月、例えば岩倉具視《いわくらともみ》は国勢を筆録した長い建白書を上奏《じょうそう》した。いわく、「外国ノ富盛強大ナルハ我ガ皇国ノ比ニ非《あ》ラズ」と。言うまでもなく、これは派遣使節として欧米諸国を視察した岩倉の体験から出た見解である。日本の軍事、産業が列強に遅れをとっていることへの認識は、岩倉をして西郷隆盛《さいごうたかもり》の朝鮮派遣に反対せしめたが、このたびの上奏では、岩倉は特に清《しん》国に対するロシアの脅威について、中国古典のよく知られた一節を引いて警告した。「唇亡《ほろび》テ歯寒キノ憂《うれひ》アリ」(14) と。岩倉はロシアの侵略に対する防壁として、清国と交情を深め、友誼《ゆうぎ》を厚くする必要を訴え、日本と清国は「車ノ両輪ノ如ク鳥ノ双翼ノ如《ごと》ク」あるべきだとした。岩倉のこの進言は、当時として異例のものであった。当時の日本の官僚は、朝鮮半島の支配を争う競争相手として清国を一種の敵と見做《みな》していたばかりか、清国を独善的かつ無能な国と見做し、その台湾《たいわん》領有の主張など無視して当然であると考えていたからだ。

さらに岩倉は、天皇の判断力にいかに深い感銘を覚えたかを語っている。「凡《およ》ソ天下ノ事皆是《こ》ノ如ク深慮以《もつ》テ宸断《しんだん》ヲ下シ給《たま》ハバ何事カ成ラザルヲ憂《うれへ》ンヤ」、天皇がその知恵の恩恵を仁慈深く施されるならば、できないことがあるだろうか。天皇は万機《ばんき》を親裁し、百官は天皇の仁慈を奉体する。「全国一和是ノ如クナルトキハ始《はじめ》テ海外万国ト対峙《たいぢ》並肩《へいけん》シ万世不易《ばんせいふえき》ノ帝業成立シ宇内《うだい》ニ雄飛スルコト亦《また》期スベキナリ」、すなわち日本国内が一致団結することによって初めて諸外国と対峙《たいじ》して肩を並べることができ、朝廷の威光は万世にわたって揺るぎなく、世界に雄飛することになるだろう、と。これは、ただの追従《ついしょう》の言葉ではなかった。岩倉は恐らく欧米派遣使節としての体験から、天皇が（少なくとも原則として）国の全権を握る存在であるべきだと考えるに到《いた》ったようである。これに対して木戸孝允《きどたかよし》、大久保利通《おおくぼとしみち》、伊藤博文《いとうひろぶみ》のような者たちは、民主国家へ向けて漸進《ぜんしん》的に歩むべきだと考えていた。しかし岩倉が頭に描いていた独裁制はヨーロッパ式のものでなく、古代日本の理念に則《のっと》ったものだった。岩倉にとって、神々の末裔《まつえい》である天皇は政治的抗争に煩わされることなく心静かに君臨し、大臣たちに知恵を授ける存在だった。(15)

岩倉が絶対的天皇の存在を必要と考えるに到ったのは、あるいは何人かの重臣が政府に対して当時示していた敵意を見て取ったからかもしれない。島津久光《しまづひさみつ》は左大臣《さだいじん》であったにもかかわらず病気を理由に長いこと宮廷に出仕せず、あらゆる革新に一貫して反対を唱えていた。久光が特に激怒したのは、役人の大半が今や当たり前のように洋服を着用していることだった。陸軍大将の西郷隆盛は鹿児島に引《ひ》き籠《こも》り、政府に無言の圧力をかけたまま東京に戻る様子を見せなかった。(16)

四月十四日、天皇は正院に臨幸し、大臣、参議《さんぎ》および諸省長官を召して、元老院《げんろういん》、大審院《だいしんいん》を設置するよう詔書《しょうしょ》を下し、同時に地方官会議をも開設すべしとした。これらの措置は、立憲政体樹立に向けての準備を意図したものだった。詔書は、次のように言う。

「朕即位ノ初首《はじめしゅ》トシテ群臣ヲ会シ五事ヲ以テ神明《しんめい》ニ誓ヒ国是《こくぜ》ヲ定メ万民保全ノ道ヲ求ム幸《さいはひ》ニ祖《そ》宗《そう》ノ霊ト群臣ノ力トニ頼リ以テ今日ノ小康ヲ得タリ顧《かへりみる》ニ中興日浅ク内治《ないち》ノ事当《まさ》ニ振作更張《しんさくかうちやう》スベキ者少シトセズ朕今誓文《せいもん》ノ意ヲ拡充シ茲《ここ》ニ元老院ヲ設ケ以テ立法ノ源《みなもと》ヲ広メ大審院ヲ置キ以テ審判ノ権ヲ鞏《かた》クシ又《また》地方官ヲ召集シ以テ民情ヲ通ジ公益ヲ図リ漸次《ぜんじ》ニ国家立憲ノ政体ヲ立テ汝衆庶《なんぢしゆうしよ》ト倶《とも》ニ其《その》慶ニ頼《たのま》ント欲ス」(17)（治世の始めにあた

り、朕は諸臣と共に五《ご》箇条《かじょう》の御《ご》誓文《せいもん》を神々に誓った。これによって国是を定め、万民保全の道を求めたが、幸いにも祖宗の霊と諸臣の努力のお蔭《かげ》で、今日の小康を得た。しかしながら、日本は再興したばかりであり、内政においても奨励し、立て直すべきことは多い。朕はここに御誓文の意を拡充すべく、元老院を設けて立法の源を広め、大審院を置いて司法の権を強固にし、また地方官を召集して民情に通じて公益を図り、段階を経て立憲政体を樹立し、民衆と共に、その賜物《たまもの》を頼みとしたい）

　四月、岩倉はもう一つの長い建白書を上書《じょうしょ》した。その中で岩倉は、「宇内万国ノ中ニ棲息《せいそく》スルモノハ其風俗ヲ異《こと》ニシ其言語ヲ殊《こと》ニスト雖《いへども》均《ひと》シク是《これ》人也《なり》」（世界各国に住む人々は風俗、言語は違っても皆等しく人間である）と述べている。現代の読者にとっては自明の理のように思われるかもしれないが、これは続けて展開する論旨の前置きであった。岩倉は、これまで日本と諸外国との関係から生じた数々の変化を分析して言う。「徳川家康《とくがはいへやす》ノ覇業ヲ定ムルヤ鎖国《さこく》ヲ主トシテ外交ヲ禁絶シ」、わずかに長崎で清国人、オランダ人のみに交易を許したが、それはもはや不可能である。日本は今や、西洋が達成したものを無視することはできない。欧米列国においては「富民強兵ノ術百工芸能ノ技」が大いに開け、陸に汽車を走らせ、海に蒸気船を浮かべ、電信は万里《ばんり》を瞬時にして駆けめぐる。「昔日《せきじつ》ノ万里ハ今日ノ階前《かいぜん》ニシテ東西比隣ノ如シ」、万里の距離も今や庭先同然で、東洋と西洋は隣人のようなものだ、と。岩倉は十年前の熱狂的な攘夷《じょうい》主義者たちと異なり、日本人は他国の人々の優秀性を認識し、彼らと共に生きることを学ばなければならないと考えた。

　ロシアの領土的野心に対する岩倉の危惧《きぐ》にもかかわらず、折しも日露間で条約が調印され、樺太《からふと》領有をめぐる長年の紛争に終止符が打たれたかのように思われた。条約は、大日本国皇帝は樺太全島の権利を譲り渡し、その代償としてロシア国皇帝から千島《ちしま》列島十八島を譲り受けると規定した。(18) その後間もなく、ペルー船「マリア・ルース」号事件について、ロシア皇帝が日本に有利な裁断を下し、ロシアが日本の最大の敵であると確信する日本人の気持さえ和らげた。(19) これによって日露間の関係は改善されるとの見方が広がり、明治天皇もロシア皇帝に感謝の意を表明した。

千島列島の獲得によって、北方は注目を集めることになった。明治八年七月、三条、木戸、大久保が北海道巡幸《じゅんこう》を奏請するため参内し、天皇が親しく北海道の地勢、民情を視察して、僻地《へきち》の民衆に天皇の存在を知らしめるようにと、意見を上陳した。三条は言う。「断然鳳駕《ほうが》（天子の乗物）を北海道に進めたまはば、全国の民、皆眼《め》を転じて陛下挙措の大なるに注ぎ、瑣々《ささ》の紛議は自ら消歇《せうけつ》せん」。陛下が北海道巡幸を決行されるならば、全国民は陛下の行動の偉大さに眼を注ぎ、つまらない議論など消し飛んでしまうだろう、と。これを機会に国威を拡張し、無知な人民を開明へと導き、あまねく徳化を施さなければならない、と三条は考えていた。

政府はこの時期、北海道と正反対に位置する沖縄にも多大な関心を寄せ始め、琉球藩《りゅうきゅうはん》に日本の慣習を強要しようと圧力をかけていた。七月、首里城《しゅりじょう》へ派遣された使節は、琉球藩王尚泰《しょうたい》に清国との主従関係を打ち切るよう命じる命令書を携えていた。それは、琉球は清国への朝貢《ちょうこう》使節や、清国皇帝即位の際の慶賀使節の派遣を今後は取《と》り止《や》め、藩王交代の際は清国政府から冊封《さくほう》（清国皇帝が官爵《かんしゃく》を授けること）を受けてはならず、年号は「明治」を使用せよ、というものだった。しかし、琉球の人々は清国との歴史的絆《きずな》を断とうとはしなかった。

日本の攘夷感情の遺風は、外国製品の輸入に対する抗議という形で現われた。「西洋品」が貿易の不均衡と貨幣の海外濫出《らんしゅつ》をもたらしていたからだ。左大臣島津久光は外国排斥《はいせき》運動を唱える一派の代表で、天皇の祖父中山忠能《なかやまただやす》もこれに加担していた。天皇は彼らの不平不満に耳を傾け、熟慮すると約束したが、貿易赤字のことにせよ、宮中における洋服着用のことにせよ、また太陽暦のことにせよ、久光の度重なる抗議に耳を貸す廷臣の数は減るばかりであった。(20) 外国製品の輸入を禁止しようものなら、西洋列強との間に軋轢《あつれき》を生じることは火を見るより明らかだったからだ。

やはり日本の貿易赤字に危惧を抱いていた大久保利通は、貿易赤字削減に向けて積極的に動き始めた。二年前から、大久保は牧羊《ぼくよう》業導入のためアメリカ人を雇い、毛布製造所を建てて、羊毛の輸入を減らすと同時に不毛の土地の開発に役立てようとしていた。牧羊講習生が全国から徴集され、九月、大久保は自ら下総国《しもうさのくに》印旛《いんば》郡の原野を検分し、そこに牧羊場を開くことに決めた。残念ながら、この計画は貿易不均衡を正すまでには到らなかった。

九月、明治八年における最も劇的な事件が朝鮮江華島《こうかとう》で起きた。日本側資料によれば[21]、対馬《つしま》海峡測量の任務を終えた日本の軍艦「雲揚《うんよう》」が、清国へ向けて朝鮮半島の西海岸を航行中、たまたま淡水（飲料水）が欠乏したという。「雲揚」は九月二十日、江華島沖に投錨《とうびょう》し、艦長自ら短艇に乗り込んで、淡水を求めて上陸地点を探った。短艇が江華島の砲台前を通過しようとした時、突然、小銃が乱射され、さらに江華島の砲台が火を吹いた。危急を知った「雲揚」は、発砲応戦した。艦長は上陸して詰問しようとしたが、浅瀬で着岸できず、率いる兵員の数も少なかったため、これ以上の戦闘は不利と判断し、本艦に戻ってひとまず戦闘を中止させた。翌未明、日本側は攻撃を開始し、短時間の激戦の末、砲台を破壊し、さらに南の永宗島《えいそうとう》を占領した。日本側の死者は一人だったのに対し、朝鮮側は三十五人が戦死し、十六人が捕虜となった。軍艦「雲揚」は九月二十八日に長崎に帰港した[22]。

事件は、数十人ずつが衝突した小競《こぜ》り合《あ》いに過ぎなかったが、日本政府はこれを、朝鮮から譲歩を引き出すための材料に使おうとして、故意に重大事件に発展させた。江華島での交戦の報せが政府に届いた日の翌日、二十九日は、たまたま正院臨御《りんぎょ》の定日だったので、天皇の御前《ごぜん》で閣議が開かれた。閣議は朝鮮に在住する日本人居留民保護のため、軍艦一隻を釜山《プサン》に派遣することを決定した[23]。事件の進展を深く憂慮した天皇は、右大臣《うだいじん》岩倉具視を召して勅諭《ちょくゆ》を下した。「朝鮮国に事あり、其の詳細は未《いま》だ知るべからずと雖も、思ふに是れ国家の重事、朕甚《はなは》だ憂念す、汝《なんぢ》四月以来病を以て家居《かきょ》すと雖も、勉《つと》めて其の職に就き、以て輔翼《ほよく》する所あるべし」。四月以来、病気を理由に家に引き籠っていた岩倉に、天皇は江華島事件の解決に協力するよう命じたのである。岩倉は、自分はまだ病気から回復したとは言えないが、国家の大事に対処すべく最善を尽くすと約束した。

木戸孝允は二年前、朝鮮への使節派遣を求める西郷に異を唱えたが、それは日本に対する侮蔑《ぶべつ》に一矢《いっし》報いるよりも、まずは国力を充実させる方が重要だと考えたからだった。しかし今や、木戸は考えを変えていた。木戸は言う。自分が征韓論に反対したのは、一つには「彼（朝鮮）を征すべき罪未だ明《あきら》かならざるを以てなり、今や朝鮮国明かに我に敵す、然《しか》れば徒《いたづ》らに内治をのみ顧みること能《あた》はざるなり、是に於《おい》て予《よ》の思想亦《また》自ら一変せざるを得ず」と。木戸は、自ら朝鮮への派遣使節に名乗り出た。三条実美に宛《あ》てた書簡で、木戸は次のように述べている。

「我が政府が朝鮮国修好に力を用ゐること久しく、国論紛々《ふんぷん》として連歳止《や》まず、一昨年の政府変革も去春の佐賀騒擾《さうぜう》も皆因を玆に発せり、今や一大事変の起るに及ぶ、（中略）昨年、琉球藩民等暴逆を受けたるに因《よ》りて台湾蕃地《ばんち》処分の挙あり、況《いは》んや今日の事、我が国旗に恥辱を加ふるをや、且《かつ》朝鮮国は台湾と異なりて我が官民の其の国に在留するあり、之《こ》れを不問に付すべからざるは論を俟《ま》たざるべし、（中略）先《ま》づ朝鮮国事変の顚末《てんまつ》を挙げて一たび之れを清国政府に問ひ、我に代りて其の処理を為《な》さしめざるべからず、若《も》し清国政府肯《がへん》ぜずして之れを我に委《まか》せば、我乃《すなは》ち始めて其の事由を朝鮮国政府に詰問し、妥当の処分を為《な》すべし、而《しか》して彼若し終《つひ》に応ぜずば、玆に始めて其の罪を問ふべきなり、（中略）若し朝廷、予に委するに一切の機略を以てして終始其の事に従はしめば、予当《まさ》に駑力《どりよく》を尽して必ず我が帝国の光栄を損することなかるべし[24]」

（近年に日本が直面した危機、明治六年の政治的混乱と昨春の佐賀の乱は、ひとえに朝鮮と修好関係が樹立できなかったことから生じている。昨年、琉球島民が暴殺された際には台湾の生蕃《せいばん》を討伐したが、ましてや今回の事件は日本の国旗が侮辱されたばかりか、〔台湾と違って〕朝鮮には官民の日本人在留者がいるのであるから、なおさら事件を咎《とが》めずにおけないのは言うまでもないだろう。まず第一に、朝鮮を統治しているはずの清国に事件の経過を説明し、日本に代わって朝鮮を懲罰させなければならない。もし清国がこれを拒否し、事件の処理を日本に委《ゆだ》ねてきたら、我が国は朝鮮政府に真意を質《ただ》し、妥当な処置を取ることになる。そして朝鮮政府があくまで罪を認めなければ、そこで初めて我々は行動を起こすべきである。もし朝廷が、朝鮮との交渉の駆け引きの一切を自分に委ねるならば、自分は非力ながら身命を賭《と》して皇国の威光を損なうことのないよう力を尽くすだろう）

江華島事件をめぐって世論は沸いた[25]が、政府は直ちに行動に出るわけにはいかなかった。国内に問題が起きていたからだ。中でも左大臣島津久光は天皇に上書して、太政大臣三条実美を名指しで攻撃していた。久光は言う。もし自分が言うように三条を罷免《ひめん》しなければ、「皇国ハ終《つひ》ニ西洋各国ノ奴隷タランコト鏡ニ懸《かけ》テ見ルガ如シ実ニ危急存亡ノ秋《とき》ナリ」、万民を統御する大任を担《にな》う天皇は速やかに「根源ノ宿弊」を一洗し、政府を自ら掌握しなければならない、と。

久光の建言の趣旨は、はなはだ曖昧《あいまい》だった。十月二十二日、天皇は久光を召し、「三条は国家の功臣なるを以て貶黜《へんちゅつ》（官位を下げて斥《しりぞ》けること）すべからず」と、久光の建言を却下した。久光は、もし自分の建言が受入れられないならば自分は辞職せざるを得ないと答えた。これに対し天皇は、「今や朝鮮国事変の起るあり、其の請を聴《ゆる》さず」と、久光の辞任を認めなかった。[26]

この時期、天皇は様々な論戦で常に毅然《きぜん》たる態度を示した。これは、天皇の若く未熟な時代が終わりを告げたことを意味している。決断を下す前に、天皇は当然のことながら大臣たち、特に木戸に相談したが、決断は天皇自身のものであった。

十一月一日、右大臣岩倉具視および参議らが三条邸に集まって、朝鮮使節を特派し、また情報を正確に把握するため清国に特命全権公使を駐在させることを決定した。十一月十日、森有礼《もりありのり》が清国駐在の特命全権公使に任じられた。森の使命は、淡水を求めていたに過ぎない日本人を朝鮮側がなぜ攻撃したか、清国政府を通じて事実を確認することだった。

十二月九日、朝鮮へ派遣する特命全権弁理大臣が決まった。木戸は再三にわたって自らを使節として派遣するよう求めていたが、折悪《おりあ》しく脳出血を起こし、代わって陸軍中将兼参議の黒田《くろだ》清隆《きよたか》が選ばれた。三条は、黒田に下した訓条の中で「我ガ国旗ノ受《うけ》タル汚辱ハ応《まさ》ニ相当ナル賠償ヲ求ムベシ」と命じたが、次のように強調した。

江華島の砲撃事件は、あるいは地方官の独断から起きたもので、朝鮮政府の与《あず》かり知らぬことだったかもしれず、日本政府は、朝鮮との親交が全く絶えたとは見做していない。肝心なのは、誰が砲撃命令を下したかということである。もし朝鮮が「和交ヲ修メ貿易ヲ広ムルノ求《もとめ》ニ順《したが》フトキハ即《すなわち》此《これ》ヲ以テ雲揚艦ノ賠償ト看做《みな》シ承諾スルコト使臣ノ委任ニ在リ」。すなわち、朝鮮が友好関係を結び、貿易を促進しようとする日本の求めに応じるならば、使節はそれを以《もっ》て「雲揚」攻撃の賠償とみなし、承諾する権限を有する。しかし、もし朝鮮政府が「雲揚」攻撃の責任を認めず、日本との旧交を再開する誠意を見せないようであれば、同様に使節は臨機応変に適切な措置を取る権限を有する、と。

黒田は翌明治九年（一八七六）一月六日、軍艦二隻、輸送船三隻、海兵三小隊の計約八百人を率いて朝鮮へ向かった(27)が、これは日本海軍が用意できる最大限の編成だった。装備の貧しいこの小艦隊は、二十三年前にアメリカのマシュー・カルブレイス・ペリー提督が同様の使命を帯びて日本に率いてきた艦隊の威容とは比べものにならなかった。交渉が決裂した場合に備えて、極秘に陸軍の増援が画策された。軍人、軍属の休暇や帰省が中止され、陸軍卿山県有朋《やまがたありとも》が下関《しものせき》に赴《おもむ》いて、来《きた》るべき軍事遠征に備えた。

日本の艦隊は、ソウル（当時は漢城《ハンソン》）から三十キロあまり離れた江華島沖に投錨した。十六日、日本側は江華府の練武堂《れんぶどう》まで示威行進し、そこで朝鮮政府派遣の代表二人と会談した(28)。黒田は当初、朝鮮国内のただならぬ様子を察知して、合意に到る可能性はほとんど無いと考え、本国に増援を求めた。しかし政府は、早まった軍事力の示威は朝鮮国民を恐れさせ、平和的交渉の障碍《しょうがい》になると判断し、黒田の要請を斥けた。

両国代表の第一回会談は、四日間続いた。交渉は双方とも礼儀をわきまえた形で進み、主として同じ議論の繰り返しが続いた。日本側は、朝鮮と旧交を続けようとする日本の申し出がなぜ撥《は》ねつけられてきたか、その理由を質し、朝鮮側は、日本はなぜ清国皇帝と対等の肩書を天皇に使うのかと質した。それによって、朝鮮が日本に対して隷属的な立場に置かれることを意味したからである。日本側は朝鮮に対する宗主権を主張する意図は毛頭ないと否定した後、日本の軍艦が江華島で砲撃された理由を質した。朝鮮側の返答は、日本の海兵がヨーロッパ式制服を着用していたため、フランス兵かアメリカ兵と間違えたのだ、というものだった。[29] 朝鮮側は、もっぱら地方官が日本船籍であることを知らなかった事実を繰り返すのみで、謝罪しようとしなかった。日本代表は、さらに迫った。なぜ朝鮮政府は、船が掲げた日本の国旗について地方官に通達していなかったのか、これは謝罪して然るべきではないか、と。朝鮮の接見大官申櫶《シンホン》は、自分は接待役としての一使臣にすぎず、勝手に悔悟陳謝の辞を述べる権限はないと応《こた》えた。

交渉は、朝鮮側代表と朝鮮政府との数度にわたる協議に遮《さえぎ》られて長引いた。しかし二月二十七日、ついに日本側代表（黒田清隆、井上馨《いのうえかおる》）と朝鮮側代表（申櫶、副官の尹滋承《ユンジャスン》）との間で日朝修好条規（江華《こうか》条約）が調印された。調印式の後、日本側は朝鮮国王高宗《コジョン》（一八五二―一九一九）に伝統的な絹織物のほかに回転砲一門、六連短銃一挺《ちょう》、装金の懐中時計一個、晴雨計一個、磁針一個などを贈った。（絹織物を除いて）これらの品々は、日本と米国が初めて条約に調印した時に米国が日本に与えた贈物と極めて似ていた。また条約自体も、日米で交わされた条約と同じ重要性を帯びていた。すなわち日本は鎖国朝鮮を「開国」させ、外交関係と貿易へと道を開かせたのだ。[30] ある西洋の学者は後年、これを次のように論評している。

「西洋列強が日本に対してしたのと同じことを今、日本は一片の良心の呵責《かしゃく》もなく行なった。すなわち朝鮮に行政上ならびに関税自治の主権を調印によって譲り渡させ、ヨーロッパ人が日本で行使した際に公平と正義を踏みにじるものと非難したあらゆる治外法権を、朝鮮国内に住む日本人に与えることを認めさせた」[31]

東京駐在の各国公使たちのもとに日朝修好条規調印の報せが届くと、公使たちは祝意を表すべく天皇に謁見を求めた。天皇は芝離宮《しばりきゅう》の午餐《ごさん》会に各国公使を招いた。各国公使は天皇に条約調印に対する喜びの言葉を述べ、日朝友好のますますの発展を希望すると伝えた。

この間、日本国内では小規模な変革が毎日のように起きていた。いずれも、朝鮮での事件より遥《はる》かに大きな影響を日本人の生活に与えた。例えば三月十二日、日曜日が公式に休日と定められた。政府は当初、この措置に踏み切ることを躊躇《ちゅうちょ》した。これがキリスト教への服従と受け取られることを恐れたからだ。しかし日本は、西洋先進国と足並みを揃《そろ》えることが是非とも必要だった。最終的に政府は、あえてキリスト教徒への屈伏と言われるかもしれない危険を冒すことにした。同様にして土曜日の午後もまた休暇とし、いずれも四月から施行することとした。

三月二十八日には、廃刀令（帯刀禁止令）が公布された。（大礼服《たいれいふく》着用時および軍人、警察官などの制服着用時を除き）帯刀が禁じられ、違反者は刀を没収された。この件については、旧来の伝統に従って士族《しぞく》に帯刀を許すべきか、あるいは近代国家日本にあるまじき野蛮として禁ずるべきか、長年にわたって議論があった。ついにその決着がついたのである。刀を目にするたびに神経質にならざるを得なかったヨーロッパ人にとって、朗報であったに違いない。

四月四日、天皇は皇后、英照《えいしょう》皇太后とともに岩倉具視の屋敷に臨幸し、能《のう》を楽しんだ。能は長年にわたって幕府と密接な関係にあったものの、京都御所でもたびたび演じられ、特に皇太后は能を好んだ。賢明な政治は「礼楽《れいがく》（礼儀と音楽）」を重んじるとの儒教《じゅきょう》の伝統に従い、幕府は能を「式楽《しきがく》」として庇護《ひご》してきたが、幕府の崩壊で、能の将来は危機に瀕《ひん》していた。能役者の中には、徳川《とくがわ》家に随従して静岡へ「都落《みやこお》ち」した者もいたが、静岡に彼らの舞いを鑑賞する者はおらず、ほとんどの能役者は他の職業に鞍替《くらが》えしてしまった。東京に残った一握りの能役者だけが能を守り続け、いまだ在京していた旧藩主たちは時折、賓客のもてなしに能を利用したが、旧藩主たちが領地に帰ってしまうと能役者は完全に庇護者を失った。確かに、英国のエジンバラ公が明治二年（一八六九）に来日した際、そのもてなしに（維新以来初めて）能が演じられはしたが、能役者は海外から次の賓客がやって来るのを待ってばかりもいられなかった。能役者にも養うべき家族があり、生活に必要な収入のあては何も無かったからだ。

十六世宝生九郎《ほうしょうくろう》（一八三七―一九一七）は、恐らく当時最も知られた能役者だった。明治三年（一八七〇）、許しを得て引退を決意した九郎は、商人になるか農民になるか迷ったという。当時、能の上演を続けていた舞台は二つしかなく、一つは京都の金剛《こんごう》流が舞台を維持し、もう一つは明治四年（一八七一）、梅若実《うめわかみのる》（一八二八―一九〇九）が東京の浅草南元町《あさくさみなみもとまち》の自宅に舞台を作った。しかし、どちらの舞台も能が舞われることはそう多くなかった。

岩倉邸での天覧能は、能の復活に極めて重要な役割を果たした。欧米視察中、様々な機会にオペラに招待された岩倉は、オペラがヨーロッパの演劇の中で最も傑出した存在であることを知った（岩倉が決まってオペラに招待されたのは、仮に言葉がわからなくても音楽は楽しめるということだったに違いない）。海外でのオペラ体験は、岩倉に能のことを思い出させた。帰国後、岩倉は派遣団の随員二人に命じて、外国の賓客をもてなす恰好《かっこう》の娯楽として能の復活を企《くわだ》てた。

岩倉邸で天覧能を演じた能役者の中には、梅若実、宝生九郎がいた。皇族のほかに徳川、前田《まえだ》など旧藩主四人、三条実美、木戸孝允、大久保利通、大隈重信、伊藤博文、山県有朋ほか政府重臣が陪席した。予定演目の『小鍛冶《こかじ》』、『橋弁慶《はしべんけい》』、『土蜘蛛《つちぐも》』が終わると、天皇の求めに応じて宝生九郎が『熊坂《くまさか》』を舞った。『明治天皇紀』は「天顔殊《てんがんこと》に麗《うるは》し」と記している。その後、岩倉邸では西洋料理が振舞われ、天皇は岩倉に天酌《てんしゃく》、天盃《てんぱい》を賜り、列席の大臣、参議にも天酌を賜った。

東京で能が天覧に供されたのは、これが初めてのことだった。天皇は心から能が好きだったようである。興《きょう》に乗じて謡曲《ようきょく》の一節を自ら謡《うた》い、時には女官らを召して声高らかに教えることもあったという。能への天皇の傾倒が、風前の灯《ともしび》だった当時の能を保護する上で大きな要素となったのは間違いない。この時以来、天皇が大臣、参議、華族《かぞく》の屋敷に臨幸する際には、能のもてなしを受けることが多くなった。(32)

明治天皇がもう一人の内閣顧問の屋敷を訪れたのは、それから間もない明治九年四月十四日のことだった。(33)王子《おうじ》村の製紙工場を見学し、飛鳥山《あすかやま》で桜を愛《め》でた後、天皇は染井《そめい》村にある木戸孝允の別邸に立ち寄った。天皇は木戸を御前に召して賛辞を賜った。

「汝《なんぢ》孝允維新ノ始《はじめ》ヨリ国事ニ鞅掌《あうしやう》シ今ヤ幸《さいはひ》ニ平安ニ属ス之《これ》汝等輔賛ノ功ニ因《よ》ル所ナリ朕茲《ここ》ニ親臨シ偕《とも》ニ歓ヲ尽スヲ欣《よろこ》ブ」。汝《なんじ》孝允は維新の当初より国家のために休むことなく骨を折り、今や幸いにして日本は平穏を得た。これは汝らが朕を輔弼《ほひつ》し協力してくれた功績による。朕は自らこの場に臨んで、共に大いに喜べることを嬉《うれ》しく思う、と。

天皇は木戸に金五百円、薩摩《さつま》焼《やき》大花瓶一対、御紋章付銀製コップ一対、葡萄酒《ぶどうしゅ》三箱などを賜った。天皇は木戸の妻にも謁を賜った。庭内を逍遥《しょうよう》したのち、折詰《おりづめ》を開いて三条実美ら供奉《ぐぶ》の臣とともに食べた。天皇が士族の邸宅に臨幸したのはこれが初めてであり、当然のことながら木戸は感激した。(34)

数年前に発表された天皇の全国巡幸計画は、相次いで発生した緊急事態のため延期を余儀なくされていた。朝鮮への使節派遣をめぐる征韓論争、佐賀の乱、台湾出兵、ごく最近には江華島事件などである。これらの危機を切り抜けた今、奥羽《おうう》、北海道など北日本への巡幸計画が再び浮上した。

明治九年の時点で国はおおむね平和な様相を呈していたものの、（五月初旬に和歌山で起きたような）百姓一《いっ》揆《き》が不満の痕跡を残していた。五月、木戸は長文の建白書を上書した。冒頭、「政府は人民のために設くる所にして、人民は政府の使役《しえき》に供する者にあらず」と大胆に説き起こした木戸は、続いて維新以前の日本の状況について述べた。七百年余にわたって大権は武門の手にあり、民衆は常に政府の圧制下にあったが、聖《せい》天子《てんし》（天皇）が恵み深い叡慮《えいりょ》を以て維新の令を発し、積年の悪習を一掃した。実にこれは人民の一大幸福と言うべきである、と。

ここまで読んだ読者は、あるいは以下のように期待するかもしれない。木戸は、すでに否定された過去から連綿と続いている数々の悪習を排除するため、なお一層断固たる措置を講じるよう建言したのではないか、と。しかし木戸は、むしろ変革の行き過ぎに警告を発したのである。例えば、廃藩置県に際して地方官吏は一般にその土地の人間でなく他郷の人間を採用した。これは、その土地の旧習を変えようとの便宜的な策だった。木戸はこれを、旧来の積習が一掃されたのちには土地の人間に漸次代えていくべきであるとした。彼らは地元の人々に馴染《なじ》んでいるため情意懇篤《こんとく》で、また、悪評を立ててそれが子孫にまで及ぶことを避けようとするものであるから、と。

木戸は事実、過去の「積習」の一つを維持すべく嘆願していた。五月十九日、三条実美を訪ねた後、木戸は日記に書いている。「時新日変に妄想《まうさう》して数百年の慣習を容易に破除必ず枘鑿不相容《ぜいさくあひいれず》（四角の枘《ほぞ》と丸い穴は食い違って合わない）の患《うれひ》あり」。我々は眼前の日々の変化に目がくらみ、数百年の慣習をいとも簡単に捨てて来た、嚙《か》み合わないもの同士を無理に組み合わせた憂《うれ》いがある、と。

木戸は特に、士族の家禄《かろく》打ち切りの沙汰《さた》に憤りを覚えていた。「万不得止《ばんやむをえず》に出《いで》ては手数を緩延し其生路《せいろ》を開き寛大の所措あらんことを希望する所なり」[35]。もし家禄打ち切りが止《や》むを得ないというのであれば、十分に時間をかけ、士族に生活の道を開き、寛大な処置をとることを希望する、と。

木戸は変革には賛成だったが、性急さを嫌った。そして、「人間的」配慮を以て臨むべきだとした。恐らく木戸は、これらの考えを天皇に伝えたに違いない。木戸は相談相手として、他の誰よりも天皇の信任が厚かったからだ。

明治天皇の反応は、（仮にあったとしても）『明治天皇紀』には記されていない。記憶するに値しない日々の活動は、細大洩《も》らさず記録されているというのにである。儀式の遵守《じゅんしゅ》、乗馬、元老院への臨幸、青山御所の皇太后への表敬訪問などを除くと、天皇の日常を占めていたのは主として近代化へ向けての着実な進歩に直接関係する出来事だった。例えば五月九日、天皇は日本で最初の公園である上野《うえの》公園の開園式に臨幸した。この時、内務省が献上した軽食は新しい時代を象徴するものだった。「白葡萄酒・三鞭酒《シャンパン》・カステイラ製菓子・アイスクリーム等」と記録にはある。

六月二日、ついに天皇は東奥《とうおう》巡幸の旅に出発した[36]。閣僚、大史《だいし》、侍従《じじゅう》、侍医など総勢二百三十余人がこれに供奉し、皇后は千住《せんじゅ》まで天皇の馬車を見送った。ここで行列は、埼玉県令《けんれい》（白根多助《しらねたすけ》）の奉迎を受けた。行列は午後三時すぎ、最初の宿泊地である草加《そうか》に到着した。天皇が行在所《あんざいしょ》に入ると、埼玉県令らが正式に奉迎し祝辞を述べた。翌朝、天皇は四時に起床し、行列は七時に出発した。途中の蒲生《がもう》村で天皇は行列を止め、田植えに見入った。男は白襷《しろだすき》、女は赤襷の揃い、一様に菅笠《すげがさ》をかぶり、いずれもこの日のために晴れの衣裳《いしょう》を身につけていた。田植歌の声が、遠く近く聞こえた。すっかり魅せられた天皇は、行列を止めたまま心ゆくまで田植え風景を楽しんだ[37]。

その日の午後、行列は次の宿泊地である幸手《さって》に到着した。天皇は埼玉県令を召し、県内の状況を質した。県令は地勢、地味《ちみ》、生活の状態、物産などについて答え、さらに県民の憂慮の原因が利根川《とねがわ》、荒川《あらかわ》、江戸川《えどがわ》の氾濫《はんらん》にあることを上奏した。天皇は地租金納《ちそきんのう》制度（明治六年から、年貢米《ねんぐまい》に代わり、土地への租税を貨幣で納めることになった）について、県民に不満の声はないかと質した。県民の多くはこれを喜んでいるが、できれば納期が数回に分割されることを望んでいる、と県令は答えた。巡幸中、天皇が地方長官らを召す時は決まって岩倉具視、木戸孝允がそばに侍した。

行列の行く先々で、天皇は小学校を訪問した。生徒たちの朗読に耳を傾け、成績のよい生徒には贈物（一般に辞書か地図）を賜った。教室内での授業のほか、屋外で生徒たちの体操も参観した[38]。小学校訪問が特段興味深いものであったとは思えないが、天皇は、自分が見たものについて常に満足げな様子を示した。恐らく天皇は、まだ幼い臣民が懸命に心身の鍛練に励んでいる姿を見るのが楽しかったのではないか。さらには、学校訪問や工場視察も君主たる自分の務めの一つと考えていたのかもしれない。

訪問地に特に関心を惹《ひ》かれる対象がある時だけは、巡幸も単なる君主の務め以上のものになったようである。例えば日光東照宮《にっこうとうしょうぐう》を訪れた際、天皇は建築、木像、内外の宝物などを丹念に時間をかけて見た。徳川家光《とくがわいえみつ》の霊廟《れいびょう》にも入った。東照宮の和文縁起《わぶんえんぎ》五巻、漢文縁起三巻は、わざわざ行在所に取り寄せ、念入りに目を通した。その夜、天皇は供奉の諸臣に日光山八勝《にっこうさんはっしょう》すなわち日光の八つの名所・名物を詩歌《しいか》に詠ませている[39]。

徳川家と密接な関係にある東照宮を訪ねるにあたって明治天皇が躊躇した形跡はまったく見られない。むしろ天皇は、徳川家の廟域内にある三仏堂《さんぶつどう》維持のため資金を出したほどである。三仏堂は慶安《けいあん》元年（一六四八）に建築された重厚な建物で、神仏混淆《しんぶつこんこう》禁止のため移転を命じられていたが、資金不足で移転できず、一部が取り壊されることになった。これを知った天皇は、三仏堂が旧観を失うことを惜しみ、移転資金として御手許金《おてもときん》を賜った。明らかに天皇は、この徳川家伝来の由緒《ゆいしょ》ある建造物に感銘を受けていた。

天皇の行列の行くところ、どこでも歓迎の群衆が道に列をなした。多くの見物人が自分の気持を歌に託し、あわよくばそれが天皇の目にとまることを期待した。これら農民歌人たちは、然るべき筋を通して天皇に歌を捧《ささ》げても結局は地方官止まりで、天皇の目に触れることはないとよく承知していた。そこで彼らは、侍臣に直《じか》に頼んで歌を献上したり、わざと侍臣の目に触れそうなところに歌を置き捨てにした。侍従番長がこれらの歌を集め、整理し、晩餐《ばんさん》の折りに叡覧《えいらん》に供するのが習慣となった。

天皇は行く先々の土地の物産を視察し、農民たちの歌う声に耳を傾けることも忘れなかった。また、どこへ行っても、昔から伝わる書画骨董《こっとう》や古代の農機具に目を瞠《みは》った。新しく開墾された農地を見ては満足し、産業化の始まりである工場を見ては感嘆した。仙台《せんだい》で天皇は、伊達《だて》家所蔵の品々を陳列した博覧会場を視察した。キリストの十字架像に祈る支倉常長《はせくらつねなが》（通称六右衛門《ろくえもん》）の油絵の肖像、一六一五年にローマを訪れた常長がヨーロッパから持ち帰った、羊皮紙《ようひし》に書かれたラテン語の公文書（ローマ市公民権証書）もあった。[40]天皇は、地方官ばかりでなく身分の低い者からも献上品を受け取った。例えば古川《ふるかわ》では、小学生が蛍《ほたる》一籠《かご》を天皇に献上した。また天皇は、気に入った地方の物産を自ら買い求めることもあり、一戸《いちのへ》では農民の衣服の中から太布半纏《ふとのばんてん》と称する粗衣《そい》を買い上げた。

恐らく天皇は、最後の訪問地である函館《はこだて》で出会ったものに一番興味をそそられたのではないか。視察訪問で函館病院に立ち寄った際、たまたま診察所に、蝦蟇《がま》の血液循環を観察するための顕微鏡が置かれていた。天皇は初めて使う顕微鏡で、自ら蝦蟇の血液が循環するのを見たのである。函館に上陸し、行在所に到着したばかりの時には、天皇はそこに陳列されている物産の数々の中にアイヌの使う器具や衣服を見つけた。この日は、五十余人のアイヌも天皇に拝謁《はいえつ》している。夜になると行在所の庭に数百の紅灯《こうとう》が点じられた。市街では各戸に軒灯《けんとう》が掲げられ、港内に停泊する諸艦も灯火を連ねた。海岸沿いの街路に灯籠《とうろう》が設けられ、沿海の村落には燎火《りょうか》（篝火《かがりび》）が焚《た》かれた。

七月十七日、天皇は官軍に抵抗した幕府軍の最後の砦《とりで》、五稜郭《ごりょうかく》を訪ね、塁壁《るいへき》に登った。また、開拓使の役人に当時の戦況を質しもした。そして行列拝観のため函館にとどまっていたアイヌ男女五十余人を叶同館《きょうどうかん》に召し、酒を賜った。アイヌたちは礼を尽して盃《さかずき》を干し、天皇のために舞踊を演じた。

翌十八日、天皇は函館港から乗船し帰路についた。横浜への航海は海が荒れ、多くの者が船酔いに苦しんだ。しかしこの点を除けば、今回の巡幸は大成功だった。旅中、木戸孝允は天皇の運動不足を心配し、なるべく歩くか馬に乗るよう勧めたが、これは無駄だった。天皇は巡幸を通じて馬車、鳳輦《ほうれん》（天皇行幸の際の輿《こし》）からめったに降りることがなかったようである。(41) より深刻に懸念されたのは、行列の行く先々で、地方官から耳にした士族の不平不満と、不穏な動静だった。この鬱積《うっせき》した不満は、明治九年が終わりを告げる前に爆発した。

第二十七章　西国不平士族の乱

近代化の急速な足取りは、明治九年（一八七六）後半になっても、なお衰えることを知らなかった。九月四日、天皇の専用艦として使用されることになる軍艦「迅鯨《じんげい》」の進水式が横須賀《よこすか》造船所で行われた。翌五日、京都・神戸《こうべ》間を結ぶ鉄道が全通した。九月七日、天皇は元老院に対して憲法起草を命じる勅語を賜った。「朕爰《ここ》ニ我建国ノ体ニ基《もとづ》キ広ク海外各国ノ成法ヲ斟酌《しんしゃく》シ以テ国憲ヲ定メントス汝等《なんぢら》ソレ宜《よろ》シク之《これ》ガ草按《さうあん》ヲ起創シ以テ聞《ぶん》セヨ朕将《まさ》ニ撰《えら》バントス」。すなわち元老院は広く海外各国の成文法を調査研究し、我が国の憲法の草案を作って奏上せよ、と。九月九日、「東京日日《とうきょうにちにち》新聞」、「横浜毎日《よこはままいにち》新聞」の二紙が天覧に供せられた。以後、この二紙のほか「郵便報知《ゆうびんほうち》」を始めとする新聞各紙が日々天覧に供せられることになった。ここに述べた交通網の発達、政治の進展、情報の普及は、それぞれ日本の来《きた》るべき姿を示唆していた。

天皇はまた海外諸国の元首と、より緊密な交際を始めた。例えば十月一日、天皇はアメリカ合衆国独立百年を記念するフィラデルフィア博覧会を祝して、グラント米大統領に親書を送った。また二日後には、ロシア皇帝より贈呈されたサンクト－ペテルブルクの冬宮殿の写真と設計図を見た。これは、かねてより皇居造営の参考にと天皇が望んでいたものを、ロシア皇帝が聞き知って天皇に贈ったものだった。

必ずしも天皇の臣下のすべてが、このような世の趨勢《すうせい》を喜んでいたわけではない。いまだに古い尊王攘夷思想に固執する多くの士族が、日本を近代国家にするために政府が取った数々の措置に憤慨していた。彼らは、ほかならぬ「神州《しんしゅう》」の地所を外国人に売与し外国人居留地の外に住むのを許可したことに怒った。特に士族の激昂《げきこう》を招いたのは、この年三月に出された廃刀令だった。彼らにしてみれば、これは日本の（特に士族階級に属する）伝統に対する冒瀆《ぼうとく》以外のなにものでもなかった。その怒りは、当時の士族の多くが被《こうむ》っていた経済的苦境によって倍加された。

士族の怒りが堰《せき》を切ったかのように爆発した佐賀の乱は、熊本鎮台《ちんだい》（のちの陸軍師団）の政府軍の救援を得て鎮圧された。熊本の「愛国的」な党指導者たちは、鎮台の兵力が手薄になったこの時こそ鎮台襲撃の好機と考えた。当時、熊本には四つの「党」があった。敬神《けいしん》党（一般に「神風連《しんぷうれん》」(1)の名で知られる）と学校《がっこう》党の二党は守旧派で、明治政府が否定した士族の伝統への復帰を望んでいた。残る実学《じつがく》党、民権《みんけん》党の二党は近代化を支持する改進派だった。(2)神風連の怒りは、天皇の海外遷幸《せんこう》がもくろまれているとの風説によって極点に達した。(3)

神風連の首領太田《おおた》黒伴雄《ぐろともお》（一八三五―七六）は、十月、それまで数度にわたって神道《しんとう》式の占い(4)を繰り返した末、ついに「決起すべし」との神慮を得たと思った。かねてより考えを同じくする他県の士族と連絡を取っていた太田黒は、熊本での成功は他県にも波及し次々と決起を促すに違いないと信じた。これら士族は、明治維新以来の数々の変化（特に士族階級の身分にかかわる変化）に対する憎悪によって互いに結びついていた。その中でも、神風連は最も極端だった。彼らは、西洋の影響にあらがうだけでは満足せず、洋服着用であれ、西暦の採用であれ、西洋の影響をこの世から跡形もなく消し去る覚悟でいた。例えば電気を嫌悪するあまり、電線の下を通らざるを得ない時には頭上に白い扇《おうぎ》をかざし、素早く通り抜けた。これが、有害極まりない外国の影響から身を守るためであったことは言うまでもない。また常に塩を携帯し、僧侶《そうりょ》(5)や洋服姿の日本人、葬式などに出くわすたびに「お清め」をした。中には、紙幣は西洋を真似《まね》たものだから身を汚《けが》すと信じ、手で直に触れずに箸《はし》で挟んで受けとる者さえいた。(6)彼らの固定観念ともいうべき信条の一つは、やがて政府軍との戦闘で致命的な報いを受けることになった。すなわち近代兵器使用の拒否である。ライフルと大砲で武装した軍隊に、神風連は刀と槍《やり》で立ち向かっていったのだ。(7)

十月二十四日深夜、神風連の党員約二百人が密《ひそ》かに集合した。彼らは直ちに隊を分け、持ち場を決めた。一隊は熊本鎮台を襲撃し、不意に乗じて多数の守備兵を殺したうえ、歩兵、砲兵の両兵舎に火を放った。別の一隊は電信局に向かい、憎むべき外国製の通信機器を破壊したが、これは同志との通信を含めて外界との通信が一切断たれたことを意味した。さらに別の一隊は県令安岡良亮《やすおかりょうすけ》、鎮台司令長官の陸軍少将種田政明《たねだまさあき》、同参謀の陸軍中佐高島茂徳《たかしましげのり》の居宅を襲った。種田、高島は殺害され、安岡は致命傷を受けて(二十八日死去)家を焼かれた。

殺戮《さつりく》は無差別に行われた。兵舎は一切予告なしに襲撃され、無防備な寝巻姿の兵士は寝込みを襲われたが、神風連には相手を殺さずに捕虜にするという考えはなかった。重傷で自分の身を守ることができない兵士にさえ慈悲のかけらも見せなかった。鎮台兵三百余人が戦闘で死傷した。士族から成る神風連と違って、鎮台兵は徴集兵で大半が農民だった。軍事にかかわる士族の立場を不当にも奪った身分の低い農民を殺害することに、神風連の士族たちは特別な喜びを感じていたように映る。

当初、神風連の反乱は完全に勝利を収めたかのように見えた。しかし、驚愕《きょうがく》と衝撃から覚めた陸軍将官は直ちに残りの兵を集め、兵数と近代兵器によって叛徒《はんと》を総崩れにさせた。叛徒の多くは銃火に倒れ、重傷を負った太田黒は同志に自分の首を切るよう命じ、同志は命令に従った。生存者の多くは、切腹することで最後まで日本の伝統を守った。神風連が放った火の勢いは未明になって衰え、砲声も止《や》んだ。戦闘は終わったが、市民は恐慌をきたし、四方に逃れる者が終日絶えなかった。非常事態が解かれたのは十一月三日のことであった。

神風連の乱は、国家あるいは世界の役に立ったかもしれない五百人余の人間の死をもたらしただけで、何ごとも達成することなく終結した。熊本市内にある桜山《さくらやま》神社の二列の墓碑の下に、神風連の同志百二十三人が眠っている。墓碑にはそれぞれ姓名と没年が刻まれており、戦闘で死んだ者も、自刃《じじん》して果てた者もいる。それらの墓碑を見ていると、潔く散る桜などのような武士らしい死を象徴するものに思いを誘われる。そして今日これらの墓の前に立つ人々は、悲運の大義に捧げた彼らの献身に感銘するあまり、その襲撃が極めて残忍であったこと、また若者たち（多くは十代、二十代だった）が命を捧げた数々の理念が理性を欠いたものであったことを忘れがちである。

しかし、それでもなお神風連の同志約二百名は、小集団であっても、もし決死の覚悟で不意を襲えば、大軍団をも破れるし、少なくとも恐慌状態に陥らせることができると証明した。この暴力主義の教訓は、日本全国にいる反体制派の士族に伝播《でんぱ》した。やがて、それらの中から、一握りの同志と語らって同様の反乱の企てを実行に移す者たちが現れる。

神風連決起の報せは、十月二十五日、朝廷に達した。岩倉具視と木戸孝允が直ちにその事実を天皇に報告したが、熊本との通信が断たれていたため詳細はわからなかった。その夜には熊本鎮台との電信が回復したため、翌朝、三条実美、大久保利通がより詳しい状況を天皇に報告した。直接情報を得るため官吏たちが熊本に派遣され、陸軍少輔《しょうゆう》の大山巌《おおやまいわお》（一八四二―一九一六）が、殺された種田の後任として熊本鎮台司令長官兼務を命じられた。

決起前日の十月二十三日、神風連は福岡県の元秋月藩《あきづき》に使者を送り、かねてよりの計画の実行を秋月の同志に伝え、反乱に加わるよう呼びかけていた。島津久光の助言を受入れず日本の西洋化をやめようとしない政府に腹を立てていた秋月士族は、密かに神風連や萩《はぎ》の不平士族らと連絡を取っていた。干城隊《かんじょう》(8)（秋月藩の攘夷国権派）を母体とする秋月党の政治思想は、海外拡張を主張する独特のもので、当然の結果として、政府の征韓論拒否は彼らを激怒させた。

宮崎車之助《みやざきくるまのすけ》率いる秋月士族は、神風連に呼応して挙兵することに決し、宮崎の弟今村百八郎《いまむらひゃくはちろう》を首領に指名した。二十六日、秋月士族百八十余人は挙兵の準備を整えた。[9] しかし旧秋月藩士すべてがこの決起に賛成したわけではない。中には異議を唱えて部隊の解散を迫る者もいたが、同志の士気は高まるばかりで、もはや軍事行動以外に、頭に血の上った士族を満足させる方法はなさそうだった。秋月士族は隊列を組み、「報国」と大書《たいしょ》した白旗を先頭に出発した。

秋月党の目的地は熊本ではなく、福岡県東部の豊津《とよつ》だった。豊津の士族を説き、共に海を越えて本州へ渡り、そこで萩の不平士族と合流する計画だった。しかし、豊津士族は秋月士族の要請に応じるどころか、その計画を密かに政府軍に注進し、小倉《こくら》鎮台兵の奇襲を受けた秋月党は大敗した。十一月一日、疲れ切った秋月党の指導者たちは、もはやこれまでと自決した。今村は二十数人の同志と秋月へ向かったが、そこには政府軍が待ち構えていた。今村は逮捕され、処刑された。

第三の反乱が、萩で起きた。萩の松下村塾《しょうかそんじゅく》で吉田松陰《よしだしょういん》の教えを受けた才気煥発《かんぱつ》な塾生だった前原一誠《まえばらいっせい》は、のちに長崎で洋学を学び、長州軍と明治陸軍のために尽くした。前原は特に戊辰《ぼしん》戦争の北越《ほくえつ》出兵で名を挙げて兵部大輔《ひょうぶたいふ》の地位に就き、明治三年（一八七〇）に病気療養と称して辞職したが、実はそれは、木戸孝允が朝廷に勧めた旧藩主の扱いに腹を立てたからだった。前原はまた、政府首脳の政治的見解に、とりわけ近代化の提唱に不満を抱いていた。その才を惜しんだ政府に請われて明治八年（一八七五）に再び上京したものの、政府の方針に失望し、わずか一ヵ月で帰郷してしまった。前原は、他の反体制勢力、特に神風連と協力して反乱を起こすことを考えていた。

神風連の決起を知った前原は、十月二十六日、同志十数人を招き、「国体を挽回《ばんかい》するは是《こ》の時にあり、急に山口を衝《つ》き、大挙東上して政府の奸吏《かんり》を芟除《さんじょ》せんとす」と告げた。同志たちは皆これに賛同し、前原は徳《とく》山《やま》の同志に向けて檄《げき》を飛ばした。十月二十八日、前原を支持する者たちが集まり、戦闘準備を始めた。数は百余人に過ぎなかったが、その夜の進撃と決めた。萩に暴動の兆《きざ》しありとの報せを受けた山口県令は、県吏《けんり》を前原のもとに派遣して、すでに熊本の反乱は鎮圧されたことを告げ、直ちに解散すべしと諭した。県令は同時に広島鎮台山口分営に出兵を要請し、東京の内務省に現況を報告した。

前原は、形勢が不利であることに気づいた。急襲が反乱成功の唯一の望みだったが、県令が事前に計画を察知し、鎮台兵の出動を要請している今となっては、山口を襲撃しても意味がない。前原は計画を変更した。まず山陰諸国の士族に説いて味方に引き入れ、共に天皇の膝下《しっか》である東京まで進軍し、「諫死《かんし》するに如《し》かず」すなわち死んで天皇を諫《いさ》めるしかないと。

前原と同志たちは道中で武器その他を略奪しつつ山口県北岸の須佐《すさ》へ向かった。須佐でさらに同志を募り、隊伍《たいご》を編成して「殉国軍《じゅんこくぐん》」と称した。須佐から海路をとって、石見国浜田《いわみのくにはまだ》に向かうつもりだったが、漁船三十余隻の小艦隊は強風に阻まれて進むことができず、萩に戻らざるを得なかった。途中、殉国軍は政府軍と衝突し、激戦の末、政府軍を破ったが、すでに彼らは憔悴《しょうすい》し切っていた。そして、萩の藩校だった明倫館《めいりんかん》に隠しておいた弾薬がことごとく池の中に投棄されているとわかり、前原は、もはや勝算なしと悟った。東京に行って挙兵の顚末を政府に申し述べると決めた前原は、数人の者たちと密かに萩を脱出したが、十一月五日に捕縛された。明倫館で最後まで持《も》ち堪《こた》えた残りの殉国軍の者たちも、陸海から政府軍の攻撃を受け、壊滅した。

これら反乱軍と考えを同じくしていた西国《さいごく》（福岡、久留米《くるめ》、佐賀など）の不平士族は、もはや蜂起《ほうき》は無理と知って計画を捨てた。十二月三日、反乱に破れた熊本、秋月、萩の指導者たちは裁判にかけられ、処刑された。士族の反乱はしばらく鳴りをひそめたが、茨城、三重で起きた農民一揆は、国内に不平不満がいかに根強く残っているかを見せつけた。

行政府の中でも最も忌憚《きたん》なく意見を言うことで知られた木戸孝允[10]は、明治九年十二月、太政大臣三条実美、右大臣岩倉具視に建言書を提出し、最近の士族の反乱ならびに農民の一揆は施政上の不手際によるものだと指摘した。しかし、その究極の責任は別にある、と木戸は言う。「回顧すれば明治六年以来、国家の大事多くは其《そ》の端《たん》を薩摩に発するに似たり、征韓の如き征台の如き即《すなは》ち是れなり、政府は常に薩摩の為《な》す所に追随せんとす」。薩摩武士の行動に対する木戸の手厳しい解釈は、彼が長州出身だったという観点から説明できるかもしれないが、それだけではなかったことは確かである。世情不安の中で貧困と飢餓《きが》に直面し、そのやむにやまれぬ気持を竹槍で武装することでしか訴えるすべのない農民に、木戸は同情していた。

木戸は農民の福祉を促進し内政を充実させるため、緊急に処置すべき六項目の大綱《たいこう》を提唱した。例えば第一には「諸省の経費を節し不急の工事を止《や》め、以て民力を休養すべし」とある。また別の一項では「民情の如何《いかん》を察せずして、妄《みだ》りに法律・規則を発し之《こ》れを束縛すべからず」と述べている。さらに木戸は最後に、民衆にまだ心の準備がないとの理由で民選議院開設を遅らせようとしている政府漸進派に対して苛立《いらだ》ちをぶつけている。「人智《じんち》未だ進まざるが故《ゆゑ》に民撰《みんせん》議院の開設尚《なほ》早しと称しながら、其の政《まつりごと》を民に施すに方《あた》りては、人智の開不開を問はず事の適不適を論ぜず、我の是《ぜ》とする所は直《ただち》に之れを施し、而《しか》して其の成るを急ぐ、是れ急進にあらずして何ぞや」(11)（民衆の意識が遅れていることを理由に民選議院の開設を時期尚早としている漸進派の政府が、一方では民衆の意識の遅速、適不適にお構いなく、政府の意のままに改革を急いでいる。そのどこが漸進か、まさに急進以外のなにものでもないではないか）。

翌明治十年（一八七七）一月一日、新年の儀式が伝統の形そのままに皇居で執り行われた。天皇は数え年で二十六歳となった。四日、重大な決定が天皇によって発表された。民衆の負担を軽減するため、地租を地価の百分の三から二分五厘《りん》に引き下げる、と。この日、木戸は日記に書いている。「平生《へいぜい》仰《あふぎ》願《ねがひ》候《さうらふ》処《ところ》実《まこと》に難有《ありがたき》次第にて此上《このうへ》は叡旨《えいし》貫徹候《さうらひ》て人民の幸福に至り候儀只々《ただただ》不堪希望《きばうにたへず》候」(12)（常にお願い申し上げてきたことなので実に有難いなりゆきである。この上は、叡旨が貫徹されて人民に幸福がもたらされるよう、ひたすら願わずにいられない）。歳入の減少は行政の経費削減でまかなうこととし、天皇は各省庁に歳出費用の節減を命じた。

天皇の決断の背後には、大久保利通の存在を感じる。明治九年十二月二十七日、三条実美に建白書を提出した大久保は、その中で農民を苦境から救うことこそ目下《もっか》の急務であると言明した。新政府は農民のために何もしなかったばかりか、農民が抱える問題について考える時間すら持たなかった。最近、各地方に頻発している農民一揆は、彼らが不幸な境遇にあることを示す何よりの証拠である。農業が国家の基礎であることを常に強調してきた政府としては、農民に人並みの暮らしができるように図ることは義務である、と。(13) 大久保はその際、地租を地価の百分の二に軽減するよう提唱した。農民の負担を軽くすることが、すなわち国家の繁栄をもたらすことになると考えたのである。思うに、天皇が発表した百分の二分五厘への軽減は、大久保の提唱に対する折衷案であったに違いない。

『明治天皇紀』一月四日の項には、「乗馬あらせらる」とある。通常であれば、取り立てて触れるほどのこともない日課の一つだが、この日から天皇は取《と》り憑《つ》かれたように馬に乗り始めたのである。天皇はほとんど連日、午後二時から日没まで馬術の練習に励んだ。東京だけではなく、この月下旬からの京都への行幸中もこの日課は変わらなかった。京都では、(例えば七月一日に) 華氏《かし》九十四度(14)に達した時でさえ馬場への出御《しゅつぎょ》は欠かさなかった。その後、天皇は脚気《かっけ》を患ったため一時的に乗馬を諦《あきら》めたが、侍医の許可が下りた十月後半に再開した。この時の天皇の乗馬熱が特に目立つのは、それがちょうど天皇の生涯の次のような時期に一致していたからだ。第一に、この時期の天皇は閣僚と会うのを努めて避けるようにしていた。第二に、天皇は予定された学問の日課に従うことを拒否していた。(15)

一月二十四日、天皇は大和国《やまとのくに》および京都への行幸に出発した。(16) 行幸の公式目的は、神武《じんむ》天皇畝傍山 東《うねびやまのうしとらの》北陵《すみのみささぎ》の参拝、また孝明《こうめい》天皇十年式年祭による後月輪東山陵《のちのつきのわのひがしのみささぎ》の参拝にあった。京都、奈良にある歴代天皇の御陵《ごりょう》参拝も予定されており、横浜と神戸の間は、往復ともに海路をとることになっていた。天皇は前年の東奥巡幸の帰路、函館からの航海で海が荒れたことを思い出し、往復二度にわたる海路は気が進まなかったようである。帰りだけでも陸路にしたい旨、三条らに打診があった。(17) しかし三条、木戸は「朝務改革の時なれば一日も速《すみや》かに還幸《くわんかう》あらせらる丶を可とす」として、陸路より速い海路をとるよう進言した。天皇は、最終的にこれを承諾せざるを得なかったものの、（この時期に詠んだ御製からうかがえるように）荒れた海に対する危惧は消えなかった。最初に挙げる御製は、出航予定日の前日の一月二十一日に詠まれたものである。事実この日は海が荒れ、翌日の出航は延期された。

はげしくも吹きくる風の音すなり青海原《あをうなばら》に波やたつらむ

二番目の御製は、乗船してから詠まれたもののようである。

きのふけふ海ふく風のはげしさに漕《こ》ぎいでむ船もしばしとどめつ(18)

一月二十四日の朝、天皇一行は汽車で横浜まで行き、そこで「高雄丸《たかおまる》」に乗船した。「高雄丸」は軍艦二隻（「春日《かすが》」「清輝《せいき》」）に護衛され、横浜港を出港した。この日、天皇は次の御製を詠んでいる。

波風のたつもいとはず海原《うなばら》にけぶりをたてゝはしる舟かな(19)

この歌には、天候とかかわりなく乗艦に寄せる天皇の信頼のほどがうかがわれるが、海は天皇が予想していた以上に荒れた。波は高く、激しい北東の風雨が吹きつけて船は激しく揺れ、嵐《あらし》が鎮まるまで三重県の鳥《と》羽《ば》港に錨《いかり》を下ろすことになった。天皇は、この時の気持を次のように詠んでいる。

ふく風にあらそひたてるあら波にこころならずも漕ぎかへしけり(20)

嵐は数日間にわたって吹きすさんだ。二十七日、船はやっとのことで鳥羽港を出港し、翌二十八日、神戸に到着した。上陸後、埠頭《ふとう》から騎馬で御小休所《おこやすみじょ》（神戸郵便局に設けられた）に向かう天皇を民衆が沿道に列をなして迎えた。神戸停車場《ていしゃじょう》から京都停車場までは汽車で行き、東本願寺《ひがしほんがんじ》で少憩後、天皇は再び沿道に居並ぶ京都市民の歓迎を受けながら御所に向かった。天皇が幼い頃の情景を想《おも》って心を動かされていたであろうことは疑いもないが、喜びの表現は、次に挙げる御製に残っているだけである。

住みなれし花のみやこの初雪をことしは見むと思ふたのしさ(21)

天皇は、常御殿《つねのごてん》で皇后、皇太后に出迎えられた。その日の夜、天皇は小御所《こごしょ》で皇族らに謁を賜った。二十九日、天皇は御学問所《おがくもんじょ》で皇族、在京都の華族らに謁を賜った。また三十一日には親王《しんのう》、内親王を始めとして高位の華族らに贈物を賜った。あたかもかつての京の栄華が一時なりとも蘇《よみがえ》ったかのようであったが、天皇の東幸《とうこう》後、打ち捨てられたままの御所の建物は明らかに荒廃の姿を晒《さら》していた(22)。

二十九日夜、御所の儀式に参列していた人々は知る由《よし》もなかったが、一群の若者たち（「私学校徒」と記されている）が鹿児島県草牟田《そうむた》村の陸軍火薬庫を襲い、弾薬を略奪した。西南《せいなん》戦争の口火が切られたのである。

私学校徒（西郷隆盛が設立した「私学校《しがっこう》」(23)に学ぶ士族たち）が行動を起こしたのは、鹿児島に不穏の動きがあるとの情報に不安を覚えた陸軍省が、汽船「赤龍丸《せきりゅうまる》」を鹿児島に送って火薬庫格納の弾薬を大阪砲兵支廠《ししょう》に移そうとしたことが引き金となった。事前にこれを嗅《か》ぎつけた私学校徒が、先手を打って俄《にわか》に蜂起したのである。陸軍火薬庫および海軍省所轄造船所兵器局火薬庫への襲撃は約一週間にわたって続いた。造船所次長の海軍少佐菅野覚兵衛《すがのかくべえ》は、鹿児島県令大山綱良《おおやまつなよし》に警察による保護を要請したが、大山は菅野の要請を無視した。二月三日、大山が動かないのは襲撃者への共感によるものに違いないと疑った菅野は、造船所を閉鎖した。二日後、私学校徒は造船所を占拠し、武器弾薬の製造を始めた。

これらの行動の背景には、朝鮮へ使節として派遣することを求めて最終的に拒絶された西郷隆盛を始めとする鹿児島士族の不満と怒りがあった。彼らは帰郷後、鹿児島県を守るためには特別な士族教育が必要であると決意した。鹿児島士族にとって、鹿児島県はいわば独立国のようなものだったのである。明治七年（一八七四）六月、西郷は鹿児島市内城山《しろやま》の麓《ふもと》にある旧薩摩藩の厩《うまや》跡に学校を設立した。市中にも小さな分校が建てられ、分校はやがて県内各郷《ごう》に拡《ひろ》がった。これら「私学校」の大黒柱は紛れもなく西郷隆盛であった。各校内には、「王を尊び民を憐《あはれむ》は学問の本旨、然らば此《この》天理を極め人民の義務にのぞみては一向難に当り一同の義を立つべき事」[24]と西郷自らが書いた綱領が掲げられた。

私学校での教育は漢籍、特に兵書を読むこと、また伝統的な士風《しふう》教育が重んじられた。[25]国学（神道、和歌など）や洋学（科学技術など）は教えなかった。東京の政府がいかに士族階級を無視しようとも、自分たち士族こそ日本の伝統の保持者であると自覚させることが私学校の目的だった。私学校は学問の重要性を強調しながらも極めて政治結社に近い存在であり、私学校に属する士族たちの教育は、もっぱら実践活動を学ぶことが主で、純然たる学問への関心とは程遠いものがあった。

鹿児島士族の中でも特に市外出身の士族は、私学校に参加するのを渋ったが、まわりの空気に押されて、ついには士族同士の結束を示さざるを得なかった。私学校は県令から密かに支持を得ており、県令は「私学校徒」を県官、各地区長に任命していた。

明治九年（一八七六）十二月、政府は私学校による破壊活動の実態を探るため、警視局少警部中原尚雄《なかはらなおお》を始めとする一団[26]を鹿児島に送った。鹿児島に到着して間もなく、中原以下二十人は私学校徒に捕縛され、政府の密偵として告発された。その後、中原らにはさらに重大な嫌疑がかけられた。彼らの使命は実は西郷暗殺にあった、というのである。中原は拷問《ごうもん》を受け、その罪を認める供述書に署名を強いられた。[27]中原はのちに供述の内容を否定したが、鹿児島では、政府が西郷を抹殺したがっているという噂《うわさ》が広く信じられ、[28]当の西郷さえもそれを信じた。中原らの摘発は、私学校に関係のあった者たちに恰好の口実を与えることになった。すなわち、西郷を守るために反乱を起こすのだ、と。

天皇は、鹿児島での動きについて常時報告を受けていたにもかかわらず、一向に東京に戻る気配を見せず、また、天皇の威光に対する謀叛《むほん》を鎮めるために自ら陣頭指揮を執ろうとする様子も示さなかった。代わりに天皇は京都で学校を訪問し、勧業場、舎密《セイミ》局（「舎密」はオランダ語chemieの音訳。化学）など様々な工場を視察し、二条河東《にじょうがわひがし》にある牧畜場にまで足を伸ばした。また様々な神社に参拝し、皇后、皇太后ともども伯母の淑子《すみこ》内親王の桂宮《かつらのみや》邸で能を鑑賞した。[29]鹿児島の情勢が急速に悪化の一途をたどっている時でさえ、天皇はこれらの平穏な営み（加えて歴代天皇の御陵参拝）をやめようとはしなかった。

明治十年二月六日、鹿児島での緊迫した動きを伝える情報が次々と京都に届き、驚愕と狼狽《ろうばい》をもたらした。その内容が、先に内務少輔林友幸《はやしともゆき》の伝えた視察報告と甚だしく食い違っていたからである。一月、鹿児島視察を終えて帰京の途についた林は、二月二、三日頃に京都に立ち寄り、三条、木戸に異状なしと報告したばかりだった。[30]林は一変した状況を把握するため、再度の鹿児島への派遣を願い出た。三条、木戸、伊藤博文らは協議の結果、林に鹿児島行きを命じ、海軍大輔川村純義《かわむらすみよし》を同行させることにした。三条らは特に、鹿児島で反乱が起きた場合、それが鹿児島に地理的、精神的に近い旧諸藩に波及する可能性を恐れた。[31]事の重大さに鑑《かんが》み、三条らは、林、川村の一行が、最も速い手段である汽船「高雄丸」で鹿児島に向かうことを提案した。高雄丸は、天皇が東京に還幸《かんこう》する際に乗る予定になっていたが、天皇は、二月二十一日の出航に間に合うよう船を神戸に戻すことを条件に高雄丸の鹿児島行きを許可した。

高雄丸は二月七日に神戸を発ち、二日後に鹿児島に到着した。一行の到着を知らせる使者が県庁に飛んだ。ほどなく県令大山綱良が来船した。大山は林と川村に面会して、私学校徒の動揺は、大警視川路利良《かわじとしよし》が刺客《しかく》を放って西郷暗殺を企んだことが原因であると告げた。実際に県下の人心は憤りで沸騰していた。さらに大山は、川村（西郷の従妹《いとこ》の婿《むこ》にあたる）と会見したいという西郷の要求を伝え、川村に上陸を迫った。これに対して林は、刺客が鹿児島に放たれたというのは信じがたく、西郷と力を合わせて士族を鎮めるよう尽くすべきだと大山に説いた。

大山が短艇で高雄丸を離れるや否や、別の短艇七、八隻が、それぞれ十数人の武装した男たちを乗せて高雄丸に近づいた。彼らは力ずくで高雄丸に乗船しようとしたが、高雄丸船長で海軍中佐の伊東祐亨《いとうすけゆき》は錨索《びょうさく》を切り、船を桜島《さくらじま》の西岸に転航させた。後刻、大山は再び来船し、川村とぜひとも面会したいという西郷の言葉を伝えた。林は、士族の動揺が鎮まるまで川村を上陸させるわけにはいかないと応え、官船に対する襲撃は不敬であると大山を詰《なじ》った。さらに林は、事すでにここに到っては直ちに帰京し天皇に報告すると告げ、大山を船から退去させた。

高雄丸は二月十二日夜半、神戸に入港した。山県有朋、伊藤博文が一行を出迎えた。鹿児島での高雄丸襲撃の報せが京都に届き、二人は三条実美の命を受けて神戸で待機していたのである。その夜、神戸の旅館で鹿児島への出兵準備について協議がなされた。戦争の勃発《ぼっぱつ》は、もはや時間の問題と思われた。

第二十八章　西南戦争と西郷隆盛の最期

明治十年（一八七七）二月は、日本近代史上、記憶すべき月の一つである。この月、日本における最後の内戦「西南《せいなん》の役《えき》（西南戦争）」が勃発し、維新の英雄が敵味方に分かれて戦ったのだ。この戦争は、政府首脳が望んでいた民主主義発展への大きな脅威であったばかりか、体制そのものの死活に関《かか》わる重大事だった。戦争が勃発した当初、薩摩の反乱が失敗に終わるかどうかは誰にもわからず、もし成功していれば、日本の政治地図は完全に塗りかえられることになったはずだ。

明治天皇は、反乱の兆しが見えた当初から事態の推移を知らされており、自分が耳にしたことについて無関心ではなかった。しかし京都滞在中の天皇の日常は、鹿児島で起こりつつある劇的な事件とは全く無縁であるかのようだった。天皇は学校を視察して生徒たちの朗読に聞き入り、また華族会館勉学所《べんがくじょ》の優等生に書籍料を賞賜《しょうし》した。当初は毎日のように馬に乗ってもいた。時に天皇は、京都を離れることもあり、例えば二月五日には、京都・神戸間に新たに開通した鉄道の開業式に参加するため、京都、大阪、神戸の各停車場に臨幸した。『木戸孝允日記』は、当日の堅苦しい儀式の模様を次のように記している。

「九字　御乗車にて大阪停車場へ　着御兵隊整列奏楽諸官員奉迎停車場中え御坐《ぎょざ》を設け各国公使等　御坐下の左方に列し太政大臣は不快に付余《つきよ》を始め皆右方に列せり式部頭《しきぶのかみ》大阪知事を披露し知事書記総区長其外《そのほか》を引

連れ　御前に進み知事祝辞を陳上し　勅語あり」（午前九時に汽車に乗った天皇は、大阪停車場に到着すると同時に軍楽隊の演奏と諸官員の出迎えを受けた。停車場内には玉座《ぎょくざ》が用意されており、外国公使らは玉座下の左側に、右側には太政大臣〔三条実美〕が病欠のため自分〔木戸〕を始めとする内閣顧問、参議以下が並んだ。式部頭が大阪知事を紹介し、知事は書記、総区長らを引連れて御前に進んで祝辞を述べた。天皇は勅語でこれに応えた）

　二日後（二月七日）、明治天皇は、長年望んでいた遠祖神武天皇の畝傍山東北陵への参拝を果たすため、大和国に行幸した。途中、天皇は宇治川《うじがわ》にかかる観月橋《かんげつきょう》で行列を止め、船十艘《そう》による網漁を見物した。その夜、宇治川に臨む行在所から月を賞し、次の御製を詠んでいる。

　もの丶ふの八十《やそ》宇治川《うぢがは》にすむ月のひかりにみゆる朝日山《あさひやま》かな

　翌八日、天皇は平等院《びょうどういん》に臨幸し、有名な鳳凰堂《ほうおうどう》、釣殿《つりどの》および什宝《じゅうほう》などを見た。その後、一行は奈良に向かい、東大寺《とうだいじ》東南院《とうなんいん》の行在所に入り、玉座から若草山《わかくさやま》、三笠山《みかさやま》の素晴らしい眺望を楽しんだ。

　二月九日には春日《かすが》神社に参拝した。東壇上で天皇が馬から下りた時だった。「東方山中より神鹿《しんろく》三十四頭現はれ、榎本社《えのもとしゃ》前より西廊を経て馳《は》せ去る、衆見て以《もっ》て奇瑞《きずい》と為《な》す」[1]と『明治天皇紀』にある。群れなす神鹿の出現を、めでたいことの前兆と見たのである。神道の儀式が（賀茂社《かもしゃ》に参拝した時と同じように）執り行われ、天皇は春日神社古伝の神楽《かぐら》に聞き入った。午後、天皇は東大寺大仏殿内で開催中の奈良博覧会を訪ね、回廊に陳列された東大寺、法隆寺《ほうりゅうじ》の宝物を見た後、庭で金春広成《こんぱるひろしげ》演じる能『石橋《しゃっきょう》』を鑑賞した[2]。

　その後、明治天皇は正倉院《しょうそういん》に保存されている御物《ぎょぶつ》を見た。正倉院はふだんは勅封《ちょくふう》され、中に入ることはできないが、この日は勅命によって封を開き、御物が四聖坊《ししょうぼう》内に陳列された。天皇は御物の中で、古代の名香《こう》木《ぼく》「蘭奢待《らんじゃたい》」に興味を示した。その昔、足利義政《あしかがよしまさ》と織田信長《おだのぶなが》は、貴重な蘭奢待の一片を切り取ることによって己《おの》が権勢の証《あかし》とした。奈良の行在所に戻った後、天皇は蘭奢待の一片を所望した。内務省博物局長の町田《まちだ》久成《ひさなり》が長さ二寸（約六センチ）を切り取って進呈すると、天皇はこれを二片に割《さ》き、一片を自ら焚《た》いた。記録には、「薫烟芳芬《くんえんはうふん》として行宮《あんぐう》（行在所）に満つ[3]」とある。天皇はのちに残りの一片を東京に持ち帰った。

二月十一日は、旧暦の「辛酉年《しんゆうのとし》」一月一日に初代である神武天皇が即位した日に当たるとされ[4]、明治天皇は神武天皇畝傍山東北陵に参拝した。この地は文久《ぶんきゅう》三年（一八六三）に神武天皇陵と定められ、孝明天皇の治世に修復された。参拝の際に奏された明治天皇の御告文《ごこうもん》が指摘しているように、それ以降は顧みられることが少なかったが、これを機に適切な敬意が払われるようになった。午後、天皇は吉野《よしの》郡の南国栖《みなみくず》村に古代より伝わる、舞楽《ぶがく》に似た国栖舞《くずまい》を鑑賞した。舞を見終わった後、三輪《みわ》村の素麺《そうめん》製造人らを召し、名高い三輪素麺の製造、器械などを実見した。

二月十二日、明治天皇は菅原道真《すがわらのみちざね》（筑前国大宰府《ちくぜんのくにだざいふ》に左遷された）にゆかりのある河内国道明寺村《かわちのくにどうみょうじ》を訪ねた。記録は、「白雪霏々《ひひ》として崇高の気天地に満つ[5]」と当日朝の様子を記している。天皇は、建国の祖を祀《まつ》った大和国を去るに忍びがたいものがあったようで、あと一日の滞在延期を望んだ。しかし宮内卿《くないきょう》は、日程を急に変更することは民衆の煩労となるばかりでなく、鹿児島の情勢が穏やかではないので、陛下は一日も早く東京に還幸なさるべきであると応えた。天皇は直ちに同意した。

鹿児島異変の報に接し、なお天皇が冷静であったことは驚いていい。もちろん、天皇の大和国行幸は単なる物見遊山《ものみゆさん》の旅ではなかった。天皇が神武天皇を始めとする歴代天皇陵参拝を重視しただけでなく、この時の行幸は（九州、北海道巡幸と同様に）天皇を民衆に近づけるという役割を担っていたのである。天皇が内戦勃発の危機に瀕《ひん》しながら予定通り行事を進める決意をしたのは、木戸孝允の進言に従ったのかもしれない。木戸は二月十日の日記で、鹿児島の容易ならぬ事態に触れた後、次のように書いている。

「余《よ》は元より此揺動《えうどう》に付《つき》　還幸の御積り俄然《がぜん》御変換は必　不可然《かならずしかるべからず》　且《かつ》　還幸前暴動有之《これある》時は　御駐輦《ごちゅうれん》にて可然《しかるべき》暴動に不到《いたらず》とも実際の形勢征伐と御決定に至り候《さうらふ》ときは御駐輦可然《しかるべし》と供奉中よりも熟考せし……」（自分は

元から、今回の騒動によって還幸の予定を突然変更することは断じてあってはならず、また還幸前に暴動が起きた場合は輦《れん》を停《と》めて行幸先にとどまるべきで、暴動に到らなくとも、実際の形勢を見て征伐すると決定された場合はとどまるのが当然であると、供奉しながら熟考していた）

いずれにせよ、天皇が悠然と大和行幸を続けて学校や紡績所、天皇陵を巡幸していた頃、一方では近衛《このえ》連隊を始め東京鎮台、大阪鎮台の大隊が九州派遣に向けて着々と準備を進めていた。二月十二日、陸軍卿の山県有朋は熊本鎮台からの急報を受け、戦略に関する奏状を太政大臣三条実美に提出した。山県は言う。鹿児島の状況は極めて切迫している。暴動となれば何が起きるか、またその結果どういう変動が生じるか計り難く、決して甘く見てはならない。もし鹿児島が動けば、これに同調する者は九州、四国、山陽、山陰、東海、北陸、東北など全国に拡がっている。関八州《かんはっしゅう》（徳川幕府下、関東地方にあった八カ国）を例にとっても、従うか背くか決めがたい旧小藩が幾つもある。[6] 鹿児島が総力を挙げて反乱に出た場合、どのような策略で来るかは予測し難いが、詰まるところ次の三策ではないか。第一は火船《かせん》（汽船）で東京および大阪を急襲する。第二は長崎および熊本鎮台を襲撃し、九州を押さえる。第三は鹿児島に雌伏し、全国の動揺を窺《うかが》いつつ攻撃の時機を待つ。

山県が洞察したごとく、西郷は第二の策に出た。熊本鎮台襲撃である。山県の結論は、相手がどの策を採用するにせよ、こちらは戦力を一つに結集し、陸海軍合同で「桜島湾ニ突入シ奮闘攻撃シ瞬間鹿児島城ヲ滅却スルヲ期シ而《しか》シテ更ニ四国中国及《および》両肥（肥前《ひぜん》、肥後《ひご》）等ニ向《むかひ》テ之ヲ撃破センモ亦難《またかた》キニ非《あら》ズ」というものだった。鹿児島城さえ落とせば他県の反乱を潰《つぶ》すのはさほど難しいことではないと山県は踏んでいた。[7]

三条実美は二月十三日午後八時、汽車で京都を発《た》った。堺《さかい》の行在所に到着したのは夜半十二時だった。三条は鹿児島への軍艦派遣について天皇に具奏し、裁可を得た。午前二時、三条は御前を退出した。東海鎮守《ちんじゅ》府《ふ》司令長官の海軍少将伊東祐麿《いとうすけまろ》は、勅命により直ちに軍艦「春日」に乗船し、同じく「清輝」を率いて神戸港を出発した。すでに「龍驤《りゅうじょう》」は九日に神戸を出港し長崎へ向かっていた。

これより先、鹿児島に緊迫の兆しが見えた時点で、岩倉具視、大久保利通らは協議の上、もし鹿児島に異変が生じた際は速やかに勅使を派遣し、西郷隆盛、島津久光を説諭すべきであるとしていた。さらに私学校徒の弾薬略奪の急報が届いた際には、岩倉は自ら勅使となって直ちに鹿児島に赴くと大久保に提案した。大久保は、天皇の西幸中に、国政の重責を拝する大臣が首都を離れて自ら勅使となるのは軽挙妄動の嫌いがあるとして賛同しなかった。しかし鹿児島から切迫した報告が続々と東京に届くと、岩倉、大久保は私学校徒の暴挙を阻止するために何らかの手を打たねばならないと決意した。閣議は急遽《きゅうきょ》、大久保の京都出張を決定した。西郷と島津がどう出るかは皆目わからなかったため、岩倉らは直ちに「征討」の名を用いるのは公平でないとして、まず鹿児島への勅使派遣の意向を固めた。

その間、天皇は関西の名所訪問を続けていた。二月十四日朝、天皇は正服《せいふく》を着用し、住吉《すみよし》神社に参詣《さんけい》した。拝礼を済ませた後、天皇は略服に着替え、豊臣秀吉《とよとみひでよし》が住吉神社参詣の折りに休憩したという天下茶屋《てんがちゃや》を訪ねた。続いて天皇一行は大阪に入った。沿道に大阪鎮台兵が整列して奉迎し、市内の家々は国旗、軒灯《けんとう》を掲げ、また各所に色鮮やかな吹き流しを翻《ひるがえ》して祝意を表した。大阪鎮台に到着した天皇を、陸軍の礼砲が迎えた。天皇は鎮台将校らに謁を賜った後、木戸孝允、山県有朋を召して用談した。午餐ののち、天皇は練兵場に臨幸して輦に乗ったまま諸兵の操練を観覧し、続いて砲兵支廠で諸器械所を巡覧した。午後三時、大阪英語学校に臨幸した天皇は、校長、外国人教師の祝辞を受け、生徒の英語誦読《しょうどく》（暗唱）を聞き、理科の試験を視察した。さらに大阪師範学校に赴き、同様に祝辞を受け、授業を参観し、贈物を賜った。その後、天皇は行在所に定められた造幣局泉布観《せんぷかん》に入り、造幣局長、裁判所判事らに謁を賜った。晩餐は西洋料理だった。

いくら年若い（二十五歳）とはいえ、この日の明治天皇は疲れ切っていたに違いないが、残りの巡幸の日々も同様に骨の折れるものであった。十五日、午前八時から始まった各所の訪問の最後に、天皇は東本願寺別院本堂内で開かれた研究会に臨幸した。研究会の趣旨は、大阪府下の小学校から選抜された生徒を一堂に集め、各種の問題を課して答弁させ、生徒の知能を啓発することにあった。天皇は知事の奏請に応え、生徒たちに六人の天皇（景行《けいこう》、仁徳《にんとく》、後白河《ごしらかわ》、後宇多《ごうだ》、正親町《おおぎまち》、後陽成《ごようぜい》）の事蹟について問題を出した。小憩の後、さらに日本地誌について六題（武蔵《むさし》、摂津《せっつ》、薩摩、土佐、羽後《うご》、長門《ながと》）を出した。翌十六日、大阪を発つに先立ち、天皇は製藍所《せいらんしょ》（藍染《あいぞめ》工場）を訪ね、その製造工程を視察した。同日、天皇は京都に戻った。

伝記作者たるもの、天皇の生涯の中で何としてでも心の内を覗きたい思いに駆られる時期が幾つかあって、例えば今がその一つである。全国の県の中でも特に一目置いている鹿児島が、今まさに国家から離脱しようとしており、他県も同調して反乱を起こすかもしれないと知った時、天皇はいったいどんな気持だったか。天皇自身がとりわけ贔屓《ひいき》にしてきた維新の英雄西郷隆盛の率いる鹿児島軍と政府軍が一戦交える可能性のあることを知った時、天皇はどんな反応を示したか。思えば明治天皇が脇目《わきめ》もふらず巡幸の日程をこなすことに専心していたのは、これらの雑念を頭から振り払うための苦肉の策であったかもしれない。残りの京都滞在を通じて天皇が見せた無気力な態度もまた、同じ理由によるものだったかもしれない。

二月十六日、神戸に到着した大久保は伊藤博文、川村純義と面会した。三人で長い協議を重ねたのち、大久保と伊藤は京都に赴いて三条実美と会った。翌十七日、三条、木戸、大久保、伊藤は京都御所で（後刻、大阪から到着した山県も交え）数時間にわたって協議し、鹿児島に勅使を派遣すると決定して天皇の裁可を得た。天皇は熾仁《たるひと》親王を召し、勅使としての鹿児島行きを命じた。熾仁親王は十八日、汽船「明治丸《めいじまる》」で鹿児島へ向かうことになった。明治丸が出航の準備をしていると、熊本鎮台から、「鹿児島暴徒の先鋒《せんぽう》、既に県下に闖入《ちんにふ》して佐敷《さしき》に到る、日ならずして将《まさ》に戦端を開かんとす」との報せが入った。勅使出発は延期された[8]。

西郷の命令で鹿児島軍が熊本進軍を開始したのは二月十四日だった。西郷が戦端を開きたがっていなかったことは、あらゆる資料が一致して語っているが、西郷暗殺計画の噂に激怒していた鹿児島士族は、もはや押さえが利《き》かない状態になっていた。十二日、陸軍大将西郷隆盛は参謀の陸軍少将桐野利秋《きりのとしあき》、同篠原国幹《しのはらくにもと》と連署で鹿児島県令大山綱良に届けを出し、部隊を引き連れて政府尋問のため上京するという行軍の目的を伝えた。[9] 翌十三日、大山から大久保ならびに上京の道筋にあたる各県令などに届書が送られた。大山は、西郷とその護衛隊が大挙して上京するにあたり各県内を通過することを告げ、西郷の上京の目的が政府が仕組んだとされる暗殺計画への抗議にあることを示唆した。[10] 同様の届書は各鎮台にも送られた。

返書が届く前に西郷軍は熊本に入った。歩兵七大隊、砲兵二隊、輜重兵《しちょうへい》などからなる総勢約一万五千人は、大半が近代兵器で武装していた。[11]

西郷軍が熊本との県境を越えたという急報が到着した後もなお、天皇の京都での生活は平静を保ったままだった。例えば十八日、天皇は（木戸、宮内卿、侍従長らを従えて）京都嵐山《あらしやま》の天龍寺《てんりゅうじ》村にある漢詩人山中献《やまなかけん》の山荘対嵐山房《たいらんさんぼう》を訪ねた。午餐の後、天皇は大堰川《おおいがわ》で鯉《こい》の捕魚を見物し、続いて梅津《うめづ》製紙場を視察した。

十八日夜、太政大臣の三条は、鹿児島県の私学校徒に謀叛《むほん》の意図があることはもはや明白であるとして、木戸、大久保、伊藤、山県と廟議《びょうぎ》を決し、翌十九日早朝、天皇に奏上した。天皇はすぐさま暴徒征討の令を発して、熾仁親王を征討総督に任じ、陸軍卿山県有朋、海軍大輔川村純義を征討参軍に任じて、総督を補佐するよう命じた。天皇は反乱が鎮定されるまで還幸を延期し、京都駐輦を続けることにした。

西郷軍が熊本に向けて進発した日、ふだんは温暖な鹿児島に五十年ぶりの大雪が降り、六、七寸《すん》（二十センチ前後）も積もった。西郷軍は訓練が行き届き、規律も見事ではあったが、その行軍はいかにも奇妙な光景だったに違いない。西郷、桐野、篠原など近衛または鎮台に属していた者は、いまだに官職を辞していなかったため、敵の政府軍と同じ軍服を着用していた。海軍の正装姿もあれば、巡査の制服、あるいは詰襟《つめえり》、背広《せびろ》姿の者もいた。将校は右腕に所属隊号を記した白布を巻き、上衣《うわぎ》には縮緬《ちりめん》か白木綿《しろもめん》の兵児帯《へこおび》を締めていた。左腰に一刀を差し、右手に真紅の隊旗を持ち、ズボンに草鞋《わらじ》という恰好である。兵士の服装は、さらに不統一だった。群を抜いて異彩を放っていたのは二番大隊長の村田《むらた》新八《しんぱち》で、洋行帰りの彼は、燕尾《えんび》服《ふく》に山高帽で馬に乗っていた。[12]

西郷軍は、九州南部の政府軍勢力の中枢である熊本城（熊本鎮台）の占拠を目指していた。熊本守備兵の多くは、昨年の神風連の乱の衝撃からいまだ覚めやらぬ農民や商人出身の徴集兵だった。彼らは天下に鳴り響く大西郷の雷名に怖《お》じ気《け》づき、その士気は低かった。

熊本守備隊にとって、地元の熊本士族は、その中に西郷軍と気脈を通じている者もいたため、支援を期待できる存在ではなかった。守備隊の唯一の望みは、籠城《ろうじょう》して政府軍の救援を待つことであった。十九日、城内で火災が発生し、貯蔵庫の糧食の大半が灰と化した。この先、数週間にわたって続くかもしれない包囲籠城に備え、守備隊は近村の民家から食料を調達せざるを得なくなった。同じ十九日、鹿児島県令大山綱良からの使者が到着し、鎮台司令長官の陸軍少将谷干城《たにたてき》に三種類の文書が示された。上京の趣旨を記した西郷の照会書、大山県令の届書、西郷暗殺計画に関する中原尚雄の供述書である。谷は文書の受領を拒否し、もし西郷軍が鎮台の城下を強いて通過しようとするならば、守備兵はこれを弾圧せざるを得ないと告げた。[13] 西郷軍の先鋒は翌二十日、すでに熊本城の南西わずか二里《り》（約八キロ）の所にいた。

西南戦争の火蓋《ひぶた》が切られたのは二月二十一日であった。熊本に攻め入ろうとした西郷軍に、城兵が砲撃を加えた。谷司令長官は電信で、大阪総督本営に開戦を告げた。これを受けた山県は、京都の三条実美に転報し、同時に谷司令長官に次の電命を下した。「廟議既に確然たり、決して顧慮することなく、益〻《ますます》士気を淬《さい》励《れい》し（みがき高め）、一撃して賊を破るべし、天下人心の向背（政府に従うか背《そむ》くか）は実に是《こ》の一挙にあり」と。同時に山県は第一、第二旅団の援軍が二月二十五日には熊本に到着すると伝えた。

二十二日、西郷軍は城の前後から攻撃を開始した。二十三日、さらに猛攻撃を仕掛けたが、城は抜けなかった。城内の農民兵は予想外の善戦を示した。西郷軍は守備兵の侮《あなど》り難いことを知って、熊本攻城は長期の包囲戦になると覚悟した。

「月色煌々《げつしよくくわうくわう》として昼の如《ごと》し」であった二十二日夜、連隊長心得《こころえ》陸軍少佐乃木希典《のぎまれすけ》（一八四九―一九一二）率いる小倉《こくら》十四連隊と反乱軍が衝突した。反乱軍は抜刀し、喊声《かんせい》を上げて肉薄した。乃木の率いる政府軍は支えきれずに退却した。熾烈《しれつ》を極めたその夜の戦闘のさなか、政府軍の旗手が戦死し、連隊旗を失った。衝撃を受けた乃木は、死を覚悟して反転攻勢に出て連隊旗を取り戻そうとした。しかし、部下に諫《いさ》められて思いとどまった。征討総督熾仁親王は、状況からして止むを得ないと不問に付した。しかし乃木はこのことを忘れず、三十五年後、連隊旗を失った償いに自決した。

その間、熊本士族が相次いで西郷軍の傘下に入り始めた。熊本士族の言い分はこうだった。政府の中は上も下も西洋のやり方に心酔して、よき忠孝の遺風は消え去りそうな勢いである。今ここで二、三人の奸臣《かんしん》を取り除かなければ、国運を挽回し皇威を発揚することはできない、と。(14) 熊本士族が加わったことで、西郷軍は総勢約二万人に膨れ上がった。これら不平士族の間に尊王攘夷思想が普及していたからといって、別に驚くにはあたらない。彼らは、西洋化がもたらした士族の生活の変化に憤っていただけでなく、神風連の英雄的な死に奮起させられてもいた。西郷自身は反西洋ではなかったが（初代アメリカ大統領ジョージ・ワシントンは、西郷が好む英雄の一人だった）、私学校徒の間には強烈な攘夷の意識があったことは、彼らの「出陣いろは歌」を見ればわかる。歌は、次のように始まる。

今も昔も神国なるに
ロシヤ、アメリカ、ヨーロッパ
馬鹿《ばか》な夷風《いふう》に目はくらみ
日本の乱れはかえりみず
法を異国に立てかえて

外国の影響が罵倒《ばとう》されたばかりではなく、維新そのものが疑問視されている。
大名《だいみょう》つぶしたその時に

昔にかえるというたのも
うそと今こそ知られけり

歌は大久保、三条を名指しで告発した後、次のように非難している。

逆《さか》ら心の末いかに
毛唐人《けとうじん》らに国を売り
武具も刀も捨てよとは
古今《ここん》聞かざる布告なり

士族の心を摑《つか》んで離さない死の魅力について歌った最後の一節は、外国の軍歌でお馴染みの勝利の凱歌《がいか》とは対照的な調べを奏でている。

もはやこのうえ　忍ばれず
せめてはつくすもののふの
数万《すまん》の民を救わんと
今日を限りの死出《しで》の旅⑮

戦闘が本格的に始まったのちもなお西郷は、自分の唯一の目的は政府に疑義を質すため上京することにあると主張した。西郷のやり方には一切秘密というものが無く、西郷軍が通り過ぎるはずの県と鎮台は、事前に進軍の届けを受け取っていた。しかし、熊本鎮台の守備隊はその行く手を阻もうとしたため、西郷は対抗せざるを得なかった。

二月二十八日、鹿児島県令の大山から三条、岩倉に宛てて、西郷軍がやむを得ず開戦するに到った経緯を記した陳情書が届いた。

「抑々《そもそも》隆盛の官を辞して帰県するや、謹慎を旨とし、且《かつ》学校を開きて導くに忠孝を以《もつ》てす、故《ゆゑ》に往年佐賀の乱あり、尋《つ》いで熊本・山口の変ありと雖《いへど》も、鹿児島県内 些《いささか》の動揺を見ず、然《しか》るに如何《いか》なる嫌疑の在《あ》るありて隆盛等暗殺の命下れるか、其《そ》の理由を知る能《あた》はず、又隆盛等の東上に際して随行の徒《と》兵器を帯《たい》するは、是《こ》れ暗殺を命ぜらるゝが如《ごと》き身なるを以て、途中の異変測り難く、已《や》むを得ざるに出《い》づるなり」（西郷は官職を辞して帰県し、身をつつしむ一方で、私学校を開いて士族に忠義と孝行を教えた。だからこそ、佐賀の乱の時も、熊本、山口の暴動の時も、鹿児島は少しの動揺も見せなかった。にもかかわらず、いかなる嫌疑があって西郷暗殺の命令が下ったのか、理由がわからない。東上する西郷一行が武装しているのは、西郷に対する暗殺命令が下っている以上、途中で不測の事態が起きるやもしれないため、やむをえない措置である）

この陳情書の最後で大山は、すでに征討の令が下ったことで鹿児島県下に動揺の恐れがあるとして、「願はくは至急勅諭を賜《たま》ひて県民を鎮撫《ちんぶ》し、旁々《かたがた》隆盛の趣意を貫徹せしめられんことを」(16)と訴えている。

これに先立つ二月二十五日、鹿児島県下逆徒征討の趣旨が布告されていた。それを見て激怒した西郷は、三月五日、陣中で征討総督熾仁親王宛に書簡をしたため、大山を通じて上呈した。その際、西郷は大山に次のように告げている。「是の分疏《ぶんそ》（申し開き）にして容《い》れられずば、兵力に訴へて通行するの外《ほか》なし」と。

熊本城（熊本鎮台）包囲戦は五十四日間に及び、四月十四日まで包囲は解かれなかった。その間、守備隊と外部との交通はほぼ完全に断たれたが、時に城内の状況を報告する密使が敵の包囲陣をくぐり抜けた。三月四日、大阪の内閣出張所（征討事務本部）から京都に戻った木戸は、熊本の戦況および将来の目的などを天皇に具奏した。天皇は、戦況が政府軍有利に傾きつつあるとの報告に安堵《あんど》した。同時に天皇は、賊徒の烙《らく》印《いん》を押された西郷の心中を思いやった。西郷は長く側近として天皇に仕え、その性格は天皇のよく知るところだった。今や錦旗《きんき》に刃向から立場となったとはいえ、西郷の心中は察して余りあった。天皇は、西郷を深く憐《あわ》れんだ。木戸は、かつての功臣を思う天皇の情に感涙したという。(17)

明治天皇が示した憐憫《れんびん》の情は、同じような状況に置かれた際にヨーロッパの君主が示すであろう態度に照らして見るならば、実に注目に値することだった。自分が信頼し贔屓にしていた男が反乱軍を率いていることを知った時、ヨーロッパの君主なら恐らく男の忘恩行為を声高に罵《ののし》ったに違いない。男が反乱を決意するにあたっての心の痛みなど、君主の眼中にないことは言うまでもない。西郷隆盛に親愛の情を寄せる明治天皇は、あるいは西郷軍と官軍との対立がいずれは解消するのではないかという希望さえ抱いていたのではないか。

裏返して言えば（そして、ヨーロッパの反逆者が決まって示す態度とは正反対に）、西郷も、明治天皇に不満を抱いていた形跡も、天皇制に取って代わって他の政体になればいいと思っていた形跡も無い。それどころか西郷は、仮にそれが専制であったとしても、天皇親政が理想の国家形態であると確信していたようなのである。(18)西郷の下で戦った鹿児島士族たちも西郷と同じように考えていた。反乱軍にとって西南戦争の最終目的は、天皇の周辺から腐敗した官吏を除去し、それによって天皇が奸臣の悪影響に乱されずに国を統治できるようにすることだった。

これについては、天皇の身近にいた木戸孝允のような人物たちにしても同様で、彼らは、（戦時にありがちなように）敵の指導者を裏切り者とか忘恩の徒呼ばわりすることはなかった。木戸は西郷についてこう語っている。「隆盛は決して（後醍醐《ごだいご》天皇に叛旗《はんき》を翻した）足利尊氏《あしかがたかうじ》の如き姦悪《かんあく》にあらず、惜しいかな、識《しき》乏しくして時勢を知らず、一朝の怒を洩《も》らすに己《おの》れの長ずる所を以てして、身を亡《ほろぼ》し又国を害するに至れるなり、隆盛の所業固《もと》より悪《にく》むべし、然《しか》れども政府亦《また》反省せざるべからず」(19)と。

熊本城の攻防は、雌雄《しゆう》を決する戦いだった。もし反乱軍が城を落とし、余勢を駆って肥前（佐賀・長崎）

に進軍するようなことになれば、全九州は彼らの手中に帰することになるかもしれなかった。[20]逆に反乱軍が熊本で敗北すれば、戦いは間もなく終わるだろうと思われた。反乱軍の指導者たちが鹿児島に撤退して戦争を長引かせることはなく、熊本での死を選ぶと思われたからである。しかし、城を守る政府軍の頼みの援軍はなかなか到着しなかった。反乱軍も当初は農民出身の守備兵の抵抗の凄《すさ》まじさに驚いたが、その後は普仏《ふふつ》戦争中のプロシア軍によるメス（フランス北東部。ドイツ語ではメッツ）攻囲戦にも比すべき戦術で包囲網を固めていた。[21]

政府軍初の勝利は、巡査百人を精選した「抜刀隊《ばっとうたい》」によってもたらされた。彼らは白刃《はくじん》で側面攻撃を仕掛け、正規軍が数日かけても落ちなかった敵の堡塁《ほうるい》（砦《とりで》）の奇襲に成功した。[22]三月十五日、政府軍は敵の防衛拠点である田原坂《たばるざか》への攻撃を開始した。熊本城から北に十数キロの地点にある田原坂での西南戦争始まって以来の激戦は、双方に多くの犠牲者を出した。二十日、政府軍は敵陣を突破し、坂上の塁を奪取した。「賊兵の斃《たふ》る丶者数百、死屍《しし》行路を塞《ふさ》ぎ壕水《がうすい》為《ため》に赤し」と記録にある。政府軍は、逃げる敵を追った。[23]熊本城の攻防はなお三週間以上にわたり、西南戦争は九月下旬まで続いたが、田原坂における政府軍の勝利で先が見えたようだった。遅かれ早かれ、政府軍の物資および兵数の優位は、屈強の薩摩士族をも打ち負かすことになるはずだった。

戦闘が始まって以来、天皇は戦争以外のことは何も考えられなかったようである。拝謁者引見の時を除いて、めったに御学問所にも出御しなかったが、三条実美が報告する戦闘の推移にだけは毎朝耳を傾けていた。京都滞在中、天皇はほとんどいつも常御殿で女官に囲まれており、大臣、参議でさえ九等出仕を通さなければ天皇の御前に出られなかった。日頃から聖徳の涵養《かんよう》に心を砕いてきた三条、岩倉、木戸ら重臣は、国家の非常時における天皇の振舞いについて憂慮を深めた。三条、木戸らは再三にわたって諫奏《かんそう》し、御学問所への出御を奏請したものの、事は容易に運ばなかった。三月二十日、木戸と協議の末に三条が参内し重ねて諫奏すると、ついに天皇はこれを受け入れた。二十一日から天皇は隔日に御学問所に出御し、西南戦争に関する報告、意見を聴くことになった。折しも（明治八年に侍読《じどく》から侍講《じこう》となった）元田永孚が天機奉伺《てんきほうし》（天皇の機嫌を伺うこと）を許されて京都に滞在中だったので、天皇は彼を召して肥後薩摩の地理について下問し（元田は熊本出身だった）、また日本と中国の古今の戦争について講義させた。

三月二十五日、天皇は木戸の進言で京都市内を騎馬で巡幸した。京都駐輦が決まって以来、御所の奥にこもりがちで外に出ようとしなかった天皇を心配した木戸は、気晴らしに騎馬での市内散策を勧めた。多少の風雪があろうとも、なにとぞお出かけになるように、と。一時あれほど乗馬熱に憑かれた天皇が、戦争が始まってからは二回しか馬場に出ていなかった。午前十時、天皇は木戸、宮内卿、侍従らを従え、騎馬で南門を出た。一行は五条通《ごじょうどおり》まで南下し、そこから別の道筋を北上し、正午、御所に戻った。道は泥濘《ぬかる》んで、天皇の衣服に泥が跳ね上がった。恐らく木戸は、馬上の天皇の姿が京都市民の意気を盛んにすることを願ったのだろう。熊本での戦闘開始からわずか一カ月しか経っていなかったが、民衆の心にはすでに疲れの色が見えていた[24]。

三月三十一日、天皇は大阪鎮台に行幸し、士官収容の病院を慰問し、さらに兵卒収容の病院を訪ねた。そこでは西南戦争で負傷した兵たちが治療を受けていた。一負傷兵が、敬礼するため床の上に正座しようとして、覚えず眉《まゆ》をしかめた。天皇は、その表情から兵の傷の痛みを察して正座をやめるように言い、他の負傷兵たちにも起拝をやめさせた。兵たちは皆、感泣《かんきゅう》したという。

反乱軍はいまだに粘り強く熊本攻城を続け、政府軍が攻囲を解くことを許していなかった。これ以上政府軍が弱さを露呈するようであれば、それを見て諸国の不平士族が次々と決起し、体制そのものが瓦解《がかい》する恐れがあった。四月四日、三条、木戸、大久保、伊藤は協議の上、数日後なお戦況が好転しない場合は、すぐに大纛《たいとう》（天皇旗、すなわち天皇のいる陣営）を政府軍に近い下関まで進めるよう奏請すると決定した[25]。しかし三日後、岩倉は三条らに書簡を送って意見を述べた。「（天皇）親征に就きては、天下人心に関係すること頗《すこぶ》る大なり」と。四日に行われた、兵を一万人募集するという発令に対してすら、天下の人心は形勢が政府軍にとって不利なのではと疑惑を抱き、不安を覚えているほどである。ましてや天皇親征など、決して軽々しく言い出すべきことではないのだと。

その間、熊本城内は絶望的な状況を迎えつつあった。食料と弾薬が底を突きかけており、士官の食事は朝夕が粥《かゆ》で、昼が黄粱飯《こうりょうはん》（粟飯《あわめし》）だった。工兵は三度の食事とも黄粱飯となった。士卒の労を癒《いや》すものは煙草《たばこ》だけだったが、煙草とは名ばかりで茶の葉で代用された。食料は、保《も》っても十八日分しかなかった。

四月十二日、参軍の黒田清隆が指揮する政府軍が総力を挙げて進撃を開始し、城の包囲網の一角を破った。包囲軍を指揮していた隊長永山弥一郎《ながやまやいちろう》は、もはやこれまでと自刃した。十四日、援軍の間近に迫ったことを知った熊本鎮台司令長官谷干城は、城外へ打って出て反乱軍を挟撃する準備をした。午後四時、山川浩《やまかわひろし》率いる第二旅団が反乱軍の囲みを突破した。城内の兵は一斉に鬨《とき》の声を上げ、旗を振り、歓声が城内に満ちた。熊本城の攻囲が解かれたのだ。

十五日、黒田が熊本城に入り、十六日、山県がこれに続いた。それまでの戦闘で死傷者は七千五百人に上り、熊本市は、十分の九が灰と化したと言われるほど焼け野原となった。熊本城攻防での政府軍勝利の後もなお、戦闘はさらに五カ月続いたが、反乱軍の戦力は確実に減る一方だったのに対し、政府軍はますます力をつけて大胆になっていた。反乱軍は逃げ回り、西郷の非凡な統率力だけが包囲と壊滅から全軍を守っていた。ここに到ってなお西郷は、優勢な政府軍に対して時に痛手を負わせることができたのである。(26)

この時期、明治天皇は学問に対する関心を急速に失いつつあった。天皇は五月、侍講元田永孚に東京に帰るよう命じた。元田は京都を去るに際して、君主のあるべき振舞いについての十箇条を記し、天皇に上書した。例によって行き届いた言葉遣いで述べられているものの、その意図するところは明らかだった。この中に君徳についての一節がある。「徳有レバ人君《くん》ト為《な》ル可《べ》ク徳無ケレバ人君ト為ル可カラズ」(27)。講学が廃されたばかりではなく、太政大臣、参議らの拝謁も容易にはできなかった。定期的な御学問所出御も午前中だけで、午後は内廷《ないてい》に閑居することが多かった。側近たちは、天皇が学問を疎《うと》んじている現状を深く憂慮した。

五月二十六日、木戸孝允が長患《ながわずら》いの末に死去した。木戸の死は天皇にとって明らかに大きな衝撃だったが、なお天皇は無気力から脱するには到らなかった。木戸が死去したことで、天皇の聖徳涵養にそれまで以上の責任を感じた三条は、七月、最善の方法として侍講の元田永孚、福羽美静を京都に呼んで講学を再開させようと考えた。勅許を得ずに二人を呼び寄せることは本来できなかったが、しかしついには勅許を得ぬまま二人の侍講を京都に呼び、三条はこの二人に輔導《ほどう》の任を尽くさせたい旨を天皇に奏請した。天皇は三条の奏請を入れ、以後は連日勉学に励むとの勅語を賜った。しかし結局、開講には到らなかった。

七月二十八日、天皇は京都を発ち東京への還幸の途に就いた。天皇の還幸は、九州で戦う政府軍の士気に及ぼす影響を考慮して、数度にわたって延期されていた。しかし戦闘の大勢が決したことで懸念がなくなり、政府の機能が東京と京都に二分されている不便さを解消するために、天皇の還幸が必要となったのである。神戸から横浜へ向かう航海の途上、天皇は船上から雲間《くもま》に聳《そび》える富士山《ふじさん》を眺め、御製三首を詠んだ。その第二首を引く。

あづまにといそぐ船路の波の上にうれしく見ゆるふじの芝山《しばやま》(28)

天皇はこれら三首を鉛筆で手冊《しゅさつ》に記し、そのページを破って、歌人として知られる侍従番長高崎正風《たかさきまさかぜ》(一八三六—一九一二)に見せ、忌憚のない批評を求めた。恭《うやうや》しく御製を拝見した高崎は、「第二の御製殊《こと》に勝《すぐ》れたり」と答えた。天皇は、前後の二首のどこが悪いかと質した。高崎は答えた。「決して調《ととの》はざるにあらず、但《ただ》し之《こ》れを第二に比するに劣れるのみ」と。重ねて天皇は、第二の歌が他に勝っている理由を質した。応答は続き、天皇は次第に歌の優劣、歌道《かどう》に関して興味を抱き始めた。天皇はかつて詠んだ旧作を数首取り出し、高崎に示した。高崎は一つ一つ、丹念に批評した。天皇は相次いで御製を示し、その数はついに三十余首に到った。高崎との歌論のやりとりは、航海中の天皇の無聊《ぶりょう》を慰めたようだが、より重要なのは、戦争によって気が滅入《めい》り、無気力となった天皇にとって、これが自分の務めと人生に対して新たな関心を示し始めるきっかけとなったかもしれないことである。[29]

七月四日、権典侍の柳原愛子は着帯の儀を済ませた。天皇の第一皇子および第一、第二皇女は、いずれも幼少時に死去しており、大臣、宮内卿、侍医らは御子《みこ》誕生に際して細心の注意を払って最善の環境を整えるよう心を砕いた。かねてより病質であった柳原のため、出産に際しての京都移住は避けられた。九月二十三日、西南戦争最後の総攻撃の前日に、東京の梅御殿[30]で皇子が誕生した。

西郷の最後の拠点は、その麓《ふもと》に自ら開設した私学校がある城山《しろやま》であった。九月二十四日朝、西郷の下には四十人だけが残っていた。重傷を負った西郷は皇居の方角を向いて坐《すわ》り、頭を下げた。側近の別府晋介《べっぷしんすけ》が介《かい》錯《しゃく》し、西郷の首は落ちた。反乱は、終わりを告げた。

第二十九章　大久保利通暗殺さる

明治十年（一八七七）が終わるまで、明治天皇に関する限り、主に西南戦争の残務処理に追われる日々が続いた。参戦した将校、下士《かし》、兵卒が歓呼の声に迎えられて帰還し、主たる勝利への貢献者に勲章が授与された。西郷隆盛は賊将としての罪を許されなかったが、すでに同情を集めていた。西郷の死の翌日、天皇は皇后に「西郷隆盛」という勅題を与えた。皇后は次の歌を詠んだ。

薩摩潟《さつまがた》しづみし波の浅からぬはじめの違ひ末のあはれさ(1)

薩摩の反乱の終結により、評判の悪いこの戦争の犠牲者はこれ以上出ないで済むことになった。しかし、九月初旬に長崎で発生したコレラが全国に蔓延《まんえん》し、その勢いが弱まる十二月までに患者数一万三千八百十余人、死者八千二十余人を数えた。

十一月十九日、天皇は山県有朋以下、士官、軍吏、軍医ら百十人を小御所代《こごしょだい》に召し、晩餐で西征の労をねぎらった。近衛士官の中に腕や指を切断した者、また片目を失った者がいた。天皇は深く心を痛め、彼ら五人を御前近くに召し、負傷した場所、日時を尋ね、「疼痛《とうつう》既に去れりや」と自ら手で彼らの傷痕《きずあと》に触れた。

負傷者は、ただ低頭して感泣するばかりだった。一部始終を見守っていた山県以下の士官らは即座に起立して敬意を表し、皆落涙した。

この時期以降、明治天皇と臣下との触れ合いを述べた記録の件《くだ》りで繰り返し「感泣」の文字に出会う。百年前の人々は今日の人間より涙もろく、泣くことは士族にとってさえ女々《めめ》しいことではなかった。十年前まで御所の壁の中の神秘的な存在だった天皇は、すでに慈愛に満ちた畏敬《いけい》される存在へと変貌《へんぼう》していた。その臣下に対する愛情あふれる仕草の一つ一つが、臣下の涙を誘った。

東京に戻ってからの天皇の生活は、京都での長く怠惰な時期以前の日常に復した。天皇は午前十時から毎日三十分、内閣に臨御した。[2] また、当番侍補《じほ》二人を相手に内廷夜話《ないていやわ》も復活した。例えば十月六日、高崎正風、元田永孚が当番侍補として参候した。談話の合間に天皇は筆をとり、大字《たいじ》を揮毫《きごう》した。中に、次の御製二首があった。

臣《おみ》どもを集めてこよひ筆とりて文字のかず／＼書きてみせけり

あきのよの長きにあかずともし火《び》をかゝげて文字をかきすさみつゝ

『明治天皇紀』は、「両人、叡慮の辱《かたじけな》きに感泣して覚えず拝伏す」と記している。皇后は、高崎に返歌《へんか》を促した。高崎はすぐに次の歌で応じた。

浅からぬ御心《みこころ》くみて水茎《みづくき》のみあとに袖《そで》をぬらしつるかな

元田は自分もまた黙止すべきでないと思い、絶句《ぜっく》二句を賦《ふ》した。天皇にとって、この日の内廷夜話はことのほか愉快であったらしい。以降、折りあるごとに当番侍補と揮毫を楽しみ、歌を詠み交わした。十月十二日、侍従試補荻昌吉《おぎまさよし》が瓢箪《ひょうたん》の絵を描いた。当番侍補の山口正定《やまぐちまささだ》が、それに次の讃《さん》をつけた。

このひさご顔回《がんくわい》または秀吉のめでし心をのみわけてみる

この讃に、天皇と皇后は声をそろえて笑った。(3)めったにない夫婦水入らずのこの光景には、心なごむものがある。

十月二十三日、久しく中断していた学課の講習が再開された。天皇は御学問所で約一時間、元田永孚と『通鑑覧要《つがんらんよう》』を読んだ。やがて読書に加えて進講も再開され、天皇は特に『帝鑑図説《ていかんずせつ》』を好んだ。これは帝徳の亀鑑《きかん》（天子が模範とすべき徳行）を記した書物で、解説も明細にして平易なため、元田は近世の事情と比較し、また君徳の実際に照らして言を尽くした。元田は常に天皇の関心を引き出そうと努め、それは成功した。天皇はしきりにこの書物を褒《ほ》めたが、元田は当初、特にどの部分が天皇の興味を引いたのか分からなかった。ある夜、天皇は周《しゅう》の宣王《せんおう》が姜后《きょうごう》の諫言《かんげん》に感じ入って政治に励むようになった件りを選び、皇后に「感諫勤政」という勅題を与えた。天皇が特に惹かれたのは、諫言を聞き入れて自らの行いを改めた中国の皇帝の逸話であった。

長く学問を遠ざけてきた天皇が、新たな自省の念に目覚め、また侍臣の諫言に進んで応じようとしていることに、元田は深い感銘を受けた。十二月十三日、御談会が再開され講学はさらに充実した。(4)その少し前、青山御所御苑《ぎょえん》内で開かれた観菊《かんぎく》の宴でも、天皇は元田を感銘させた。この時の天皇の談論は広く諸般にわたり、その名論卓説は侍臣たちのかつて耳にしたことのないものだった。特に、海外諸国に関する意見は優れていた。「外人をして聞かしむとも間然する所なからん」と元田らは賛嘆している。

天皇の乗馬熱も蘇った。乗馬への新たなる関心は、最初は陪臣たちに歓迎された。しかし陪臣たちも、ついには度を越しているかと思い、疲労のあまり落馬するのではと心配するようになった。岩倉具視が天皇を諫《いさ》めたが、効果は無かった。明治十一年（一八七八）初頭から途切れなく雨が降り続いた時も、天皇は御苑内の馬場に出ることを欠かさず、馬場の泥濘《ぬかるみ》に馬の脛《すね》が埋もれそうになっても意に介さなかった。御厩《おうまや》課の馭《ぎょ》者《しゃ》、馬丁《ばてい》らは憔悴し、厳しい寒さのために馬も病むものが少なくなかった。一月十二日、当番侍補土方久元《ひじかたひさもと》、高崎正風が天皇を諫めた。この時の記録によると、「（天皇は）温顔を以て之《こ》れを聴きたまひ、言終るや、善くこそ申したれ、以来馬場の事は馭者の意見に一任すべし」と語ったという。土方らは天皇が快く諫言を受け入れたことに打たれて感泣し、退出した。

翌日、土方は天皇に陪乗し馬場に出た。松林を過ぎようとした時だった。土方の馬が急に駆け出し、彼は危うく落馬しそうになった。これを見た天皇は即座に馬を駆け寄せ、「土方恙《つつが》なかりしか」と声をかけた。つい昨日は乗馬のことで諫言を受け、今また陪乗の土方が落馬しそうになったことで、天皇は動揺したのである。この時の天皇の言葉を後で聞き、その寛仁大度《かんじんたいど》（寛大で慈悲深く、度量が大きいこと）の人徳に感嘆しない者はいなかった。

この時期、明治天皇と外国元首との関係に微妙な変化が見られた。フランス大統領パトリス・ド・マクマオンに宛てた天皇の返書は、次のように始まっていた。「天佑《てんいう》ヲ保有シ万世《ばんせい》一系ノ帝祚《ていそ》（天子の位《くらい》）ヲ践《ふみ》タル日本国皇帝睦仁《むつひと》」[5]。天皇はそれまで外交文書で、これほど居丈高《いたけだか》な肩書を使ったことはなかった。逆に清国皇帝からの国書には、皇帝自ら「大清国大皇帝」と称し、明治天皇にも「大日本国大皇帝」[6]と対等の肩書を用いている。これは清国朝廷としては前例のない譲歩だった。清国は、日本に初めて公使館を設置した。

明治天皇はまた、努めて日本の歴史を知ろうとしていたようだ。その対象は、例えばアメリカの科学者エドワード・モースが明治十年に発見した大森貝塚《おおもりかいづか》であり、また天皇の治世の歴史で重要な一部を占める西南戦争であった[7]。祖先に対する強い愛着とあいまって、天皇は日本の歴史そのものに新たな関心を示し始めたのである。

明治十一年（一八七八）の新年は、例によって宮中の儀式で始まった。相互の訪問、贈物の交換、御歌会始がこれに続いた。一月二十四日、天皇は農学校開校式に行幸し、農業重視を言明した「朕惟《ちんおも》フニ農ハ国ノ本《もと》ナリ」に始まる勅語を賜った。数々の反乱が収まった今、国を動かす基本政策が次々と打ち出された。

君主としての天皇自身に関して、ごく稀にだが、記録から暗示を受けることがある。天皇が諫言を尊重すると明言したことで、侍臣たちは天皇の行為に対して（当然、極めて敬意に満ちた言葉で）異議を唱える勇気を得たように思われる。例えば二月三日、当番侍補山口正定、同鍋島直彬《なべしまなおよし》は、日曜日であるにもかかわらず天皇の出御を仰いだ。天皇の御前で、山口らは意を決して次のように述べた。「客歳《かくさい》（昨年）罹《かか》らせられし脚気《かくけ》病の再発測り難ければ、一層の節酒あらせられんことを」と。年が明けてから新年の宴会、また相次いで臣下の者などに陪食《ばいしょく》を許したことで、天皇はいささか酒量を過ごしていた。一月十日の夜宴では午前三時、つい一昨日の酒宴は翌朝五時に到った。山口らは、陪食を許した後に内宴を催すことを禁じ、特に深夜の飲酒をやめるよう切に諫奏した。

『明治天皇紀』には、天皇はこの「諫奏」を快く受入れ、「爾後《じご》、御宴会等に酔顔を拝することなし」[8]とあるが、いかなる理由であれ、なぜ天皇が深酒をするようになったのかについては何も触れていない。天皇を知る様々な人々が、のちに到るまで天皇の酒好きについて証言している。以前にも一部引用したが、西南戦争に従軍した、当時陸軍少将だった高島鞆之助《たかしまとものすけ》は次のように回顧している。

「当時の宮中は斯《かく》の如《ごと》く剛健勇武の気風に満ちたれば、聖上《せいじやう》（天皇）は常に御愉快に万機を総攬遊《そうらんあそば》され御元気《ごげんき》も亦《また》非常にして御酒量も強く、時々御気《おき》に入りの侍臣等を集めて御酒宴を開かせられしが、自分は酒量甚《はなは》だ浅く畏《おそ》れ多き事ながら何時《いつ》も逃げ隠れる様《やう》にして居《ゐ》た。所が彼《か》の山岡鉄舟《やまをかてつしう》や中山大納言《なかやまだいなごん》（忠能《ただやす》）の如きは却々《なかなか》の酒豪で、斗酒猶《としゆなほ》辞せずと云《い》ふ豪傑であつたから聖上には何時《いつ》も酒宴を開かせ給《たま》ふ毎《ごと》に、此等《これら》の面々を御召し寄せになつては、御機嫌殊《こと》に麗《うる》はしく、勇壮な御《お》物語《ものがた》りを御肴《おさかな》として玉杯《ぎよくはい》の数を重ねさせ給ふを此《この》上《うへ》なき御楽しみとせられた。而《しか》も聖上の当時用ゐさせ給ひし玉盃《ぎよくはい》は普通の小さいのではなくて下々《しもじも》の水飲茶碗《みづのみぢやわん》を見るが如き大《おほ》きなる玉盃に、並み〳〵と受けさせられては満《まん》を引かせ給ふが常であつた」(9)

明治十九年（一八八六）に侍従に就任した子爵《ししやく》の日野西資博《ひのにしすけひろ》は、「御陪食の時には、（酒を）『コップ』に注いでございまするが、始終御話をあそばして、珈琲《コーヒー》を召上つてしまひましても、まだ残つてをりまする間は入御《じゆぎよ》になりませぬ。そこにございます全部を召上つてから入御になりましたことは、御陪食に御出《おい》でになりました方は御承知のことと存じます。残らず召上らないと入御がなかつたのであります」(10)と語っている。

すでに見たものとはまったく異なる性格の諫言が、元田永孚によって行われた。この時期（明治十一年二月）、ヨーロッパ各国の例に倣って官有山林の一部を帝室森林とする建議が提出されていた。元田はこの建議に反対し、次のように説いた。帝室が頼って永遠に維持すべきものは土地でなく、「至徳大仁《しとくたいじん》」（最上の徳と深い思いやり）によって民心を繋《つな》ぐことである。往時の政府もまた、租税としてその幾何《いくばく》かを上納させるにとどまった、と。

さらに元田は、君権、民権に論及して力説した。人民が義務を果たし、得るべき権利があるならば、君主はまずこれを与えなければならない。君主が徳を修め、得るべき権利があるならば、人民はもとよりこれを奉ずべきである。しかし今政府は、「至徳大仁」を修めることなく人民所有の土地を取り上げ、それを帝室の私有にしようとしている。これは帝室が人民と同等の利を争うことで、自ら帝権を損ずるものにほかならない。地租の一部を割いて帝室保護税と定め、これを全国に賦課することが今日に処する公明正大の策である。「至徳大仁を施して人民を愛育せば、人心の帝室を思慕敬重すること愈《いよいよ》〻深く、天下 悉《ことごと》く我が私有の土地の貢租（租税）を挙げて帝室に供するに至らん、苟《いやし》くも人心を失はんか、悉く天下の土地を有すとも民皆起《た》ちて之れを奪はんとす、是れ天理にして人心自然の感応疑ふべからざるなり」(11)。

元田の言葉は天皇に聴き入れられ、帝室のための山林接収の建議は実行されなかった。この出来事は、儒教の教えに基づく諫言がなお力を持っていたことを示しているが、一方で、諫臣たらんとした者が天皇の徳に啓発されて諫言を引っ込めた例もあった。ある時、天皇は侍従に靴の修理を命じた。侍従は密かに侍補佐《さ》佐木《さき》高行《たかゆき》（一八三〇—一九一〇）、高崎正風の二人に、天皇は、なぜ古い靴を捨て新しい靴を求めることをせず、わざわざ修繕など命じたのだろうかと相談した。佐佐木と高崎は、これは些細《ささい》なこととはいえ、君徳に大きくかかわることだと考えた。もし天皇が倹約を重んじたのであれば、まことに喜ばしい。しかしながら吝嗇《りんしょく》（けち）の考えから出たのであれば、憂うべきことである。高崎は天皇に真意を質した。天皇は応えた。あの靴は、侍従試補の藤波言忠《ふじなみことただ》（一八五三—一九二六）に与えようと思ったが、少し損傷していた。だから、藤波に余計な出費をかけさせまいと思い、あらかじめ修理を命じたのだ、と。高崎らは、侍臣に対する天皇の厚意に感泣した。

天皇の君徳の別の一面が四月二十三日、脚気病院設立費として金二万円を東京府に賜った際に示された。天皇は前年、京都滞在中に脚気を患ったため同じ病気に悩む者の気持がよくわかった。天皇の病気は再発する恐れがあり、それを予防するには慣例に従って転地療養するのに勝る方法はないと、侍医たちは進言した。これを受けて、標高の高い乾燥した土地を選んで離宮を造営してはどうかとの意見が出て、岩倉具視が天皇にそれを上奏した。これに対して天皇は答えた。

「転地療法可なるべし、然《しか》れども脚気病は全国人民の疾患にして、朕一人の病にあらず、土地を移すの事朕之《こ》れを能《よ》くすべし、然れども全国の民 悉《ことごと》く地を転ずべからず、故に全国民のため別に予防の方法を講ぜんことを欲す、且《かつ》東奥巡幸の際、彼《か》の地の鎮台兵を視《み》るに、皆高燥の地に屯営《とんえい》すれども、脚疾《きゃくしつ》に悩む者数十人ありたり、思ふに、土地を択《えら》ぶとも必ず是の患《くわん》を免《まぬか》るべきにあらず、該病は西洋各国に存せずして只《ただ》本邦にのみ存すと聞く、果して然らば其の原因誠に米食にあるべし、朕聞く、漢医遠田澄庵《とほだちょうあん》なる者あり、其の療法、米食を絶ちて小豆《あづき》・麦等を食《しょく》せしむと、是れ必ず一理あるべし、漢医の固陋《ころう》として妄《みだ》りに斥《しりぞ》くべきにあらず、洋医・漢医各〻《おのおの》取る所あり、和法亦《また》棄つべからず[12]」（転地療法もいいだろう、しかし、脚気は日本全国の誰もが罹り得る病気であり、朕一人のものではない。〔自分は天皇なので〕転地も可能であるが、国民すべてが転地できるわけではないのだから、予防の方法を別に講じるように望む。東奥巡幸の際に現地の鎮台兵を見たところ、高燥の地に屯営していたにもかかわらず、脚気に悩む者が数十人もいた。これを考えると、土地を選んでも脚気を避けられるとは限らないのであろう。この病気は西洋諸国にはなく、ただ日本にだけあると聞く。それが本当なら、原因は米食にあるに違いない。遠田澄庵《とおだちょうあん》という漢方《かんぽう》医がいて、その療法は米食を絶って小豆《あずき》、麦などを食べさせるのだと聞く。これにはきっと確かな理由があるのだから、古くさい漢方医の頑固さだとしてむやみに否定してはいけない。西洋医にも漢方医にもそれぞれ長所はある。伝統的な日本の医術もまた棄ててはならない）

　この天皇の意見に打たれた岩倉は「敬服して退」いた。後日、参議兼内務卿大久保利通もまた転地を勧めたが、天皇からは同じ答えが返ってきた。天皇が、事実この通りに述べたかどうかはわからないが、これは天皇がまとまった意見を述べた初めての記録である。天皇から賜った費用で七月十日、東京に脚気病院が開院した。天皇はまた、東京府が初めて設立する癲狂院《てんきょういん》（精神科病院）のために金三千円を併せて賜った。

　天皇自身は平素から医者嫌いで、これは生涯続いた。特に毎日の拝診を嫌った。前年、脚気に苦しんでいた際も、天皇は異状を侍医に明かさず、侍医が知った時には、すでに病状はかなり進んでいた。天皇は身体《からだ》が丈夫だったため、ふだんは特に健康に留意するということがなかった。侍医たちは侍医たちで、いまだに伝統的な、時に非文明的な慣習に頼っていた。例えば親子《ちかこ》内親王（以前は和宮《かずのみや》として知られた）が明治十年（一八七七）六月、脚気に罹った際、侍医には転地療養を勧めることしかできなかった。親子内親王は侍医の言葉に従って八月、箱根《はこね》に転地し、その地で三週間後の九月二日に死去した。三十一歳であった。孝明《こうめい》天皇の妹、将軍徳川家茂《とくがわいえもち》の妻として不遇な生涯を送った内親王の悲劇的な最期は、明治天皇の医者嫌いをさらに募らせたようだった。佐佐木高行が二時間余にわたって諫言し、ようやく天皇は朝夕の拝診を承知した。

　侍臣たちの数々の諫言と、その諫言に（当初は抵抗を示したものの）進んで従おうとする姿勢は、明治天皇に新たな成熟をもたらしたようである。幸いにも、天皇は非凡な能力の持主たちに取り巻かれており、彼らは、御所の中で受けた幼少期の教育の影響から完全に脱しきれていなかった天皇を教え導くために必要とあらば、忍耐に加えて勇気さえも示したのだった。

これらの侍臣たちの中で、恐らく最も人望がなかったが才能においてずば抜けていたのは、内務卿の大久保利通だった。大久保は天皇に対してのみ責任を負う内務卿の地位にあり、政府内で紛れもなく最高の実力者だった。明治六年（一八七三）に欧米視察から帰国して以来、大久保が目指したのは政治的、経済的に国力を強化し、西洋先進国と対等の地位に日本を置くことだった。大久保の手法には居丈高《いたけだか》なところがあり、そのため右派と左派双方の反感を買った。右派は、征韓論の却下と西郷隆盛の死を大久保のせいにした。左派は、大久保の保守主義が民権の前進を阻んでいると考えた。大久保は次のような理不尽な非難を浴びた。大多数の日本人（特に士族）が悲惨な経済的苦境にあえいでいる時に、大久保一人だけが贅沢三昧《ぜいたくざんまい》の暮らしをしている、と。全国到るところにいる不平士族たちは、徳川末期の尊王攘夷主義者たちを思わせる合言葉を口にしながら、大久保を彼らの怨念《おんねん》の恰好の標的に据えた。

この時期、石川県士族の一派が、憎むべき大久保の暗殺計画を画策し始めた。金沢《かなざわ》は、陰謀が企てられるのに似つかわしい土地柄ではなかった。そもそも加賀《かが》藩が維新で果たした役割は極めて小さかった。さらに前田家は、大名の中でも最大の石高《こくだか》である百万石を有しており、金沢の町は代々、文化活動の中心地として栄えた。明治天皇の治世の最初の十年間、日本全国が政治の動乱に深く関わっていた時でも不穏な政治活動と縁がなかった。加賀百万石の城下町金沢の繁栄がその理由かもしれない。

しかし士族の中には、他藩が政治的紛争に巻き込まれている時に繁栄を謳歌《おうか》できた旧加賀藩の融和的方針に不満を抱く者たちもいた。(13) 彼らは特に征韓論の却下に憤激し、政府に戦いを挑んで破れた西郷隆盛の立場を良しとした。大久保暗殺計画の首謀者の一人長連豪《ちょうつらひで》（一八五三—七八）は、二度にわたって鹿児島を訪ね、西郷の私学校に学んだことがあった。(14) 金沢の反政府活動の中心は、「三光寺《さんこうじ》派」として知られる士族だった。(15) この一派は党派的規律を持った組織ではなかったが、武断主義、腕力的行動主義を旨としていた。一派の頭目島田《しまだ》一郎《いちろう》（一良《いちろう》とも。一八四八―七八）が、大久保暗殺の中心人物となった。場合によって三光寺派は、民権を唱える大組織の「忠告社《ちゅうこくしゃ》」と徒党を組むことがあった。この二つの組織の理念はまったく異なっていたが、大久保が率いる有司《ゆうし》専制（少数の官僚による独裁制）に異を唱えることでは一致していた。忠告社の民権思想の趣旨は、犯行後に新聞社に送致された斬奸状《ざんかんじょう》にも盛り込まれている。(16)

西南戦争中、これらの男たちの共感は西郷に向けられていた。彼らは西郷暗殺計画に激怒し、西郷の緒戦の勝利に喜び、西郷の大義が負けることが明らかとなるに及んで絶望した。明治十年四月下旬、島田と長連豪は忠告社の有力者陸義猶《くがよしなお》を訪ねた。(17) 西郷軍が大敗を喫した今、もはや傍観するに忍び難いものがあると彼らは陸に心を打ち明けた。西郷は二人の奸臣のために斃《たお》されてしまった。その二人とは木戸孝允と大久保利通である。ゆえに、この両人は殺さなければならない、と。彼らは、斬奸状の執筆を陸に依頼した。暗殺に賛成できない陸は、考えてみるから数日後にまた来てくれと応えた。陸は、待つことで彼らの熱が冷めるのを期待したが、彼らの決意はさらに激しさを増しただけだった。五月二十六日、木戸が死んだ。暗殺計画はこの時点で大久保利通一人に絞られた。

島田は決行の同志を募った。当初、自分の真意を明かすのに用心深かった島田は、十一月に入ると、共に決起する同志と腹蔵なく暗殺計画を語り合った。驚くべきことに、誰一人として島田を警察に密告する者はいなかった。島田は士族の信義を信じたのに違いない。しかし時には、離脱する可能性のある者を煙《けむ》に巻くため、大久保暗殺計画を断念したかのようなことを洩らしたりもした。

明治十一年三月二十五日、島田は東京へ向けて出発した。島田が大久保暗殺という使命に自分のすべてを捧げ、命を捨てても惜しくないと言明したのは、間違いなく本心であろう。しかし家族との別れに際して作った和歌は、二度と再び妻子に会えないと考える島田の苦痛を見せている。

左右《ひだりみぎ》分らぬおさな心せよ今は親子の別れなりけり

かねてより今日の日あるを知りながら今は別れとなるぞ悲しき(18)

これらの和歌は文学的に優れているわけではない。しかし、いずれも心の奥底から発していた。自らも死ぬ使命を帯びて旅立つ前に詩歌を詠む暗殺者など、わずかな例外を除いて日本以外の国では想像し難い。死を明らかに予見していた島田にとって、これらの歌は家族に宛てた辞世にほかならなかった(19)。島田と長の姿が金沢から消えたことで、県当局は過激論者として知られる二人が何かを企んでいるに違いないと疑った。中央政府もまた反体制士族と自由民権運動家の双方を警戒し、全国津々浦々に多数の私服警官を配置していた。大久保利通は内務卿として、全国に張り巡らされた警察行政を一手に握る立場にあったが、平穏な石川県にはさほど注意を払う必要はないと考えたのかもしれない。

上京した首謀者たちの最初の仕事は、大久保を殺す理由を世に問う趣意書の作成だった。彼らは幕末の暗殺者の作法にならって、犠牲者の首ないし身体に斬奸状を添えることにした(20)。その「斬姦状《ざんかんじょう》」の冒頭は、次のように始まっている。

石川県士族島田一良等、叩頭昧死《こうとうまいし》(地面に額《ぬか》ずき、死を覚悟してあえて申し上げます)、仰《あふぎ》て 天皇陛下に奏し、俯《ふ》して三千余万の人衆に普告す。一良等、方今《はうこん》皇国の時状を熟察するに、凡《およそ》、政令法度《はっと》、上《かみ》 天皇陛下の聖旨に出《いづ》るに非《あら》ず。下《しも》衆庶人民の公議に由《よ》るに非ず。独り要路《えうろ》官吏数人の臆断《おくだん》専決する所に在《あ》り。

これらの言葉が示すように、陰謀を企んだ者たちは（過去または将来にも現れる幾多の同類と同じく）天皇の聖旨にかなうべく行動していることを主張し、天皇親政を妨げる取り巻きの腐敗官吏を排除しようとした。同時に、幾分矛盾しているが、彼らが「公議」という形で民衆の意思が聞き届けられることを願っているのは、恐らく、「斬姦状」を書いた陸義猶の自由民権思想に対する譲歩だったのであろう。

「斬姦状」は続けて、貪欲《どんよく》で腐敗した官吏を告発している。彼ら「要路《ようろ》官吏」は、一般市民が窮乏に喘《あえ》いでいる時に、その犠牲の上に立って私腹を肥やしているとしていた。その五つの「罪状」が次に列挙された。①公議を杜絶《とぜつ》し（おおやけの議論を妨げて止め）、民権を抑圧し、以て政事を私《わたくし》する、②法令漫施（法令をみだりに施し）、請託公行《せいたくこうかう》（権力者への私事の依頼を公然と行い）、恣《ほしいまま》に威福を張る（人を思いのままに従わせる）、③不急の土工を興し、無用の修飾を事とし、国財を徒費する、④慷慨《かうがい》忠節の士を疎斥《そせき》し、憂国敵愾《てきがい》の徒を嫌疑し、以て内乱を醸成する、⑤外国交際の道を誤り、国権を失墜する[21]——。

陰謀を企んだ者たちの直接の目的は大久保暗殺だったが、「斬姦状」は「斬《き》るべき者」、あるいは「許すべからざる者」の名もまた挙げた。前者には岩倉具視、故木戸孝允が、後者には大隈重信、伊藤博文、黒田清隆、川路利良が挙げられている。さらに三条実美ら数名の「姦吏《かんり》」は数えるに足らずとし、「其《その》根本を斬滅《ざんめつ》せば、枝葉随《したがひ》て枯落せん」としている。島田を始めとする暗殺者たちが、彼らの「遺志を継ぐ者」による第二の暗殺を期待していたことは明らかだった。

「斬姦状」前文は、次のように結ばれている。「願《ねがは》くは、明治一新の 御誓文に基《もとづ》き、八年四月の詔旨に由《よ》り、有司専制の弊害を改め、速《すみやか》に民会を起し、公議を取り、以て 皇統の隆盛、国家の永久、人民の安寧を致すべし[22]」。ここでもまた、天皇に対する崇敬と民権の主張が同居している。しかし遠矢《とおや》浩規《ひろき》が指摘しているように、彼らの犯罪を正当化するために陸義猶が起草した大仰な「斬姦状」の内容を、果たして暗殺者たち自身が理解していたかどうかは疑わしい。彼らの全神経は、ただ一つのことに集中していた——大久保暗殺、である。

六人の暗殺者が東京に揃うと同時に、組織的に準備が進められた。大久保が赤坂《あかさか》仮皇居に出向く日程、途中で通る道筋、馬車の特徴が特定された。大久保の人相が頭に焼き付けられたことは言うまでもない。彼らは、大久保の馬車がいつも通る狭い道を襲撃地点に選んだ。そこは人通りの少ない迂回路《うかいろ》で、人目を避けるには絶好の場所だった。参議が太政官《だじょうかん》に出頭するのは毎月四日、十四日、二十四日、九日、十九日、二十九日の六日だけだということがわかり、決行日は五月十四日と決まった。決行の数日前、島田は仲間の反対を押し切って、大久保に暗殺予告書を送りつけた。島田は、当の相手に黙って殺したのでは暗殺の趣意が伝わらないと考えたようである。(23) 恐らく大久保は脅迫状など一顧だにしなかったであろう。この種の手紙を受け取ったのは、これが初めてではなかったはずだ。

　決行準備の締めくくりとして、島田と長はそれぞれの妻に手紙をしたためた。彼らの決意を述べ、子供たちの教育に対する願いを書いた。(24) 島田の手紙は長歌《ちょうか》の形をとり、その中で大久保に対する告発を次のように述べている。

　恐レ多クモ、我ガ君ニ、讒言《ざんげん》中シテ、ヨキ臣《しん》ヲ、残ラズ殺シ、尽サント、大悪臣ガ、集《あつま》リテ、上ヲ欺《あざむ》キ、下ヲ責メ、千島樺太《からふと》、交換ニ、琉球国《りゅうきゅうこく》ノ、其《その》仕末、台湾戦サ、何ノ為《た》メ……(25)

　大久保は、決して「斬姦状」や共謀者たちが妻に宛てた手紙に描かれているような極悪非道な人物ではなかった。その日早朝、大久保が馬車で仮皇居に出掛けるよりも早く、福島県権令《ごんれい》の山吉盛典《やまよしもりすけ》が大久保邸を訪ねた。山吉との会談で、大久保は「維新の盛意」を貫徹するためには三十年が必要だと述べ、それを三つの時期に分けて説いた。最初の十年が過ぎ、日本は第二期に入ろうとしていた。大久保はこの第二期を、内政を整え、国民の生産力を増す極めて重要な時期だと考えていた。「利通不肖《ふせう》ト雖《いへども》、十分ニ内務ノ職ヲ尽サン事ヲ決心セリ」と、大久保は決意のほどを述べている。第三期は後進の手に委ねざるを得ないとも語っている。殖産興業の第一段階として大久保は開拓事業を挙げ、まさにその朝、福島県下の疏水《そすい》開削事業について抱負を語ってもいる。

大久保は不意の襲撃から身を守るため、馬車内に短銃を持ち込むのが常だった。しかし、この日は夕刻から清国公使の晩餐会に出ることになっていたため、短銃は部下に預けて掃除を命じていた。これが大久保の命取りになったかもしれない。

暗殺は周到な準備のもとに運ばれた。まず二人が二頭立て馬車の馬の前脚に斬りつけ、馬車を止めた。他の四人は馭者を斬り殺し、さらに大久保に斬りつけた後で馬車から引きずり出し、めった斬りにした。喉《のど》に刺された止《とど》めの一撃は、凄まじくも短刀の切っ先が首を貫通し、地面に突き刺さった。六人の刺客は、武器を犯行現場の死体のそばに揃えて置き、かねての申合せどおり近くの仮皇居に自首した。六人は、守衛に「斬姦状」を提出した。ほかに同志の者はあるかと問われ、島田は答えた。「左様《さよう》でございます、国民三千万人の内、官吏を除いた外《ほか》は皆同志であります」。

報せはほどなく明治天皇の耳に達した。御学問所で元田永孚が天皇に『論語《ろんご》』の進講を始めた時である。書記官が駆け込んで来て、元田に大久保遭難を告げた。元田がただちに奏上すると、天皇は大いに驚き、侍従を大久保邸に遣わして事の成り行きを質した。間もなく帰ってきた侍従は、大久保がすでに死んだことを奏上した。天皇は大久保の死を深く悼《いた》み、勅使として宮内卿徳大寺《とくだいじ》実則《さねつね》を大久保邸に派遣した。皇太后、皇后もまた遣いを出した。

翌日、天皇は大久保の偉勲を賞し右大臣正二位《しょうにい》を贈り、祭粢《さいし》料として金五千円を賜った。この日の正午前、天皇は滞京中の地方官を召し、「朕深ク股肱《ここう》ノ良臣（最も頼みにしていた臣下）ヲ失フヲ悼ム国家ノ不幸之《こ》レニ過《すぐ》ルナシ」との勅語を賜った。伊藤博文が内務卿として大久保の後継に任じられ、この極めて重要な職務の継続が確保された。

大久保利通暗殺の波紋は海外にも及び、海外各紙が大久保の死を悼んだ。(26) 五月十七日の葬儀は、近代日本史上初めての国葬と言ってもよい盛大なものだった。東京駐在の各国公使館は半旗を掲げ、横浜港に浮かぶ軍艦からは二十一発の礼砲が放たれた。葬儀は完全に神道に則って執り行われた。当時、(神仏分離令によって)仏教が全般的に遠ざけられていたことが、伝統的な仏式を採用しなかった理由である。

伊藤の内務卿就任は、大久保の方針がその後も否定されはしないことを意味した。しかし、「斬姦状」の趣旨は重く受け止められたようである。すでに大久保暗殺に先立つ五月十四日早朝、三人の侍補(佐佐木高行、吉井友実《よしいともざね》、高崎正風)が伊藤博文を訪ね、天皇を補佐するための新しい官職(内大臣、もしくは内廷総裁など)を設けるべきであり、大久保こそ最適任者であるとの提案をし、伊藤はこれに同意していた。その直後、彼らは戦慄《せんりつ》すべき大久保暗殺の事実を知らされたのである。

しかし、暗殺者たちが残した「斬姦状」が言うように、現在の政令は、天皇の聖旨に基づいたものでも人民の公議によるものでもないことは、佐佐木らも認めざるを得なかった。目下の急務は「万機親裁」の実を挙げることだと考えた佐佐木らは、この趣旨を天皇に奏請することにした。

五月十六日、侍補が袖《そで》を連ねて天皇に拝謁し、おのおの御前で所見を披瀝《ひれき》した。まず佐佐木が述べた。現在「親政」と称しているのは名ばかりで、実際には大臣らにこれを委任しているため、天下の人々は権力を持った二、三人の側近が国政を専断していると考え、こぞって不平を鳴らし、島田一郎らのような凶徒を出すに到りました。このままでは維新の大業も、恐れながら「水泡画餅《すいほうがべい》」に帰してしまうでしょう。また大いに憂慮すべきは世界各国の情勢であり、国威が海外に及ぶか否《いな》かは、ひとえに天皇のお考え一つにかかっています。今日より「親政」の実を挙げ、内外の事情に通暁《つうぎょう》していただかねばなりません、と。

次に高崎正風が御前に進んで言った。「(大久保)利通在世《ざいせい》の時、常に深く意を聖徳涵養《かんやう》の事に注ぎ、遭難の前日も臣(高崎)が家に来《きた》りて其の事を談じ、深く憂慮する所ありたり……」。話しながら思いあまって泣き咽《むせ》びながら、高崎は「万機親裁」が肝要であると奏上した。この時、天皇の両眼にも涙が見えた。また、米田虎雄《こめだとらお》は、ふだん乗馬を好まれるごとく国政にも深い叡慮を向けて下さるようにと奏した。天皇は姿勢を正して応えた。「汝等《なんぢら》の忠言之れを嘉納《かなふ》す、爾後《じご》深く注意すべし、尚《なほ》協力して輔佐《ほさ》の任を尽すべし」。佐佐木らは感泣して退いた。

天皇は、侍補たちの諫言を心にとどめたようだった。もはや天皇は、国政に無関心のように見えることはなくなった。例えば五月二十一日、天皇は時弊（時代の弊害）について二人の当番侍補に次のような意見を述べた。官吏の中には、家宅を新築して洋館に擬する者がいる。外国公使らと交際せざるを得ない立場にある者ならその必要もあるかもしれないが、一般庶民の目には、これらの官吏は民の膏血《こうけつ》を絞り、私利を貪《むさぼ》る者と映っている。よって、各官吏とも、しばらくは従来の邸宅で我慢せよ。数年以内に皇居の造営と太政官の庁舎が完成するので、それを待っておのおのが分に応じた改築を施せば、庶民の不平も自《おの》ずと消滅するはずである、と。

天皇もまた、不満を表明した。維新以来、主として薩摩、長州、土佐の三国の人間に政府の要職が占められてきた。今やこれを終わりにし、広く全国から人を登用すべきであり、東北の辺地にも人材はいるはずである、と。大久保の死の衝撃と侍補の諫言は、天皇に新たな責任感と自らに備わった威光を目覚めさせたようだった。

第三十章　ふたたびの巡幸と、その座を追われた琉球王

明治十一年（一八七八）五月二十三日、天皇はかねてから予定していた北陸東海の両道巡幸の出発を八月と決定した。この巡幸は、本来は先年の東奥巡幸に引き続き明治十年に行われるはずだったが、西南戦争をめぐって国事多端となったために果たせなかったものだ。巡幸の目的は、天皇が未見の土地を訪れ、親しく民情を視察することにあった。

東奥巡幸の際の経験から、天皇は今回の巡幸が民衆に徒《いたず》らに出費を強いるものであってはならないと考えた。特に、訪問先の学校の生徒が奉送迎の際にわざわざ衣服、帽子、靴などを新調することのないよう強調した。天皇はまた、県庁臨幸の際には管内地図、管内一覧表、徳行ある者の事蹟、著名なる物産などを閲覧したいとの希望を示した。さらに警察署、同分署および巡査の員数《いんずう》、産業奨励の方法、牧畜場および牧畜の数、荒野ならびに現在開墾中の土地などについても報告を提出するよう求めた。天皇は、このたびの巡幸を物見遊山の旅とは思っておらず、また、民衆に畏敬の念、親愛の情を抱かせることが目的でもなかった。巡幸は、何よりもまず天皇自身が見聞を広めるためであり、臣民について、また臣民がどのように暮らしているかをよりよく知るためであった。侍臣たちは、この巡幸によって、東京から遠く離れた地域の民衆が、その地域だけの結びつきを超えて、等しく献身する義務を負う中央政府の存在をもっと知るようになってくれ

ればと望んだに違いない。

天皇が御所の中にあって世間との交渉を絶っていた時代には、言うまでもなくヨーロッパの君主が行なった巡幸に相当するものは無かった。明治天皇が日本各地を巡幸するようになってからも、ヨーロッパの巡幸で重要な役割を占めていた派手な祝祭的要素は実質的に無きに等しかった。(1) 天皇の地方巡幸は、また別な一面でヨーロッパの巡幸とは異なっていた。日本では巡幸を利用して、また硬貨や紙幣に描かれた肖像という形を通して、一般民衆を天皇の顔に親しませるという試みはほとんど行われなかった。ヨーロッパのように王室の権力の象徴として、君主の乗馬姿の銅像が建てられるということも絶えてなかった。

明治天皇がふつう巡幸の際に使用した乗物は中が見えない鳳輦《ほうれん》で、群衆から姿がよく見える無蓋《むがい》馬車ではなかった。昔は身分の高い一部の公家以外は天皇の顔を拝することがなかったし、この時代になってもそれが容易になったとは言い難かった。明治天皇の写真はごくわずかで、一般の手には入らなかった。主にヨーロッパの君主から写真を贈られた際の返礼用として使われ、公衆に見せるためのものではなかった。諸外国の公使が、離日の際に天皇の写真を贈呈されることはあったが、日本人は、いかに献身的な忠臣であろうとも君主の写真を手に入れることは容易ではなかった。

明治七年（一八七四）、かつて写真師内田九一《うちだくいち》の撮影した天皇の写真を無断で複製し、東京府下で（無許可で）売買する者があった。内田自身もまた、自分の撮影した写真を販売しようと種板《たねいた》（写真の原板）の下付を東京府に出願した。これが発端となり、天皇の写真販売の是非をめぐって政府内で侃々諤々《かんかんがくがく》の議論が戦わされた。(2) 結局、写真の販売は禁止され、すでに写真を購入した者は当局に差し出すよう布告された。天皇の写真、あるいは権威の拡大を意図して天皇の肖像を刻印した硬貨などがないことは、巡幸の控えめな性格を象徴していた。行列が通過する町村の沿道に列をなした群衆は、明治天皇の姿を垣間《かいま》見《み》ることができたかもしれないが、天皇は華美な軍服を着たり豪奢《ごうしゃ》な馬車に乗ったりすることで、ことさらに群衆の目を引こうとはしなかった。天皇の気前の良さは、小学校の優秀な生徒や老人に与えた小さな贈物によってかろうじて示された。

明治天皇が東京を出発する直前になって、巡幸延期の原因ともなりかねない事件が起きた。八月二十三日深夜、俸給の減額、支給品の削減に怒った近衛砲兵大隊内部で暴動が発生したのだ。暴動に関与した百数十人は、（下士官二人を除いて）すべて兵卒で、大半は武勇で知られた鹿児島、高知士族の出身だった。暴動は短時間で終わったものの、その間に反乱兵は士官数人を殺害し、大蔵卿の大隈重信の邸《やしき》に発砲した。また山《さん》砲《ぽう》二門を引いて兵営を脱出し、増給などを強訴《ごうそ》するため赤坂仮皇居へ向かった。途中、歩兵連隊の攻撃を受けて崩れ、山砲は捨てたが、残る九十余人が仮皇居に到達し、反乱兵の来襲を予期して配置された皇居守衛部隊と衝突した。反乱兵はことごとく捕縛された。

翌朝午前四時には静寂が戻ったものの、大久保利通が暗殺されて間もない時に事変が起きたため、右大臣岩倉具視や多くの侍補が巡幸の延期を主張した。今回の騒動が小規模だったことは認めるが、より深刻な陸軍の反乱の兆しかもしれないと彼らは言った。これに対し、太政大臣三条実美および多くの参議、侍補佐佐木高行らは、偶発的な事件のために巡幸を延期するのは朝廷の権威を損なうとして反対した。天皇は佐佐木らに下問し、予定通りに出発すると決めた。

天皇とその側近たちは[3]、八月三十日、北陸東海両道巡幸の途に就いた。板橋《いたばし》まで見送りに来た皇太后と皇后に別れを告げ、巡幸第一夜は浦和《うらわ》に泊まった。翌朝、埼玉県令らに謁を賜った際に天皇が受け取ったものは、（読者が予想するような）県民の幸せな生活を立証する類の文書ではなく、県下中津川《なかつがわ》村住民の悲惨な状況を伝える報告だった。住宅二十五戸、人口百二十九人の中津川村は貧困かつ未開の土地で、村民は木綿の衣類さえ着たことがなく、文字を学んだこともなかった。病気で死に瀕しても施すべき医薬はなく、葬《ほうむ》るべき寺も無かった。主食は米ではなく稗《ひえ》、黍《きび》であった。村民の多くは、この世に学校、薬局、酒店、魚屋のあることを知らなかった。「輦轂《れんこく》の下《もと》（天皇のお膝元）を距《へだて》ること僅《わづ》かに数十里にして、斯《か》くの如き陋愚《ろうぐ》（いやしく愚かな）の民あるは実に聖代《せいだい》の汚点にして痛恨に堪へざるなり」と記録は語る。村に通じる道を修復し、村民を漸次開明に導く手立てが講じられた(4)。

この報告に対する天皇の反応は記されていない。その後、天皇は埼玉県庁各課の執務を巡覧し、裁判所、県立学校などを訪問した。各校では授業を参観し、優等生八十三人に褒美《ほうび》を賜った。さらに勧業博物館を訪ね、器械模型、鉱物、美術品などを巡覧した。天皇は特に狭山《さやま》産の茶、高麗《こま》郡産の生糸《きいと》に興味を示した。茶と生糸は、当時の日本の主要な輸出品だった。この時の巡幸では、どこへ行こうとも天皇は必ずその土地の産物に特に関心を示した。

浦和を発った行列が群馬県に入り前橋《まえばし》に到着すると、天皇を一目見ようと懸命な人々で市内は大変な混雑だった。そこから一行は松井田《まついだ》に向かった。天皇が東京を出発して以来、ほぼ毎日の雨で道はぬかるんでいた。松井田から碓氷峠《うすいとうげ》に向かう山道は険しく、肩輿《かたこし》に乗ったままでは通れない所は、天皇は輿を降りて歩かねばならなかった。幸いにも天皇は健脚だったが、供奉の者たちの中には後を付いていくのがやっとで息も絶え絶えになった者もいた。碓氷峠を越えた日は快晴で、峠の頂上からは素晴らしい景色が望めた。長野県に入った天皇の行列は、軽井沢《かるいざわ》、追分《おいわけ》、小諸《こもろ》を通ったが、雲が低く垂れ込め、この地方で最も有名な浅間山《あさまやま》の姿は見ることができなかった。

天皇は長野で善光寺《ぜんこうじ》住職に謁を賜り、善光寺にも足を運んだ。明治天皇が仏教の僧侶と同席するのは珍しいことであり、滅多に寺を訪れることもなかったが、長野県民の心の故郷である善光寺は無視できないと考えたのであろう。

新潟県の高田《たかだ》で地元の学校を行在所とした天皇は、戊辰戦争の戦死者の墓に侍従を遣わし、霊を弔わせた。行列が戊辰戦争の戦場となった土地に近づくにつれ、こうした弔問使の派遣は頻繁になっていった。天皇は高田の名産である翁飴《おきなあめ》、水飴《みずあめ》などを買い上げ、長野産の菓子と共に皇后、皇太后に送った。この天皇の振舞いは、間違いなく土地の人々を喜ばせた。また、菓子は献上されたのではなく天皇が自ら買い求めたものだったことは、ヨーロッパの君主とは大きく異なる点である。

高田から柿崎《かきざき》への道は、ほとんどが日本海に面しており、天皇は日本海の雄大な眺望に感じ入ったようである。しかし、行路は決して容易ではなかった。道は補修を加えたとはいえ狭くて砂が深く、車輪が砂を嚙んで小型の馬車は揺れた。日差しが窓から降り注ぎ、馬車の中は暑さと湿気でうだるようだった。天皇に陪乗していた佐佐木高行は居たたまれず、許可を得て途中から降りて歩き始めたが、天皇は例によって忍耐強く馬車の揺れと暑熱に堪えた。それでも柿崎に到着すると、不調を感じた天皇は拝診嫌いを押して侍医を呼んだ。

難行とも言えるこの旅の報酬は、沿道の景色と眺望だった。例えば出雲崎《いずもざき》で、天皇は漁船数百艘が夕暮れの海上で火を点じて漁をする壮観な眺めに見入った。しかし苦痛は、旅の喜びを遥かに上回った。天皇は毎日、昼の間は窮屈な鳳輦の中で正座し続け、夜は慣行として十時まで、端然と椅子に腰掛けていなければならず、就寝時間になってようやく手足を伸ばすことができた。出雲崎で過ごした夜は、行宮《あんぐう》（行在所）が手狭なばかりか、蚊の大群に襲われるはめになった。侍従たちは天皇に、例刻より早く蚊帳《かや》の中に入るよう進言した。しかし天皇は答えた。

「巡幸は専《もっぱ》ら下民《かみん》の疾苦《しっく》を視《み》るにあり、親《みずか》ら艱苦《かんく》を嘗《な》めずして争《いか》でか下情《かじやう》に通ずるを得べき、毫《がう》も厭《いと》ふ所なし」(5)。巡幸の目的は民の悩み、苦しみを視察することにある、朕自らがその辛《つら》さを味わうことなしに、どうして民の気持を知ることができようか、これしきのことは何でもない、と。これをこのまま天皇の言葉と信じるには、いささか儒教の匂《にお》いが強すぎる嫌いがないでもないが、この言葉には記録に残された天皇の巡幸の他の逸話に通ずるものがある。苦労というものをほとんど経験したことがない一人の君主の、臣民に対する憐憫の情が、ここには窺えるのである。

九月十六日、県庁所在地の新潟町に到着した天皇は、トラホーム症（トラコーマ。伝染性の結膜疾患）の患者の多いことに衝撃を受けた。二年前の東奥巡幸の際のことを天皇は思い出した。同じ眼病患者が少なからずいるのに気づいた天皇は、その時、侍医に療法を尋ねた。侍医は、貧しい庶民には治療を受けるお金がないと答えた。今また新潟で、さらに多くの患者を目《ま》の当たりにした天皇は、原因の究明と治療、予防の方法を講ずるよう侍医に命じた。二日後、天皇は次のような報告を受けた。主因は土地の気候風土、また排煙設備の不良のため屋内が不潔であること、トラホームの伝染性が高いことにある、と。天皇は眼病者の治療、予防の研究費用として新潟県に御手許金千円を賜った。

巡幸先には、わずかだが明るい場所もあった。長岡《ながおか》は戊辰戦争中にほとんど壊滅状態となり、その後も窮乏に苦しんできたが、徐々に復興を遂げているのを見て天皇は喜んだ。十年前の戊辰戦争を天皇に思い出させることは多かった。戦場となった福島《ふくしま》村では、田圃《たんぼ》の各所に紅白の旗を立て、白旗を官軍、赤旗を賊軍に見立てて、両軍がいかに戦ったかの説明を天皇は聞いた。

旅程の大半はひどいものであった。雨が連日降って道はぬかるんだままであり、晴れた時でさえ河川は非常に水かさを増していて、渡河《とか》は困難を極めた。後年（明治三十二年）、天皇はこの時のことを短歌に詠んでいる。

夏さむき越《こし》の山路《やまぢ》をさみだれにぬれてこえしも昔なりけり（6）

『おくのほそ道』に「北国《ほっこく》一の難所《なんじょ》」とある親不知《おやしらず》子不知《こしらず》に到着するまでには、人馬とも憔悴しきっていた。しかし、眺望は素晴らしかった。海上に立ち込めた靄《もや》の彼方《かなた》に佐渡《さど》、そして能登《のと》半島が見渡せた。『明治天皇紀』は、「断崖《だんがい》絶壁険難を以て名ある親不知子不知の絶頂にして、眺望亦佳《またか》なり」（7）と記している。この恐るべき難所を無事通り抜けた後、天皇は肩輿から降りてしばし眺めを楽しんだ。

別な意味で、金沢は「難所」と見られていた。ここは大久保暗殺の陰謀が企てられた所であり、いまだに危険分子が潜んでいるかもしれなかったからだ。幸い、面倒は何も起こらず、天皇はいつものように学校などを訪問し、兼六園《けんろくえん》に赴き、園内の金沢博物館に立ち寄った。そこには北陸の産業発展に役立てようと、国内外から数多くの物産が蒐集《しゅうしゅう》されていた。小松《こまつ》では、天皇は皇后、皇太后からの親書と贈物を受け取った。家族からの手紙が旅人にもたらしたと同じ喜びを、天皇は味わったに違いない。

このあたりを境に、旅は比較的楽になり始めた。天皇の行列は金沢から小松、福井、敦賀《つるが》、大津を経て京都に到着した。京都での一夜、天皇は侍臣たちに維新前の御所の故事とその来歴の数々を語って聞かせた。いずれも、わずか十年前まで行われていたことだったが、遥か昔の出来事のような気がしたのではないだろうか。

東海地方へ向かう巡幸の途次、天皇は伊勢神宮に参詣するはずだったが、三重県にチフスが発生したとの報せを受け、予定を変更せざるを得なくなった。行列は京都から草津《くさつ》、大垣《おおがき》、岐阜を経て名古屋に出ることになった。各地で天皇は学校を訪問し、土地の物産（中には買い求めたものもある）の展示会を見てまわった。天皇が退屈したとか、早く東京に帰りたがっていたとか思わせるようなことはどこにもなく、西南戦争中に一時的に姿を消していた天皇の強い義務感が再びはっきりと現れていて、その後の生涯における天皇の行動を特徴づけることになった。

明治天皇は十一月九日に東京に帰った。北陸東海二道の一府十県を巡幸し、その距離は約四百四十里（約千七百三十キロ）、日数は七十二日に及んだ。天皇は旅の疲れも見せず、「龍顔《りゅうがんうるは》麗しく還幸あらせらる」と記されている。この日は百官（すべての役人）に休暇が与えられ、都下こぞって国旗を翻して奉祝の意を表した。

残る明治十一年は概して事もなく過ぎたが、年も押し迫った十二月二十七日、朝議は突如として琉球藩処分を決定した。内務卿伊藤博文が琉球藩の県降格を決意し、それによって琉球はもはや王国ではなく数ある県の一つとなるのだった。この決定の背景には、清国朝廷との関係を断つべしとの日本政府の命令に琉球藩が従わなかったという経緯があった。琉球藩王が特に受けていた命令とは、朝貢使節の一年おきの派遣をやめること、清国皇帝が即位した際に慶賀使を送らないこと、藩王交代の際に清国皇帝から冊封《さくほう》（皇帝が諸侯に封禄《ほうろく》、爵位を授けること）を受けないこと――だった。しかし、琉球藩王はこの命令を無視し、かつ密かに幸地《こうち》親方《おやかた》(8)（幸地朝常《ちょうじょう》。唐名《からな》は向徳宏《しょうとくこう》）を清国朝廷に派遣して、日本に対抗するための支援を訴えた。同時に、東京藩邸在番《ざいばん》の池城《いけぐすく》親方安規《あんき》に命じ、日本に駐在する清国、米国、フランス、オランダの各公使に斡旋《あっせん》を依頼した。池城ら東京藩邸在番の藩吏は日本政府に十四回にわたって歎願《たんがん》書を提出し、琉球藩が日清両国に忠誠を捧げる旧体制への復帰を請うた。池城は、「父皇母清（日本は琉球の父、清国は琉球の母）」という言葉を繰り返した。(9)

しかし日本政府は、「一国が二帝に奉仕することは、一婦が両夫に相まみえるにひとしい」と断言した。(10)琉球王国は何世紀にもわたり清国と薩摩藩という二人の主人に仕え、双方に貢物《みつぎもの》を捧げてきた。これは、資源がなく軍事力を持たない小国が生き延びる唯一の方法だったのである。琉球と清国の絆を断ち切ると決断した日本政府は、琉球藩王の時間稼ぎの駆け引きに苛立った。ついに伊藤は、藩王の非妥協的な態度を口実に琉球藩を廃する決定を下した。伊藤は内務大書記官松田《まつだ》道之《みちゆき》に命じ、琉球藩処分案を作らせた。処分案は琉球藩を廃して県とするばかりでなく、藩王を琉球から東京に強制的に移住させることを求めていた。処分案は太政大臣および朝議の承認を得た。琉球藩王は一週間以内に、かつての政府命令に対する遵奉《じゅんぽう》書を提出するよう迫られた。もし藩王がこれを拒否すれば、日本政府は「断乎《だんこ》たる処分」に出るとした。同時に政府は、琉球藩から半自治の資格を剝奪《はくだつ》する第一の措置として、琉球藩の東京在番を廃止し、藩吏はすぐに琉球藩に帰るよう命じた。(11)松田（および琉球の藩吏ら）は、明治十二年（一八七九）一月八日、那覇《なは》に向けて横浜を出港した。

一月二十五日、那覇に到着した松田らは、翌日、首里城《しゅりじょう》で藩王代理尚弼《しょうひつ》ほかの高官と面談し、三条実美からの達書《たっしょ》を朗読した。達書の概略は以下のとおりである。去る明治八年（一八七五）五月二十九日、日本政府は琉球藩に対して、清国に隔年に朝貢使節を派遣すること、清国皇帝即位の際に慶賀使を送ること、藩王交代の際に清国から冊封を受けることをやめるよう命じた。しかし「歎願」と称して、琉球藩はいまだに遵奉書を提出していない。かつ明治九年（一八七六）五月に日本政府が琉球藩に裁判官を派遣した際には、すべての裁判事務を速やかに引き渡すべきところを、これまた「歎願」と称していまだに遵奉しないのは、もってのほかである。この上、さらに遵奉しないとあらば、相当の処分に及ばざるを得ない。早急に態度を明らかにせよ、と。(12)

達書を読み上げた後、松田は藩王尚泰《しょうたい》の弟でもある尚弼にこれを手渡した。さらに口頭で、命令に従わぬ場合は厳重なる処分に及ぶことを告げ、二月三日午前十時を藩王の回答の期日とした。一月二十九日、松田は藩王尚泰に書を送り、遵奉書と共に誓書の提出を求めた。これは、すでに違約の前例があるため、誓書がなくては誠意の貫徹を期待できないからだとした。尚泰は回答の日に藩王代理とともに内務省の出張所に出頭するよう命じられた。しかし、当日に尚泰は出頭せず、代わりに遣わされた藩王代理らが尚泰の奉答書を提出した。

奉答書は丁重な言葉遣いで、藩王の立場が困難である所以《ゆえん》を説いた。もし（松田が命じるように）清国朝廷への朝貢慶賀をやめ、また冊封を受けることを拒否すれば、琉球藩が清国から厳しく責められることは必定《ひつじょう》である。われわれは二大国の間に挟まって身動きが取れない状態にある。なにとぞ我が小国の如何《いかん》ともしがたい情状を御憫察《びんさつ》いただきたいとし、結びは「挙藩一同伏《ふし》テ奉《たてまつり》哀願候《さうらふ》頓首《とんしゅ》百拝」となっている。

尚泰は、決して威厳に富む人物ではなかったが、琉球処分問題の使命を帯びて全く同情の念を持たない一役人を前にして、一国の王がへりくだるさまには、心を動かされざるを得ない。しかし松田は、奉答書の内容はあくまで朝命に従うことを拒むものだと非難、直ちに帰京して事の次第を詳しく報告する旨告げて、藩王代理に後命を待つよう言った。藩王代理らは情状酌量を請うたが、松田はそれを斥けて申し渡した。今後、藩吏にして上京する者はもちろん、藩外に旅行する者は公私を問わず内務省出張所を通じ、内務卿の許可を受けよ。また、すでに明治の年号を使うよう指示してあるにもかかわらず、依然として清国の年号「光緒《こうしょ》」を用いるのは、明らかに日本政府を欺く所業であり、今後これを厳禁する、と(13)。

松田は翌二月四日、東京へ向けて出発した。三月十一日、天皇は琉球藩を廃し、藩王尚泰、王族のひとりで摂政の尚健《しょうけん》、そして尚弼を東京に移住させる勅命を発した(14)。琉球藩は沖縄県となり、尚健、尚弼には華族の地位が与えられることになった。翌十二日、松田は琉球藩出張を命ぜられた警察官百六十余人と共に再び横浜を出港した。鹿児島で増補歩兵隊を加えた一行六百人は二十五日に那覇港に到着した。藩王尚泰は、病気を理由に松田に会おうとしなかったが、ついに三月二十九日夜、自らが半生を過ごし、五百年にわたって琉球王の居城だった首里城を去り、嫡子尚典《しょうてん》の住む屋敷に移った。

尚泰の抵抗は、ある程度の効果を収めたようである。天皇は四月五日、尚泰慰問のために侍従富小路敬直《とみのこうじひろなお》を内勅使として沖縄県に派遣した。天皇は富小路に、尚泰をできるだけ早く上京させるよう命じると同時に、尚泰の航海の安全を考慮し、官船「明治丸」を沖縄に回航させた。

四月十三日、那覇に上陸した富小路は、松田を従え、警察官三十人を護衛に首里の円覚寺《えんかくじ》に入った。尚泰は病気を理由に勅使への拝謁を固辞し、嫡子尚典の代謁を願い出たが、富小路はこれを斥け、自ら尚泰の住む仮寓《かぐう》に出向いた。諸王子、旧藩吏らが門外に出迎え、嫡子尚典が勅使富小路を正堂に案内して茶菓を供した。富小路が尚泰の病室に入ると、尚泰は（勅使に対する儀礼の印として）枕元に礼服、礼帽を置き、着用に擬した。尚泰は侍者二人に支えられて褥《しとね》を離れ、坐して礼拝した。

富小路は聖諭を伝えた。尚泰は拝謝した。富小路が聖諭を遵奉するか否かを尋ねると、尚泰は翌日の奉答を約束した。訪問の儀礼が終わるや、松田は椅子を離れて床に坐し、尚泰の病気に同情の意を表し、過去数カ月の苦慮を慰めた。富小路もまた慰めの言葉をかけた。尚泰の顔面は蒼白《そうはく》だったが、病気のやつれは見えなかった。しかし明らかに無病ではなかった。

翌十四日、松田は旧琉球藩の重臣を呼び、奉答を督促した。尚泰は、当然のことながら容易に沖縄を離れようとはせず、病気を理由に上京の延期を請うた。松田は、尚泰の疾患は慢性のため完全な快癒は期待できないとして、これを斥けた。十五日、尚泰の弟尚弼および旧三司官《さんしかん》以下二十余人が内務省出張所を訪れて、富小路と松田に四、五ヵ月の猶予を訴え、あわせて尚泰の上京延期を請願するため王子一人が（いわば人質として）勅使と共に上京することへの許可を仰いだ。十六日、二十一ヵ村の士族総代百五人、および諸王子、旧藩重臣らが九十日間の延期を歎願した。これは即座に拒否された。尚泰の航海は政府の特別な保護下で行われるので憂慮するには及ばないと彼らは説得された。

日本政府が譲歩しない背景には、上京を遅らせることによって、尚泰は清国から援助の手が差し延べられるのを待っているのではないかとの危惧があった。尚泰の上京が早ければ早いほど、清国が介入する余地は少なくなるからだ。

尚泰の上京の期日は十八日だったが、前日になって尚弼と重臣らが松田に最後の歎願に及んだ。それによると、彼らが九十日間の延期を歎願したのは、尚泰の健康のためばかりではなかった。今回の変革によって旧藩士らがすこぶる動揺しているので、王自ら旧封民を説諭し、諸般の事務引継ぎを滞りなく終わらせたいとのことだった。同時に彼らは、尚泰の嫡子である尚典の上京を願い出た。松田はついに尚泰の上京延期を許可したが、九十日とする理由は何もないと主張し、期限を短縮して翌十八日午前十時までに改めて尚泰の出発期日を報告するよう命じた。

松田は事実、旧藩士らが仮に反乱を企てたとしても憂慮するには及ばないと考えていた。また、もし尚泰があくまで拒むようであれば、力ずくでも上京させるつもりでいた。一方、もし嫡子の尚典を沖縄に残せば、旧藩士らがこれを擁して反乱を起こし、また清国の介入を招く恐れがあった。最上の策は、尚泰、尚典父子を共に上京させることだった。そこで松田は尚典の上京を認めることにした。父尚泰の上京延期を求める尚典の請願を許可するかどうかは太政官の判断に委ねることにし、尚典が上京したのちに、太政官が尚泰の上京延期の請願を斥ければよいと考えた。そして、改めて勅使と侍医の沖縄県派遣を奏請して尚泰の上京を督促するのが最良の策だと松田は思案した。

四月十八日、尚弼を始めとする旧藩の重臣らが松田を訪ねた。彼らは尚泰の上京延期を八十日間とし、その聴許を得るため嫡子尚典の上京を請うた。松田は次のように応えた。もし延期の期日が四十日以内であれば、勅使にこのまま滞留を求めることができる。その場合、尚典は謝恩のためすぐさま上京しなければならない。また、もしあくまで八十日の延期を請うのであれば、尚典は上京して太政大臣に歎願しなければならず、尚泰は延期を請うため尚典を上京させることを勅使に陳情すべきである、と。翌日、勅使富小路は尚泰の陳情を認め、尚典は勅使に随従して上京することになった。四月十九日、富小路と尚典は「明治丸」に乗船し、那覇を出港した。

「明治丸」は五月一日、横浜港に到着した。三日、明治天皇は尚典を召して謁を賜《たま》い、随行の旧藩臣ら五人を引見した。五人は敷居《しきい》の外で拝礼した。五日、尚典は天皇、皇后に贈物を献じ、また太政官に父尚泰の上京延期を請う願書を提出したが、これは却下され、尚典は滞京を命ぜられた。すべてが松田の筋書どおりに運んだ。

五月五日、陸軍少佐相良《さがら》長発《ながなり》と五等侍医高階《たかしな》経徳《つねのり》が、尚泰の診察のため沖縄県に出発した。二人は十八日に那覇に着き、松田と共に首里の尚泰の仮寓を訪ねた。高階は尚泰の病気を神経病下腹充血症と診断した。すぐに危険が及ぶ症状ではないが、歳月を経れば全快するというものでもないと彼は告げた。これだけ聞いて松田は文書を作成し、尚泰に送った。日本政府は尚泰の上京延期を聴許しない、と。尚泰は一週間以内に上京の途に就かなければならなかった。旧藩王はついに上京を決意したものの、なお三週間の猶予を願い出た。また、首里、那覇、久米《くめ》、泊《とまり》の士族総代六十余人が内務省出張所を訪れて同様に延期を歎願したが、松田は頑として許可しなかった。旧藩王の出発は、五月二十七日と決まった。

この間、清国はついに抗議に出た。五月十日、総理衙門《そうりがもん》（清国の外交事務官庁）の恭《きょう》親王、大臣らが連署して北京《ペキン》駐在の特命全権公使宍戸璣《ししどたまき》に照会書を送ったのである。照会書は、おおよそ次のように述べている。琉球王国はすでに数百年にわたり清国の正朔《せいさく》（暦）を奉じ、貢物を捧げてきた。そして清国は、琉球王国の政教、禁令をすべて王国の裁量に委ねてきた。琉球を独立国と認めたがゆえである。また清国ならびに日本国の締盟国で琉球と締約する国があるのは、やはり各国が琉球王国を独立国と認めたからにほかならない。にもかかわらず今般、日本政府が琉球に郡県制を敷いたことは、清国と日本の修好条規に違反するだけでなく、一つの国を滅ぼし、その祖先以来の祭祀《さいし》を断絶させることである。このような行為は、清国ならびに各国を蔑視《べっし》するものにほかならない。琉球への主権侵害を速やかに停止することこそ、清国と日本の間の友好関係を促進する唯一の道である、と。

清国は、抗議するには弱い立場にあった。明治七年（一八七四）十月、北京の総理衙門で日本全権弁理大臣の大久保利通と清国政府が調印した条約によって、清国は琉球国民を日本臣民と認めていたからである。その中で清国政府は、台湾の生蕃《せいばん》に殺害された琉球の漁民の家族に賠償金を支払うことに同意し、琉球の漁民を指して「日本国民」であるとしていた。[15] 清国の抗議に対し外務卿寺島宗則《てらしまむねのり》は、これは内政上の処分であると応えた。

清国には、日本を思いとどまらせる望みが一つあった。五月、清国を訪問した米国のユリシーズ・S・グラント前大統領が、日本に足を伸ばす予定になっていたのだ。グラント前大統領が恭親王の親書を携えて日本を訪問すれば、その威光によって日本人の気持を変えられるかもしれなかった。

ついに五月二十七日、尚泰は那覇を出港し、六月八日、横浜港に到着した。尚泰には、次男尚寅《しょういん》ほか旧藩臣四十余人が随行していた。[16] 翌九日、尚泰は麹町《こうじまち》区富士見町《ふじみちょう》の宮内《くない》省御用邸《ごようてい》に入った。六月十七日、尚泰は嫡子尚典、次男尚寅ほか旧藩臣十余人を従えて参内した。天皇は尚泰、尚典に謁を賜った。退位させられた旧琉球王に会った際の明治天皇の心の動きは、何も記録されていない。あるいは天皇は、尚泰が日本政府の命令に従うのを明らかに嫌がったことを不愉快に思ったかもしれない。しかし天皇は、尚泰の廃位は日本の近代化の過程において避けがたいことであり、彼の苦痛を可能なかぎりやわらげるために政府としてはできることはすべてやったと感じていたに違いない。その日、尚泰は従三位《じゅさんみ》に叙され、尚典は従五位《じゅごい》に叙された。琉球問題の処理に尽力した功績を称えられ、松田は勲三等旭日中綬章《きょくじつちゅうじゅしょう》を受けている。こうして、のちに韓国併合で踏襲されることになる、退位させられた君主の処遇の先例が作られた。

追放の身とはいえ、尚泰の待遇は申し分のないものだった[17]。尚泰は琉球で王位にあった三十一年間より、東京での生活の方が幸福だったとも言われる。尚泰が琉球での絶え間ない二党間の争いから解放されて喜んだことは間違いない[18]。いったん東京に来てからは、初めて都会を訪れた田舎者《いなかもの》として幸福な生活を送ったという説すらある[19]。しかし尚泰は、それでもなお、かつて君臨した王国を懐かしんでいたようである。明治十七年（一八八四）、尚泰は許されて一時沖縄に戻った。

弘前《ひろさき》出身の元士族笹森儀助《ささもりぎすけ》（一八四五―一九一五）は、明治二十六年（一八九三）に琉球諸島を訪れ、滞在した時の経験を日記に残している。笹森は、退位させられた王の味方を以て任ずる者ではなかったが、当時の沖縄でいまだに尚泰とその一族に払われていた尊敬の例を記録する義務を感じた。その年六月、北白川宮《きたしらかわのみや》能久《よしひさ》親王が沖縄を訪問した。親王は尚氏を親善訪問し、王家の祠廟《しびょう》（墓）に参った。これら親王の好意的な態度にもかかわらず、数日後、地方高等官および尚氏の門閥家六、七名に宛てた親王の晩餐への招待に、尚氏の一族で応じた者は一人もいなかった。笹森は「何等《なんら》ノ無礼ナルヤ[20]」と評している。

また笹森は、那覇から首里に到る道路で見た光景に憤慨し、次のように記している。「那覇沿道ノ各家、門前ニ席《むしろ》ヲ敷キ男女列ヲ正シテ坐ス。其故《そのゆゑ》ヲ問フ。本日、知事ノ招請ニテ尚典一族ノ行アリ。皆コレヲ拝スルガ為《た》メナリト[21]」。

笹森は、日本の本州から来た者が、沖縄人に対しいかに好意的に振舞っても、結局は常に余所者《よそもの》扱いされている事実を、事あるごとに指摘している。笹森によれば、「他府県人」つまり本土の日本人と結婚した沖縄人は一人もおらず、沖縄に永住する「他府県人」もまた一人もいなかった。「異人種」である欧米人でさえ日本に帰化し永住する者、日本人と結婚する者がいるのに、「独《ひと》リ琉球人ハ島外人ヲ外国視スル事甚シク」と笹森は付け加えている。笹森の結論は、「土人ノ情、復藩に眷恋《けんれん》シテ、今日ニ至ルモ釈然タラズ[22]」。すなわち、土地の人々の心情は、旧藩に復することに思いをひかれ、まだ心がすっきりするところまで到っていないのだというものだった。

　沖縄併合が日本の歴史書に登場することはめったになく、尚泰の名は、人名辞典でもごく小さな扱いを受けているだけである。尚泰は国王の地位にあった時でも決して政治的に重要な人物ではなかったし、その最後の二十数年間はほとんど世に知られてすらいない。しかし、どういうわけか今となってもなお、この王の没落には、そぞろ哀れを感じさせるものがある。一小国の王が、近代の黎明《れいめい》期にあった一大国がその力を試す犠牲となって、退位させられたのだった。

第三十一章　グラント将軍が与えた大いなる影響

明治天皇に謁見した数多くの外国人訪問客の中で、米国の前大統領（第十八代）ユリシーズ・S・グラント将軍（一八二二―一八八五）ほど天皇に強烈な印象を与えた人物はいなかったのではないか。二期にわたる大統領在任中もなお「将軍」の名で親しまれたグラントは、一八七七（明治十）年、世界周遊の旅に出た。その目的は、多分に政治的なものだった。南北戦争で勝利を収めた北軍を率いた功績によるグラント将軍の栄光は、大統領在任中の大がかりな汚職事件によって傷つけられた。選挙民が汚職事件を忘れることを願った側近たちは、グラントにとって賢明な選択はしばらくアメリカから姿を消すことだと判断したのである。グラントは、大統領三期目に向け意欲を燃やしていた（当時は、現在と違って大統領三選が禁じられていなかった）。

グラント夫妻の周遊旅行の第一歩となった英国では、ヴィクトリア女王の賓客としてウィンザー城に滞在する最高の栄誉を得た。続く二年間、夫妻はヨーロッパ諸国を歴訪し、さらにエジプト、インド、シャム（タイ）、中国、最後は日本にまで足を延ばした。夫妻は熱心な観光客だったが、同時に彼ら自身も常に見られる存在だった。グラントの伝記作者が書いているように、「この黒服に身を包んだ気取らない男は、合衆国きっての英雄的勇士だった。世界は彼のことを一目見たがった。将軍夫妻はアメリカの質朴さとアメリカの力を象徴する大使だった」[1]。

諸外国では、大統領在任中の汚職事件は広く知られていなかった（あるいは、合衆国より事件に対して寛大だった）ため、偉大な軍人、合衆国の救世主としてのグラントの名声が先に立ち、到るところで歓迎を受けた。「ロンドンタイムズ」の社説は、「（初代大統領）ワシントン以降、恐らくグラント将軍は合衆国の歴史で最も偉大な地位を占める大統領となるだろう」と締めくくった。[2] 各国の国王、女王、貴族は喜んでグラントに会った。もっとも、その礼儀に欠ける振舞いについては批判がないでもなかった。

グラントは行く先々で、持ち前のざっくばらんなアメリカ流を発揮した。例えば、ヨーロッパ最高の実力者、ドイツ帝国宰相のビスマルクに招かれた際、グラントは首相官邸の庭に平気でぶらぶらと入り込み、吸いかけの葉巻を投げ捨て、驚く官邸の衛兵に答礼したと報道された。周遊中のグラントが嚙みしめた最大の勝利は、王室による饗応ではなくイングランド北部の労働者階級の歓迎だっただろう。労働者たちはグラントに同胞の匂いを嗅ぎつけ、好意的な反応を示した。果てしなく繰り返される公式晩餐会より、グラントが炭鉱夫など労働者たちの気取らない歓迎を喜んだことは確かだ。晩餐会でグラントは、退屈のあまり酔っぱらうこともあった。インド総督リットン卿は書簡の中でグラントの振舞いに触れ、次のような辛辣《しんらつ》な言葉を書きつけている。

「このたび、『偉大なる西方の共和国』の大統領を二期務めた元大統領にして『我らが著名な賓客』は、へべれけに酔っぱらって、いかなる貴族も顔負けの不品行を披露してくれた。A夫人の尻を追いかけまわし、悲鳴をあげるB嬢に接吻《せっぷん》し、ふっくらしたC夫人をつねって痣《あざ》をこしらえ、挙句の果てにD嬢を手込めにすべく突進したのである」[3]

グラント夫妻はインドからシンガポールに行き、サイゴン（現ホーチミン）、バンコク、香港《ホンコン》、そして清国に到着した。天津《テンシン》で夫妻は直隷《ちょくれい》総督の李鴻章《りこうしょう》に会った。李は賓客を簡潔な挨拶《あいさつ》で迎えた。「グラント将軍、あなたと私は、世界で最も偉大な人物ですな」。のちに李はこの賛辞について、自分とグラントがそれぞれ清国と米国で起きた大反乱を首尾よく収めたことを指して言ったと説明した。[4]

北京滞在中、グラントは清国総理衙門の首班大臣である恭親王から、あなたの影響力を行使して、琉球諸島の主権をめぐる日清間の紛争に決着をつけてほしいと頼まれた。恭親王は、「清国に貢物を捧げ、常に友好的だったこの王国」を、日本は「抹殺」しようとしていると訴えた。これに対してグラント将軍は、国家の屈辱あるいは国家の滅亡を招くものでない限り、いかなる行為も戦争よりはましであると応えた。「戦争は」とグラントは言った。「大いなる不幸である。ゆえに、それ以上の不幸を避ける方法がほかに無い時に限って訴えるべきものだ。特に日本と清国のような二国間の戦争は、限りない不幸を招くだろう(5)」。

戦争ないしは戦争に関するすべてのことに向けられたグラントの嫌悪は、将軍としてかくも偉大な成功を収めた人物としては意外なことと言わなければならない。戦闘を描いた絵画さえも嫌ったグラントは、世界周遊旅行に同行した作家のジョン・ラッセル・ヤング（一八四〇—九九）に語っている。「私は愉快な戦争画というものを見たことがない。ヴェルサイユ宮殿にあった数枚の戦争画を楽しもうとしたが、反吐《へど》が出そうだった」と。グラントは、一八四六年のアメリカ＝メキシコ戦争に参加した自分をも手厳しく評した。「メキシコ戦争中、私は良心と戦っていた。私は、戦争に参加した自分を決して完全には許していない。私はこの問題について、大変はっきりした意見を持っていた。合衆国がメキシコに仕掛けた戦争ほど邪悪な戦争はなかったと私は考えている。若かった当時もそう考えていた。しかし、辞める道徳的勇気がなかった(6)」。

グラントが陸軍に入隊したのは、革なめし業者だった父の仕事を嫌ったからであり、ウェストポイントにある陸軍士官学校に行くことは、ましな教育を受けられる唯一の可能性だった。メキシコ戦争後、グラントは除隊した。しかし事業にことごとく失敗し、戦争を嫌悪していたにもかかわらず陸軍士官になるほかに選択の余地がなかった。彼は語っている。

「私は自ら進んで、あるいは情熱を持って戦闘に参加したことは一度もなかった。私はいつも、戦闘が終わると嬉しかった。二度と軍隊を指揮したいとは思わない。私は軍隊に一切興味がない。ケンブリッジ公爵からオールダーショットで彼の部隊を閲兵してくれと頼まれた時、私は殿下に言ったものだ。私が二度と再び見たくない唯一のものは軍隊の行進です、と[7]」

軍隊にまったく幻滅していたグラントが、日本訪問の途上にあったのは皮肉だった。そこでは、明治天皇がそれまでに増して閲兵と軍事演習に熱中していたからだ。ヤングは記している。「日本の皇帝は、自分の軍隊が気に入っている。帝国の他のいかなる施設よりも、皇帝はグラント将軍に軍隊を見せることに熱心だった」。とどのつまり、グラントは大の閲兵嫌いを押して、日本の軍隊を見せたいという天皇の期待に応えざるを得ない義務を感じた[8]。

グラントは明治十二年（一八七九）六月二十一日、軍艦「リッチモンド」で長崎に入港した。出迎えたのは従二位伊達《だて》宗城《むねなり》と特命全権米国公使吉田《よしだ》清成《きよなり》だった。ヤングは次のように記している。

「伊達公は言った。到着の際、グラント将軍を出迎え、国賓として歓迎し、将軍の日本滞在中は天皇の名代《みょうだい》として接待役を務めるよう勅命があった、と。（中略）吉田氏は、現在、合衆国に駐在する公使としてよく知られており、慎重かつ学識ある人物で、帝国の政治家の中でも前途有望な一人である。グラント将軍の大統領在任中に公使として派遣され、将軍と面識があったため、日本政府はグラント将軍の接待役に据えるべく、吉田氏を日本に呼び戻したのだった[9]」

到着後ほどなくして、グラントは日本で最初の演説を行なった。その中に次のような言葉がある。

「アメリカは、東洋において得たいものが多々ある。アメリカ以上に東洋に関心を有する国はほかにない。しかしアメリカが獲得するものは、東洋の人々が喜んで了承するもの、またアメリカが受け取るのと同等の利益を東洋の人々に保証できるものだけに限られるべきである。もし米国と他の国々との関係、特にこれら古い歴史を持つ東洋の最も興味深い国々との関係が、何か別の考えに基づいて行われるとしたら、私は自分の祖国を恥じなければならないだろう[10]」

当初の計画では、グラントは京都を訪問するはずだった。しかし関西地方にコレラが発生し、日本政府はグラントにコレラ感染の危険を冒させたくなかった。アメリカ人には一般にコレラの脅威を軽く見る傾向があったが、グラント一行は今や日本の国賓として天皇の名代の監督下にあり、アメリカ人の関西上陸は、あくまで反対された。そこで一行は横浜へ向かい、七月三日に到着した。

グラント一行を岩倉具視ほか名だたる政府顕官が出迎え、岩倉はグラントと握手を交わした。握手という行為は、この時のアメリカ人たちにとって極めて重要なことだったようで、翌日、天皇がグラントを引見した際に、前に進み出て彼と握手を交わしたことに、アメリカ人たちはたいそう感銘を受けた。ヤングは書いている。「わざわざ書くほどのことではないかもしれないが、日本の歴代皇帝の歴史で、このようなことはいまだかつてなかった」[11]。この天皇の振舞いから、ヤングは次のように考えた。「ミカドは、これまで訪問を受けた王室の皇太子に対して常に礼儀にかなった対応をした。ミカドにとって英国、ロシア、ドイツの皇太子は、あくまで皇太子だった。しかしグラント将軍は、友人として遇された」と。

日本側の要請で、天皇がグラント将軍を最初に引見したのは七月四日、アメリカ独立記念日の当日だった。グラントへの天皇の勅語は、「今日ハ貴国独立ノ期日ニ当リ候《さうらふ》ヨシ此日《このひ》ニ於《おい》テ初面会ヲ遂ゲ右ノ歓ヲ申候ハ別《わき》テ目出《めで》度《たき》事ニ存《ぞんじ》候」と結ばれている[12]。明治天皇についてのヤングの記述からは、その友好的な挨拶にもかかわらず、天皇はいまだに外国の賓客といることが気詰まりのように窺える。

「皇帝の身のこなしは、ぎこちないまでに窮屈で、まるで生まれて初めての体験をできるだけうまくやろうと努めている人のようだった。将軍と握手を交わした後、皇帝はもとの位置に戻って、手を剣の柄《つか》に置いて立ち、きらびやかに着飾った一団の方に目をやった。その様子は、まるで彼らの存在が意識にないかのようだった」[13]

天皇とグラント将軍が交わした挨拶は形式的なものだった。ヤングによれば、天皇はグラントに次のように語ったという。「貴殿が大臣たちに日本について語った意見をいろいろ耳にした。貴殿は、すでにこの国と国民を見た。朕は、それについてぜひ貴殿と話したいと思う。もっと早くその機会を持てなかったことを残念に思う」。

グラント将軍は、自分は天皇のためなら何でもすると応えた。陛下にお会いできて嬉しい、日本で受けたあらゆる親切に感謝します。日本の国外で自分ほど日本に関心を持っている者はいないし、また自分ほど日本国民に真摯《しんし》な友情を持っている者はいないと言ってもいいでしょう、と。恐らくグラントは、本気でそう言ったに違いない。グラントは日本の景色に満足し、日本が「言葉に尽くせぬほど美しい」ことを発見した。明治天皇の身辺が簡素であることもまた、この上なく好ましい印象を与えた。ヤングは書いている。「皇帝の生活は、田舎の紳士のつましい暮らしと同じように、地味なものだった。家を特徴づけているのは、簡素さと趣味の良さだった」。さらに、「日本は肌理《きめ》の細かい無垢《むく》の自然木の美しいこと、ガラスとペンキがまやかしであることを世界に教えてくれた」と。簡素と自然さへのグラント自身の嗜好《しこう》が、日本人の美意識に共鳴したのである。グラントはまた、焼失した皇居の跡に天皇の新宮殿を建設する計画があったにもかかわらず、「皇帝は出費がかさむのを嫌ってやめさせ、今の仮皇居で満足している」ことを知って、感銘を受けた。

最初の天皇謁見の際、グラントが会った政府顕官たちの印象をヤングは記している。これらの人物たちの風貌《ふうぼう》が当時の日本の文書に登場することはめったにない。その意味で、これは貴重な資料となっている。

「首相（太政大臣三条実美）は、印象深い人物である。背は低く、やせて、まるで少女のような身体つきである。繊細で、彫りの深い、愛敬《あいきょう》のある顔立ちで、二十歳の青年とも五十歳の大人ともとれる。（中略）岩倉は、断固とした決断力を示す線の太い顔立ちで印象が強い。顔の刀傷は、日本の最も偉大な政治家大久保が遠からぬ昔に暗殺されたのと同じく、岩倉暗殺を謀《はか》った刺客が斬りつけた跡である」

「皇帝は、立ったまま微動だにせず、自分に払われる敬意に気づかないか、無意識であるように見えた。皇帝は若く、すらりとした身体つきで、日本人の標準よりは背が高いが、我々から見れば中背である。彼の顔は印象的で、口と唇はどこかハプスブルク家の血統を思わせるものがある。額は秀《ひい》でていて狭く、頭髪と薄い口髭《くちひげ》、顎髭《あごひげ》は真っ黒である。髪の色はアメリカであれば浅黒いと言える顔色を、さらに黒くしている。顔の表情からは感情が一切消され、将軍に注がれている黒く輝く瞳《ひとみ》がなければ、彫刻の立像かと見間違えるほどである。傍らの皇后は、高貴で地味な日本の衣装を身につけていた。顔は実に白く、ほっそりした身体つきで、さながら子供のようである。髪はきれいに梳《す》かれ、金色の矢で束ねられていた。皇帝、皇后ともに実に感じのよい顔で、特に皇帝の顔には確信と優しさが漲《みなぎ》っていた[14]」

ヤングによれば、天皇は仮皇居での謁見の儀で将軍とずいぶん会話を交わしたようである。通訳は駐米公使の吉田清成だった。会話の内容は記録されなかったが[15]、天皇はグラントに感銘を受けたようで、私的で友好的な会談の場を設けたい意向を表明した。その機会は、将軍が日光への旅から戻った後に設定された。

天皇とグラントの二回目の対面は、七月七日だった。その朝、天皇はグラント将軍と共に陸軍飾隊式《しょくたいしき》（のちの観兵式）を観閲した。装備の行き届いた自分の軍隊を見せることに天皇が喜びを感じていたのは間違いない。その上、天皇は（グラントの閲兵嫌いを知らずに）この賓客が閲兵に特別な関心を示すと思っていたかもしれない。参列者の中には陸軍中将山県有朋、親王、大臣、参議、各国公使らがおり、近衛、東京鎮台、教導団諸兵を巡閲した。式の終了後、明治天皇はグラントに、「飾隊式も兵員少くして興味なからん、貴国は常備兵多からずと聞く、大国にして簡易なるは実に感心に堪へず[16]」と語ったという。

米国の軍隊が小規模であるとする天皇の見解は、ワシントンを訪問して合衆国大統領に必要とされる警備がいかに少ないかを実見してきた派遣使節の観察を反映したものであったかもしれない。

閲兵終了後、天皇は芝離宮に赴き、そこでグラント将軍夫妻と合流した。天皇は夫妻を迎え、それぞれと握手を交わした。ほかに英国のジョン・ポープ・ヘネシー香港総督夫妻、駐日米国公使夫妻も招かれた。グラント将軍は熾仁《たるひと》親王の御息所《みやすどころ》（夫人）を食堂に案内し、太政大臣三条実美はグラント夫人の手を取って食卓に着いた。日本の遣欧使節団の一行が国家の公式行事に女性が列席しているのを見て驚いた（そして幻滅さえした）のは、それほど昔のことではなかった。しかし今や、太政大臣は躊躇することなく外国の貴婦人の手をとり、礼儀正しく食卓へと導いた。陸海軍の軍楽隊が交互に演奏したが、わずか二十年ほど前には、日本人は「胡楽《こがく》（夷狄《いてき》の音楽＝西洋音楽）」に仰天したものだった。

午餐の後、グラント将軍夫妻は別殿《べつでん》に誘われ、そこでコーヒーを供された。天皇はコーヒーを飲みながら（吉田清成の通訳で）前大統領と歓談した。天皇は幾つかの質問をし、グラントの世界周遊の旅について意見を述べた。例えば、以下のように。

「一昨年以来各国御漫遊ニテ山水風景ノミナラズ定メテ御得益《ごとくえき》少ナカラヌ事ト存ズ云々《うんぬん》」
「印度《インド》地方ノ熱気ニハ嘸《さぞ》御困リナラン云々」
「印度風俗ハ欧米ト大《おほい》ニ異ナリ種々御目ニトマリタル事ノ内ニテ重立《おもだ》チタルモノハ何事ナルカ云々」
「（支那《しな》では万里《ばんり》の）長城其他《そのた》ノ名所古跡等御遊覧アリタルヤ云々[17]」

かつては外国の賓客と会話を交わすのが不得意だった天皇は、すでにお決まりの気候の挨拶や、訪問者が多忙にもかかわらずはるばる来日したことへの紋切り型の感謝の言葉以上の会話を操れるようになっていた。当初、天皇はグラント一行と食事を共にするのを渋り、宮内卿徳大寺実則の説得でようやく承知したのだったが、気温が華氏九十三度（摂氏約三十四度）に達し、終日正服を着ていたにもかかわらず、この機会を大いに楽しんだようである。天皇はグラントのみならず香港総督とも会話を交わした。皇后はグラント夫人に長旅の疲れをいたわる慰めの言葉をかけ、それに対しグラント夫人は応えた。これまで多くの国を歴訪したが、日本のように親切なもてなしを受けた国はなかった、と[18]。

グラント夫妻は七月十七日、日光へ向けて出発し、吉田清成と伊達宗城が同行した。翌日、グラント一行の接待に手抜かりがないようにと、天皇は伊藤博文を日光へ派遣した[19]。グラントの日光行きは、東京の暑熱を避けるために計画されたのであろう。同時に、京都を訪問できなかったグラントを慰める意味もあったかもしれない。日光滞在中の七月二十二日、グラントは、琉球問題をめぐる日清間の難局について公式に話し合うために訪れた日本政府代表団と会った。すでに恭親王と李鴻章に約束したように、グラントは清国の立場を日本側に伝えた。伊藤は、「日本の琉球に対する主権は、古来のものである」と応えた。グラントは、自分の関心はすべて日清両国のためを思う素直な気持から出たもので他意はないと説いた。さらにグラントは付け加えた。「日本は軍事物資、陸軍、海軍ともに清国に勝っている。清国は日本に歯が立たないと言ってもいいほどで、清国が日本に損傷を与えることなど不可能である」[20]と。

日本と清国の軍事力を比較したグラントの正確な評価には、職業軍人としてのグラントの専門的判断が自ずと示されていた。外国の観測筋の大半は、日清戦争（明治二十七―二十八年）に到ってもなお、清国は断然日本より強いと確信していた。

琉球諸島の領有権をめぐっては、日清両国政府間で引き続き意見書が交換されていた。外務卿寺島宗則は清国政府に弁明書を送り、次のように指摘した。琉球の文字、言語、宗教、風俗などは、我が日本国と同じであり、我が国への琉球の朝貢の慣習は、遥か隋《ずい》・唐《とう》の時代にまでさかのぼる。さらに保元《ほうげん》年間（一一五六―五九）には源為朝《みなもとのためとも》が琉球に渡って島主の妹を娶《めと》り、一男をもうけた。これがすなわち琉球王舜天《しゅんてん》である、と。さらに琉球と薩摩の密接な関係を詳述し、最後に琉球藩を廃して沖縄県としたことに言及し、琉球諸島は、今や日本帝国の不可欠な領土の一部であるとした。

これに対して清国は、琉球が代々、清国の冊封を受けてきたことを証拠に宗主権を主張し、日本が独立国である琉球を滅ぼしたと非難した。このような行為は、清国のみならず琉球と締約する各国を甚だしく蔑視するものであると彼らは主張した。それに対し日本は、再度、歴史的事実を引いて日本の宗主権を主張した。[21]

確かに、局外者が介入するには適切な時期ではなかったが、グラントは七月末、日光から帰京後、天皇との会談の設定を求めた。緊張する日清関係について、天皇と意見を交換する機会を欲してのことだったに違いない。会談は八月十日、浜離宮《はまりきゅう》で行われた。その日の午後、天皇は三条実美、徳大寺実則、侍従長の山口正定らを従え、略服で到着した。子息と書記を伴ったグラントは、天皇の前に導かれた。天皇は立ち上がり、「握手の礼」を行なった。続く会談に陪席した日本人は三条と通訳の吉田清成だけだった。

天皇は当時二十六歳、グラント五十七歳。二人の会談は二時間以上にも及んだ。その内容は、恐らくはグラントの書記の手によって英語で記録されたが、その筆記録は二時間にわたる談話の記録としては短すぎる。日本側は筆記を取らなかったようで、英語の稿がのちに翻訳された[22]。ただ、惜しいかな、明治天皇が実際に口にした言葉は記録に残されなかった。書き留められていれば、若き君主が倍も年上の世界的に有名な将軍、かつ米国前大統領のことをどう呼んだかがわかったかもしれないのに。

会談は、こういう機会をもっと早く設定できなかったことを詫《わ》びる天皇の言葉から始まった。それに対してグラントは、日本で受けた温かいもてなしに感謝の意を表明した。会談の内容の大半は、グラントの見解と忠告が占めている。言うまでもなくグラントは、天皇の目に自分が日本の友人として映ることを望んでいたため、アジアにおける他のヨーロッパ人、アメリカ人の態度を忌憚なく非難した。

「シンガポール以東の国々にあって、アジア人、ヨーロッパ人、アメリカ人について物事を共通の基準で論じることができる、あるいは進んで論じようとする新聞や雑誌は、ごくわずかしかありません。私の見たところ、『東京タイムス新聞』と『ジャパン・メイル』だけが、東洋諸国もまた尊重されるべき権利を持つものと見なしています。西洋諸国の官吏は、ごくわずかな例外を除いて皆同じです。自分たちの利益になることとであれば何でも主張し、清国や日本の権利は顧みられることがありません。

この不公正と自己中心主義を見ていると、時として私の血は煮えたぎらんばかりです[23]」

その後もグラントは、アジアにおけるヨーロッパ列強への非難を繰り返した。「彼らの外交政策から判断しうる限り、ヨーロッパ列強は、アジア諸国民を侮辱し屈服させること以外、アジアに何の関心も持っていません。彼らの外交政策は常に利己的で、日清間の紛争も彼らにとっては自分たちに利益をもたらすかもしれない紛争でしかないのです[24]」。

実に激しい言葉である。しかし、ヨーロッパ諸国と違ってアメリカ社会は本質的に平等主義だと確信している人物の口から出ると道理めいて聞こえる言葉である。グラントは当の「犯人」を名指しはしなかったものの、どうやらヨーロッパ列強の中心勢力である英国を指して言ったようだ。ジョン・ラッセル・ヤングは、グラント離日の際に開かれた送別会の列席者について書いた件りで、米国公使ジョン・ビンガムと、かの有名なハリー・パークスを比較している。

「その鋭い顔が年齢相応に白い髪で和らげられているビンガム氏が、英国公使ハリー・パークス卿と話していた。しなやかな物腰の、精力的かつ神経質な中年紳士パークスは、いかにもさばけた彫りの深いサクソン系の顔立ちで、列席者の中で最も快活で楽しく、愛想のいい紳士である。誰とでも知り合いで、誰とでも話している。その軽い冗談と、周囲をたちまち笑わせる話しぶりを見ている限り、実は彼の手が鉄でできていて、彼のやり方は、頑固で容赦のない英国の政策のすべてを体現しているなどとは考えも及ばないであろう」

グラントは、自分自身およびアメリカ人同胞は、パークスのようなヨーロッパ人の傲慢《ごうまん》な流儀とは無縁であると考えていた。パークスは英国にとって最大限の利益を獲得するためたゆまぬ努力を続け、アジアの国々にどれだけ負担をかけようと構うことはなかった。グラントは天皇に言った。「陛下の臣民たちを除いて、私ほど日本国の幸福を切に願っている者はいないでしょう。いや、この点について言えば、私は大多数のアメリカ国民をまさしく代表する者なのです」と。グラントは恐らく本気でそう言ったに違いない。しかし、グラントが攻撃したヨーロッパ人と同じくらい利己的なアメリカ人を見つけることも、さして難しくはなかっただろう。グラントは天皇に、特に外債について警告を発した。

「外国からの借金は、国家が最も避けるべきことです。（中略）海外には、弱い国に借金を負わせ、（それによって相手国に対し）不当な権力と威力を行使しようと企む国があることは陛下もすでに知っておいででしょう。これはつまり、その国の政権を奪うことが目的で、金を貸す機会を常に窺っているわけです。今やアジアにおいて、外国の干渉をかろうじて受けずに済んでいるのは日本と清国だけですが、もしこの両国間に戦争が起これば、彼らはたちまちその機に乗じて資金を貸し付け、いずれ内政に干渉しようとするに決まっています」
一方、グラントは、琉球問題をめぐる清国との交渉で、日本はもっと相手の意を汲《く》んで懐柔的な態度をとらなければいけないと言った。「（日本は）寛大かつ公正な精神をもって清国に一歩譲るのがいいでしょう。日清両国が和親を保っていることが今や極めて重要であることを考えれば、双方が互いに譲り合わねばならないでしょう」。ここで、どうしても天皇から同意の返事を期待したいところである。しかし天皇は、（少なくとも筆記録の上では）ただ次のように言っただけだった。「琉球事件ニ就《つき》テハ、伊藤 並《ならびに》某々《ぼうぼう》ニ命ジ置キタルニ依《よ》リ、彼輩《かれはい》近日卿ト面議ニ及ブ可《べ》シ」（琉球事件については伊藤博文らに命じてあるので、彼らが近いうちにグラント卿と対面して話し合うことになろう）。

グラントはまた、日本が諸外国と調印した関税協定に不満を表明した[25]。輸入税が五パーセントというのは低すぎる税率であり、また「輸出品に税を課するのは非常によくないことであり、国益に反するのは明らか」なので、速やかに廃止すべきだとした。そして、諸外国の政府は日本の求める条約改正に応ずるべきだとも言明した（アメリカは諸外国が従うことを条件に条約改正に同意したが、これに従う国はなかった）[26]。最後にグラントは、日本の教育制度を賞賛したうえで、経験豊かな外国人教授を若い日本人教師の監督のために雇うようそれとなく提言した。「我が合衆国でも外国人教師を雇い、彼らが有用であるなら長く雇用することを決してためらいません。特に貴国の工部《こうぶ》大学校（のちの東京大学工学部）設立時の外国人教師たちは世界に比類のない人々なので、差し支えがなければ長く雇用した方がよいでしょう[27]」。

グラントの忠告は、概して当を得たものだった。しかし会談の別のところでグラントは、性急な議会開設に反対する警告を発している。このグラントの忠言は、日本国民を称える彼の態度と彼自身の民主的な信念から見て奇妙なことと思えるかもしれない。

この会談が、明治天皇あるいは日本の政策にどれだけの影響を与えたかを測るのは難しい。その中で、対外債務に対するグラントの警告は、恐らく最大の成果を挙げた一つと言える。財政担当参議の大隈重信が五千万円の外債を発行することで政府の財政難を打開しようとした際に、グラントの警告が引き合いに出され、それを理由の一つとして大隈の提案は不許可となったのである。[28]

一方、グラントの議会開設漸進論は、どのみち日本の政治家の多くが抱いていた意見と全く一致しており、わざわざ外国の賓客から教えてもらうまでもないことだった。[29] また、諸外国に押しつけられた関税の制約にかねてより不満だった日本人は、今さらグラントに不平等であることを想起させられるまでもなかった。しかし今のところまだ、日本はヨーロッパ列強に不平等条約の改正に同意させることはできないでいた。

グラントは琉球諸島の主権に関して日本は融和的でなければならないと勧めたが、この勧告は守られなかった。また、のちにグラントが岩倉具視と恭親王に宛てた書簡で、清国と日本は直接交渉すべきであるとした提案も、すぐに効果を発揮するには到らなかった。[30] 明治十二年（一八七九）十二月一日、第十九代合衆国大統領ラザフォード・ヘイズは、米議会に、アメリカ政府は琉球紛争の平和的解決を歓迎する旨を表明したと報告した。[31] しかし、この申し出は無駄に終わった。グラントが親切にも提案した日清両国の直接交渉は、明治十三年（一八八〇）になってようやく開始された。しかし交渉妥結後もなお、清国政府は心変わりし、調印を拒んだ。結局、琉球諸島の領有問題は、二度と再び交渉の席で扱われることがなかった。そして、明治二十七年（一八九四）の日清戦争の勃発が、グラントの意図に沿ったこの問題に関する友好的議論の可能性のすべてに終止符を打った。

天皇がグラントとの会談から得た最も息の長い成果は、後年、外国の政治家を引見する際に天皇にそれまで以上の大きな自信を与えたことであったろう。また一方で、グラントの訪問が日本に与えた文化的衝撃は、天皇との会談の成果を遥かに越えるものだった。グラントは行く先々で熱狂的な群衆に迎えられ、彼が通る街路は、提灯《ちょうちん》や青竹で飾られた。[32]

祝賀行事が頂点に達したのは、八月二十五日、表向きは東京遷都十二周年を記念する東京府民の祭典が上野公園で行われた時だった。天皇が臨幸し、府民の前に姿を見せることになったが、同時にグラントもその場に招待された。天皇の到着は軍楽隊の演奏で迎えられ、続いて槍術《そうじゅつ》、剣術、流鏑馬《やぶさめ》などが天覧に供され、また花火が打ち上げられた。グラント将軍は天皇と共に祭の気分を楽しみ、式が終わった後のホテルへの帰路は、ヤングが記録しているように記憶に残るものとなった。「将軍の馬車は、数十万人とも推定される群衆の間を数マイルにわたってゆっくりと進んだ。木々や家々には灯火や提灯が飾られ、道には光のアーチがかかっていた。夜は澄みきってやさしく、いまだかつて見たことのない、また二度と見ることなど望めない光景が、そこには広がっていた」。

この祝賀の光景は、一八六〇年代に欧米各国の人々が最初の日本使節を迎えた時の歓迎を思わせるものがある。しかし、これはそれに輪をかけたものだった。グラントに歓呼の声を送った群衆の多くは、十数年前には攘夷の掛け声を叫んでいたに違いなく、中には、すべての外国人を殺そうと企んだ者さえいたかもしれない。かつての憎悪は、不思議なことに愛情に変わった。この率直な元軍人は日本人の、また天皇の心さえも摑《つか》んだのである。高価な贈物を与えることによってではなく、気取らないその流儀と、日本を楽しむことによって――。

グラントは、数えきれないほどの版画に描かれた。それらは彼が競馬場、学童の徒手体操の公開演技、日光の華厳《けごん》の滝、劇場などを見学したことを記念したものである。八月、グラントは七月十六日に観た歌舞伎《かぶき》芝居《しばい》に対する感謝の意を込めて、新富座《しんとみざ》に引幕《ひきまく》を贈った。[33] その芝居（一幕二場）とは、当時の著名な劇作家河竹黙阿彌《かわたけもくあみ》による『後三年奥州軍記《ごさんねんおうしゅうぐんき》』だった。表向きは十一世紀（平安後期）の武将源義家《みなもとのよしいえ》（八幡太郎《はちまんたろう》）が奥州地方の反乱をいかに鎮圧したかという話だったが、実はグラント将軍自身を八幡太郎になぞらえ、その凱旋を歌舞伎狂言《きょうげん》に仕組んだものだった。[34] 初演の際には、芸者七十二人が星条旗を思わせる柄に仕立てた揃いの着物で踊り、紅白の縞《しま》模様の生地《きじ》に、片肌脱ぎとなったその下から青地に星がちりばめられた模様がのぞいた。

グラントは、大衆作家の仮名垣魯文《かながきろぶん》が書いた『格蘭氏伝倭文賞《ぐらんどしでんやまとぶんしょう》』という伝記まがいの作品でも、その名を後世に残すことになった。この小冊子の口絵には、団扇《うちわ》を持つグラント夫妻と、踊る芸者たちを描いた木版画が印刷されている。

しかし恐らく芸術に対するグラントの最も重要な貢献は、岩倉具視の屋敷で能の上演を見たことから生まれた。岩倉はヨーロッパ滞在中、何度もオペラに招待された。岩倉がオペラ体験を心から楽しんだとは思えない。しかし岩倉はオペラ観劇の体験を通して、日本を訪問する国賓に見せるにふさわしい娯楽は何だろうかと考えるに到った。能は確かに高尚だが、当時、能は徳川幕府との長年の絆があだとなって冷遇されていた。能役者の多くは、すでに能から離れていた。ちょうどそのような時に来日したグラントが、岩倉に日本の古典芸能を見たいと言った。これはグラントらしからぬことだった。ヨーロッパで何回もオペラに招待され、オペラを「のべつ幕無しの脅威」と考えるに到ったグラントだったから。マドリード滞在中、米国公使で詩人のジェイムズ・ラッセル・ローエルにオペラに招待された際には、「開幕して五分後、グラントは、はっきり聞きわけられた唯一の雑音は集合ラッパだけだったと言い張り、ローエル夫人に『もう十分ではありませんか』と言った」とされる。

能に対するグラントの反応は、これとはまったく異なるものだった。グラントは宝生九郎の半能《はんのう》『望月《もちづき》』、金剛泰一郎《こんごうたいいちろう》の『土蜘《つちぐも》』、三宅庄市《みやけしょういち》の狂言『釣狐《つりぎつね》』などを見て、深く感激し、賛嘆したと伝えられている。後でグラントは岩倉に言った。「かやうな高尚優美な技芸は兎角《とかく》時世の影響に依《よ》て品格を墜《おと》し衰滅し易《やす》きものであるから、心して珍重保存すべきである」[35]と。

外国の貴顕が発したこの言葉は無視されなかった。それまでに増して能を救う必要性に気づいた岩倉は、元大名と元公家に賛助を仰ぎ、能の延命に必要な手を次々と打ったのである。八月十八日、岩倉邸で天覧能が催され、太政大臣、参議五人を始め顕官らが陪席した。能の復活は着々と進められた。

グラント将軍は八月三十日、参内して天皇に別れを告げた。来日以来、各地で受けた至れり尽くせりの歓迎に謝意を表した後、グラントは続けた。日本には極端な金持もいなければ、極端な貧乏人もいない。これは諸国歴訪中、他国で見かけたことのない美点である。日本は肥沃《ひよく》な土地に恵まれ、未墾の地も多い。未開の鉱山もたくさんあり、豊富な漁獲量と良港に恵まれている。何より国民は勤勉で、心中不満なく、倹約の風がある。日本が富強を達成するにあたり、欠けるものは何一つない。さらにグラントは、外国からの内政干渉にくれぐれも注意するよう釘《くぎ》を刺した。内政干渉を避けることで、日本は富を内に蓄積することができ、また外国に依存する必要に迫られることもない。そしてグラントは、謝辞の最後を次のように締《し》め括《くく》った。日本の完全なる独立と繁栄を望むのは自分一人ではなく、アメリカ国民すべての願いである。どうか天皇と日本国民に、天のご加護のあらんことを、と。[36]

天皇は、これに短い挨拶で応えた。ヤングによれば天皇は、外国人と初めて会った時の聞き取りにくい小さな声とはまったく対照的な、はっきりと快活な声で勅答を読み上げた。ここに、天皇についてヤングが最後に感じた印象を記した文章がある。

「皇帝は、いわゆる優雅な人物ではない。その物腰は不安に満ちた人物のようで、気楽に振舞っているとは言いがたい。人の気に入るように、間違いを冒さないようにと、ひたすら願っているかのようだ。しかし別れの謁見での皇帝は、以前に我々が見た時よりもくつろいだ様子で、いかにも自然だった[37]」

グラントの訪問は、すべてにわたって大成功だった。一つだけ目論見《もくろみ》が狂ったのは、彼の大統領三選は実現しなかったことである。しかしグラントは日本のことを忘れず、天皇以下日本国民もまた、この少しも英雄らしくない気さくな男のことを忘れなかった。

第三十二章「教育勅語」への道

明治十二年（一八七九）八月三十一日、明治天皇の第三皇子が生まれた。生母は権典侍柳原愛子《やなぎわらなるこ》だった。明治天皇皇后はすぐに守刀《まもりがたな》、産衣《うぶぎ》を青山御所に届けさせ、その夜、祝賀の饗膳《きょうぜん》で皇子の誕生が祝われた。明治天皇の祖父の中山忠能が皇子御世話を命じられたが、高齢のため、補佐として正親町実徳《おおぎまちさねあつ》が御養育御用掛《ごようがかり》に任じられた。九月六日、天皇は『詩経《しきょう》』(1)の一節から一字をとって、皇子に嘉仁《よしひと》の名を賜った。また皇子は、明《はるの》宮《みや》の称号でも知られることになる。

皇子の誕生を賢所《かしこどころ》、皇霊、神殿に告げる奉告祭の儀が行われ、天皇は皇族、大臣、参議、宮内省勅任官、麝香間祗候《じゃこうのましこう》および柳原光愛《みつなる》父子に宴を賜った。座は祝いの気分に満ちていたが、そこに居合わせた者の多くは皇子が極めて難産であったことを知っていた。また明治天皇の第一皇子（死産）、第二皇子（敬仁《ゆきひと》親王。生後十ヵ月で死去）が幼少で亡くなったことも承知していた。恐らくそのためだろう、大臣が祝辞を奏する前例は取《と》り止《や》められた。

誕生した時から、嘉仁親王の全身に発疹《ほっしん》があった。九月二十三日、瘡痂《そうか》（かさ）が消えたため、腰湯につかったのだが、それが逆効果となったのか、翌日、腹部に痙攣《けいれん》が起こり、次第に胸部に及んだ。咳込《せきこ》んだ際に痰《たん》がつまり、痛みを悪化させた。午前三時、痙攣は鎮静したものの、いまだ全快の気配は見られなかった。

軽症だが発作《ほっさ》は止まず、天皇皇后は深く憂慮した。医師らは鍼術《しんじゅつ》を含めあらゆる治療を尽くし、年老いた中山忠能は、曾孫《ひまご》にあたる親王を昼夜看護した。十二月に入ると病勢は鎮静し、発作が起きたのは十二月九日だけだった。生母柳原愛子は分娩《ぶんべん》後、健康がすぐれず、御産所が手狭ということもあって、皇居内の自室に戻った。(2)

天皇が初めて嘉仁親王と対面したのは十二月四日である。その日の午後、馬場に出御した天皇は、そのまま騎馬で青山御産所に向かった。中山慶子《よしこ》（明治天皇の生母）が親王を腕に抱き、御前に進んだ。「天機（天皇の機嫌）殊に麗《うるは》しく、忠能等に酒肴《しゅかう》を賜ふ」と記録にある。翌五日、皇后も名目上の息子と対面した。（父天皇と同じく）親王の幼少時の養育は皇子御世話の中山忠能に託されることとなった。このため親王は、九月三十日に中山邸に移る予定になっていたのだが、たまたま当日に発作があったため延期され、中山邸に移ったのは十二月七日だった。十二月二十八日、生後百二十日を迎えた親王は、中山邸で箸初《はしぞめ》の式を行なった。しかし親王の健康は、天皇および周囲の人々を悩ませ続けた。いつ発作が起きるかわからなかった。厳しく躾《しつ》けられた明治天皇の他の皇女たちと違い、親王は腫《は》れ物《もの》に触るかのように大切に育てられた。

この時期、自分の息子の健康以外にも天皇の関心を占めていたことがあった。すでに天皇は、ヨーロッパの諸王家からいわば「従兄弟《いとこ》」と見做されていて、外国の王室からよく訪問客があり、中には長期滞在者もあった。明治十二年五月、ドイツ皇帝の孫にあたるハインリッヒ親王は、皇帝から託された勲章を明治天皇に贈った。この勲章がアジアの君主に贈られたのは初めてのことだった。また、これは明治天皇が外国勲章を受けた最初でもあった。半年後、来日したジェノヴァ大公から天皇はイタリアの最高勲章アヌンツィアータ章を贈られた。返礼として後日、天皇は大公に菊花大綬章《きっかだいじゅしょう》を贈り、その佩用《はいよう》の仕方を自ら示した。また天皇は、ミラノの画工ジュゼッペ・ウゴリーニ制作による天皇自身の胸像、天皇と皇后の各肖像画を受け取った。(3)

外国の王族の訪問とは別に、天皇は定期的に各国君主たちの消息を知らされた。例えばスペイン皇帝ドン・アルフォンソ十二世の再婚を祝って、天皇は慶賀の書を送った。また暗殺者から危うく難を逃れたロシア皇帝に、天皇は無事を喜ぶ祝電を打った。(4)

国内の問題もまた、天皇の関心を引かずにいなかった。明治十二年十月、政府内部で大臣らが申し合わせ、侍講副島種臣《そえじまたねおみ》を何らかの名目で海外に派遣し、免職しようとする動きがあった。反副島派の先鋒である黒田清隆は、外国の新聞記事を取り上げ次のように主張した。天皇の御前で進講の際、副島は政府の政策に反する意見を表明した。また副島は外務卿時代、台湾事件を処理するにあたって一外国人(米国人リジェンドル)と共謀した、と。参議西郷従道《さいごうつぐみち》、同じく川村純義らは黒田の説に賛同した。(5) しかし参議大隈重信は、もし副島が免職されれば自分も退官すると言明した。伊藤博文は、副島の学識を高く評価しながらも、世人が副島を信用しないのはその極端な保守主義のせいだと語った。伊藤はまた、その優れた西洋理解に磨きをかけるという意味で副島の外国派遣に賛成し、副島が他日再び内閣に列することは十分あり得ると言った。

聖断を求められた天皇は、侍講の儒者元田永孚《もとだながざね》に相談した。元田は副島を強く擁護した。自分(元田)は天皇の御前における副島の進講に陪席し、その説を聞いたことがある。副島の抱懐するところは、ただ「帝室の尊厳を保ち聖徳を顕揚する」にあるのみで、ゆえに、「種臣を用ゐたまふこと、陛下に益ありて未だ政府に害あるを見ず」と。さらに元田は続けた。黒田は一度も副島の進講を聞いたことがない。確証もなく副島を非難し、いたずらに「世上の浮説」を信じ、それを以て副島を排斥しようとするのは、すなわち陛下の聡明を疑うに等しい。もし新聞記事のごときを信じ、人を免職にするというのであれば、果して大臣の中で免職されずに済む者が何人いるだろうか。黒田の私意によって副島を免職にすれば、天下は必ずやその措置を非難するだろう。しかし自らの提言が拒絶されたことで黒田が辞官したいというのであれば、それを認めたからといって聖断に非を唱える者がいるだろうか、と。

天皇は、結論を急がず、数度にわたって元田の意見を質した。天皇は元田の意見を評価していた。元田は忌憚なく意見を述べた。副島の免職を求める黒田の主張は、あくまで私怨《しえん》から出たことである。副島に何ら過失はない。たとえ千万人が副島を憎むとも、陛下は断じて副島を捨てるべきではない。副島は天皇の侍講を務めてまだ七ヵ月である。『大学《だいがく》』の進講は一篇すらも終了していない。この大事な時に副島の海外派遣を持ち出すとは、どういう了見であるか。仮に黒田が参議を辞したところで、なお九人の参議がいる。しかし、「種臣去らば、陛下の学徳を輔《たす》くる者幾《ほとん》ど希《まれ》なるのみならず、陛下常に憂慮したまふ所の、天下不平の徒の政府を攻撃する患《くわん》測り知るべからざるなり」。副島が退官すれば陛下の学徳を輔佐《ほさ》する者がいなくなるに等しい。そればかりか、陛下が常に憂慮なさっている天下不平の徒が政府攻撃に乗り出す恐れが多分にある、と。ついに元田の弁舌は天皇を動かした。天皇は、副島外遊の議を許可しなかった。意見が聴き届けられなければ辞任すると脅していた黒田は、そのまま職に留まった。

距離を置いてこれらの出来事を眺めるならば、副島を斥《しりぞ》けようとした黒田の主張の背後には、明らかに個人的（ないしは恐らく藩閥の）反目があった。この事件は、もう一つの理由で注目に値する。一般に明治政府の決定はすべて官僚が下し、天皇はただこれを承認するだけという印象が強い。しかしこの事件は、藩閥的党派性に捉われない元田の助言に依《よ》りつつ、過半の政府高官の意向に反して天皇が自ら決断した事例の一つだった。(6)

恐らく天皇が決断に際して主導権を発揮した最初の事例は、明治十二年三月、勤倹の聖旨が公布された時だった。(7) 前年秋の北陸東海地方巡幸の際、天皇は民衆の貧困を目の当たりにし、いたく衝撃を受けた。天皇は儒教的君主にふさわしいやり方でこれに反応した。民衆を苦難から救うために省庁の不必要な出費がことごとく削られ、すでに着手したものを除き官省の建築その他一切の土木工事はなるべく省略すべしとされた。また民力を養うため、地方官にも同様の措置が求められた。宮廷のこの方針には、侍補たちの強い支持があった。侍補は儒教の教えに基づき天皇を輔佐する役で、二年前に設置された。(8) しかし侍補たちの干渉は、外国人訪問客の尊敬を集めるべく近代的首都の建設を目指していた政府閣僚たちを激怒させた。(9) 伊藤博文は、政府に対する侍補の干渉を中国の宦官《かんがん》の悪弊になぞらえた。このような干渉は、宮廷と政府の別を乱すことになる、と。

腐敗で名高い宦官に比べられたことで、侍補たちは怒り心頭に発した。彼らは（侍補の強い支持で起用された）侍講の副島を排斥しようとした黒田の陰謀にも憤慨した。侍補の代表を以て任じる元田は、ここで勇み足をし、敵の術中に陥った。天皇の君徳輔導にあたる侍補の機能を大臣や参議が兼任することを条件に、侍補を廃してはどうかと元田は提案したのである。(10) 恐らく元田は、自分以外に天皇輔導の適役がいないことはいずれわかるだろうと高をくくっていた。元田は次の条件をつけた。もし大臣や参議がこれらの機能を全《まっと》うできなければ、侍補は存置すべきである。その場合、侍補にはその職責を全うできる十分な権力が与えられなければならない、と。やっかい者の侍補を追放できる好機と喜んだ内閣は、宮中における輔導役として侍補の代わりに大臣および参議を据える決議をした。天皇は、内閣の決議に従い正式に侍補を廃した。侍補の中には徳大寺実則、佐佐木高行、元田永孚など天皇の信任厚い人物がいた。しかし元田らは、内閣から常に疑惑の目で見られていた。天皇と直に接触できる立場を利用して内閣の権威に盾突く存在と思われていたのだ。

この内閣決議を、天皇は快く思わなかったようである。侍補が廃された一週間後の十月二十日、天皇は徳大寺、佐佐木、元田らを御座所に召して伝えた。汝らはもはや侍補ではない。しかし今後とも朕に意見を申し述べたいことがあれば、腹蔵なく奏聞するがいい、と。天皇は手ずから銘々に紅白縮緬《ちりめん》などを賜い、太政大臣、右大臣との午餐に招待した。内閣決議が明治天皇を悩ませたのはこの時だけではなかった。しかし内閣は、常に聖旨を遂行したに過ぎないと主張した。

明治十二年後半、論争の主題は教育だった。明治天皇の五箇条の御誓文は、世界の先進国を追って対等となることを目指し、「智識《ちしき》ヲ世界ニ求メ大《おほい》ニ皇基《くわうき》ヲ振起《しんき》スベシ」と謳《うた》っている。教育に対する天皇の変わらぬ関心は、巡幸の行く先々での学校訪問によっても明らかだった。天皇自身の教育もまた、儒教の経典を講義する元田永孚を始めとする侍講たちの進講の形で続いていた[11]。天皇は、儒教の中心的な徳目として「忠」と「孝」を強調する元田の考えに強く感銘を受けていた。この二つの徳目は、それまで中国や日本の儒教の書物で特に強調されていたわけではなかった。仁義忠孝の四つの儒教の徳目は、明治年間に文明開化政策との釣り合いをとるため、教育を論じた文章によく引用されたものだった。しかし「仁」と「義」は、新国家の政策にすぐ役立つ「忠」と「孝」ほどには重きを置かれなかった。

天皇はまた、儒教以外の日本の伝統的な書物や（それよりも少ないが）西洋の歴史に関する進講にも耳を傾けた。題材は何であれ、教育を受けるにあたって天皇の好みは保守的だった。それは例えば、天皇の詠んだ次の御製からも窺うことができる。

万代《よろづよ》にうごかぬものはいにしへの聖《ひじり》のみよのおきてなりけり

しかし同時に天皇は、伝統的な学問だけでは近代世界に不十分であることに気づいていた。例えば次の御製である。

すゝみゆく世におくれなばかひあらじ文の林はわけつくすとも[12]

過去の学問を重んじる天皇の信念にもかかわらず、新しい教育は西洋志向になりがちだった。例えば少し遡《さかのぼ》って明治九年（一八七六）七月十五日、天皇が青森の小学校を訪問した際には、弘前の東奥義塾《とうおうぎじゅく》の英語学生徒十名が英語で文章を綴り、それを演説した。次に挙げるのは、その時の英語の文章ないしは演説の題目の一部である。

「演説　ハニバル士卒ヲ励《はげま》スノ弁」（ハニバル＝カルタゴの名将ハンニバル）
「文題　青森ヘ御着輦《ごちゃくれん》ヲ祝スル文」頌歌《しょうか》
「演説　アンドル、ジヤクソン氏合衆国上院ニテノ演説」（第七代大統領アンドルー・ジャクソン）
「文題　開化進歩」頌歌
「演説　セシロ、カテリンヲ詰《なじ》ル（責める）弁」（セシロ＝ローマの雄弁家キケロ）
「文題　教育」頌歌⒀

予定されていた課業がすべて終わらぬうちに、天皇の退出の刻限が来た。退出の際、生徒たちは英語で頌歌を唱えた。天皇は生徒一人一人に金五円を与えた。ウェブスター中辞典を買う代金としてだった。しかし天皇は、極端に西洋を重視する傾向を喜ばなかった。それは、生徒たちの演説の主題の選び方にも表われていた。

明治十一年（一八七八）の北陸東海地方巡幸から帰京後、天皇は元田に次のように語った。生徒たちが日本に無知であるのは、明治五年に「学制《がくせい》」が発布されてこのかた信奉されてきた「米国教育法」のせいではないのか、と。⒁また右大臣岩倉具視を召して、学校においては「本邦固有の道徳を涵養する」ことこそ緊要であると告げた。日本人である生徒が、日本の伝統に無知なままハンニバルやアンドルー・ジャクソンについて器用に英語で演説するのを聞き、天皇は明らかに不機嫌になっていた。

天皇は高度の学問を修める学校だけでなく、「実用の学」を身につける技術訓練学校にも関心を寄せていた。明治十一年一月二十四日、天皇は内務省勧農局所管の駒場《こまば》農学校（東京大学農学部の前身）の開校式に臨み、勅語を賜った。

朕惟《おも》フニ農ハ国ノ本《もと》ナリ、物産由《より》テ以《もっ》テ殖《ふや》シ生民《せいみん》由テ以テ富ム、是《こ》レ此《この》学ノ講ゼズンバアルベカラザル所以《ゆゑん》ナリ、今ヤ本校建築竣《をは》ルヲ奏ス、朕甚ダ之ヲ嘉《よ》ミス、親《みずか》ラ臨《のぞ》ンデ開校ノ典ヲ挙グ、後来我国産ヲシテ

益《ます》々《ます》繁殖ナラシメ我国民ヲシテ益富饒《ふぜう》ナラシムルコトハ朕大《おほい》ニ此校ニ望ム所アリ。(15)

国家にとって農業が基本であるとする天皇の主張には、もちろん目新しいものはない。これは儒学者たちが千年以上にわたって言い続けてきたことだった。目立って近代的な特徴と言えば、若者が科学的な農業の方法を勉強できる学校の設立である。かつて若者は、畑で実地に働きながら農業を学んだものだった。世代から世代へと受け継がれてきた伝統的な農業方式や技能を廃することが明治政府の意図ではなかった。国家の指導者たちは、科学技術の採用が農業生産の向上と、より繁栄した社会をもたらすと考えた。明治十一年七月十五日、天皇は工部大学校の開校式でも勅語を賜っている。

曩《さき》ニ工部大学校ヲ経営セシメ、今工事竣《をは》ルヲ奏ス、朕親《みづか》ラ臨《のぞみ》テ開業ノ典ヲ挙グ、朕惟《おも》フニ百工ヲ勧ムルハ経世ノ要ニシテ時務ノ急ナリ、自今此校ニ従学スル者黽勉《びんべん》（勉励）シテ以テ利用厚生《りようこうせい》（使用する物資・器具・器械を便利にして、生活を豊かにすること。『書経』より）ノ源ヲ開カンコトヲ望ム。(16)

伝統的な技術を系統立てて教える学校は、古い日本と新しい「啓蒙《けいもう》」の理想との結合を意味した。例えば日本には、何世紀にもわたって完成された絹織物の技術があった。このような産業の分野でさえ、日本の技術を先進国の水準にまで高めるためには、教師として外国人の専門家を雇うことが必要だとわかった。明治天皇は、日本が外国の影響を受けすぎることを嘆いていた。しかし全国の学校を訪問した際、天皇は外国人教師を感謝の言葉でねぎらい、贈物まで賜った。契約期間を終え日本を離れる際には、天皇は外国人教師たちに謁を賜った。これは日本人教師にはめったに味わえない名誉だった。すでに見たように、グラント将軍は外国人の指導教官をできるだけ日本に引き留めるよう勧めていた。いつの日か教師が日本人によって完全に占められるようになることをグラントは願った。しかし同時にグラントは、既述のように次のごとく言い添えた。「外国人教官の解雇を不必要に急ぐことは賢明ではない。（中略）世界に比類ない日本の工部大学校を作った外国人などは、陛下の許す限り抱えておくべき人材である」[17]と。グラントの助言は無視されなかった。

明治天皇はまた、金銭的に余裕のある日本人に留学を奨励した。世界の大勢を視察し、実用の学を身につけ、日本が外国に遅れをとることのないようにと諭した。天皇は御製の中でも、西洋文明の吸収の重要であることを示唆している。

わが園にしげりあひけり外国《とつくに》の草木の苗もおほしたつれば[18]

遡って明治五年（一八七二）、教育に関する布告（「学制」として知られる）が公布された。フランスの教育制度に倣い、全国の教育の均一化を目指したものだった。[19]この計画は、日本の限られた財源で実現するにはあまりに理想的であり過ぎることが判明した。しかしこれは、明治政府が発足当初から教育を非常に重要視していたことを示すものだった。

学制が公布されて間もなく、不平の声があがった。行政当局は経費を度外視して野心的な計画を断行せんとするあまり、巨額の金を浪費しようとしている。また教育に干渉し過ぎることで、画一化に傾く弊害がある、と。これら種々の不平が生じた結果、文部大輔《もんぶたいふ》の田中不二麿《たなかふじまろ》がアメリカ合衆国の教育事情を視察するため派遣された。帰国後、田中は明治五年に公布された学制から基本的に離脱することを建議した。すなわち教育制度は現下の国力、民情、文化の程度に応じて変革されるべきである、と。こうして、一切の規定を画一的、強制的に課すフランスの教育制度に倣った学制は、地方分権的な教育制度に取って代わられることになった。この制度によって、教育の責任は各地域住民に移管されることになった。新しい制度は地方文化ならびに地方の教科選択を重視したもので、一般に「自由教育令」と呼ばれた。その草案が明治十一年（一八七八）五月、審査のため参議兼内務卿の伊藤博文に提出されたのである。伊藤は中央政府の干渉が最小限に及び得る形で若干の修正を施し、明治十二年二月に修正案を提出、元老院でさらに修正が加えられたのち、議案は六月二十五日、天皇に上奏された。

この間、すでに述べたように、新しい教育には「本邦固有の道徳の涵養」を組み入れることが必要であると、天皇から岩倉具視に内諭があった。岩倉もまた、教育方針は改良されるべきだとの結論に到った。佐佐木高行、元老院議官兼侍補の吉井友実、元田永孚らは、日本の教育の基礎は「忠孝」にあると確信していた。明治五年の学制でも道徳教育（修身）は小学校の基本教科だった。[20] しかし佐佐木らは、西洋の学問が幅を利《き》かすあまり修身の影が薄くなっていると考えた。

明治十二年四月十六日、岩倉と佐佐木が御前に伺候《しこう》した際、天皇は二人に、漢学者であれ、勤王家《きんのうか》であれ、洋学者（福沢諭吉《ふくざわゆきち》、加藤弘之《かとうひろゆき》ら）であれ、教育をなおざりにしてはならないと、その重要性を強調した。また五月七日、岩倉が今後ますます天職を尽くされるようにと奏上した際には、天皇は岩倉に次のように諭した。政府は政治を行うにあたって公平でなければならない。かつ、最も大事なことは教育である。「輓近《ばんきん》（近頃）の世情を察するに、徒《いたづ》らに洋風に馳《は》せて独立自尊の念なし、例へば、洋人論語を良き書なりと唱ふれば直に取りて之《こ》れを読み、又悪《あ》しき書なりと謂《い》へば直に之れを捨つ、恰《あたか》も愚夫・愚婦が争ひて流行の稲荷《いなり》に参詣するが如し」[21] と。

修正案が上奏された翌日の六月二十六日、天皇は事の重大性に鑑《かんが》み、自分が日頃考えていることを筆録させて示すと約束した。元田によって記述されたこの文書は、「教学大旨《きょうがくたいし》」、「小学条目二件《しょうがくじょうもくにけん》」の二篇と成った。天皇の見解を記述したものとされているが、実際は元田自身の見解に等しかった。「教学大旨」は、次のように言う。

教育学問の要《かなめ》として、仁義忠孝を明らかにし知識才芸を究め人道を尽くすことは我が祖訓、国典の大旨《たいし》であり、上下一般の教えとするところである。然《しか》るに、最近はもっぱら知識才芸のみを尊び、文明開化の末節に走り、品行を破り、風俗を乱す者が少なくない。これは維新の始めに、それまでの陋習《ろうしゅう》を捨てて知識を世界に求めるという卓見から一時的に西洋の長所を取り入れたためで、それが日々功を奏したとはいえ、その弊害として仁義忠孝をなおざりにし、いたずらに洋風を競うばかりでは、将来が危ぶまれ、ついには君臣、父子の大義を忘れるに到ることになるかもしれない。これは我が国の教学の本意ではない。ゆえに今後は祖宗の訓典《くんてん》（訓戒となる書物）に基づき、もっぱら仁義忠孝を明らかにし、道徳の学は孔子《こうし》を主とし、誠実品行を尊び、同時に各学問においても才器に応じてますます学業を進め、道徳才芸いずれをも完備し、きわめて公正な教育学問があまねく天下に行われるならば、我が国独立の精神において世界に恥じることはないだろう(22)――。

また「小学条目」の第二件は巡幸の際の体験に触れて以下のように言う。

去年の秋、各県の学校を巡覧し、親しく生徒の学業を視察したが、例えば農商の子弟であっても、その発言は高尚な空論ばかりが多く、甚だしきに至っては西洋語が達者であっても、それを日本語に訳すことができなかった(23)。こういう者は卒業後、家に帰っても再び本業に就きにくい。また、高尚の空論では公職に就いても役に立たないばかりか、博聞を誇って目上《めうえ》を侮《あなど》り、県の官吏を妨害する者となるに違いない(24)――。

さらに、「高尚ノ空論」を教える代わりに「農商ニハ農商ノ学科」を設けることを奨励している。実地に基づいた学問を修めることで、「農商ノ子弟」は卒業後、首尾よく本業に戻って活躍することができる、と。

天皇は伊藤博文を召して、教育を改良し、風俗を矯正すべき旨を告げ、彼の意見を質した。

伊藤が天皇に上書した「教育議《きょういくぎ》」は、冒頭で時弊としての道徳の頽廃《たいはい》を訴えた後、「風俗ノ弊」を一種の「病気（疾《しつ》）」に見立てて、次のように述べている。

病気を治すためには、まずその原因を探らなければならない。現在の好ましくない教育状況の原因は、維新の際に引き起こされた「非常ノ変革」にある。鎖国が終わり封建制が廃されたことによって、武士階級はもはや伝統的な規律、拘束に縛られないことになった。この解放自体は好ましいことだったが、それともに旧制度の「淳風美俗《じゅんぷう》」もまた失った。以前の生活の手段を失った士族は、前途に対する迷いと不平に乗じて「政談ノ徒」となった。またヨーロッパ渡りの過激思想にかぶれる者さえ出てきた。

伊藤は続ける。道徳の頽廃の原因は、維新以後に導入された新教育の失敗にのみ帰せられるものではない。教育は、ただちに効果が現れるものではないにせよ、現在の危機に対する最上の治療法である。もし政府が率先して教育を奨励し、制度の不備を改善するならば、数年後に「文明」社会の実現を望むことも可能である。

しかし伊藤は、新旧を折衷し、経典を斟酌《しんしゃく》して「国教」を建てるようなことには反対だとした。それには賢人の出現を待たなければならず、政府の力の及ぶところではない、と。

伊藤によれば、日本の書生の多くは「漢学生徒」である。彼らを「政談ノ徒」にしないためには、「工芸技術百科ノ学」を広めるべきである。「政談ノ徒」は、いずれ西洋の過激思想におぼれることになる。政談でなく、実用の学こそが教育の中枢でなければならない。「優等ノ生徒」に限って「法科政学」を学ばせるべきであると伊藤は結んだ。


天皇は、伊藤の「教育議」を元田に示した。元田は、伊藤の見解は聖旨の含むところを拡充し、その遺漏するところを補うことに熱心なあまり、天皇の真意を正しく理解していないところがあると考えた。元田は内勅を受け、「教育議附議《ふぎ》」を草して、伊藤に真っ向から反論した。元田は言う。教育に必要なのは四書五経《ししょごきょう》が中心である。これに倫理を扱う国学の書が続き、西洋の書は最後に学べばよい。教育に速効を求めてはいけないと伊藤は言うが、今基礎を建てなければ、将来はどうなるか。また、少なくとも今の時期は国教は建てるべきでないと言うが、その適切な時期はいつ来るのか。ヨーロッパ諸国にさえ国教はある。瓊々杵尊《ににぎのみこと》の時代以来、日本人は天祖を敬い、儒教を取り入れ、「祭政教学一致」で進んできた。「今日ノ国教、他ナシ、亦其《またそれ》、古《いにしへ》ニ復センノミ」(25)。今日の国教もまた他にはない、古代に復帰するのみ、と。

元田は一方で、文部卿が任命されたことを喜んだ。長く空席だったこの地位に九月十日、参議の寺島宗則が兼任で就任した[26]。元田は、天皇が教育に関する聖旨を寺島に伝えることを願った。翌十一日、天皇は岩倉の奏議により寺島を召し、元田が記述した先の二篇、伊藤の「教育議」、元老院上奏の教育令草案を授けた。九月二十九日、新しい教育令が公布された。四十七の条目から成り、小学校から大学校、師範学校、専門学校のほか、各種の学校の開設を定めていた。町村ごと、あるいは数町村に一つの公立小学校を設置すると し、すでに十分な私立小学校がある地域は例外とされた。また、学校を設置する資力のない地方には巡回教授するとした。学齢は六歳から十四歳までの八ヵ年とし、父母および後見人には学齢児童を(最低でも十六ヵ月)就学させる責任があった。この義務を免《まぬが》れる抜け道もあったが、日本人の全児童を対象とする義務教育にほぼ近かった。これは資金難にもかかわらず、政府が教育を重視することを示したものだった。

明治五年の学制を修正することで生まれたこの教育制度は、しかし成功しなかった。それまでの七年間に苦労して築き上げられた新たな制度は混乱に陥り、教育水準は著しく低下した。官僚行政の締めつけから教育を解放することを意図した自由化は、閣僚や天皇が思ってもみなかった自由放任主義政策に終わった。文部卿は、寺島宗則から河野《こうの》敏鎌《とがま》に代わった[27]。河野は天皇の巡幸に随行して各地の学校を視察し、その実情に愕然とさせられた。河野は中央、地方官庁の権限を強化する方向で教育令を改正することにした[28]。明治十三年(一八八〇)十二月二十四日、元老院は河野の改正案に修正を加え天皇に上奏した。二十八日、さらに一部に手が加えられ、改正教育令が公布された。そこでは修身が諸学科の首位に置かれていた。

この時期から、明治天皇の見解は目立って保守的になった。天皇は日本が採るべき進路に関してグラント将軍の助言を熱心に聴いたが、元田の影響力はそれより遥かに強かった。それは天皇が繰り返し教育における儒教の徳目の重要性を力説したことにも顕著に表われている。天皇は確かに、日本が徳川将軍の支配していた昔に戻ることを願ってはいなかった。しかし天皇の発言を見ると、どうやら天皇は過去の日本人を現在の日本人より立派だったと考えていた節がある。もちろん、自分の時代に属する無気力な若者を、素朴だが誠実な昔の若者と比較するのは、どの世代にも見られる自然の傾向である。明治天皇の治世における教育方針は、（ハンニバルについて演説した子供たちに象徴される）国際主義から、儒教の正統へと方向転換した。これは進歩と実学の普及に一身を捧げていた政府が、旧式の道徳が失われたことを単に嘆いてばかりいたわけではなかったことを示している。こうして、若者に伝統への服従を強いる準備が整った。飛鳥井《あすかい》雅道《まさみち》が書いているように、「明治二十三年の『教育勅語《きょういくちょくご》』へのルートは、すでにこの時ひかれ」たのだった。(29)

第三十三章　財政危機とようやく緒についた憲法起案

明治十三年（一八八〇）は、天皇が主宰する恒例の新年の儀式で幕を開けた。今や天皇は数え年で二十九歳となった。滞日中だったイタリア国皇帝の従弟《いとこ》ジェノヴァ大公は、元日のこの日、慶賀のため参朝して天皇皇后に対面した。ドイツ皇帝の孫ハインリッヒ親王は、長崎港に滞留中の乗艦から電信で新年の賀辞を贈った。一月二日、天皇はスペイン国王アルフォンソ十二世に祝電を打った。これは新年の賀辞ではなく、前年末に国王が暗殺の難を免れたことに対する慶賀の電信だった。[1] これまで以上に明治天皇は、ヨーロッパの君主たちと親しくやりとりしていた。しかし天皇は、例えば国王や皇帝が危うく一命を取りとめたことに対して喜びを表明しながらも、彼らの住んでいる世界がいかに自分自身の世界と掛け離れているかを感じていたかもしれない。天皇は、誰かが自分の暗殺を企むなど、考えたこともなかったに違いない。

この年は、明治天皇が天皇としての権力を日常的に行使したと言っていい最初の年だった。参議から数々の建議が最終的な勅裁《ちょくさい》を仰ぐため上奏され、しかもそれは（それまでの年のように）単に形式的なものではなかった。例えば閣議の膠着《こうちゃく》状態を打破するため、事実、天皇の裁断が必要とされたのだった。この新たな責任は、あるいは天皇の他の活動が縮小されたことへの説明となるかもしれない。例えば恒例の皇太后訪問と、乗馬の回数が著しく減少した。[2] 天皇の正規の教育もまた影響をこうむった。元田永孚ら侍講たちの進講を受けたのは四月から十二月までの間でわずか二十三回だった。予定では毎週四、五回の進講があるはずだった。その代わり、明治天皇は連日のように閣議に臨御した。[3] また政府高官たちとの午餐会議に頻繁に出席し、国事を論じた。参議の伊藤博文は特にこの時期、天皇と内閣の関係を密接にすることで一体化を図ろうとしていた。伊藤は、天皇が意思決定に際して重要な役割を演じることを願っていた。[4]

財政問題は、明治十三年を通じて政府の主たる関心事となった。政府の歳入は、歳出を賄《まかな》うには到底足りなかった。天皇は前年三月、大臣、参議らに勤倹の実施を指示した。また宮内卿に、宮中の冗費を節することで範を天下に示すよう命じた。しかし天皇の命令はほとんど効果がなかった。各官庁によれば、これ以上の予算削減は不可能だった。宮内卿は、宮内省に次のような通達を出した。省内の出費は、減るどころか増えるばかりである。もちろんこれは、物価の騰貴《とうき》にも原因がある。しかし、さらに節約に留意してもらいたい。今後緊急を要しない修繕および物品の購入はすべて禁止する、と。

太政官会計部主管参議の大隈重信は、財政問題を克服するためには節約以上の積極的な方針が必要だと考えた。大隈は去る明治十二年（一八七九）六月、現状の改善をはかるため財政上緊急の政策四件を建議していた。その一つは、明治十年の西南戦争の戦費支払いのため増発された紙幣の消却を急ぐことだった。銀行券（紙幣）の増発は、その価値を下落させる結果となっていた。明治十三年三月現在、銀貨一円に対して紙幣一円四十三銭《せん》五厘《りん》という割合だった。物価の高騰は手に負えなかった。紙幣の信頼を回復する唯一の方法は、正貨に兌換《だかん》できない紙幣を消却し、兌換紙幣と交換することだとされた。紙幣消却のための金の一部は、政府所有の工場の売却で調達することができた。しかし大隈の建議の主旨は、二十五年償還で五千万円の外債を発行することにあった。大隈の見積りでは、これらの措置によって政府は不換紙幣七千八百万円を消却できるのだという。[5] 残りの紙幣二千七百三十三万円は、金札引換《きんさつひきかえ》公債証書で消却されるはずだった。

参議の内閣会議は、外債発行の是非をめぐって真っ二つに割れた。大隈は、薩摩閥を味方に引き入れた。しかし伊藤博文が率いる長州閥に与《くみ》する参議は、外国からの借款《しゃっかん》に反対した。反対の理由は、各人必ずしも同じではなかった。最も強硬な反対派の一人は岩倉具視であり、（華族階級の一人として）岩倉は、常に宮廷と通じていた。旧侍補に属する岩倉の盟友たち、特に佐佐木高行、元田永孚もまた天皇に影響を与え得る立場にあった。彼らは、いかなる外債にも強く反対した。元田らによれば、外債は国家の安危に関わることだった。すでに、外債に強く反対を唱えたグラント将軍の警告の例もあった。元田（と岩倉）は、次のような疑問を呈した。もし日本が償還の責任を果たせなくなった時は、どうするのか。債権国に支払う負債の代わりに日本は国土の一部、例えば四国か九州を売り渡すとでも言うのか、と。元田らの考えでは、財政危機を克服する方法はただ節倹の一事あるのみだった。

天皇は大隈の計画を知り、気が進まなかった。しかし同時に天皇は、征韓論の時のように内閣分裂を招くことを恐れた。天皇は各省卿の意見を求めたが、彼らの意見も真っ二つに分かれた。どちらの側からも明確な勧告を得られないまま、天皇はついに外債募集案を不可とする決断を下した。明治十三年六月三日、天皇は次の勅諭を発している。

朕惟《おも》フニ明治初年以来国用多事ナルヲ以テ会計ノ困難ヲ生ジ遂《つひ》ニ十三年ノ今日ニ至リ正貨《せいくわ》ハ海外ニ流出シ随《したがひ》テ紙幣ノ信ヲ失フニ至ル因《より》テ大隈参議ヨリノ建策ヲ一覧シ又内閣諸省ノ意見モ同一ナラザルヲ聴ク朕素《もと》ヨリ会計ノ容易ナラザルヲ知ルト雖《いへ》ドモ外債ノ最モ今日ニ不可ナルヲ知ル昨年グラントヨリ此《この》外国債ノ利害ニ於《おい》テハ尽言《じんげん》スル所アリ其《その》言猶《なほ》耳ニ在リ然《しか》ルニ今日会計ノ困難目前ニ迫リシ上ハ前途ノ目的ヲ定ムル勤倹ノ主意即《すなは》チ此時《このとき》ニ在リ卿等《きやうら》宜《よろ》シク朕ガ意ヲ体シ勤倹ヲ本《もと》トシテ経済ノ方法ヲ定メ内閣諸省ト熟議シテ之《これ》ヲ奏セヨ(6)

（明治初年以来、国家の支出が多かったため財政危機を生じた。ついに十三年の今日に到って正貨は海外に流出し、紙幣の信用を失わせる結果となった。このため大隈参議の建議があり、内閣諸省の意見は分かれていると聞く。財政の処理が容易でないことは十分承知しているが、今の段階で外債募集を行うことは不可である。昨年、グラント将軍は外債の利害について言葉を尽くして語った。その言葉はいまだに耳に残っている。財政危機が目前に迫っている以上、我々は将来に向けて目的を定めなければならない。今こそ勤倹を実行に移す時である。大臣各位は朕の意を体し、勤倹を基本に据えて経済回復の道を定め、内閣諸省で議論を尽くした上で朕に報告せよ)

当然のことながら、天皇の勅諭に反論はなかった。ただ、その実施の仕方については種々議論があった。この天皇の裁断は事実上、内閣諸省で意見の対立があった際の最終的な裁定権が宮中にあることを示した形になった。ほどなく別の建議に関して、同様の裁断が天皇に求められた。建議書は、次のように言う。高騰する米価を抑制するため、徳川幕府の制度下に立ち返り、農民の地租を金納でなく米納《べいのう》とすべきである、と。しかしこの問題が重要な局面を迎える前に、天皇は新たな巡幸に出発しなければならなかった。目的地は山梨、三重の両県、京都府だった。(7)

三月三十日、来《きた》るべき巡幸は六月十六日に出発と発表された。五月、長野県下伊那《しもいな》郡の住民から次のような請願が出された。「御道筋ノ儀ハ」、すでに国道が整備され鉄道も開通する運びとなっている木曾路《きそじ》ではなく、「僻陬《へきすう》ノ地」である下伊那郡を順路としていただけないだろうか。郡民一同、このたびの御巡幸を励みに郡内蚕糸《さんし》業の生産改良の機会としたい。また、「天日《てんじつ》ヲ拝スルノ幸福」は、終生山間に働き「王城ノ地」を踏むことのない婦女子にとって忘れがたい体験となるに違いない、と。請願は採用されなかった。しかしこれは、天皇に自分の郷土を訪ねてほしいと願う民衆の切実な気持を示すものである。

天皇の巡幸に先立って、道路が大幅に改修された。例えば以前は狭く険しかった山梨県笹子《ささご》村から先の峠《とうげ》道は、道幅が広げられ、鋭く落ち込んだ崖《がけ》の上には柵《さく》が設けられた。(8)また、巡幸の道筋となる道路の修繕費用をめぐって、新聞と当局との間で対立した意見の応酬があった。ある新聞が、道筋にあたる地区の各戸は、道路修繕費のみならず、新調される国旗、街灯その他の経費の分担を求められたと報じた。「一戸《こ》ニ付《つき》三円五十三銭三厘ヅ、至急差出《きしいだ》スベシト達セラレタルヨシ」と。しかし郡民の中には、家財一切を売却したとしても三円以上の金の工面がつかず、「天皇様ヲ拝ムハコヨナキ幸ヒナレド、コレガ為《た》メ、カヽル金ヲ取ラレテハ誠ニ早《はや》難渋ノ上ニ困窮ヲスルト、不平ヲ鳴《なら》シ居《を》ル小民《せうみん》モ多カリシト、同地ヨリノ報知ナルガ、信説カ否《いな》ヤハ保証セズ」と、その記事は報じている。(9) しかし東筑摩《ひがしちくま》郡北深志《きたふかし》町《まち》の戸長《こちょう》は、巡幸の準備にあたって巨額の費用が使われることはないと、新聞の報道を否定した。仮に余儀なき費用が必要になったとしても、全戸から戸数割りで取り立てることはしない。必要な経費は個々の有志者から差し出されることになっている、と。(10)

この時の巡幸に関して恐らく最も衝撃的な論説が、四月四日付の「東京横浜毎日新聞」に掲載された。論説の筆者は、巡幸の是非をめぐって「巡行（巡幸）ヲ要スル時アリ、巡行ヲ要セザル時アリ」と、次のように論じた。

天皇の治世当初、例えば「東北ノ人民徳川アルヲ知ツテ朝廷アルヲ知ラズ。西南ノ人民其《その》藩主アルヲ知ツテ上ニ朝廷アルヲ知ラズ」、そのような時代であればこそ、天皇の存在をあまねく知らしめるため僻遠《へきえん》の地を巡幸する必要があった。しかし、今は違う。「全国ノ人民只《ただ》天子アルコトヲ知ツテ、其他ニ敬畏《けいゐ》スベキ者アルヲ知ラズ。所謂《いはゆる》宮牆《きゆうしやう》（皇居）ノ中ニ在《いま》シテ天下ヲ統御《とうぎよ》アラセラル、モ、綽然《しやくぜん》トシテ余裕アルノ時ナリ。此治世ニ当リ豈《あ》ニ暑熱ノ候《こう》ヲモ憚《はば》カラズ、龍駕《りゆうが》（天子の車）ヲ煩《わづら》ハセ奉《たてまつ》ルヲ要セン乎《や》。（中略）明治十三年ノ時ノ如キハ御巡行ヲ要セザルノ時ト云《い》フ可《べ》キナリ」(11)。今や治世当初と違い、全国の民衆は天皇が敬うべき最高の存在であることを知っている。天皇は皇居の中で悠然と天下を統御されていればよい時である。なにゆえ暑熱をおかして、巡幸していただく必要があるのだろうか。……明治十三年を迎えた今日、もはや巡幸の必要はないと言わざるを得ない、と。この論説の意図を、天皇の側近たちは理解したようだった。これ以後、大規模な巡幸が行われたのは二回だけだった。(12)

同じ論説の筆者はまた、天皇が親しく国内の実情を知るために巡幸は必要だとする意見に異議を唱え、「全国ノ事情」が知りたいのであれば新聞を読めば十分ではないかと反論している。さらに、天皇が「地方貧民ノ疾苦ヲ視察アラセラル、ト仮定」したにせよ、実際に天皇が通過する道筋はおおむね「国道繁華ノ地」であり、貧民たちが住む「僻地《へきち》」ではない。むしろ声なき声を聞き、形なき形を見ることこそ、明君賢主というものである。「然《しか》ルニ龍駕ヲ煩《わづらは》サヾレバ、天子親《みづか》ラ人民ノ疾苦ヲ見ルニ由《よし》ナシトスル者ハ、是《こ》レ我《わが》明治天皇陛下ノ聖徳ヲ瀆《けが》スモノニアラザルナキヲ得ン乎《か》」。陛下御自身が足を運び、自ら視察しなければ人民の苦しみはわからないという説を唱える者は、畏《おそ》れ多くも陛下の聖徳を侮辱していることにならざるを得ないのではないか、と。

もう一つの論説（「朝野《ちょうや》新聞」）は、「御巡幸地方之人民ニ告グ」と題し、次のように論じている。この稀な巡幸の機会を利用し、沿道人民は天皇に自分たちの生活の実態を知らせるべきである。天皇が僻地を巡幸するのは、地方の民情を知るためである。もちろん沿道の人民は天子の壮麗な行列を拝して喜び勇むことだろう。しかし天皇を歓迎する喜びのあまり、「虚飾ヲ以テ民間ノ実況ヲ蔽遮《へいしゃ》」し、「民間ノ真情ヲ隠蔽《いんぺい》」することがあってはならない。それでは「御巡幸ノ聖旨ヲ誤ル」ことになるばかりでなく、小民《しょうみん》（庶民）の卑屈な追従《ついしょう》は「御聖徳ヲモ汚《けが》シ奉ル」ことになるだろう、と[13]。

天皇の鳳輦《ほうれん》が通過する際、果たしてどのように下々《しもじも》の生活の実情を天皇に伝え得たかは想像し難い。しかし、天皇を欺き、全臣民が治世の天恩に浴して幸福に暮らしていると思わせるために、見せかけだけを取り繕うことがなかったのは事実のようである。

最後に、「ジャパン・ウィークリー・メイル」紙に掲載された英文の論説は、天皇の巡幸の目的を次のように述べている。「今回の巡幸が終われば、陛下は大多数の臣民以上に国内を実見したことになる。学校、産業施設、古美術や史跡など、すべてにわたってつぶさに視察するはずである。この種の巡幸は単なる物見遊山が目的ではない。事実多くの場合、国内巡幸は陛下にふさわしい贅沢さを伴うものであるにせよ、物見遊山とはまさに正反対のものであるに違いない。陛下および大臣たちの期するところは、陛下の統治する国の実情を陛下自身の眼で知ることによって、陛下が占めている威厳ある地位の務めに耐え得る力をさらに育《はぐく》むべきだということなのは疑いの余地がない(14)」。

天皇および閣僚が当時考えていたことは、恐らくそういうことだったろう。しかし、最近の歴史学者は天皇の巡幸を次のように解釈している。すなわち巡幸は、天皇の威厳ある姿を民衆に効果的に印象づけ、天皇が単に臣民の生活の実情を知ることを願う情け深い支配者であるばかりでなく、彼らの生活に確固たる目配りを怠らない「監督官」でもあると思わせることにあった、と(15)。

天皇は予定通り明治十三年六月十六日、巡幸に出発した。供奉《ぐぶ》する者は貞愛《さだなる》親王（伏見宮邦家《ふしみのみやくにいえ》親王の第十四王子）、太政大臣三条実美、参議一人、文部卿、陸軍中将、宮内卿、侍従、侍医、騎兵、夫卒《ふそつ》（兵卒）、馬丁など三百六十人だった。我々の基準からすれば大がかりな行列と言えるが、かつての大名行列の規模には及ばなかった。天皇は、ごく普通の外出の際にも常に大勢の随員を同行させた(16)。通過する行列を見て、人々がその規模や壮麗さに肝をつぶしたとは思えない。

最初の宿泊地である八王子《はちおうじ》では、天皇は絹糸、絹生地など土地の物産を視察した。また近くの川から採った蛍《ほたる》を献じられ、二籠《かご》を皇太后、皇后に贈った。これに対し皇后は、天皇のいない寂しさと贈物を拝受した喜びを窺わせる次の歌を詠んでいる。

さびしさもしばし忘れてみるものはみまへになれし蛍なりけり(17)

この時の巡幸は明治十一年の北陸東海地方巡幸より遥かに楽だった。しかし、ヨーロッパの王族の巡幸とは似ても似つかないもので、例えば六月十八日、天皇は午前四時に起床し、雨の中を肩輿《かたこし》に乗せられ、曲がりくねった山道を運ばれた。その日一日、輿と馬車に揺られ続け、目的地の笹子に到着したのは午後五時過ぎ。その夜の行在所は、あばら屋同然の家だった。寒村では、それ以上に適した宿を天皇に提供できなかったのだ。

この巡幸に関して、『明治天皇紀』の次の一節が新たに目を引く。「東京発輦《はつれん》以来勝景あれば、供奉の印刷局写真師に命じて之《こ》れを撮影せしめられしが、爾後《じご》写真師自ら勝景と認むる所は、叡旨《えいし》を待たずして直《ただち》に撮影すべしと命じたまふ」。天皇は特に美しい景色があれば随行の写真師に撮影を命じ、さらには命令がなくても写真師の判断で随時撮影するよう指示したというのだ。こうして天皇は、巡幸の途中で目にした景色を長く記憶にとどめようとしたのであろう。

暑熱のため、巡幸は物見遊山どころではなかった。天皇は例によって学校、工場、（山梨県では）葡萄《ぶどう》酒醸造所などを視察した。三重県の桑名《くわな》は、十二年前、官軍と幕府側が戦った戊辰《ぼしん》戦争で官軍に最後まで抵抗した藩の一つだった。しかし、行列は極めて熱狂的な群衆に迎えられた。津《つ》の師範学校では、優等生二人が化学の実験を天覧に供した。さらに中学校で優等生五人が万国史を講述した。

七月八日、暑さが厳しい中、天皇は正服を着て、剣璽《けんじ》（草薙剣《くさなぎのつるぎ》、八坂瓊勾玉《やさかにのまがたま》）を奉じ、伊勢の皇大神宮《こうたいじんぐう》、豊《とよ》受大神宮《うけだいじんぐう》に参拝した。まず穀物を司《つかさど》る神である豊受大神《とようけのおおかみ》を祭った豊受大神宮（外宮《げくう》）に参った天皇は、手水《ちょうず》で手を清め、内玉垣《うちたまがき》の中に入った。正殿《しょうでん》の階段下に設けられた浜床《はまゆか》に進み、帽子を脱いで最敬礼のように一拝した。その後、天皇は皇大神宮（内宮《ないくう》）に赴き、同様の儀式を行なった。両神宮の参拝の順序については先例に倣った。しかし巡幸に先立って、神宮祭主《さいしゅ》、宮司《ぐうじ》らが天皇の参拝の順序に異議を唱え、天皇は皇祖たる天照大神《あまてらすおおみかみ》を祭る皇大神宮の参拝を先にすべきだと主張した。しかし、異議は聴き入れられず、先例が踏襲された。[18]

行列が同じく三重県の亀山《かめやま》に到着した翌日の七月十一日、あまりの厳しい暑さに、天皇は比較的涼しい早朝午前三時過ぎに起床した。行在所を午前五時三十分に出発し、亀山付近で陸軍演習を観覧した。翌十二日は午前二時三十分に起床し、騎馬で亀山を発し、鈴鹿関《すずかのせき》に由来する関《せき》の町に到る途中で陸軍演習を観覧した。明治天皇は何よりも陸軍演習を見るのが好きだったと言って間違いない。

　巡幸の最終段階である滋賀県の大津《おおつ》から京都までは鉄道を使った。これが可能となったのは、逢坂山《おうさかやま》を抜ける日本初の隧道《ずいどう》（トンネル）が完成したからだった。京都に戻った天皇は、さぞ嬉しかったに違いないが、残念なことに京都での活動はあまり記されていない。京都に到着した翌日の七月十五日、天皇が詔を賜った人々の中には僧侶もいた。天皇はまた、元治《げんじ》元年（一八六四）、蛤御門《はまぐりごもん》の変《へん》の砲火で焼失した仏光寺《ぶっこうじ》再建のため御手許金百円を賜った。十六日、天皇は父孝明天皇の墓所、泉涌寺《せんにゅうじ》の後月輪東山陵《のちのつきのわのひがしのみささぎ》を訪ねた。帰途、妙《みょう》法院《ほういん》に立ち寄り、陳列の古書画、古器物を見た。その日の夕刻には招魂祭が行われて、東山《ひがしやま》に大文字《だいもんじ》の火が点じられた。天皇が仏寺に関心を寄せたについては、町中が寺だらけの京都では驚くにあたらないが、天皇の治世初期に行われた神仏分離政策による仏教迫害の措置とは対照的だった。これは、仏教に対する迫害がすでに終わりを告げたことを示している。(19)

　京都滞在中、天皇を最も感動させた瞬間は、伯母淑子《すみこ》内親王を訪問する途次に「祐井《さちのい》」を見た時だったかもしれない。この井戸は嘉永《かえい》六年（一八五三）の旱魃《かんばつ》の際、中山忠能邸の庭に掘られたものである。孝明天皇は、そこから湧《わ》き出た良質の水に喜び、明治天皇の幼名「祐宮《さちのみや》」から一字をとって「祐井」と名づけたのだった。(20)

　淑子内親王の住む桂宮《かつらのみや》邸に到着した天皇は、内親王に七宝焼《しっぽうやき》の菓子器一対を賜った。片方には伊《い》勢国山《せのくにやま》田《だ》製の金平糖《こんぺいとう》が、もう片方に大阪製の氷砂糖が入っていた。この何気ない贈物の中身は、どことなく心温まるものを感じさせる。内親王は、天皇の気晴らしに能楽五番、狂言四番を用意した。上演に際して、京都在住の皇族などが陪覧した。かつての都《みやこ》の栄光が、束《つか》の間《ま》だけでも復活したかのように見えた。

　残りの巡幸は何事もなく過ぎた。京都から神戸に出た天皇は、海路で横浜に向かった。東京到着は七月二十三日だった。旅の疲れから回復した八月十六日、天皇は大臣と参議を召し、御前会議で地租の金納《きんのう》（金銭で納める）、米納《べいのう》（米で納める）の可否を論じさせた。各省とも支出削減を達成できず、大臣、参議は財政危機打開のため新たな方法の模索を余儀なくされていた。当時、財政危機は地租金納に由来するとして、米納の旧制に戻すことが提案されていた。主唱者は参議兼元老院議長の大木喬任《おおきたかとう》だった。これに賛同する参議も少なからずいた。

大木の論旨は次の点にあった。物価一般が急激に騰貴した原因は、そもそも米価の高騰にある。米価の騰貴が他のあらゆる物価に影響を与えている。もし地租を米納の旧制に戻せば、政府は米価を調節することができる。米価が高い時には貯蔵の米を売り、低い時には米を買い入れる。こうして政府は米価を平準化できる、と。さらに大木は不快げに指摘した。米価の高騰は農村を富裕にし、その結果農民は（輸入品を求めて）奢侈《しゃし》軽浮《けいふ》に流れ、産業全体の痛手となっている、と。

黒田清隆も、米納への切替えを強硬に主張する一人だった。黒田は指摘していた。従来、農民は粗食に甘んじていたが今は米を常食とするようになった。財政危機は、米の売買がすべて農民の手に委ねられたことに起因するものである。少なくとも地租の一部を米納とすることで、これを蓄積し、米価調節の権を政府が掌握しなければならない、と。

この件に関し、参議は真っ二つに意見が分かれていた。[21] 八月十日、太政大臣、左大臣が参内し、意見対立の趣旨を天皇に具奏した。二人は、天皇の裁断こそ難局打開の唯一の方法であると考えた。そこで、十六日の御前会議で両派の論旨を披瀝させ、天皇の判断を仰ぐことになった。それぞれの主張を聞いた天皇は、大隈重信にさらなる財政の調査を命じる。大隈は伊藤博文の助力を求めた。

八月三十一日、岩倉は日本を財政危機から救うため、急務十一カ条を閣議に提出した。岩倉が重要と認める第一は、納めるべき地租の四分の一を米納とすることだった。岩倉は農民が米を常食としている現状を嘆き、次のように説いた。今や零細の農民でさえ、米価高騰の恩恵で雑穀を嫌い米を常食としている。このため農を除く士、工、商および他の雑業者の食べる米が欠乏し、輸入米を必要とするまでになっている。余裕を得た農民たちは贅沢《ぜいたく》となり、それが綿布《めんぷ》類、砂糖、石炭油（石油）などの輸入増加の原因となっている。農民は怠惰となり、農業は衰退の兆しを見せている。農民は旧習に倣い、雑穀を食料として併用すべきである。そうすることで全国に節倹を奨励し、その結果、輸入米に頼る現状は一変し、日本は逆に米の輸出国として外貨を獲得するに到るだろう、と。

岩倉やその賛同者たちの冷淡な態度は驚きであるばかりか、農業が国の基本であるとする儒教の教え（誰もが口先では同意していた）を暗に排斥している意味で衝撃的である。仮に農民が米を常食としていたにせよ、それは東京の官吏たちの浪費とは桁違《けたちが》いであることは確かだった。(22) 官吏たちは自分のことは棚に上げ、社会の最下層の生活水準がわずかに向上したからといってそれを嘆いているのだ。怠惰と決めつけられた農民への勧告は、まさにマリー＝アントワネットの台詞《せりふ》を言い換えたものだった。曰《いわ》く、「農民にはモロコシを食べさせよ」。

財政危機を安易に解決しようとするこの提言に、官吏のすべてが承服したわけではなかった。佐佐木高行は、あらゆる階層が無駄を廃し、勤倹を徹底することこそ肝要だとした。また農民たちが奢侈に流れているとしたら、それは上層階級に責任があると、次のように非難した。「奢侈軽薄なる上流社会の風俗を見聞して、文明なり自由なりと誤解して天下之れを摸倣《もかう》（模倣）するに至れるなり」と。

最終的に明治天皇が地租米納論を唱える参議たちの建議を斥《しりぞ》ける決断をしたについては、恐らくいずれも儒教的志向の強い佐佐木と元田永孚の影響があった。(23) また九月十五日、天皇が地租米納に関して意見を質したと思われる伊藤博文の助言からも得るところがあったに違いない。伊藤は、岩倉の提唱する米納論に打ち勝つには天皇の支持を取りつけるほかないと思い到っていたようである。

九月十八日、天皇は大臣らを召し、内勅を賜った。財政危機を克服するための参議の努力を多としながらも、天皇は地租米納論を「頗《すこぶる》不穏《ふをん》」として、はっきり斥けた。内勅に言う。危機打開の唯一の方法は、これまで朕が繰り返し述べてきた経費節減を実行することにある。大臣らは朕の意を体し、朕の望むところを鋭意断行せよ、と。[24] 内勅以前に、すでに天皇は元田を通じて佐佐木らに非公式に地租米納論への反対の旨を表明していた。地租を旧制に復し米納とすることは、必ずや農民たちの不平を呼び、全国到るところで農民蜂起を招くことになる。特に本年（明治十三年）五月、明治十八年までは地租改正当初に定めた地価によって地租を徴収すると布告したばかりである。もしこれを破棄し、旧制の米納に戻せば、まさに民衆の信義を失うことになる。これが地租米納論を不可とする最大の理由である、と。

差し迫って明治天皇が直面した第三の問題は、議会（国会）の開設と憲法（国憲《こっけん》）の制定に関わることだった。治世の始めに誓った五箇条の御誓文の第一条は、「広ク会議ヲ興《おこ》シ万機《ばんき》公論ニ決スベシ」と謳っている。御誓文が慶応四年（一八六八）に布告された時の経緯はともかく、[25] すでにこの時期、それは天皇が議会の開設ならびに憲法の枠内でこれを運営することを約束した聖旨としての性格を帯びていた。

憲法の編纂《へんさん》が政府の論議の俎上《そじょう》に載せられたのは、これが最初ではなかった。すでに明治五年（一八七二）四月、左院《さいん》儀制課長少議官の宮島誠一郎《みやじませいいちろう》は、国憲を立てて君権を確定すべしと、次のように建言した。近年、「無智の国民」までが外国の国体を知るに到り、自主自由の名の下にみだりに自己の権利を誇張するようになった。中には共和政治を称《たた》える者まで出てくる始末である。現下の状況では、これらの者にどう対処してよいかわからない。しかし、いったん君権が憲法によって明確に規定され、それに則って民法が定められれば、これを侵害する者は刑法によって罰することができる。ただし、君主独裁の旧制によって憲法を立てることには賛成できないと宮島は続けた。それでは人民を抑圧し、開化を妨げる恐れがある。理想的な解決は、君民同治《くんみんどうち》の制を採用することにある。しかしいまだに一般民衆の教育水準は低く、適切な代表を選ぶ知恵を持つに到っていない。そこで君主独裁に君民同治の制を参酌《さんしゃく》し、適宜の憲法を定めることが肝要である、と。建言書は正院《せいいん》[26]に提出され、憲法編纂の準備が開始された。

明治五年五月、左院議長後藤象二郎、副議長伊地知正治《いじちまさはる》は、五箇条の御誓文の主旨に則り、連署して下議院開設を建議した。建議書に言う。華族、士族を代表する上院、一般民衆を代表する下院の上下同治の制が立たなければ、予算および法律の基本を確定することはできない。欧米諸国の制度に倣って下議院を開設し、公議輿論《よろん》に諮《はか》らなければならない、と。天皇は、左院に規則調査を命じた。左院は、翌明治六年（一八七三）より実施すべきだとの結論を出した。

明治七年五月、天皇は左院に憲法編纂を命じた。この年二月には、左院副議長の伊地知正治が正院に次のように上申していた。憲法は国家の基礎にして治国の要領である。もとより五箇条の御誓文は万世の国憲であるが、国家の基本法たる憲法もまた必須《ひっす》のものである、と。

憲法成立が望ましいとする一般的な合意にもかかわらず、編纂は遅々として進まなかった。明治九年（一八七六）九月、天皇は元老院に対し次の勅語を賜った。

朕爰《ここ》ニ我建国ノ体ニ基《もとづ》キ広ク海外各国ノ成法ヲ斟酌《しんしゃく》シ以《もっ》テ国憲ヲ定メントス汝等《なんぢら》ソレ宜《よろ》シク之《これ》ガ草按《さうあん》ヲ起創シ以テ聞《ぶん》セヨ朕将《まさ》ニ撰《えら》バントス(27)

こうして天皇に憲法草案の作成を命じられた元老院議長の熾仁《たるひと》親王は、ただちに国憲取調《とりしらべ》委員を任命し、同年十月、その第一稿が成った。その後、草案の完成までにはかなりの時間がかかったが、議論が重ねられたことは明らかだった。明治十二年に来日したグラント将軍は、明治天皇との対話の中で、「この国の新聞および民衆の一部がさかんに唱えている現下の問題は、民撰《みんせん》議院の設立であると思われる」と、次のように見解を述べている。

「議院開設にふさわしい時期が、すでに来ているかどうかはわからない。しかし時機を見て議院を開設するのは、どの国においても必須のことである。（中略）遅かれ早かれ、この国でも議院が開設されることになるだろう。政府は民衆にその考えを示し、いずれ民衆のための議院が開設されるという事実を教える必要がある。民衆は将来、議院が開設されることを知り、その責任を負えるよう自らを教育していかなければならない。しかし覚えておかなければならないのは、いったん民衆に参政権と選挙権を与えたら、それは永久に与えたことになり、後から取り消すことはできないということである。したがって議院の開設は、どれだけ慎重になってもなり過ぎるということはない。性急に事を起こすのは極めて危険である。時期尚早に議院を開設した結果、かえって国乱を招くようなことになっては陛下の意思に反することになる(28)」

民主主義の伝統を誇りとする米国の前大統領が披瀝したこれらの見解に、政治家たちは敏感に反応した。明治十二年十二月、陸軍中将兼参議で保守派の山県有朋は、立憲政体に関する意見を上奏した。国民が「政府を奉戴《ほうたい》せず、政令を甘受せず、動《やや》もすれば猜疑《さいぎ》を抱き、反戻睽離《はんれいけいり》（反抗し離反する）の状ある(29)」理由を幾つか挙げた後、山県は、民心を政府に向かわせる唯一の方法は国憲を確立することだと言明した。山県は言う。三年前の明治九年、天皇は元老院に憲法の起草を命じた。もちろん、これは「一朝一夕」にして成るべきものではないが、本気で取り組めば、数年足らずでなし遂げられるはずである、と。

憲法は行政、議政（立法）、司法三権の分立を明確に規定すべきだと考えていた山県は、「府県会議員の識《しき》徳《とく》ある者を抜きて一の議会を開き、先《ま》づ国憲の条件を議せしめ、併せて立法諸種の事項に渉《わた》らしめ、数年の経験を試みて、果して立法の大権を寄託《きたく》するに足れりとせば、之れを変じて民会と為《な》すにあり(30)」と主張した。

山県のような保守派の軍人政治家が立憲政体を強く支持したことは、注目すべきことと言わなければならない。明治十三年八月、こちらも保守派の岩倉具視は、国憲審査のための機関を設置することを上奏した。この建議は遅きに失した嫌いがないでもないが、明らかに岩倉は、天皇の五箇条の御誓文の条文を実行に移す時が来たと心に決めていた。岩倉は五箇条の御誓文について次のように言う。「陛下登極《とうきよく》ノ初夙《はじめつと》ニ宇内《うだい》ノ形勢ヲ察シ非常ノ改革ヲ行ヒ誓フニ五事ヲ以テシ大《おほい》ニ皇紀ヲ張リ維新ノ鴻業《こうげふ》ヲ創《はじ》ム万機誓文《せいもん》ノ旨ニ拠《よ》ラザルナシ(31)」。陛下は即位してすぐより世界の形勢を察し、非常の改革を実行するにあたって五箇条を誓った。陸下は大いに皇紀を高め、維新の大いなる事業を始められた。それ以来、すべての国事は例外なく五箇条の御誓文に則って実行された、と。

続けて岩倉は憲法の編纂を建議し、何よりもまず次のことを主張した。「広ク欧州各国ノ成法ヲ斟酌《しんしゃく》シ其《その》布告式ニ至ル迄《まで》精細調査セシメバ大成全備シ遺漏ナカルベシ[32]」。広く欧州各国の憲法を比較して取捨し、その布告方法までも細かく調べれば、すべて遺漏なく完璧《かんぺき》な憲法ができる、と。

岩倉が建議にあたって慎重だったのは、岩倉が実際には実行を遅らせようと意図していたことを示しているかもしれない。しかし岩倉より進歩的な伊藤博文もまた、同様に慎重だった。ヨーロッパの歴史に詳しい伊藤には、日本が憲法を持つべきであると勧める岩倉より慎重であってしかるべき十分な理由があった。伊藤は言う。百年前に起きたフランス革命の影響は、徐々にヨーロッパ各国に浸透した。過去を拒否し新たな方法に固執することは時に乱を招き、いまだに収拾がついていない国もある。そうかと思えば、よく革命の機先を制し、国を治めた明敏な君主の例もある。しかしフランス革命がどういう形で影響力を振るったにせよ、君主と人民が政治の権を共有するという帰結から逃れ得た国はない。ヨーロッパの文物は洪水のように我が国に流入し、政体の新説も日本の津々浦々に蔓延し、もはや防ぎ止めるすべはない、と。

伊藤は華族、士族から成る上院、一般民衆から成る下院の二院制議会の将来の成立についても特に建議した。伊藤は、君民同治が極めて望ましいと考えた。しかし国体の変更に関わることゆえ、変化は性急であってはならないと主張した。特に陛下におかれては、閣議でのすべての議論に積極的に参加していただきたい、と。

熾仁親王が明治九年に作業を開始した憲法草案が正式に現議長の大木喬任に提出されたのは、明治十三年十二月に入ってからだった。熾仁親王は海外各国の憲法について、さらに長期にわたる研究が必要だと考えていた[33]。

熾仁親王の憲法草案には切迫した気配が見られない。岩倉、伊藤らと同様に、熾仁親王は民主主義に向けての漸進的な接近が性急な行動に勝ると考えていたようである。しかし多くの民衆は、そうは感じていなかった。明治十二年十一月、大阪で開かれた「愛国社《あいこくしゃ》」の第三回大会は、国会開設上奏を決議した。その実施方案を翌春の大会で決定するため、趣旨が全国に宣伝された。翌明治十三年三月、二府二十二県の代表が大阪で愛国社第四回大会を開き、「国会期成同盟」を結成した。同盟は、国会開設を天皇に請願しようとしたが、その試みは太政官、元老院によって却下された。しかし、効果がなかったわけではない。かねてより漸進論を唱えていた岩倉は、突然、憲法成立を急ぐ必要があると言い出した。請願を突きつけられた岩倉は、事と次第によっては皇室の安危に関わる事態に発展するのではないかと恐れたのだ。(34) 明治十三年十二月、同盟は政党「自由党」結成の盟約を決議した。(35) こうして、この先十年間にわたって繰り広げられる国会開設に向けた各党の闘いの火蓋《ひぶた》が切られた。

第三十四章　自らの言葉を発し始めた天皇

明治十四年（一八八一）は、明治天皇の治世で最も波瀾の多い年の一つだった。新年は天皇の四方拝《しほうはい》で静かに幕を開けた。しかし、早くも元旦《がんたん》の朝拝の儀に変化が見られた。天皇皇后は親王および政府高官のみならず、それぞれの夫人からも拝賀を受けた。後刻、各国公使もまた夫人を伴って天皇に拝謁した。朝拝の儀の夫人同伴は、これが初めてのことだった。

旧習がなぜ改められたかについては、説明がない。恐らく、日本人外交官がヨーロッパ宮廷の慣習から得た知識が反映されたものと思われる。新年の儀式におけるこの新たな動きは、ただちに難題を投げかけた。このような重要な行事に夫と同席するにあたり、妻は何を身につけたらいいのか――。これは結局、袿袴《けいこ》（袿《うちぎ》、単《ひとえ》、小袖《こそで》、切袴《きりばかま》、檜扇《ひおうぎ》、履《くつ》の礼装）に落ち着いた。ただし、各国公使夫人に限り、袿袴がない場合は洋服の着用が許された。次に、共に玉座に進む際、妻は夫の前後左右どこに位置したらいいのか。これまでの日本の慣習に倣って夫の後に従うべきか。これについては夫は右側、妻はその左側に並び一緒に進むことになった。もっとも、通常は左側の方が右側より上席とされていた。この種の問題は、簡単に決着したわけではなかった。儀典《ぎてん》担当官吏は、新たな伝統を作りつつあった。彼らの決定が、以後の宮廷の儀礼を左右することになるのだった。

この時期、天皇に最も近い位置にいた人物の一人である佐佐木高行は、この新たな動きについて次のように述べている。

本年夫妻参賀初メナルニ付《つき》、夫人ハ不参尤《もつと》モ多シ、外国人ハ右様《みぎやう》ノ事ハ栄誉トスレ共《ども》、吾《わが》国人ハ大《おほい》ニ異ナル人情ニテ、夫人ノ右様ノ事ハ不好歟《このまざるか》又ハ不《ふ》馴《なれ》ヨリ、憚《はばか》ル状《じやう》モ有ルナリ、又、外国ニテハ、正妻ニテモ根元芸娼妓《げいしやうぎ》等ヨリ出《いで》タル人ハ、上等社会ヘ相列坐《あひれつざ》スル事ヲセズ、是《こ》レハ、一体ヨリ賤《いや》シミテ、決シテ出頭出来ヌ風習ニテ、美ト云フベシ、吾国ニテモ、維新前ハ如此《かくのごとき》風俗ナリシモ、維新ノ際、要路ノ正妻モ賤シキ身分ノ者多クアリタルヨリ、其弊今日迄《まで》モ流レ来《きた》レル故、自然参賀等ハ不都合也《なり》トノ論モアリタリ、今日ハ必ラズ本《ほん》ニ復シテ、好風ニ至ラシメザルベカラズ[1]

（夫妻同伴の参賀は今年が初めてのことだったので、夫人の多くは参加しなかった。外国人はこのような儀式への参加を名誉なことと考えるが、我が国の人情はまた異なる。日本の夫人はこのような機会を好まず、また不慣れのためできれば避けようとする。外国では、たとえ正妻であっても出身が芸娼妓などである場合は上流社会に出入りしないことになっている。このような女性は一般に低く見られ、公《おおやけ》の集まりに姿を見せてはいけない風習があるからで、よいことと言えよう。我が国でも、維新前まではこの風習が生きていた。しかし維新を境に、芸妓《げいぎ》など身分卑《いや》しい者たちが政府要人の正妻におさまる例が多く、その悪弊は今日なお続いている。このような者たちの参賀は不都合である、との論が出てくるのは当然である。今や本来の形に立ち返り、良い風習に戻さなければならない）

どうやら天皇は、この新しい儀礼の方式を承認したようである。しかし、他の件については拒絶した。例えば外務卿井上馨《いのうえかおる》は、各国公使夫妻は賓客ゆえ日本人より先に朝拝の礼を行わせるべきだと奏請した。天皇はこれを認めず、次のように応えた。新年の拝賀は本来、年の始めにあたって君臣の礼を正すためのものである。したがって外国の賓客より、まず朕の臣僚を第一としなければならない。これは平時の交際とは自《おの》ずから別のことである、と。

一月三日、天皇は乗馬を楽しんだ。前年の乗馬の回数は百四十四回だったが、この年は五十四回にとどまることになった。これは、天皇が時間を割くべき国事が増えたことを意味する。明治十四年において、天皇は閣議に六十六回臨御している。おおむね午前十時から正午までだった。一月十日、例年より三日遅れで御《ご》講書始《こうしょはじめ》が行われた。[2] 元田永孚が、天皇皇后の御前で『書経《しょきょう》』から『舜典《しゅんてん》』の一篇を進講した。このほか、この年の講学の進講者は副島種臣、西村茂樹の二人だった。しかし国事多忙のためか、あるいは天皇が儒教の知恵に関心を無くしたためか、明治十四年の進講は通算十七回にとどまった。[3]

一月五日、各国公使が初めて宮中新年宴会に招かれた。これは、進んで外国の慣習に適応しようとする宮廷の意気込みを示すもう一つの例だった。その際、食器が錫器《しゃくき》から銀器《ぎんき》に改められた。勤倹の方針は続いていたものの、外国の賓客に敬意を表してのことだったに違いない。

年初から天皇は毎週水曜、金曜の昼（また毎月上旬、下旬の土曜日）に、親王、大臣、参議、高官らと定例の午餐会を開いた。これは、行政に対する天皇の関心が高まりつつあったことを示すものである。午餐会の際に、それまでほとんど寡黙《かもく》な傍観者に等しかった天皇が、時に個人的意見を表明することもあった。例えば一月二十九日、天皇は定例の土曜午餐会の終了後、特に佐佐木高行を御座所に召して新刑法について質した。現行法より寛大な新刑法は七月一日に施行される運びとなっていた。天皇の疑問は、次のことにあった。新刑法の施行に際し、すでに死刑宣告を受けている罪人のうち、かなりの数の者が（七月一日までに処刑されていない場合）死刑を免れることになるのか、と。すでに司法卿の田中不二麿は、現行法によって死罪に処すべき者には死刑を宣告し、その死刑執行は特命を以て七月まで延期すべきだと内奏していた。言葉を換えて言えば、これは死刑執行を免れ得るということだった。しかし天皇の考えはこうだった。死刑執行の延期を可とするならば、それは（前年七月の）新刑法公布の際に言うべきことであり、今になって突然、特命と称して延期を公表するのは甚だ理不尽である。ここは現行法に従って断然処刑を執行するか、もしくは死刑宣告の裁可を大臣に上申し、大臣がこれを七月まで留保し、改めて新刑法に従ってこれを裁断するか、二つに一つである、と。天皇はさらに次のように付け加えた。このような面倒が生じたのは、新刑法公布の時期が早すぎたためである。西欧列強との条約改正に備えて、過酷な刑罰を減らすことで外国側に好印象を与えるための止《や》むを得ない措置だったとはいえ、軽率の誹《そし》りは免れ得ない、と。(4)

天皇の心を煩わせたこの問題は、それほど重大なこととは映らないかもしれないが、法律問題への積極的な関心は天皇の新たな成熟を示すものだった。佐佐木が元老院改革の必要性についてあえて天皇の意見を質したのも注目すべきことである。当時の元老院は各派閥間で意見が対立し、機能が停止していた。天皇は佐佐木の質問に対し極めて率直に語ったばかりでなく、その態度は自信に満ちていた。閣議では寡黙だったとはいえ、天皇は国政の諸問題およびそれに関与する政治家について明確な意見を持っていた。

天皇は、しかし、政治に打ち込むあまり気晴らしを忘れていたわけではない。明治十四年二月、天皇は突然、兎狩《うさぎが》りに熱中し始めた。かねてより天皇は、東京の酷暑、酷寒から逃げて静養するのを嫌っていた。側近が静養を勧めると、天皇はこう応えたものだった。朕は臣民の多くと同じことがしたい、と。天皇は、日本人の多くが酷暑、酷寒にもかかわらず忙しく立ち働いていることを知りながら自分だけが一人のんびりと静養する気にはなれなかったようである。

こうした清遊を嫌った中で唯一の例外が、多摩《たま》地方での二度の兎狩りだった。当時、多摩は過疎《かそ》の地で、それまでに兎狩りを催した吹上御苑《ふきあげぎょえん》、赤坂御苑に比べ狩り場の兎が豊富だった。天皇は暗くなるまで狩猟に熱中した。ほとんど明かりのない多摩の道は、戻るのに難渋が予想されたため、村の各戸は命令により松明《たいまつ》に火を灯《とも》して道を照らした。ある狩りの夜、府中《ふちゅう》の行在所への帰途、天皇は松明の代わりに箒《ほうき》に火を点じて掲げる家があるのに気づいた。行在所に到着後、天皇はその家を探し出すよう命じた。それは、一人の老婆の家で、男手がなくて松明が用意できず、仕方なく箒に火を灯したのだった。天皇は老婆を召し、その志を

称えて褒美《ほうび》を与えた。(5)

二月二十三日、天皇は米国公使ジョン・ビンガムからの報せを受け取った。ハワイ王国のカラカウア王（一八三六―九一）が、世界周遊旅行の途次、密かに日本に立ち寄る予定である、と。王の一行はお忍びの旅行だったが、果たすべき国務も携えていた。カラカウア王は日本人のハワイ移住を奨励することに関して日本政府との条約締結を希望していた。そのため、王は国賓としての待遇を受けることになった。嘉彰《よしあき》親王が御用掛に任じられ、官吏二人が接伴《せっぱん》掛を命じられた。

カラカウア王は、三月四日、横浜に到着した。横浜港に停泊中の内外軍艦が、それぞれ二十一発の礼砲で歓迎の意を表した。王一行を迎える短艇が乗艦「オセアニック」に差し向けられ、一行を乗せた短艇が岸壁に到着した時だった。日本の軍楽隊が演奏するハワイ国歌が弾《はじ》けるように鳴り出し、王一行を驚かせた。日本人が遥か遠い小国の国歌を知っているなど、思いもよらないことだった。(6)王と随員たちは、感激のあまり思わず涙がこみあげた。宿泊所に当てられた離宮へ向かう横浜の沿道の家々は、日本とハワイの国旗を交差させて飾った。王一行は、その温かな歓迎ぶりに唖然《あぜん》とするばかりだった。

翌日、カラカウア王は皇室御料《ごりよう》列車で東京に向かった。新橋《しんばし》停車場で出迎えを受けた後、その足で赤坂仮皇居に向かった。外国の君主の訪問を受ける際に君主が取るべきヨーロッパ宮廷の儀礼に従い、天皇は宮殿の玄関近くの部屋で王を出迎えた。天皇は勲章をちりばめた正装姿で、まばゆいばかりだった。君主二人は、握手の礼を交わした。ハワイ人一行は、天皇が普通は握手をしないことを知らされていた。彼らは、これを特別な栄誉と受け取った。二人の君主は公式の挨拶を交わした後、並んで奥の間へ入った。国王の随員で世界周遊随行記の筆者でもあるウィリアム・N・アームストロングは、次のように書いている。天皇は神の子孫であるため、何人《なんぴと》たりとも横に並んで歩くことは許されなかった。皇后でさえ、天皇の後に随《したが》って歩いた。「しかし天皇の治世、いや歴代天皇の治世において初めて、天皇は彼の賓客である王と肩を並べて歩いたのだった」[7]。

皇后は御座所で、この王族の訪問者を待ち受けていた。明治天皇はカラカウア王を皇后に紹介した。「皇后はお立ちにならなかった。しかし王の挨拶に、わずかに頭と目を動かすことで応えられた」。井上馨の養女で英国に数年間滞在したことのある末子《すえこ》（井上の養嗣子《ようしし》・勝之助《かつのすけ》の妻となる）が、皇后の通訳を務めた（アームストロングは、末子の英語は完璧だったと記している）。茶菓の供応があった。しかし前もってハワイ人一行は、天皇の御前で食べてはいけないことを知らされていた。

天皇は、当時の日本人として背が高い方だったが、カラカウア王は見上げるような巨漢だった。カラカウア王は、ハワイ人としても肌が黒かった。そのため、もともと浅黒い肌の天皇が色白に見えたほどだ。それまで外国人訪問者が明治天皇の顔を描写する際にはきまって、目を引く顎についで触れたが、それも今は顎髭に隠れていた。代わりにアームストロングが特記したのは、天皇の秀《ひい》でた額、そして何よりも黒く刺すように鋭い天皇の眼差《まなざ》しについてだった。その二つの眼は、天皇が「大臣たちの言うがままになるような人物」ではないと言っているようだった、とアームストロングは記している。

二人の君主は約二十分ほど会話を交わし、やがてカラカウア王は歓迎にかなり圧倒された様子で、辞去することにした。天皇は、御座所の敷居際《しきいぎわ》まで王を見送った。王一行は、外国の貴賓が宿泊することになっていた浜離宮の延遼館《えんりょうかん》に向かった。後刻、一時間以内に答礼しなければならないというヨーロッパ式の儀礼に従って、天皇は王一行を延遼館に訪ねた。ハワイの客人たちは重い正装を脱ぎ、すっかり寛《くつろ》いでいたところだった。

カラカウア王は当初、日本滞在三日間の予定だった。しかし外務卿井上馨は、外国の君主の初の来日を何かの形で記念すべきだと考えた。そこで井上は、天皇が「新体制が樹立されて以来最も盛大なものとなるはずの宮中の大舞踏会、帝国軍隊の観兵式、特別な観劇会[8]」など盛《も》り沢山《だくさん》の催し物を計画していると伝えた。王は天皇の好意に深く感謝の意を表し、すぐに出発の延期を決めた。王はまた随員の法律専門家アームストロングを通じて、井上に伝えた。自分は日本、ハワイ両国間の条約にある治外法権条項を破棄することにただちに同意する、と。井上は大いに喜び、それは「陛下と日本国民にとって限りない喜びである」と述べた。ハワイは、ただの小国に過ぎなかった。しかし治外法権の壁に生じたこの小さな亀裂《きれつ》は、日本人にとって大いに歓迎すべきことだった。この措置を知らされた時、米国公使は賛成の意を表した。しかし条約破棄の協定書は、「ヨーロッパ諸国政府の激しい抗議のせいで」履行されなかった。この屈辱条項がすべての条約から除去されるまで、なお十八年の歳月が必要だった。

三月十一日、カラカウア王自身の要請で天皇との私的会談が行われた。茶菓が供された後、通訳を務める井上馨以外の侍臣はすべて退席した。カラカウア王は、翌年に自分の戴冠《たいかん》式があることを天皇に伝え、日本からも使節を派遣するよう依頼した。明治天皇は快諾した。

ここでカラカウア王は密談に移った。「このたびの旅行の主旨は私が長年心に秘めていたこと、すなわちアジア諸国の連盟を推進することにある。ヨーロッパ諸国は、もっぱら利己主義に徹している。他国が不利になろうが、また他国人にどのような困難をもたらそうが、まったく意に介さない。これらの国々は、東洋諸国に対する政略となると力を合わせ、協同して事にあたる傾向がある。一方、東洋諸国は互いに孤立して助け合うことをせず、ヨーロッパ諸国に対処するにあたって何も政略がない。今日、東洋諸国の権益がヨーロッパ諸国に握られている原因はここにある。目下の急務は東洋諸国が連盟を結成して東洋の大勢を把握、維持することである。そうすることによってヨーロッパ諸国に対峙《たいじ》しなければならない。今まさに、その時機が到来したと言うべきである」と。

明治天皇は、次のように応えた。「ヨーロッパとアジアの大勢は事実、貴説の通りである。東洋諸国の連盟に関しても、まったく同感である。しかし、時機到来と確信する理由は何か」と。

カラカウア王は答えた。「東洋諸国はこれまでヨーロッパ各国の圧政に苦しめられ、今や大いに奮起しなければならないと自覚するに到った。これがすなわち、大策を実行に移す時機が到来したと言った理由である」と。

天皇は尋ねた。「願わくは、その大策について詳しく知りたい」。

カラカウア王は応えた。「このたびの旅行で、私は清国、シャム、インド、ペルシャなどの君主と面会し、連盟の利害得失について意見を交換するつもりである。しかし我がハワイ王国は小さな群島に過ぎず、人口も少ないので、大策を企画する力に欠ける。しかし貴国は、まさに聞いた通りの国である。進歩は実に目覚ましく、国民の数も多く、その気性は勇敢である。アジア諸国の連盟の実現に際して、陛下は進んで盟主となられるべきである。私は陛下の臣下となって大義のために全力を捧げる所存である。もし陛下が盟主となり、その目的を遂行しようとするならば、まずヨーロッパ諸国に治外法権を撤廃させなければならない。折しも一八八三（明治十六）年、ニューヨークで博覧会が開催される。陛下は、これを機に米国へ渡航なさるべきである。同時に親王を密使としてヨーロッパ諸国に派遣し、各国君主を説得して博覧会の際にニューヨークで会合させなければならない。来会した君主たちに、陛下が直《じか》に治外法権の撤廃の必要を説けば、必ずや効果があるに違いない。帰国後、陛下は日本で博覧会を催し、アジア諸国、ヨーロッパ諸国の君主を招請すべきである。治外法権の撤廃、東洋諸国の連盟の実現は、ひとえに陛下の盟主としての活躍にかかっている」。

天皇は次のように応じた。「貴説の主旨は了解した。しかし清国の如きは大国にして、かつ傲慢不遜《ごうまんふそん》の風がある。招請したとしても、まず来会することはないだろう」と。

カラカウア王は応えた。「確かにアジア諸国の君主が、全員顔を揃えて来会することは期待できない。しかしシャム国王、ペルシャ国王、インド国諸王侯などの来会は間違いない。これだけ揃えば、連盟の発端を形成するに十分である。ただし、この種の企画が成就《じょうじゅ》するには、一、二回の会合では不十分である。ヨーロッパ諸国の君主を貴国の博覧会に招請するのは、あくまで彼らの嫌疑を避けるためである。大事を語る相手は、アジア諸国の君主に限ることは申すまでもない。もし陛下が幸いにも私の言葉を了承して下さるならば、なにとぞ陛下の指輪を賜りたい(9)」。

天皇は暫《しば》し考えた後、次のように応えた。「貴説は傾聴した。しかし、我が国の進歩も外見とはまた異なる。問題は山積し、特に清国とは葛藤《かっとう》を生ずることが多い。清国は常に我が国が侵略を企てていると考えている。清国との平和的関係を維持するのは非常に困難なことである。まして貴説を遂行することは、さらに難事に属する。内閣と相談し、熟考した上で返答したい(10)」。

カラカウア王は了承し、一時間二十分の会談は終わった。辞去するにあたり、王は自分の写真一葉《よう》とハワイ王国の政体を記した書物を天皇に献じた。さらに、ハワイ国皇后の写真を皇后に贈った。天皇は八景間で王を見送った(11)。

この日、カラカウア王が天皇に語ったことはこれだけではなかった。王は、日本とハワイを結ぶ海底電線を敷設《ふせつ》し、両国の国権を拡張する必要を説いた。また最後に王は、姪《めい》のカイウラニ（当時五歳）と山階宮定麿王《やましなのみやさだまろおう》との縁組を熱心に説いた(12)。王は海軍兵学校に在学する十三歳の定麿王をたいそう気に入り、自分の姪の夫にふさわしい人物と考えたようだ。子供のいないカラカウア王は、すでにカイウラニを王位継承者と決めていた。ということは、もし王の申し出が受諾されていたなら、未来のハワイ女王の夫は日本人になっていたはずだった。カラカウア王は恐らく、この縁組がハワイを米国による併合から守ってくれるに違いないと考えた。逆に日本政府は、この縁組が米国のみならずヨーロッパ列強の反感を買うことを恐れたかもしれない。カラカウア王の二つの要請に対する返答はただちにもたらされたわけではなく、結局、いずれも翌明治十五年（一八八二）一月、カラカウア王に宛てた井上馨の書簡で謝絶された(13)。

カラカウア王は、日本で受けた歓迎を手放しで喜んだ。それは王にとって期待を遥かに越えたものだった。王はキリスト教徒だったが、とりわけ仏寺に感銘を受けた。それはハワイに建てられた厳粛なニューイングランド風の教会より、王の趣味に合ったようだった。王はアームストロングに、ハワイへの仏教導入の可能性を検討するように命じた。[14] カラカウア王が唯一失望したことと言えば、大舞踏会が中止されたことだった。ロシア皇帝が暗殺され、日本の皇族は喪に服さなければならなかったのだ。

容赦なく自分の主人を茶化《ちゃか》して書いているアームストロングの随行記によれば、カラカウア王は、賢明でもなければ思慮深い人間でさえもなく、注意力も散漫な人物だった。もしそうだとしたら、カラカウア王のアジア諸国連盟の企画は実に意外なものであったと言わざるを得ない。カラカウア王は、ハワイの誰もが思っている以上に優れた政治的洞察力を持っていたということになるからである。しかしこの企画は、王が天皇に説いた他のほとんどの提案と同様、最終的に拒絶された。[15] 明治天皇にとって明らかだったのは、仮にアジア諸国連盟なるものが結成されたとしても、清国人が日本の天皇を盟主に戴《いただ》くことに同意するはずがないということだった。またシャム、インド、ペルシャが共通のアジアの伝統的価値を共有していると言うのは簡単だが、その言語、慣習は互いに何の関連もなかった。西欧列強の侵略に対する憤慨以外、彼らを結束させるものを見つけることは困難だった。[16]

三月十四日、東京を発《た》つにあたり、カラカウア王は天皇を訪ねた。天皇はカラカウア王に、最高勲章の大勲位菊花大綬章を授与した。天皇はまた例のごとく、七宝焼の花瓶一対、錦《にしき》二巻、漆塗《うるしぬり》の箱、刺繡《ししゅう》を施したテーブル掛二枚などを贈った。皇后は白縮緬二匹《ひき》をハワイ国皇后に贈った。

カラカウア王の来日は、確かに明治天皇にとってグラント将軍の訪問ほど重要ではなかった。カラカウア王のアジア諸国連盟の企画からは、結局何も生まれなかった。また天皇との秘密会談で彼が提案した他の計画も、やがて忘れられた。しかし政治的指導者としての明治天皇の成長という意味では、この出会いは極めて重要だった。グラントとの会談では天皇の発言は短く、あたりさわりのない指摘にとどまった。しかしカラカウア王に応える時の天皇の発言は自信に満ち、東アジア全体の状況に通じていることが自ずと示された。恐らく天皇の自信は、陸軍七十五人の小さな群島の君主に対する優越感から生まれたものだった。しかし、天皇がカラカウア王をもてなす態度は申し分なく丁重だった。はっきり意見が言えなかった十年前の若者とは対照的に、今や明治天皇は彼を訪れる者たちに深い感銘を与える堂々とした人物に成長していた。

明治十四年の後半には、明治天皇はさらに二人の王族の訪問を迎えている。十月二十一日、英国皇太子（のちの英国王エドワード七世）の第一、第二王子であるアルバート・ヴィクター親王とジョージ親王（のちのジョージ五世）が英国軍艦「バキャンティ」で横浜に到着した。二十四日、両親王は列車で東京まで行き、新橋停車場から馬車で宿舎の延遼館へ向かった。[17]両親王の日本滞在記によれば、二人の最初の訪問地は浅草《あさくさ》だった。それも人力車に乗って行った。二人の若者はこの歓楽街の噂を聞き、自ら探索を思い立ったに違いない。その夜の晩餐に、両親王は三条実美、岩倉具視の訪問を受けた。天皇は延遼館に宮廷の雅楽《ががく》の「私設楽団」を派遣し、食事中に演奏させた。ジョージ親王の反応はこうだった。「楽団のいる奥の部屋から流れてきた音は消え入るようで、哀調に満ちていた。居合わせた者の中には、てっきり演奏前の調子合わせと勘違いする者もいた。そのままの状態で時が流れ、いつ演奏が始まるのだろうかと尋ねる始末だった」[18]。

翌二十五日、両親王は参内した。二人は天皇について次のように書いている。「陛下はまだ三十歳になっていないのに、顔を見るかぎりでは随分老《ふ》けて見える。冷静で、神経質というわけではないが明らかに自分の役割をうまく演じようと非常に気を使っている」。この一節から判断するに、天皇はカラカウア王と同席した時より遥かに固くなっていた。両親王はまだ非常に若かった（上が十八歳、下が十七歳）とはいえ、世界最強の国からやってきたのだった。天皇は、年上の貫禄《かんろく》を見せる必要があると感じていたかもしれない。

両親王が惹《ひ》かれたのは、明らかに皇后の方だった。ジョージ親王は、次のように書いている。「皇后はたいへん小柄で、日本の流儀に従って厚化粧などしなければ、実に素敵であったろう」と。皇后は「陽気に愛想よく」会話を始めようと努めた。アルバート・ヴィクター親王は皇后に、オーストラリアから連れてきた二頭のワラビー（小型のカンガルー）を受け取ってほしいと言った。「こいつらは航海中、たいしたペットだった。食事中など甲板《かんぱん》狭しとピョンピョン飛び跳ね、まわりを沸かせた。まるで鷹《たか》のように手に負えなかった」。皇后は、この贈物を喜んだようだった。ワラビーは翌日、宮廷に送り届けられた。ワラビーが宮中を跳ね回っている姿を想像するのは難しい。同様に想像し難いのは、治世四半世紀にわたって切手収集家に親しまれることになるあの厳《いか》めしい髭面《ひげづら》のジョージ五世が、日本の彫物師に腕に入れ墨を彫らせたことだった。「彫物師は約三時間かけ、腕一杯に身をくねらせる赤と青で描かれた一匹の大きな龍を彫った」(19)。

十月三十一日、両親王は乗艦「バキャンティ」での午餐に天皇を招待した。天皇は親王三人、岩倉具視、井上馨ら政府高官を随伴した。神奈川砲台から礼砲が発射され、また横浜港に停泊中の内外艦船の礼砲が天皇一行を出迎えた。午餐の前に、魚形水雷《ぎょけいすいらい》（魚雷）の発射が天覧に供された。英国の両親王は翌日、海路で神戸へ向かい、一週間以上にわたって京都、奈良、大阪など関西地方を見物した。

これより先、七月三十日、天皇はまた巡幸に出た。今回の目的地は山形、秋田両県と北海道だった。行列には当初、四百二十人が随行するはずだったが、旅中の宿所不足のため、随員は三百五十人に減らされた。巡幸は比較的平穏無事に運んだ。しかし暑さは厳しく、まさにうだるようだった。天皇が小中学校で一夜を過ごすことも数度にわたった。もちろん、大勢の随員を収容するに適切な場所だということもあったに違いない。しかし同時にそれは、教育に対する天皇の変わらぬ関心を裏づけるものだった(20)。例によって天皇は、行く先々で学校を訪問した。山形県鶴岡《つるおか》の中学校で優等生一人が『春秋左氏《しゅんじゅうさし》伝《でん》』を、続いて小学校優等生一人が『日《に》本史略《ほんしりゃく》』を講じた際、天皇はさぞ喜んだことと思われる(21)。すでに述べたように、先の巡幸で講述の題材を東洋でなく古代ローマから取った生徒たちを、天皇は飽き足りなく思っていた。その噂は、すでにこの地にも広まっていたようである。

極暑にもかかわらず景色は素晴らしく、土地の物産、骨董《こっとう》などの展示は眼を楽しませ、天皇の馬車や鳳輦が通過する沿道には群衆が列をなした。このたびの巡幸では笑いを楽しむ機会さえあって、これは巡幸では初めてのことだった。山形県の上《かみ》ノ山《やま》御昼餐所で、館主が天皇に松茸《まったけ》を献じた。折しも侍従長の山口正定が昼食を終え、御昼餐所に赴いた。天皇は、御飯を盛り上げた上に松茸の吸い物をかけさせ、山口に賜った。山口はたちまちこれを食べた。続けて天皇は栗《くり》、菓子を賜った。山口は再びこれらをきれいに食べた。天皇はそれを見て、大いに哄笑《こうしょう》した。哄笑はどういう理由でかは明らかではない。山口の旺盛《おうせい》な食欲を、無邪気に面白がって笑ったのか。それとも、食事を済ませたばかりの（そしてもはや食欲のない）山口に、無理やり大量の食事を食べさせて困らせてやったという意地悪な笑いだったのか。[22]

この北方巡幸には、一つの新しい特徴が目立った。それは通信の著しい進歩だった。天皇のもとには、国内のみならず全世界から報せが届いた。電信によって、天皇は例えば京都で病床にあった伯母淑子《すみこ》内親王の容体の刻々の変化と死を知った。また、米国大統領ジェイムズ・A・ガーフィールドが九月十九日に死去し、その報せを直後に受け取った。二日後、天皇はガーフィールドの後継者である新大統領チェスター・アラン・アーサーに宛てて弔電を打っている。

そうした中で天皇が巡幸中に受けた最も重大な報告は、ある不正事件に関するものだった。当時、開拓使（北海道および属島の行政、開拓を担当する官庁）の官有物払い下げに関する癒着の発覚で、世論は沸騰していた。これを憂慮した嘉彰親王は、八月二十一日、天皇に随行して盛岡にいた熾仁《たるひと》親王に書簡を送り、事件の概略を伝えた。それによれば、開拓長官の黒田清隆は、突然の廃使置県（開拓使を廃止し、函館《はこだて》県・札幌《さっぽろ》県・根室《ねむろ》県を設置する）の内命に激怒した。顕官某《なにがし》らは、大臣に説いて次のように述べた。北海道の今日の発展は、ひとえに黒田の力によるものである。したがって廃使置県に関する一切の処理は、すべて黒田に委任することが至当である。この議が聴き入れられるならば、黒田はすぐさま廃使の建白を提出するだろう、と。大臣は承知した。これを受けて黒田は、開拓使の官有物件を開拓使在勤官吏に払い下げるよう申請した。払い下げ後の経営は、旧薩摩藩士五代友厚《ごだいともあつ》らの設立した関西貿易商会が後援することになっていた。

閣議は、この申請をただちに認めたわけではなかった。間近に迫っている北海道巡幸で天皇自らが現地を視察したのち、その可否を決すべきであるとした。この閣議の決定が、黒田を激怒させた。高官某に向かって暴言を吐き、燭台《しょくだい》を投げつけ、黒田は完全に抑制を失った。

北方巡幸に出発した七月三十日、天皇は前年の決定に基づき、工場、鉱山などの官有物を民間企業に払い下げる件を裁可した。しかし黒田らが目論んだ計画の詳細、すなわち三百万円の価値のある物件が、三十八万七千余円でしかも無利子、三十ヵ年賦《ねんぷ》で払い下げられることが明らかになるに及んで、新聞、民権論者からこぞって抗議の声が挙がった。黒田と五代が共に薩摩出身である事実が、さらに疑惑に火をつけた。

これ以上事態を黙視できないと考えた嘉彰親王は、巡幸中の天皇に拝謁する決意を固めた。親王は佐佐木高行、内務大輔土方久元《ひじかたひさもと》の二人に同行を求めた。親王は二人に言った。自分は、これまで天皇に政見を奏上したことがなく、天皇を説得できるかどうか不安である。天皇の信任厚い二人が同行してくれればうまくいくのではないか、と。しかし佐佐木らは、次のように応えた。自分たちは同行しない方がいいのではないか。「陛下は巧言詭辞《かうげんきじ》を悪《にく》みたまふこと甚《はなは》だしければ、殿下亦《また》須《すべか》らく誠実を以て奏上あらせらるべし」と。嘉彰親王は単身、埼玉県幸手《さって》へ赴き、天皇に奏上した。

しかし、恐らく天皇は新聞の報道ですでにこの事実の概略を知っていた。さらに天皇は一ヵ月前(北海道に滞在中)、はるばる函館まで報告にきた宮内省官吏から払い下げ事件に対する人心動揺の詳細を知らされていた。また天皇は、同じく新聞の報道によって薩長出身の政治家が団結して一人の参議を排斥しようとしている事実を知ったようだ。記事を読んだ天皇は的確に、その狙われている参議が大隈重信であることを言い当てた。

巡幸を終え、明治天皇が赤坂仮皇居に戻ったのは十月十一日であった。天皇はすぐに元田永孚を召した。元田は、国会の早期開設に関する大隈の私論をただちに斥けるべきであると天皇に説いた。国会の即時開設を求める大隈の主張を認めれば、「衆論沸騰し危禍忽《たちま》ち到らん」と。天皇は、決断をためらった。後刻、大臣や参議らが大隈罷免について奏請した際には、天皇はそれに対して質した。左右両大臣の首都留守中に、薩長出身の参議が徒党を組んで大隈を斥けようとしたのではないのか、また大隈の失策を証明する事実はあるのか、と。確証を得ることは容易ではない、しかし証跡はすでに福沢諭吉の門下生らから摑んでいる、と大臣らは奉答した。大隈、福沢、岩崎弥太郎《いわさきやたろう》[23]（一八三五―八五）の三人が謀議したとされていた。大臣らはさらに主張した。薩長出身の参議のみならず、平素より正義を以て任ずる者はすべて大隈の陰謀に憤慨している、もし天皇が薩長の参議に対して疑念を抱かれるのであれば、内閣は破裂するほかない、と。天皇は、やむなく大臣らの意見に従った。ただし、その理由を明らかにすることなく大隈に辞官を迫ってはならないと釘《くぎ》を刺した。

伊藤博文、西郷従道が代表で大隈と会い、辞官を説いた。大隈はあっさりと承諾した。あたかもその代償のごとく、天皇は十月十二日、三条実美に開拓使官有物払い下げの許可を撤回するよう指示した。公表された大隈の辞官理由は、リウマチ再発により政務に堪えられないためとなっていた。大隈に与《くみ》した政治家たちは揃って罷免された。ここ数年間にわたって閣議で反目を続けていた薩摩と長州の両派閥が、閥外（大隈は佐賀出身）からの脅威に直面して手を結んだのだった。しかし大隈に賛同する参議をなだめるため、国会召集は明治二十三年（一八九〇）と正式に発表された。議会開設漸進派にとっては、時期がかなり早まった感じだった。

黒田は開拓使の官有物払い下げの件で挫折《ざせつ》したが、政敵大隈の失脚で不満を収めた。不正事件に関与したにもかかわらず、黒田の不名誉は長く尾をひくことはなかった。明治二十一年（一八八八）、黒田は内閣総理大臣に就任する。もっとも、「明治十四年の政変」と呼ばれるこの事件は、忘れ去られたわけではなかった。これは奇妙に後味の悪い権力政治の一例だった。

明治天皇は、事件に関与した政治家の多くを嫌っていたように見受けられる。北方巡幸に随行した侍従荻《おぎ》昌吉《まさよし》によれば、ある夜、天皇は風呂場で参議の人物評を語ったという。「黒田（清隆）参議は何かというと大臣に強要し、望みのものが手に入るまで執拗《しつよう》に迫る癖がある、実に厭《いや》な男である。西郷（従道）参議はいつも酒気を帯びていて、何を問われても訳のわからないことを言う。川村（純義）参議は数年前、英国のリード下院議員が来日した際に接待役を務めたが、朕の意にそぐわぬことばかりした。[24]黒田は思うように事が運ばないと、いつも病気と称して引《ひ》き籠《こも》ってしまう。西郷と川村も、黒田に倣って参朝しない。実に理解に苦しむ」と。

さらに荻は、次のように続けている。「井上（馨）参議は狡猾《こうかつ》である、と嫌っておられた。ほかにも例えば大木（喬任）は、このたびの御巡幸ではまるで木像のようだったと評された。陛下が信用なさっていたのは、伊藤（博文）参議だけだった[25]」。

この時期を境に、我々は明治天皇の肉声を聞くことができるようになる。型通りの勅語の言い回しではなく、これまでもっぱら耳を傾ける側に回っていた一人の人物が、自ら話す側に回る時が来たと決意したかのように、それは天皇独自の響きを帯びていた。

第三十五章　自由民権運動の「生と死」

明治十四年（一八八一）は、憲法制定と国会開設への要求が激しいほどに高まった年として記憶されている。それはあたかも実現も間近なのではないかと思わせる勢いだった。すでに明治九年（一八七六）九月、天皇は憲法の起草を命じていたが、草案作成の動きは遅々として進んでいなかった。憲法制定に公然と反対を唱える者がいなかったことは言うまでもない。それは、すでに下された聖旨に逆らうことだったからだ。

「漸進主義」の政策を唱え、できれば憲法制定を無期限に遅らせたいと望む人々も多かった。しかし、憲法制定、国会開設を求める論客たちは、すでに待つことに嫌気がさし、多くが迅速な措置を求めた。政府に具体的行動を迫る圧力は、意外な陣営からも出てきた。明治十二年（一八七九）十二月、陸軍中将兼参議の山県有朋は、長文の意見書を提出し、立憲政体を妥当とする見解を述べた。山県はまず、政府に対する民衆の不満の原因を列挙した。失職、生活の困窮、伝統的な道徳、慣習の廃止など、いずれも民衆を疎外し、自由民権運動の出現を助長するようなものばかりだった。その後で山県は、目下の急務は行政、議政（立法）、司法三権の改革であると述べた。もしこれが実現しなければ、すでに佐賀、鹿児島その他で起きたような武装蜂起が必ずやまた繰り返されることになる。政府に対する民衆の信頼を回復する唯一の方法は、「国憲を確立するに在るのみ」と山県は確信していた。今後幾世代にもわたって守られるべき憲法は、もとより一朝一夕にして成るものではない。しかし、今や少なくとも基本綱領を定めるべき時である。内閣を中心とした政治、諸官省の運営がこの綱領に基づいて行われることが明らかとなり、我が国の将来進むべき方向が決定されるならば、民心は政府の方を向くであろう、と。

また山県は、新憲法の条文には皇統一系の権威に対する侵害と解釈されるようなものがあってはならないと強調した。天皇自身、すでに五箇条の御誓文において立憲政体へ向けて前進することを約束していた。山県は言う。すでに府県郡区においては議会が創設されており、これら府県会議員の中より識徳ある者を抜擢《ばってき》し、元老院に対して「民会《みんかい》」を創設すべきである、と。

太政大臣三条実美は山県の建議を承認し、右大臣岩倉具視もこれを支持した。三条、岩倉はさらに参議らに意見を求め、聖慮によってこれを取捨し国体にふさわしい憲法を欽定《きんてい》すべきだと天皇に具奏した。天皇はこれを聞き入れ、各参議に立憲政体に関する意見を上奏するよう命じた。

上奏された意見の中で、伊藤博文の意見書は最も詳細を極めていた。廃藩以後の様々な変革に対する士族の不平を列挙した後、伊藤はこれを幕府時代の士族の実情と比較して述べている。当時の士族は教育に恵まれ、俸禄《ほうろく》を受け、一定の財産があった。国事の任を果たすことは当然自分たちの義務であると考え、この意識は今日なお続いている。政談を好む士族が議論をすれば、庶民はその影響を強く受ける。すなわち、「之《これ》ヲ人身ニ譬《たと》フルニ士族ハ猶《なほ》筋骨ノ如《ごと》シ平民ハ猶皮肉ノ如シ、筋骨ノ動ク所皮肉之ニ従フ」と。

伊藤は百年前のフランス革命の影響が遅かれ早かれ各国に普及すると警告し、次のように述べた。政治の権力を人民と共有する「政体ノ新説」は、ヨーロッパの文物と共に我が国に流入し、士族、庶民の間に広まった。今や全国津々浦々に蔓延し、防ぐすべとてない。中には、わけのわからぬ言葉を吐き、聴く者の耳を驚かす論客がいる。また君主の意のあるところを知らず、病気でもないのに呻吟《しんぎん》し、狂暴な振舞いで民衆を惑わせる論客がいる。しかし、例えて言うならば「雨霑《うるほ》フテ草生ズルガ如シ、深ク怪シムニ足ラザルナリ」と。

伊藤は、政治の責任を平民と共有することは不可避であると受け止めていたようである。しかし伊藤は、一部で唱えられているように国会開設に性急であってはならないと主張し、以下のように述べた。「国会ヲ起シテ、以テ君民共治《くんみんきようち》ノ大局ヲ成就スルハ、甚ダ望ムベキノ事ナリト雖《いへ》ドモ、事苟《いやしく》モ国体ノ変更ニ係《かかは》リ、実ニ曠古《くわうこ》（前例のないこと）ノ大事」であり、まず土台を築き、次に柱を立て、最後に屋根を葺《ふ》くという一連の手順をおろそかにしてはならない、と。伊藤はヨーロッパの例に倣い、二院制が良いとした。上院（元老院）は華族、士族から選出された百人で構成されるとし、その機能は皇室を支え、日本の伝統を維持することだった。伊藤は、士族を政治に直接関与させることで彼らの反感が和らぐのを期待した。

伊藤は、下院は府県会議員から選出された「公撰《こうせん》検査官」によって構成し、その権限は財政の「会計検査」に限定するとした。言うまでもなく上院の方が下院より遥かに比重が大きくなる。それが国家運営の安定に役立ち、上院が下院の急進化を抑制することになると伊藤は考えた。[4] 伊藤は、意見書の最後をこう結んでいる。「漸次歩《ほ》ヲ進メテ以テ大局ヲ完成スルハ一《いつ》ニ仰《あふぎ》テ陛下ノ乾剛不《けんがうふ》息《そく》（たゆまぬ剛健の徳）ニ頼ルノミ」。

参議大隈重信は当初、意見書の提出を渋っていた。天皇は左大臣熾仁《たるひと》親王を通じ、この極めて重大な問題について大隈の考えを披瀝するよう求めた。大隈は、御前会議の際に直接申し述べたいと応えた。意見書に記せば内容が事前に外に漏れる恐れがあると大隈は考えた。天皇はしかし、なお意見書の提出を求めた。ついに明治十四年三月、大隈は熾仁親王を通じて意見書を提出した。ただし、条件をつけた。天皇の奏覧の前に、参議はもとより太政大臣、右大臣でさえ内容を見てはならない、と。熾仁親王は承知した。

大隈の意見書は、七ヵ条から成っていた。第一条は議院開設の期日の速やかなる布告、憲法制定委員の人選、議事堂建設の着手を要求している。

第二条は、政府顕官の任用は国民の意思を踏まえたものであるべきだとして、次のように記していた。新しい憲法下で運営される議会は、国民の意思を反映したものでなければならない。また議会の決定は、国民が選んだ議員の過半数の意思と一致していなければならない。国民の過半数の支持を得た政党の党首が議会を統率すべきである。[5] 立憲政体の確立によって、天皇は天皇を補佐すべき顕官としてふさわしい人間を容易に見極めることができる。選出された官吏を信頼することによって、天皇は顧問に適した人物の鑑識選抜の手間を省くことができる、と。しかし、大隈はさらに指摘した。国民によって選ばれた政党は、その施政の巧拙によっては衆望を失うこともあり得る。そのような場合、新たに最大勢力を得た政党に政権を譲ることを余儀なくされる。天皇は、その政党の党首に内閣を組織するよう委任することになるだろう、と。[6]

大隈の第三条は、官吏の区別について述べている。政権党の交代と共に進退する官吏（政党官）と、政権党に関係なく終身勤続する官吏（永久官）とを区別すべきである。永久官とは（各官庁の上級職を除く）官吏の根幹を成すもので、議員になることはできない。また国の治安、公平を保持すべき官吏は中立永久官とし、三大臣および軍官、警視官、法官がこれに該当する、と。

第四条によれば、憲法は宸裁《しんさい》（天皇の裁断）によって制定されることになる。憲法は極めて簡潔に大綱を示すものであり、行政権の所在を明らかにし、人民各自の人権を明らかにするものでなければならない。第五条は、明治十六年（一八八三）初頭の国会開設を要求している。そのためには本年（明治十四年）に憲法を制定し、明治十五年初頭までに憲法を発布し、十五年末に議員を召集しなければならない。

第六条で大隈は、各政党は独自の「施政の主義」を打ち出すべきであると主張した。政党間の論戦は、個人攻撃によるものであってはならず、各政党が掲げる「施政の主義」の論戦でなければならない。第七条は総論として、各政党が立憲政治の精神に忠実であることを求めた。立憲政治の形体にこだわるあまり、その精神を捨てるようなことがあってはならない。それは国家にとって不幸であるばかりでなく、執政者たち自身の禍患《かかん》となり、後世に汚名を残す、と。

大隈の意見書を読んだ熾仁親王は、大隈が求める明治十六年国会開設という時期の早さに驚いた。親王は大隈との約束を破り、意見書を密かに三条実美、岩倉具視に示し、その後、天皇に奉呈した。伊藤博文は、大隈の意見書が天皇に提出されたことを知り、その一覧を三条に願い出た。三条は天皇に大隈意見書の下付を奏請し、六月二十七日、伊藤に見せた。伊藤は、その内容に激怒した。わずか二年後の国会開設という性急さのみならず、天皇に最も近い君側《くんそく》の臣をも民選に委ねるべきだとする大隈の提案は、君権を放棄するに等しいものだと伊藤には思われた。七月一日、伊藤は三条に書簡を送り、大隈のような意見が出てくるのであれば、自分は官職を辞する以外になくなると告げた。伊藤はさらに翌日、岩倉に書簡を送り、大隈と自分の意見がこうも相反している以上、自分は内閣会議で大隈と同席することはできないと述べた。(7)

岩倉は伊藤を説得したが、無駄だった。岩倉は大隈を訪ね、伊藤に意見書を見せた経緯を説明し、それに対する伊藤の反応を告げた。大隈は自らの過激な提言を比喩を使って説いた。現下の世情を察するに、今や時機は熟し、もはや姑息《こそく》の手段を施すべき時ではない。例えば、「群集をして門内に入らしめんとするに、其の半扉《はんぴ》を開かんか、雑沓《ざつたふ》言ふべからざらん、寧《むし》ろ其の双扉《さうひ》を開きて之れを導くの勝《まさ》れるに如《し》かざるが如し」。群衆を門内に入れるにあたって、扉を半分だけ開けば、群衆は殺到し、混乱を招くだけである。むしろ扉を全開し、群衆を招き入れる以外にない。「明治十六年を以て国議院を開設する」という大胆かつ過激な提言は、すなわち「双扉を開くものなり」と。大隈は岩倉の勧めで伊藤と会い、自ら説明した。両者の意見は融和し、伊藤は再び内閣会議に出席するようになった。しかし伊藤と大隈の政治的見解は、なお多くの問題について食い違いを見せた。

漸進派である伊藤は、天皇の将来の役割について深く憂慮していた。外債募集および地租米納論を否定した天皇の裁断は、もはや受動的、象徴的役割にとどまることなく自ら重大な決定に積極的に関わりたいという天皇の意思の表明ではないかと、伊藤には思われた。伊藤が恐れたのは、それによって天皇の政治責任問題の発生や、天皇制の是非を問う論議にまで発展するのではないかということだった。伊藤の考えでは、天皇はあくまで天皇を輔弼《ほひつ》する内閣の象徴的な指導者としての役割を演じることが望ましかった。特に伊藤は、政治的責任のない宮中派が天皇を通じて影響力を振るうことを心配した。それは内閣の国家運営の不安定に繋がるだけだと伊藤は考えた。

伊藤と大隈の意見が一致することが一つあった。二人とも薩摩閥が嫌いだった（ちなみに、伊藤は長州の、大隈は佐賀の藩士だった）。薩摩出身の川村純義の海軍卿復任が、閣議で取《と》り沙汰《ざた》されたことがあった。海軍将官すべての支持によるものであったにもかかわらず、伊藤は川村の海軍卿復任に強く反対した。大隈もまた伊藤と意見を同じくした。伊藤と大隈は、かねてより薩摩閥が海軍を私物化しているかのごとき傾向を嘆いていた。二人とも川村の力量では海軍の将来の発展は覚束《おぼつか》ないと考えた。しかし最終的に、川村の復任は決定した。岩倉ら三人の大臣が、閣内の無事平穏を維持しようと謀ったのだった。あるいは彼らは、同時に次のことを期待したかもしれない。もし川村が復任すれば、（職務に勤勉な長州出身の参議とは対照的に）さぼってばかりいた薩摩出身の参議らが、再び閣議に出席するようになる、と。岩倉ら三人の大臣にとって、木戸孝允（長州出身）と大久保利通（薩摩出身）を相次いで失ったことは惜しんでも余りあるものがあった。大久保と木戸の存在が、かろうじて閣内における薩摩閥と長州閥参議の均衡を維持していたからである。

川村の海軍卿復任問題で譲歩を余儀なくされたにもかかわらず、伊藤はなお政府で最強の人物であり続けた。伊藤は、天皇および三人の大臣の信頼が篤《あつ》かった。佐佐木高行は日記に、「必ラズ本年来春迄《まで》ニハ内閣モ破裂スベシ」と記している。佐佐木にとって、これは喜ばしいことだった。以前から望んでいたごとく、天皇が大権を掌握する好機だったからである。「今日ヨリ十分御蓄《おたくは》ヘ（英気を養う）被為遊候御事《あそばされさうらふおんこと》、御肝要《ごかんえう》ト奉存《ぞんじたてまつり》候」と佐佐木は奏上している。これに対し、天皇は次のように応えた。左大臣（熾仁親王）は皇族であり、他の二大臣より身分が上であるので期待していた。しかし左大臣も内閣の一員となった今、元老院時代に見せた自信を失ってしまったようである、と。佐佐木は熾仁親王を弁護し、親王の美質と正直なことに常に感服していると述べ、しかし気力に欠けていることは認めた。ここで天皇は、なかなか聴くに値する論評を加えている。

「大臣・参議モ、維新ノ際功労トカ軍功アリタリトカニテ、政治学ハナク、政事ニ長ジタル人物ヲ用キタルニ非《あら》ズ、故《ゆゑ》ニ、今日内閣難渋ハ当然ナリ、依《よ》ツテ、追々《おひおひ》真ノ政治家ノ内閣ニ入ル時ニアラン事ヲ希望ス、然《しか》レ共《ども》、是《これ》モ勢《いきほひ》ナレバ、十分熟（ママ）スルノ時機ヲ待ツテ処分スルノ外《ほか》ナシ」[8]（大臣や参議は維新の際の功労、軍功が大きいとはいえ、政治について心得があるわけではない。なにも政治に秀《ひい》でた人物を登用したわけではないから、今日に到って内閣が難渋するのは当然のことである。次第に真の政治家が内閣に加わることを期待するよりない。しかしこれも時勢によるものであるから、十分に時機が熟するのを待って対処するしかあるまい）

明治政府が抱えていた問題の核心は、ここにあった。戦場で勇敢であることが、政治にも有能であるという保証は何もなかった。閣僚の多くが選ばれた理由は、戦場での目覚ましい働きのためで、政治的洞察力のためではなかった。薩摩出身の参議が内閣会議をさぼったのは、恐らく行政上の報告を聞かされる退屈に耐えられなかったからだ。（侍従の荻昌吉に打ち明けたごとく）明治天皇が黒田清隆、西郷従道を嫌ったのは、あるいはこれら軍人たちが行政にまともに対処できないという天皇の観察を反映したものであったかもしれない。

軍の政治関与は、明治時代以降もなお問題であり続けた。しかし軍人を政治に干渉させないこと、また軍人を君主に絶対服従させることは当時の緊急課題となっていた。すでに明治七年（一八七四）、加藤弘之は「明六雑誌《めいろくざっし》」に書いた論文の冒頭に述べている。「文明開化各国ノ如キハ武官ノ只管《ひたすら》君命《くんめい》ニ恭順スルヲ以テ最要至良ノ事トナシ……」[9]。同じ年、陸軍少将三人が大久保の外交政策に不満を表明し、辞表を提出した[10]。軍人が公然と政治的見解を述べることを禁じ、また特に西南戦争で西郷軍に加わった兵士たちの反逆心をたしなめる意味で、明治十一年（一八七八）、陸軍卿山県有朋は「軍人訓誡《ぐんじんくんかい》」一篇を草し、各部隊に配布した。訓誡の中に「朝政を是非し時事を論ずべからざること」の一節があった。

この禁令にもかかわらず、軍人は当時全国に拡がりつつあった政治運動に関わり始めた。民衆の安全を脅《おびや》かす（と政府の言う）政治運動を取り締まるため、政府は明治十三年（一八八〇）四月五日、「集会条例」十六条を公布した。政治演説、政府の漸進政策に対する攻撃、また国会開設要求など、あらゆる政治運動は以後すべて警察の認可を必要とした。さらに陸海軍人、警察官、教員らの集会参加、結社加入が禁じられた(11)。民権獲得運動への軍人の参加は、その後もなお問題となり続けた。明治十五年、「軍人勅諭」(12)が発令された際、その第一の訓令は「(軍人は)世論《せいろん》に惑はず政治に拘《かかは》らず只々一途《ただただいちづ》に己《おの》が本分の忠節を守り……」と規定している。

軍人に政治活動を禁じた圧力のせいか、「自由民権」獲得運動の指導者は、主として民間人、それも中層下層階級の士族たちだった。「自由民権」獲得を目標に掲げた初の政党「自由党」は、明治十三年十二月十五日に結成された(13)。それより早く、すでに数々の政治結社が全国到るところで結成されていた。これらの政治結社は、それぞれ独自の縁起のよい結社名で名乗りを上げたが、必ずしも達成すべき具体的目標を持っていたわけではなかった。憲法制定と国会開設を最も声高《こわだか》に叫んでいた結社でさえ、その憲法の内容はどうあるべきか、立法府はどのように構成されるべきかなどについて腹案があったわけではない。

高知の「立志社《りっししゃ》」は、これら士族活動家の結社として最も傑出した存在だった。明治七年、板垣退助《いたがきたいすけ》を始めとする「自由民権」運動に携わる者たちによって結成された立志社は、サミュエル・スマイルズの『西国立志編』から取ったその名称からも明らかなように、もともとが議会創設を目指すというよりは、士族のための教育、自己修養を本分とする結社だったようである。翌明治八年、新たに板垣が「愛国社」を創設したのは、恐らくそのためである。愛国社は、自由民権を目指す組織と立志社を結び付けることを意図した紛れもない政治結社だったが、立志社自体が主たる内政問題に関与するようになるまで長くはかからなかった。

西南戦争は、立志社の活動を一変させる要因となった。征韓論の強い信奉者で西郷支持者だった板垣は、明治十年(一八七七)に西南戦争が勃発すると、高知へ帰郷した。西郷軍が政府軍に破れたことが明らかになるや、立志社は政治活動に邁進し始めた。西郷の敗北は、軍事的手段によって政府に敵対することの無駄をはっきりと認識させたようだった。立志社の趣意は、「剣」でなく演説、新聞記事によって広められることになった。

板垣は創設者であり、立志社の中で最もよく知られていた。しかし自由民権の改革運動を実際に推し進めたのは、当時まだ二十歳だった若い植木《うえき》枝盛《えもり》（一八五七—九二）だった。植木は、高知の中級士族の出身で、明治六年（一八七三）、勉学のため上京した。[14]特に法律、政治経済、自然科学関係の書物を広く読み漁《あさ》った。キリスト教にも関心を抱き、のちに教会にも足繁《あししげ》く通った。

同年末、植木は高知に帰郷した。五ヵ月後、立志社の板垣の演説に深く感銘を受けた植木は、改めて自由論や議会制度の理論を学び始めた。勉学を続けるため明治八年、植木は再び上京した。この時期の読書傾向は、かつての翻訳書から漢籍へと移り、特に儒学の陽明学《ようめいがく》派に打ち込んだ。[15]この年、植木は代表的新聞に頻繁に投書をし始め、自由民権家としての第一歩を踏み出した。明治九年、植木は「猿人《ひとをさるにする》政府」と題した投書（掲載時に「猿人君主」と改題された）のために投獄された。その中で植木は、次のように論じた。人間と猿を区別するものは、思考力と想像力である。しかるに政府は演説を拘束し、言論の自由を制約することで人間を猿の状態に引き下げてしまった、と。しかしながら植木は、「教育有ツテ後《のち》ニ智識アリ、智識アツテ後ニ議院アリ」と述べ、大衆が理性的に投票できるだけの教育を十分に受ける前に選挙を実施することに疑問を抱いていた。

明治十年、西南戦争が勃発した後、高知に帰郷した植木は、立志社の社員として活発に働き始めた。植木は、立志社の国会開設建白書の草稿を執筆した一人だった。立志社は発行期間の短い様々な雑誌を出し、植木はそれらに盛んに論文を書いた。

植木はまた、演説家としても名声を博した。明治十年だけで三十四回の演説会をこなし、聴衆は千人、二千人に及ぶこともあった。植木が日記に記しているところによれば、この年六月二十三日夜、高知の稲荷新《いなりしん》地《ち》演劇場で演説会を行なった際には、会場に収容された聴衆が二千人、入りきれずに帰った者がさらに二千人いた。混雑が激しく、演説会は中途で閉会を余儀なくされた。自由民権運動の最前線だった高知には、全国から知識階級が引き寄せられてきた。この時期すでに、植木は国会の必要性を断固確信するに到っていた。西南戦争が起きたのは議会制度がなかったからだ、とまで言っている。

植木の自由礼讃は、性の世界にまで及んだ。人間の目的は、「己《おの》レガ欲望ヲ満足シ愉快ヲ尽シ幸福ヲ極メ」ることにあると植木は主張した。植木の日記は、夢に見た性的幻想の一つを例えば次のように記している。「天皇と偕《とも》に寝《い》ね、又皇后と同衾《どうきん》して寝ね、交媾《かうこう》することを夢む⑯」と。天皇と自分を同一視する奇妙な記述は、日記の中に繰り返し登場する。植木は自分を天皇とみなし、それにふさわしい敬称まで使った。明治十六年から元日には、皇紀、西暦に加えて、植木自身を意味する「寰宇《くわんう》（天下）大皇帝」の誕生年数で年号を記している。明治十七年（一八八四）三月三十一日、植木は日記に書いた。「天皇、夜、芳原《よしはら》（吉原）に行幸し、紅髯楼《こうぜんろう》に長尾妓《ながをぎ》を召す⑰」と。

なぜ自分を天皇と同一視するのか、植木は理由をどこにも記していない。植木は確かに天皇という人物に異常な関心を抱いていた。それまでもっぱら自分の行動ばかり記していた日記に、明治六年以降、「聖上鎌倉に行幸」、「皇女分娩《ぶんべん》」、「拝龍顔⑱（天子の御顔を拝す）」などの記述が見られるようになる。天皇に対するこの執着は、反君主制感情の裏返しだったのではないかと思われる。明治十二年八月二日、植木は「夜夢みあり」という書き出しで、次のような夢を記している。「東京に在《あ》りたるに、議論天子を敬せずとか共和政治に近しとかいふを以て、一人大《おほい》に予《よ》を悪《にく》むものあり、二人の少年をして予を刺さしむ、然《しか》るに少しく傷つけられて死せず⑲」。

言うまでもなく、このような日記の記述は明治天皇自身と何の関係もない。しかし植木の友人である横山《よこやま》又吉《またきち》は、短命だった植木の晩年について、「晩年は発狂したと言ってよい。自分を天子《てんし》のように思うていた⑳」と述懐している。もし植木が狂人に過ぎなかったとしたら、自分を天皇と同一視してもおかしくない。しかし、日記にこれらの言葉を記した当時、植木は一方で盛んに自由民権支持の演説活動や執筆活動を展開していたのだ。

明治十三年、ある論文で植木は述べている。世の中には共和制を恐れる者もいるが、もしその何たるかを真に理解すれば、それが大いに国を益するものだということがわかるだろう、と。[21] しかし、概して植木は、日本における君主制の存在を「天与」のものと考えていたようである。明治十四年、植木が作成した憲法案は、天皇の存在を前提とし、その特権の幾つかを規定している。植木は、公然と共和政体を唱えていたわけではなかった。[22]

植木はまた、「男女同権ニ就《つ》キテノ事」という論文でも記憶されている。恐らくこの論文は、日本で男女同権を主張した最も早い例と言えるだろう。これまで定説のように言われてきたことだが、植木は（明治十五年二月に発表された）売春反対の有名な論説を売春宿で書いたという。しかし、それを証明する資料は何もない。ただ植木の男女同権の主張が、まだ売春婦に積極的に溺《おぼ》れていた時期に始まったことは確かなようである。植木は、近い将来に売春が廃止されることは難しいと見ていた。しかし自由主義の原則に基づき、売春婦を教育する努力がなされるべきだと、植木は力説した。

運動方針が目まぐるしく変わる中で、植木はひたすら自由民権主義のために働き続けた。明治十三年、愛国社は名称を「国会期成同盟」と変更した。これが解体して自由党に合同し、正式に「自由党」の大団結が成ったのは、明治十四年のことである。明治十三年十一月十日、二府二十二県から国会期成同盟代表六十四人（六十七人とする資料も）の委員が集まり、東京で会議を開いた。国会開設を求める同盟の嘆願書は、すでに政府に拒絶されていた。代表の意見は、大きく二派に分かれた。一派は、再度嘆願書を提出し、素志の貫徹に努めるべきであるとした。別の一派は、嘆願書がなぜ受理されなかったか説明を求め、然るのちに進退を決すべきであるとした。しかし植木枝盛は、政党団結の必要を論じ、同盟を変じて一大政党を組織すべきだと主張した。植木は、すでに準備した綱領、規則の草案などを示し、新党を「自由党」と称することを発議した。

これら自由民権運動の展開を、明治天皇自身がどう考えていたかはわからない。しかし、恐らく天皇は喜んでいなかったのではないかと想像できる。天皇は確かに、何かが起こりつつあることに気づいていた。すでに見たように自由民権論者が煽《あお》った民衆の怒りは、北海道開拓使の資産売却の決定を取消す結果となった。その報復として、大隈一派は辞職を余儀なくされた。大隈一派は、自由民権論者と徒党を組んだという嫌疑を受け、大隈、福沢諭吉、そのほか三菱《みつびし》財閥を後楯《うしろだて》にした人物たちが政府転覆計画に関与したという説が流《る》布《ふ》された。天皇は、自由党員の憤懣《ふんまん》やるかたない怒りを鎮《しず》めるのが賢明だと考えた。そして、明治十四年十月十二日、国会開設を明治二十三年（一八九〇）と定める勅諭が下された。(23)

この勅諭は、自由党その他の政治結社の国会開設の要求にいささか急《せ》き立てられた感じだった。しかし重要な政策の決定事項は、まだ山積していた。新しい政体は英国方式を模範とすべきか、あるいはプロシアの方式に倣うべきか。この二国の相違の背景には、憲法が民衆から生まれるものか（英国式）、天皇によって与えられるものか（プロシア式）という基本的問題があった。

さらに根本的な問題が別にあった。それは将来の立法府議員の側に、議会的手順の訓練がまったくと言っていいほど欠けていることだった。明治十四年十月の自由党結成大会で、議長に後藤象二郎、副議長に馬場《ばば》辰猪《たつい》が選出された。しかし馬場の自伝によれば、後藤は非常に稀にしか会議に出席しなかったという。そのため、議事運営の宰領はすべて馬場の双肩にかかってきた。馬場はロンドンのミドル・テンプル法学院に学び、英国議会の会議運営の方法を熟知していた。馬場は、党員たちが議会における討論の最も初歩的な慣習さえも知らないことに幻滅を覚えた。馬場が党員の無知を非難した際、彼らは次のように応えたものだった。ヨーロッパで議会がどのように運営されようと、自分たちは日本人であり、「日本の流儀」でやればいいのだ、と。ともかく馬場はなんとか議事を進行させ、自由党の結成まで漕ぎつけた。板垣退助が新党の総理に選出された。(24)

天皇が国会開設の勅諭を発したことにより、自由党の将来の目標は曖昧模糊《もこ》としたものとなった。これに対し、明治十五年四月、大隈重信が結成した「立憲改進党」には、より明確な目的があった。それは、立憲君主が率いる英国式議会制民主主義の確立だった。改進党結成大会における演説で、大隈は自分が考える民主政体における君主の（積極的というよりはむしろ）象徴的な役割を強調した。

「世上間々《まま》自ら称して尊王主義の党派だと唱へ、その善徳あり気《げ》に修飾するものがある、然《しか》しその多くは一二民族を以て皇室の藩屏《はんぺい》にあて、或《あるい》は兵力を以て皇室を守らんと欲するものに過ぎない、甚《はなは》だしきは君主を表面に露出して直《ぢか》に行政の衝《しょう》に当らせ給《たま》はんことを冀《こひねが》ひ、皇室を推して危険の地に立たせ給はむことを欲するものがある」(25)

皇室に対する献身を、大隈は繰り返し強調した。同じ演説の中で大隈は述べている。「維新中興の偉業を大成し、帝国万世の基礎を建て、そして、皇室の尊栄を無窮《むきゅう》に保ち、人民の幸福を永遠に全《まった》うせんことを冀《き》望《ぼう》する」(26)と。

明治十五年（一八八二）四月六日、板垣退助が岐阜での演説を終えた直後に襲撃を受けた。凶徒は短剣で板垣を刺したが、傷は浅く、犯人はすぐに逮捕された。しかし自分が死ぬことを予期した板垣は、「板垣死すとも自由は死せず！」と叫んだと言われている。(27)天皇は板垣襲撃の報せに大いに驚き、ただちに侍従西四辻公業《にしよつつじきんなる》を現地に派遣し、板垣を見舞わせた。(28)

この事件で、多くの同情が板垣に集まり、自由党は全国から新党員を獲得した。政府は、しかし自由党の活動にますます厳しい規制を加えた。農民の抵抗運動を弾圧した福島県令の暴虐な行為に自由党員が抗議した際には、党員は投獄され、ついには内乱陰謀罪を着せられた。

政府はマキアヴェリ的とも言える実に巧妙な策略で、自由党首脳部を始末しようとした。明治十五年三月、伊藤博文は各国の憲法調査のため多くの随員を従えてヨーロッパへ旅立った（事実は、もっぱらプロシア憲法の研究に努力を傾注した）。板垣は、出発間際の伊藤を訪ねた。伊藤はこの機を利用して、一度もヨーロッパに行ったことのない板垣にヨーロッパの政治、人情、風俗研究のための外遊を勧めた。ヨーロッパの実情を知らない者がヨーロッパの政治制度を美化する傾向があるが、それは日本国民を誤らせるもとであると伊藤は説いた。板垣は、もし旅費の工面さえつけば行く意思があると応えた。

伊藤は極秘に井上馨と協議し、自由党の力を殺《そ》ぐ最上の方法として板垣と後藤象二郎を当分の間外遊させることで同意した。伊藤と井上は、二人の外遊費用の調達を謀った。最終的に陸軍省官金の取扱御用を三カ年延長してやることを条件に、三井《みつい》銀行から二万ドルの醵出《きょしゅつ》を取りつけた。

明治十五年八月末、板垣は突然ヨーロッパ行きを発表した。次いで後藤もヨーロッパ行きを発表した。板垣も後藤も、ヨーロッパ事情を研究する準備はまったくできていなかった。馬場辰猪によれば、二人は外国語はおろかローマ字さえ知らず、彼らがヨーロッパで何か重要な情報を得る見込みはまったくなかった。二人のために通訳が一人配されたが、この人物の主たる任務は（二人は推測だにしなかったが）二人の行状を探って井上に報告することだった[29]。

二人は、旅費がどこから出たのか、何ら満足すべき説明を受けなかった。しかしこれは、二人にとってどうでもいいことだったようである。二人は何が何でも外遊したかったのだ。だから自由党員があえて外遊の妥当性について問い質しても、二人の返事はまったく要領を得なかった。

すでにわかりきったことではあったが、ヨーロッパ滞在は二人にとって何ら益するところがなかった。後藤はほとんどをパリで過ごし、時々（恐らく良心の機嫌をとるために）プロシア、オーストリア、英国などを見て回った。後藤は伊藤の助言で、ウィーン大学の著名な学者ロレンツ・フォン・シュタイン教授から十数日にわたる講義を聞いた。伊藤がシュタインの講義に出るよう後藤に勧めたのは、一つには英仏米の影響下にある過激な自由主義者に対する解毒剤として、また皇室の基盤強化の一環としてだった。しかしこの年のシュタイン教授の講義は、ナポレオン三世のクーデターの話題などもっぱら雑談に終始した。後藤は結局、何も得るものがなかった。

板垣は、フランスでのちに首相となるジョルジュ・クレマンソーや作家のヴィクトル・ユーゴーと会見したことが自慢だった。しかし、板垣のフランス滞在は主として観光に費やされた。帰国後に発表された紀行文『西洋聞見一班《せいようぶんけんいっぱん》』が、それを証明している。板垣は首尾よく、日本の知識人たちのあこがれの的であるイギリスの哲学・社会学者ハーバート・スペンサーとの会見を取りつけた。しかし板垣があまりに書生っぽい議論に終始するので、スペンサーは激昂して「やめろ、やめろ、やめろ」と叫び、立ち上がって部屋を出ていった(30)。

翌明治十六年六月、板垣と後藤は帰国した。二人の留守中、自由主義の二大政党である自由党と立憲改進党は激しい泥仕合《どろじあい》を展開していた。まさしくこれこそが、ヨーロッパ外遊を餌《えさ》に板垣と後藤を買収するにあたって政府の保守派首脳が企んだ成果だった。フランスの共和政治、英国の立憲政治について自分たちの目を開かせてくれると期待していた自由党員たちは、板垣の帰朝演説に幻滅した。板垣は演説の中で「わが日本の現状は、生活はすこぶる低いが、政治はむしろ進歩している」と述べ、「これからは、むしろ生活の充実にのみ力を注げ」と説いた。また「海軍を大増設しなければ、日本は危険である」とも警告した。すでにそこには改革を推進する自由主義者の面影は無かった。

明治十七年十月二十九日、自由党は解散した。手厳しい競争相手だった立憲改進党も、同年十二月十七日、大隈重信、河野敏鎌の党首脳二人が脱党したことにより、大きく無力化した。自由主義を掲げた二政党は死に、数年を経て息を吹き返すのを待たなければならなかった。

第三十六章　条約改正挫折、壬午の変

明治天皇の治世十四年目を特徴づけた数々の騒然たる出来事ののち、明治十五年（一八八二）は、あるいは少なくとも十五年の前半は、極めて平穏に見えた。新年は例年のごとく天皇の四方拝と伝統的な儀式で幕を開けた。

この年最初の注目すべき出来事が、一月四日に起きた。この日、天皇は太政官に出御し、陸軍卿大山巌《おおやまいわお》（一八四二—一九一六）に自ら「軍人勅諭《ぐんじんちょくゆ》」を授けた。(1) 勅諭は陸海軍に配布され、大山の命令で軍隊手帳の冒頭に印刷された。以後六十年以上にわたり、軍人勅諭は陸海軍人によって読まれ、銘記され、遵奉されることになる。

「我国の軍隊は世々《よよ》天皇の統率し給《たま》ふ所にぞある」と始まる勅諭は、神武天皇の御世《みよ》に天皇に捧げられた軍務の話から説き起こされている。勅諭の概要は以下のごとくである。古代日本においては、天皇が自ら軍隊を統率した。その後、平和の世が長く続いた結果、朝廷の政務は文弱に流れ、兵と農とに自ずから分かれ、かつての徴兵は壮兵《そうへい》（志願兵）となり、ついには武士となって、兵馬の権は武士の棟梁《とうりょう》の手に帰した、と。

武士が政治の大権を握ると、皇族の意思を無視し、約七百年間にわたって国を支配した。しかし、弘化《こうか》、嘉永《かえい》の頃、幕府の勢威は急速に衰えを見せた。時を同じくして、西洋列強が日本に最初の脅威を及ぼし、明治天皇の祖父仁孝《にんこう》天皇、父孝明《こうめい》天皇の心を悩ませることとなった。明治天皇は、まだしも幸運だった。若く未熟な時期に皇位に就いたが、有能な忠臣が天皇を輔佐することによって、古代の天皇統治の制度に復帰させることができたからだ。

過去十五年間に大変革が起き、陸海軍は今や天皇自らの統率下にあった。勅諭は陸海軍人に対し、次のように言う。「朕《ちん》は汝等《なんぢら》軍人の大元帥《だいげんすい》なるぞ、されば朕は汝等を股肱《ここう》と頼み汝等は朕を頭首《とうしゅ》と仰ぎてぞ、其《その》親《したしみ》は特に深かるべき、朕が国家を保護《ほうご》して上天《しやうてん》の恵《めぐみ》に応じ、祖宗《そそう》の恩に報いまゐらする事を得《う》るも得《え》ざるも、汝等軍人が其職を尽すと尽さざるとに由《よ》るぞかし」。朕は汝ら軍人の大元帥である、例えて言えば汝らは朕の最も頼りになる手足であり、朕は汝らの頭にあたる。すなわち切っても切れない間柄である。朕が国家を護持し、天の恵みに応じ、祖先の恩に報いることができるかどうかは、すべて汝ら軍人が職務をきちんと果たすかどうかにかかっている、と。

これらの前文に続いて、天皇が軍隊に何を期待するかを示す五項目の訓令が列挙された。「軍人は忠節を尽すを本分《ほんぶん》とすべし」で始まる第一の訓諭は、軍人の職務は国家に忠誠を捧げることにあると言う。「凡《およそ》生を我国に稟《う》くるもの誰《たれ》かは国に報ゆるの心なかるべき」。およそ我が国に生まれた者で国に報いたいと思わない者がいるだろうかと、天皇は修辞法を使って巧みに訴える。さらに、「軍人にして報国の心堅固《けんご》ならざるは如何《いか》程《ほど》技芸に熟し学術に長ずるも猶偶人《なほぐうじん》にひとしかるべし」。軍人は、技術に優れ学識があるだけでは十分でない。報国の心がなければ、ただの木偶《でく》人形のようなものである。また、軍人は一途《いちず》に己《おのれ》の本分である忠節を守り、「義は山嶽《さんがく》よりも重く死は鴻毛《こうもう》よりも軽《かろ》しと覚悟せよ」と。

第二の訓諭は、「軍人は礼儀を正《ただし》くすべし」で始まっている。「下級のものは上官の命《めい》を承《うけたまは》ること実は直《ただち》に朕が命を承る義なりと心得よ」とあり、逆に上級の者は下級の者に対して「軽侮《けいぶ》驕傲《けうがう》の振舞《ふるまひ》」があってはならないと強調する。親切に慈愛の心を持って接し、「上下《しやうか》一致して王事《わうじ》に勤労せよ」と。

「軍人は武勇を尚《たふと》ぶべし」と始まる第三の訓諭は、軍人にとって武勇が大事であることを説く。真の武勇とは、血気に逸《はや》って粗暴の振舞いをすることではない。「軍人たらむものは常に能《よ》く義理を弁《わきま》へ、能く胆力《たんりよく》を練り、思慮を殫《つく》して事を謀《はか》るべし」。さらに、人に接するにあたっては「温和」を第一とし、一般国民の「愛敬《あいけい》」を得るように心掛けなければならない(2)。

第四、第五の訓諭は、軍人は信義を重んじ、質素を旨《むね》とすべきことを説いている。

これらの訓諭には、一国の最高司令官が軍隊に向けて発する訓示として、他のどんな国のものともはっきり異なる特徴があった。それは、天皇と陸海軍人が直結した関係にあることを強調している点だ。軍人勅諭の中で、明治天皇は陸海軍人を自分の「股肱（手足）」とみなして頼りにし、軍人には天皇自身を文字通り「頭首（頭）」として仰ぐよう命じている。こういう形で天皇は相互の個人的信頼関係を築こうとした。もし陸海軍人が精一杯努力するならば、天皇と栄光を共にすることができるのだった。もし努力しなければ、天皇もまた敗北を共にするわけだ。

軍人勅諭が公布された二日後、参謀本部長の山県有朋は軍隊の現状に関して建言をまとめ、陸軍卿の大山巌に示した。山県の不満は、わずか四万余という常備兵の不足にあった。徴兵令施行以来すでに九年を経過してもなお、常備兵は当初の定員を満たしておらず、全国各地の鎮台で歩兵、砲兵、工兵の人数が不足していた。対外的に見ても情勢は決して安定しているとは言い難かった。清国、朝鮮との関係は依然不安定のままだったし、琉球の現状はいつまた紛争の火種となるか知れなかった。山県は言う。「若《も》し夫《そ》れ有事の日に際し、始めて兵備の不完を論ずるが如きは、已《すで》に遅しと云ふべし、故に仮令《たとひ》財政上若干の影響ありと雖《いへど》も、徴兵令所定の全員は、今年度より年々之《こ》れを徴募せざるべからず」(3)。何か事が起きてから兵備の不足を云々《うんぬん》しても、すでに遅い。財政上、確かに問題があることは承知しているが、所定の徴兵人員は、なんとしてでも今年度から徐々に確保していかなければならない、と。

ここで山県が清国、朝鮮に言及しているのは、注目すべきことと言わなければならない。明治十五年後半の日本は、もっぱらこれら二国との関係に神経を集中することになったからである。

この年、天皇の重大関心事は他にもあった。それは、かねてからの懸案事項だった条約改正問題だった。日本はそれまで、不平等条約を結んだ相手である西欧列強諸国に対し、様々な譲歩を繰り返し提案しつつ改正実現を目指してきた。そして改正に向けて、なんとか当事国の大半の承認は取りつけた。しかし、英国の反対だけは断固揺るがなかった。

当初、明治天皇自身はこれらの問題に直接関わることがなかった。天皇は例年のごとく侍講元田永孚の進講（この年は『書経』）を受けた。西村茂樹、西尾《にしお》為忠《ためただ》からは『礼記《らいき》』の進講を、また池原香穉《いけはらかわか》からは『万葉集《まんようしゅう》』の進講（おそらく天皇は、他の進講に増して強い関心を示したに違いない）を受けた。日本最古の歌集の進講を受けたのは、これが初めてのことだった。

この時期の公式記録の天皇への言及は、もっぱら人々に賜った贈物、または公共施設への寄付に関わることが多い。例えば一月十九日、天皇は高野山《こうやさん》金剛峯寺《こんごうぶじ》に対し、天保《てんぽう》十四年（一八四三）に焼失した根本大塔《こんぽんだいとう》再建のため内帑金《ないどきん》（天皇の私有財産）千円を賜っている。明治天皇が仏教徒の信仰に心を動かされたということではなさそうである。しかし天皇は、確かに幼少期に仏教の教えを受けていた。(4) 恐らく天皇は同時代のヨーロッパの君主のように、国父としての立場から宗教的、学問的組織に慈善的行為として金銭を寄付することを義務と感じていたのではないか。(5) あるいは塔再建のための寄付は、過去の遺跡を復興することへの天皇の並々ならぬ関心を反映したものであったかもしれない。

天皇はこの時期、日本の伝統を保持することに対し、それまで以上に強い関心を抱き始めていた。ヨーロッパの教育制度を見境なく模倣した時期を経て、今ふたたび仁義忠孝を皇道教育の基本に据えると決定したことを知り、天皇は喜んだ。文部卿福岡孝弟《ふくおかたかちか》に下された聖諭は言う。「今回設定せられたる文部省の学制諸則を閲《けみ》するに、朕が前任文部卿寺島宗則に諭《さと》したる以来の趣旨、今日に及びて漸《やうや》く達成したるを見る」と。また天皇は、さらに次のような希望を表明している。今後、例えば従来の欧米偏重の風潮に押されてドイツ、ロシアの教育に倣えといった声が上がるかもしれない。しかし、文部省は揺らぐことなく堅固に現在の制度を保持し、十年後の成功を期さなければならない、と。

その後間もなく、太政大臣三条実美、左大臣熾仁《たるひと》親王、右大臣岩倉具視は、天皇の要請に応じ、立憲政体に関する意見書を上奏した。国会開設の期日はすでに決定され、憲法草案は元老院から上奏されていた。しかし草案の条文はヨーロッパ各国の憲法の焼き直しで日本の国情に合わず、そのまま適用することはできなかった。憲法実施の方法、またその基本方針がどうあるべきかについて議論が百出した。一つだけ明確なのは、憲法が天皇の制定する欽定《きんてい》憲法であり、国民の奮励努力の成果ではないということだった。議論は、それでもなお主権の所在をめぐって続けられた。主権は国民にあるとする説があり、また君主と国民とが共有するものであるとする説があり、さらに主権は完全に天皇にあるとする説があった。それぞれがヨーロッパ諸国の学説、制度を引用し、自説が正しいことを証明しようとした。

議論の分裂を憂慮した天皇は、三条ら大臣を召し、帝国憲法の主義、国会と君主大権との関係、国会開設準備の要領に関して詳細な意見書を上奏させることにした。二月二十四日に上奏された三条らの意見書は、次の点を強調していた。「君主ハ不可干犯《かんぱんすべからざる》ノ地ニ立チ宰相代《かはり》テ其責ニ任ズ」。君主は干渉され権利を犯されることのない地位にあり、宰相は君主に代わってその責務を全《まっと》うする、と。三条らは、政府の方針が漸進主義にあることを繰り返し述べた。しかし「天下ノ人心ハ反《かへつ》テ急躁《きふさう》ヲ喜ブ」と意見書は続く。これは、数百年にわたる鎖国によって小さな世界に安住し、外国を卑《いや》しんできた結果にほかならない。ひとたび外国と交際するに及んで、今度は極端に逆方向へ行こうと互いに競い合っている有様である。近年、ヨーロッパの過激思想が町や村に浸透し、青年子弟は新奇な考えに心酔し、覚める様子もない。今日の急務は、誠意をもって教育にあたり、「平正《へいせい》着実先入主《せんにふしゆ》ト為《な》ラシメ浮薄偏僻《へんぺき》ノ流ニ陥ラザラシムルニ在リ」。安らかで正しく着実であることが重要だと教え込み、浅はかで偏《かたよ》った考えに陥らせないようにしなければならない、と。

三条らはまた、皇室財産を国庫と別に保持する必要性を強調した[6]。さらに華族の主たる機能は将来国会の上院を組織し皇室を保護することにあると定義し、以下のように続けた。国の重責を担うものとして華族に次ぐものは士族である。しかし士族は、制度が変わったことによって産を失った。士族を救済する措置を取らなければならない、と。三条らは、これと別にさらに意見書を上奏し、国会開設に伴う準備要項を詳論した。

日本の伝統保持を強調したからといって、なにも朝廷は外国を手本とする姿勢を捨てたわけではなかった。二月、元老院議長寺島宗則は次のような上書を提出した。参議伊藤博文をヨーロッパに派遣し、各国の憲法を研究させ、日本の憲法に適用するにふさわしい特徴を調査させたい、同時に、寺島自身も同じ目的で特命全権公使として米国に赴きたい、と。上書は承認され、伊藤はヨーロッパ派遣のため参事院議長を辞任した。三月、出発に先立ち伊藤は、天皇から憲法研究について勅書を賜り、ヨーロッパで調べるべきことの詳細な目録を授けられた。(7)

条約改正問題は、なお日本人を激しく揺さぶり続けていた。討議のため、条約改正予議会が設けられた。外務卿井上馨が、予議会で意見を表明した。条約を改正し諸外国が治外法権を手放すことによって、諸外国の側に何ら益するところがないのでは、所期の目的は達成できない。目的達成のためには、日本は一大譲歩をすべきである、と。譲歩の内容に関して、甲乙二案が提出された。参議山田顕義《やまだあきよし》が提出した甲案は、次の通りである。「外国人民全く我が国法に従ふことを承諾せば、総《すべ》て内国人と等しく居住・営業及び通商を許すべし」。(8)伊藤博文の提出した乙案は、条件を狭めた。「(日本側が)行政規則・警察違警罪に係《かか》はる裁判を収め、又民事裁判の全部を回復し、以て(外国人に)内地の通商を許すべし」。

三月五日、三条実美は甲乙二案を天皇に示し、これを以て議論の基礎としたいと願い出た。天皇はこれを裁可し、三つの助言を与えた。第一に、「大臣・参議等小異を去り、大同に就き、一致して此の大業を全うすべし」。第二に、「閣議機密を貴ぶ、改正の議未《いま》だ成らざるに、忽《たちま》ち漏洩《ろうえい》して世の紛議を醸《かも》すこと、前年開拓使払下事件に於《お》けるが如くなるなかれ」。第二に、天皇は山田の甲案に異議を唱える形で次のように述べた。「我が国民の智識未だ彼（外国）に及ばず、財力亦頗《またすこぶ》る劣る、若《も》し彼に居住・営業の権を与へ、通商を許すに於《おい》ては、其《そ》の結果頗る憂《うれ》ふべきものなしとせず、卿等宜《きやうらよろ》しく深く謀り遠く慮《おもんぱか》り、以て其の備《そなへ》を為《な》すべし」[9]。

天皇の助言によって議論がまるく収まったわけではなかった。迅速な措置を求める英国公使の督促と、予議会の紛糾とに板挟みにされた井上馨は、ついに辞任を覚悟した。三大臣は、必死に井上を慰留した。最終的に、ドイツ人内閣顧問ロエスレル（レースラーとも。Karl Friedrich Hermann Rösler）が甲乙二案を書き直すことになった。甲案は新たに「不動産所有の権」を許し、代わりに「民事・刑事裁判権」を日本が回復するものとした。乙案は「民事上の裁判権」の回復に限定し、以前と同じく「内地の通商」だけを許可するものとした。三条は再度この二案を上奏し、聖断を仰いだ。天皇の裁断は以下のようなものだった。まず甲案に基づいて外国使臣と交渉を開始し、もし成功しなければ乙案を試みる。双方とも成功しない場合は、さらに衆議を尽し天皇の裁断を仰ぐ。

四月五日、条約改正第七回予議会で、井上馨は覚書《おぼえがき》を読み上げた。日本は外交上の目的を達成するため締盟各国に譲歩する用意がある、と。譲歩について説明する前に、覚書の中で井上は日本が近代化を遂げた証拠、ならびに日本が西欧列強と対等である資格を以下のごとく列挙した。日本は常に国際的に認められた公法、道徳に従ってきた。封建制度を廃し、人民に同等の権利をもたらした。施政の方法を改革し、行政と司法を分割した。教育を普及させ、キリスト教の禁制を緩和した。郵便の制度を確立し、万国郵便連合に加入した。電信を架設し、鉄道を敷き、沿海に灯台を建設した。新たに刑法、治罪《ちざい》法（のちの刑事訴訟法）を定めた。しかし日本政府および国民は、なおこれらの達成に安んずることなく、ますますの進歩改良に努め、各国と親密な関係を樹立し、共同の利益を増進させることを望むものである。

井上の覚書は続く。諸外国との友好、貿易を促進するにあたって、不幸にも今なお数々の障害がある。現行条約によれば、外国人は開港場以外での居住、交易を認められていない。政府は、これらの障害を除去するに適当な時機を長いこと待ち望んでいた。今こそ、その時機が到来したと信ずるものである。日本の法律に服することを条件に、外国人は自由に日本国内を旅行し、好きな所に居住し、動産、不動産を所有し、商売、産業を営むことができるようにする。新制度の施行の日には、外国人民はこれまで開港場内で行われていたものとは異なる裁判権に服することになるだろう。しかし、これは公義正道の見地から言って必ずや是認されるものであることを、自分はいささかも疑っていない。これによって日本人と外国人との交際の面目《めんぼく》は一新され、両者の友好が樹立されることになる。通商は自由化され、外国資本が招致され、工業貿易の繁栄がもたらされることになる。その結果、輸入品のための広大な市場が開かれることを期待する、と。

六月一日、井上は第十一回条約改正予議会に、(四月に発表した覚書に基づく) 条約改正案の細目《さいもく》を正式に提出した。その要旨は次のようなものだった。改正条約批准《ひじゅん》の日から五カ年を以て、日本全国を外国人に開放する。外国人は国内を自由に旅行し、居住し、また動産、不動産を所有できるばかりでなく、日本人と同様に貿易その他の職業を営む権利が許される。日本の法律に対する不安を鎮めるため、外国人の信頼確保に向けてあらゆる努力がなされなければならない。新しい法律は、西洋で行われている法的原理に完全に基づくものとする。あらゆる法律、規則は少なくとも一つのヨーロッパの言語に翻訳され、配布される。裁判においては、外国人の判事が日本人の判事と同席する。もし陪審制度が採用される場合、外国人が被告となる事件においては陪審官の一部は外国人で構成される、等々。

改正案が読み上げられた時、ドイツ公使はすぐさま賛同の意を表し、次のように述べた。日本政府の提案は日本、外国双方の利益を図るものであり、特に外国人に与えられる保証は実に寛大である。この議案の内容を本国政府に伝達し、条約改正を勧告する、と。続いてベルギー、ポルトガル、オーストリア－ハンガリー、オランダ、スペイン、イタリア、ロシアの各公使が、ドイツ公使の意見に同意を表明した。米国公使は日本政府の提案の妥当性を称賛し、喜んでその受諾を本国政府に勧告すると述べた。さらに、治外法権の撤廃は日本国民の不平忌嫌《きけん》の情を和らげ、日本国民との親交を保ち、通商貿易を促進させることになるだろうと付け加えた。一人、英国公使ハリー・パークスだけが議案賛同の合唱に加わらなかった。パークスは議案を詳細に吟味する必要があるとして、賛否の意見を保留した。

七月十七日、パークスは第十五回条約改正予議会において、英国政府が井上提案に断固反対である旨、声明を発表し、以下のような覚書を提出した。日本は新条約批准の翌日から領地裁判権、すなわち日本国内での外国人に対する裁判管轄権を獲得することになる。しかし、それは五ヵ年の準備期間における外国人に約束された特権に見合うものではない。この期間、外国人が有する唯一の利点は通商のために内地を旅行する自由だけである。その地に居住し、不動産を所有し、資金を商売に使うことはできない。さらに、日本政府が約束する裁判制度および裁判方法は極めて不完全であり、到底外国人の権利、利益を保証するに足りない。日本政府は民法、商法もいまだ完備しておらず、新しい刑法も施行されてまだ一年が経過していない。英国政府として、新しい法律が果たして有効であるかどうか判断するのは至難である。提案が承認されるまでにはかなりの時日を要するのではないかと思われる。日本政府および関連各国政府は、さらに一層の精密な調査研究を必要とするのではなかろうか。このたびの提案では英国人民の信頼を獲得することはできないし、日本国の将来の隆盛に必要な外国資本の移入を招致することもできないと思われる、と。(10) パークスは、明治十二年(一八七九)末に「ある有能な日本の国際法学者」が言ったという次の発言を引用した。「(日本の)法律は日本人自身の生命や自由、財産を守るのに十分でなく、日本人一般から承認されるまでにはなお大幅な改革を必要とする」(11)。

日本政府の提案に反対を唱えたのは英国だけであったにもかかわらず、このパークスの発言は決定的だった。パークスは、各国公使が議案について自由に討議すればいいと示唆したが、各国公使は討議する代わりに本国政府に送致することにした。こうして七月二十七日、条約改正予議会は第十六回会議を最後に閉会された。

治外法権の撤廃を目指す井上提案に対するパークスの反論を読むと、パークスの論説の威力というものを見せつけられる思いがする。パークスも英国政府も条約改正を急ぐ必要を何ら認めていなかったし、新制度が彼らにとっても同等に利益となることが間違いなく確信できない限り、現在持っている権利を放棄する気など毛頭なかった。パークスは覚書の中で、領事裁判（領事などが、駐在国で、その国に在住する自国民の裁判を行う制度。治外法権）の全廃を目指す日本政府の悲願に対して同情すると言っているが、パークスの同情はさほど深いものであったようには見えない。米国公使（ジョン・ビンガム）は欧米諸国政府によって課された治外法権に対する日本人の憤慨に気づいていたが、パークスはどうやらこれに無感覚だったようである。このことは、日本がいまだに文明国家になっていないと信じる英国側の考えを紛れもなく示している。パークスの「ある有能な日本の国際法学者」の発言の引用ぶりには、新しい法律に対する不安以上に日本人が鋭く感じていた治外法権に対する憤慨を窺わせるものは何もない。維新以来築き上げてきたすべてを否定するものとして日本人にとっては唾棄《だき》すべき対象となっていた制度を、パークスは守ろうとしていたのだった。

この間、日本人の関心は、条約改正という積年の課題から、目前の緊急な問題へと逸《そ》らされた。七月二十三日、ソウル（当時は漢城《ハンソン》と呼ばれた。国都としての名称は漢陽《ハーニャン》。『明治天皇紀』は明治四十三年に日本がつけた京城《けいじょう》と記すが、ここでは現在の名称で表記する）で朝鮮軍兵士が蜂起したのだ。そもそもの原因は、朝鮮政府の軍制改革に対する兵士の怒りにあった。明治十四年（一八八一）末、朝鮮国王高宗《コジョン》と王妃閔妃《ミンビ》[12]（一八五一―九五）は、朝鮮の近代化計画の一環として日本公使館付武官の堀本礼造《ほりもとれいぞう》陸軍少尉を近代部隊創設の顧問に迎えた。貴族の子弟百人が、日本式の軍事教練を受けることになった。これら若き新任兵が自分たちより優れた装備で近代的な訓練を受けることを知った旧軍隊の兵士は、軍制改革に強い反感を抱いた。兵士のうち、ほとんどが年寄りか傷病兵の千人以上が、軍制改革達成のために解雇された。残りの兵士は、十三カ月間も俸禄米の支給が受けられなかった。六月、その実情を知った朝鮮国王は、一カ月分の俸禄米の支給を命じ、軍需の最高責任者である閔謙鎬《ミンギョムホ》に指示した。しかし閔謙鎬は国王の指示を担当下士官に申し送りし、下士官は与えられた良質米を売却したうえ、その金で雑穀を購入して、それに砂と家畜飼料を混ぜた。兵士に支給された「俸禄米」は腐敗し、悪臭を発して、食べられたものではなかった。(13)

激怒した兵士たちは、一団となって閔謙鎬の私邸へ向かった。閔謙鎬が俸禄米を搾取《さくしゅ》したと疑ったのだ。反乱の報せを受けた閔謙鎬は、警察に命じて首謀者と見られる兵士数人を逮捕させた。閔謙鎬は彼らを翌朝処刑すると発表した。この発表は、残りの兵士たちへの警告でもあった。しかし事件を知った反乱兵たちは、復讐《ふくしゅう》のため閔謙鎬の私邸を襲った。閔謙鎬は不在だったが、兵士たちは家具調度を打ち壊して鬱憤《うっぷん》を晴らした。

続いて兵士たちは兵器庫に乱入し、武器弾薬を奪った。朝鮮軍兵士として働いていた時より優れた装備で武装した反乱兵たちは、監獄を襲撃し、守備兵を破り、閔謙鎬によって逮捕された反乱軍の首謀者のみならず、多数の政治犯をも解放した。王宮にいた閔謙鎬は、政府軍を出動させ反乱を鎮圧しようとしたが、すでに遅かった。当初反乱を起こした兵士に、町の貧民や不平分子が多数加わった。暴徒は膨れ上がり、反乱は大規模なものへと発展した。

反乱軍の一団は堀本陸軍少尉の官舎を急襲して堀本を発見し、立ちすくむ軍事教官を代わる代わる刀剣で刺し、なぶり殺しにした。三千人余の別の一団は武器庫を襲い、個々に武器を取って日本公使館へ向かった。差し迫った危険の報せが王宮から公使館に飛んだ。報せによれば、国王も軍の反乱を鎮圧できない状態にあった。(14) 日本公使館には花房義質《はなぶさよしもと》公使のほかに館員十七人、警察官十人がいた。暴徒たちは公使館を取り囲み、口々に日本人皆殺しを叫んだ。

花房は、公使館に火を放つよう命じた。事務官はただちに重要書類に石油をかけ、火をつけた。火は、またたくまに拡がった。炎と煙の下、花房らは建物の表門から打って出た。花房公使一行は港へ行き、そこから船で漢江《ハンガン》を下り、仁川《インチョン》にたどりついた。一行は最初、仁川府使の公舎に逃げ込んだ。しかしソウルでの事件の報せが届くや、仁川府兵の態度が一変した。花房らは、そこもすでに安全でないことを知った。一行は豪雨の中を浜へ向かい、仁川府兵がこれを追撃した。途中、日本人六人が殺され、五人が重傷を負った。一行は、なおも負傷者を抱きかかえるようにして浜へ逃げた。そこで小舟を見つけて乗り込み、沖を目指した。事件から三日後、花房公使一行は英国の測量船「フライング・フィッシュ」に救助された。

日本公使館を襲撃した翌日の七月二十四日、暴徒たちは王宮に押し掛けた。閔謙鎬が発見され、殺害された。同様に十数人の政府高官が殺された。暴徒たちは王妃閔妃を探した。閔妃の殺害を謀ったのは、彼女が憎むべき閔一族に属していること、また腐敗政府が完全に彼女の支配下にあったことは周知の事実だったからである。閔妃は危機一髪で王宮から逃れた。忠実な守衛部将が閔妃に宮女の服を着せ、自分の妹だと言い張り、背負って逃げた。[15]

反乱軍の側に立った王族の一人に、国王の父、興宣大院君《フンソンテウォングン》[16]（一八二〇—九八）がいた。大院君は、九年前、自分を権力の座から遠ざけた閔一族を憎んでいた。哀れな国王は、自分を導くべき閔妃がそばにいない今、再び父の大院君に頼った。国王は大院君に、執政への復帰を依頼した。大院君は嬉々《きき》として九年ぶりに執政の座に返り咲いた。大院君が最初に取った措置の一つは、閔妃の国葬を命じることだった。生死が不明の閔妃は、王宮襲撃の際に死んだことにされた。さらに大院君は、日本式に訓練された近代部隊の廃止を命じた。[17]

花房の帰国後、事変の報せを受け取った際の日本政府の憤慨ぶりが眼に見えるようである。この事変は、壬午《みずのえうま》の年に起こったため、「壬午《じんご》の変《へん》」と呼ばれる。七月三十一日、井上馨は緊急閣議の召集を奏請した。この日、明治天皇は太政官に親臨し、井上に下関に赴いて危機の処理にあたるよう命じた。また海軍少将仁《に》礼《れ》景範《かげのり》、陸軍少将高島鞆之《たかしまともの》助《すけ》にそれぞれ軍艦四隻、歩兵一大隊を率い、ソウルに帰任する花房公使を護送し、同時に現地にいる日本人を保護するため朝鮮に渡るよう命じた。

井上は八月二日、東京を出発した。下関で花房と会った井上は、花房に指示を与えた。朝鮮凶徒の行動はすこぶる残虐を極め、これは我が日本国に対する公然たる侮辱である。朝鮮政府は暴動の鎮圧において怠慢であり、近隣の両国にあるべき情宜《じょうぎ》を重んじなかった。にもかかわらず日本は、朝鮮の国情を考慮し、にわかに懲罰軍を送るのは時期尚早であると判断した。花房公使はソウルに帰任することになるが、公使には陸海軍兵を護衛につける。これはいまだ暴徒の勢いが収まらず先の見通しがつかないためで、他意はない、と。

花房が受けた命令は、以下の内容だった。全権を有する朝鮮高官とソウルで面談し、日本に満足のいく形で暴徒を処理する期日を定めること、その際、もし乱暴にも暴徒が不意の攻撃をするようであれば、朝鮮政府の処置いかんにかかわらず日本は軍事力を行使して鎮圧せざるを得ない。

現段階ではまだ戦争の危惧はなかったが、その危険は孕《はら》んでいた。花房が受けた指示の中には、次の命令も含まれていた。もし朝鮮政府が犯人を匿《かくま》って処罰しない様子を見せたり、また日本が要求する談判に参加することを拒否したりした場合、それは明らかに和平を破る意図ありとみなし得る。そのような場合、使臣（花房）は即座に朝鮮政府に最後通牒《つうちょう》を突きつけ、その罪状を明らかにさせなければならない。即刻、陸海軍と共に仁川へ軍を進め、港を占拠せよ。仁川へ到着したら、使臣は東京に詳細な報告を送り、次の命令を待て。もし、清国その他の国が仲裁を申し出ても拒絶せよ、と。もっとも、井上の指示は、驚くべき懐柔の言葉で結ばれていた。日本政府は、朝鮮政府が意図的に和平の関係を損ねたとはみなしていない。使臣は、誠意をもって両国の伝統的な修好関係を保全できるよう鋭意努力しなければならない。むしろこの事件をきっかけに、永遠の和平を獲得する手段とするよう力を尽すべし、と。

指示の最後にあった楽観的見通しにもかかわらず、八月初旬、東京では予備軍の召集が裁可された。井上馨は東京駐在の各国公使に、在朝鮮の日本国民の保護のため部隊と船舶を派遣する日本政府の決意を伝えた。井上は日本政府の意図が一途に平和主義に立脚するものであることを強調した。しかし米国政府の斡旋《あっせん》の申し出は、すぐに謝絶した。事態を憂慮した天皇は侍従長の山口正定を朝鮮に派遣し、ソウルの事変ならびに事変後の状況を視察させた。山口は花房公使ほか陸海軍将官と会い、八月三十日に済物浦《チェムルポ》《さいもっぽ》条約(18)が調印されるまで朝鮮に滞在した。

条約について日朝間で交渉が行われていた間、日本では軍備拡張の急務について盛んに論議が戦わされた。軍備拡張論者は指摘した。朝鮮に派遣された軍艦四隻は、日本海軍のすべてである。国を守る軍艦は、もはや一隻も残されていない、と。山県有朋は上書して軍備拡張の必要を論じ、その財源として煙草《たばこ》の増税を充てるよう建議した。八月十六日、天皇は岩倉に意見を求めた。岩倉は、以下のように応えた。清国が朝鮮を属国とみなし続ける限り、清国との交戦は避けられない。戦備を整えることこそ目下の急務である。速やかに陸海軍両省に内命あってしかるべきである、と。そして八月十九日、山県が三条実美に書簡を送り、「清国と戦ふは今日を以て好機と為《な》す」[19]と主張した。

八月二十日、花房は朝鮮国王に日本側の要求書を提出するため、二個中隊に護衛されソウルの王宮を訪ねた。花房は、回答の期限として国王に三日の猶予《ゆうよ》を与えた。要求の中に、日本公使館焼失の代償として五十万円の賠償金を支払うべしとの一項があった。国王は政府に、期限までに回答するよう命じた。執政大院君はただちに閣議を召集した。しかし閣議は、日本が求める法外な金額（当時の五十万円は朝鮮政府の全歳入の約六分の一）に腹を立て、回答を拒んだ。朝鮮政府が日本の要求に従う様子はないと判断した花房は、仁川へ帰ることを決意した。戦争はもはや避けられないかのように見えた。井上の指示にあったごとく、花房は国王に最後通牒を突きつけ、ソウルを発った。国王はすぐさま花房に書簡を送り、ソウルに戻るよう要請した。しかしその際、国王は何ら具体的提案を示さなかったため、花房の決意は変わらなかった。花房はまた、領議政の洪淳穆《ホンスンモク》から受け取った無礼な書簡に憤慨していた。洪の書簡は、花房が要求する「謝罪のための大官特派」など必要ないと述べていた[20]。八月二十五日、花房は仁川に到着した。翌日、洪から書簡が届き、洪は辞意を洩らすと同時に、会談を求めていた。花房は二日間、船を停めて待つことにした。

事態の予期せぬ紛糾は、この時点で閔妃によってもたらされた。これより早く、閔妃は隠れていた山中から国王に書簡を送り、宗主国たる清国に暴動鎮圧のため朝鮮に軍隊の派遣を要請するよう国王に迫った。常に閔妃に従順な国王は、清の天津に滞在中の朝鮮政府高官と連絡を取るため密使を派遣した。国王の意を受けた政府高官は北京に赴き、清の直隷総督の李鴻章に軍隊派遣を要請した。李は躊躇しなかった。朝鮮に対する清国の宗主権は近年において後退が著しく、これを一挙に回復する好機だった。

軍艦三隻、商船六隻から成る清国艦隊が、李の命令で朝鮮に向かった。四千人の部隊を運ぶ艦隊が、仁川沖に集結した。この威容を以てすれば、清国艦隊は容易に仁川を占拠できたはずだった。しかし艦隊は、不必要に日本軍と事を構えてはならないという李鴻章の指示を受けていた。仁川港で日本の軍艦「金剛《こんごう》」（他の日本軍艦に先駆けて到着していた）を見ると、清国艦隊はひとまず撤退した。しかし八月二十二日、南陽湾《ナムヤンマン》に入った艦隊は、翌二十三日、二百人の部隊を上陸させた。

花房が仁川に到着するや、清国側は花房と接触し、属国である朝鮮の暴動鎮圧に来たと伝えた。花房はあくまで朝鮮は独立国であると主張し、日本と朝鮮の現在の緊張関係は清国の関知せぬことだと応えた。清国側は協同して反乱を鎮圧することを申し出たが、花房は、自分は今、朝鮮に突きつけた最後通牒の回答を待っているところであり、他国が介入すべきことではないと返答した。

あくまで協同を拒む日本側の態度に匙《さじ》を投げた清国側は、すぐに別の行動に出た。清国艦隊の提督三人が、八月二十五日、大院君を表敬訪問し、帰り際に大院君に清国軍の幕舎《ばくしゃ》での重要な会談に出席するよう要請した。大院君にしてみれば、表敬訪問に対する答礼の義務があった。大院君は翌二十六日、三人の要請に応えて幕舎に出向いた。清国側と朝鮮側は、儀礼的挨拶を交わした。しかし合図（大院君の万寿《ばんじゅ》を祝する乾杯）とともに清国軍の兵士が幕舎になだれ込み、大院君を取り押さえ、用意されていた轎輿《きょうよ》（小型の輿《こし》）に押し込んだ。大院君は轎輿に入れられたまま軍艦「威遠《いえん》」に運び込まれ、清国へ連れ去られた。船が天津に到着するまで、大院君は轎輿から出してもらえなかった。天津で大院君は李鴻章の尋問を受けた。李は、大院君に反乱の責任を取らせようとしたが失敗し、大院君を轎輿に戻すよう命じた。大院君はそのまま北京から西南約百キロのところにある町まで運ばれた。以後三年間、大院君は厳しい監視の下で一室に拘禁された。

政府の中心人物である大院君がもはや抵抗できなくなったため、今や朝鮮政府は日本側と交渉に入るほかなかった。八月三十日、済物浦条約が調印され、日本と朝鮮の緊張状態は正式に終わりを告げた。条約は、以下のことを規定していた。①朝鮮政府は日本人を殺害した暴徒を二十日以内に逮捕し、処罰する。②朝鮮政府は日本人犠牲者に相応の葬儀を執り行う。③朝鮮政府は犠牲者の遺族と負傷者に五万円の補償金を支払う。④朝鮮政府は日本公使館に加えた暴徒による損害および出兵の費用のうち五十万円を補塡《ほてん》する。五ヵ年で毎年十万円ずつ支払うこと。⑤日本公使館は今後「若干」の日本兵によって警護されることになる。⑥朝鮮政府は大官を特派し、国書を以て日本国に謝罪する。

この事件が引き金となって、日本国民の間に熱烈な愛国心が目覚めた。従軍を志願する者、軍資金の献納を申し出る者が続出した。九月五日、天皇は府県長官を通じて、彼らの忠誠を称えた。花房は九月二十八日、横浜に帰港した。花房のために東京まで別仕立ての汽車が用意され、騎兵半小隊が出迎えた。天皇は参内した花房に謁を賜い、勲二等旭日重光章《きょくじつじゅうこう》を授与した。

朝鮮国王はこのたびの不幸な事件を遺憾《いかん》とし、日本政府の誠意に対して謝意を表し、贈物献上のため政府高官三人を派遣した。天皇は十月十九日、特命全権大臣朴泳孝《パクヨンヒョ》ら三人を引見した。朴泳孝は朝鮮国王からの国書を捧呈《ほうてい》し、天皇の輝かしい業績を称え、両国の和平と末永い友好を願う朝鮮国王の意図を伝えた。

十一月二日、朝鮮で殉職した堀本中尉（死後に進級）以下十二名が靖国《やすくに》神社に合祀《ごうし》された。十一月十七日、花房公使ら一行を救出した「フライング・フィッシュ」艦長は、天皇から銅花瓶一対と朝鮮征服に関する書籍(21)を含む数冊を贈られた。十二月、朴泳孝らが日本を離れる際、天皇は一行を引見して勅語を賜った。天皇は別れを惜しみ、朝鮮国王に対し懇親の意を伝えるよう告げた。天皇はまた、朝鮮国王に対し小銃五百挺《ちょう》を贈った。恐らく、将来の内乱鎮圧に役立つことを願ってのことだろう。朴泳孝はこれを謝し、次のように奏上した。小銃は朝鮮国にとって最も緊要のものであり、国王の喜びは計り知れないものがある、と。

朴泳孝らはまた国王の命によって、天皇に朝鮮の現下の情勢を述べ、日本が朝鮮の独立を助け、財政的援助を与えてくれることを懇請した。朴泳孝や金玉均らが組織した開化派の「独立党」は、日本の支援によって清国の束縛から脱し、積年の弊害を改革し、朝鮮を名実ともに独立国家とすることを目指していた。彼ら独立党員にとって、日本は彼らが朝鮮にもたらそうとしている文明開化の模範だった。

明治十五年は、この、どちらかと言えば楽観的な気分で終わりを告げた。しかし政府閣僚の中には、清国を挑発して何十年続くかわからないような戦争へと突入することに警告を発する者もいた。(22) 明治天皇は十二月二十二日、次の詔勅を発した。

「東洋全局ノ太平ヲ保全スルハ朕ガ切望スル所ナリ、然《しか》ルニ今度朝鮮ノ依頼アルニ由《よ》リ、隣交ノ好誼《かうぎ》ヲ以テ其ノ自守ノ実力ヲ幇助《はうじよ》シ、各国ヲシテ其ノ独立国タルヲ認定セシムルノ政略ニ渉《わた》リ……」。東洋全体の平和を保持することは朕の切望するところである、しかしこのたび、朝鮮から依頼があり、隣国としての好誼《こうぎ》から朝鮮の自主独立を幇助《ほうじょ》すると共に、朝鮮を独立国として認めるよう諸外国を説得する所存である、と。これらの言葉の背後に、十二年後の日清戦争へと導く要因が潜んでいることを感じないわけにはいかない。

第三十七章　岩倉具視との別れ

明治十六年（一八八三）は、例のごとく新年の儀式で幕を開けた。一月四日、天皇は太政官に臨御し、政始の儀を行なった。一月十八日、天皇は御歌会始に出御し、「四海清」の題で次の御製を詠んでいる。

おきつ波よりくるふねもとしぐ〵に数そふ世こそたのしかりけれ

この年、天皇の乗馬熱が復活したようで、通算五十一回の乗馬を楽しんでいる。乗馬の後は青山御所に皇太后を訪ね、または御苑の茶屋で諸臣を召して酒宴を催すのが常だった。

天皇は、時たま気晴らしに能を楽しむこともあった。場所は青山御所、または明治十四年（一八八一）に芝《しば》公園内に開設された能楽堂《のうがくどう》だった。明治十六年五月二十三日、天皇皇后は皇族、大臣、参議、宮内省勅奏任官らと共に、青山御所でとりわけ見事な能八番、狂言六番を観覧した。(1)能は今、再び国家の正式な礼楽《れいがく》のうちの楽（音楽の意）として承認されることになりそうであった。しかし最も理解のある後援者の皇太后による定期的な寄付にもかかわらず、能楽師《のうがくし》の生活を支え、後継者を育成するだけの十分な資金はなかった。能楽師たちの生活が金銭的に保証されるためには、二十世紀初頭まで待たなければならなかった。(2)

この年、天皇が能の上演を楽しむこと、恐らく御前での進講にまさったのではないかと思われる。御講書始の進講は、元田永孚による『論語』為政《いせい》篇、西村茂樹によるヨハン・カスパー・ブルンチュリの訳書『公《こう》法会通《ほうかいつう》』、高崎正風による『古今集《こきんしゅう》』序《じょ》、川田剛《かわだたけし》による『貞観政要《じょうがんせいよう》』（唐《とう》の太宗《たいそう》と臣下の政治問答を集め、分類した書）君道《くんどう》篇だった。

明治十六年は明るい見通しのもとに始まったが、天皇個人にとっては悲劇的な出来事が相次いだ。一月二十六日、天皇の四番目の皇女章子《ふみこ》が誕生した。生母は権典侍千種任子《ちぐさことこ》(3)だった。三番目の皇女韶子《あきこ》は、すでに明治十四年八月三日、同じ生母のもとに誕生していた。乳児の時、韶子内親王は脳膜炎に罹《かか》ったが、医薬の効あって平癒したかのように見えた。章子の誕生で、天皇の子供は嘉仁親王と内親王二人の三人となった。しかし、その喜びは長くは続かなかった。この年八月、極端に厳しい暑さが原因（と言われた）で、韶子内親王の病が再発した。この時は、侍医たちの必死の努力も功を奏さず、九月六日、韶子内親王は死去した。幼い章子内親王も、生後間もなく痰咳《たんせき》による吐乳が激しかった。そして九月一日、慢性脳膜炎の症状を見せた。天皇は侍医を派遣し、病状が好転しないと見るや、軍医監橋本綱常《はしもとつなつね》(4)に診察を命じた。しかし、章子内親王は、姉の韶子内親王の後を追うようにして二日後の九月八日、死去した。

天皇の七人の皇子皇女のうち六人が、幼くして亡くなった。(5)皇子皇女の死に対する天皇の反応は、通常は記録されなかったが、このたびの相次ぐ不幸に直面して、天皇は明らかに悲嘆に暮れていた。天皇は喪に服し、公務を一日取り止めた。また三日間にわたり、歌舞音曲の停止を命じた。葬儀に際しては、陸軍に半旗弔砲の礼を命じた。葬儀の日、群衆が道路の両脇に列をなし、墓所へ向かう小さな柩《ひつぎ》を悲しみのうちに見送った。

皇子皇女担当の御匙医《おさじい》である浅田宗伯《あさだそうはく》(6)は、二人の皇女の治療が功を奏さなかったことを理由に辞職を願い出た。浅田は治療の失敗を、漢方と西洋医学を併用したことが原因だと見ていた。しかしこのたびの悲劇にもかかわらず、天皇は病気治療に際して漢方と西洋医学を併用することの効果を信じ続けた。天皇は、西洋医学を修めた軍医監の橋本綱常を宮内省御用掛に任じた。橋本は同じく西洋医学を修めた侍医二人と共に、漢方の御匙医と熟議しながら医務にあたることになった。二人の皇女の死ののち、天皇は一人残された皇子のことをそれまで以上に深く心に懸けた。嘉仁親王は誕生以来、健康に問題を抱えていたからだ。[8]

この年、天皇自身も健康を損なうことがあった。九月、天皇は脚気《かっけ》に罹った。これは初めての経験ではない。[9] 病気が慢性化することを恐れた侍医たちは、脚気の症状が出る季節に転地療養できる離宮を建設するよう提案した。天皇の脚気は幸いにも悪性ではなかったが、侍医たちは次のように主張した。脚気の「流行の巣窟《そうくつ》」である東京にいるのは、危険この上ないことである。東京から三十里内外の距離にあって山水秀麗、空気清涼なる地を選び、離宮を建設すべきである。仮に三、四年たまたま発症することがなかったとしても、毎年夏秋の危険な時期は東京を離れているに越したことはない、と。[10]

侍医たちはまた、皇子皇女が相次いで夭折《ようせつ》し、六人がいずれも脳膜炎の犠牲者だったことに憂慮を表明した。侍医たちは進言した。今後誕生する皇子皇女は、これまでの宮廷の慣習とは異なった方法で養育されなければならず、盛夏には皇子皇女が避暑できるような離宮を建設すべきである、と。さらに重要なこととして、侍医たちは皇子皇女の夭折を先天的な虚弱体質のためと見ていた。そこで、懐妊の当初からできるかぎりの摂生を心掛けるよう進言した。天皇は、これらの進言を喜んで受け入れた。離宮が箱根に、御用邸が日光その他に建設された。その後、権典侍たちが産んだ皇子皇女は、転地が必要とあらばこれらの施設に送られた。しかし自らの健康にあまり気を使わなかった天皇自身は、ついに離宮や御用邸を利用することがなかった。この時期、天皇にとって最も幸福だったと思われることは、御所を抜け出して数日間を演習の観覧に費やすことだった。[11]

明治十六年（一八八三）の前半を通してまだヨーロッパにいた伊藤博文は、将来の日本国憲法にふさわしい手本を探すため憲法の研究に没頭していた。ヨーロッパ滞在の大半を、伊藤はドイツとオーストリアで過ごした。両国の憲法が日本の求める手本として最適だと考えたからだ。伊藤が特に感銘を受けたのは二人の憲法学者、ルドルフ・フォン・グナイスト(12)とロレンツ・フォン・シュタイン(13)だった。帰国の際、伊藤はシュタインを日本へ招請して同伴しようとした。憲法準備のためだけでなく、日本における大学教育の方針を確立しようと図ったのである。

シュタインは、伊藤の招請を謝絶した。理由の一つは高齢のため外国旅行が無理であること、一つは一国の法律制度はその国の歴史に基づいたものでなければならないという彼の信念のゆえだった。シュタインは言う。もし他国の法律から借りるべきものがあるとしたら、まず、その法律の存在理由の源泉にまで遡《さかのぼ》らなければならない。その沿革を考え、しかるのちに自国に適応できるかどうかを判断すべきである、と。

伊藤は、この返事を聞いてますますシュタインへの感銘を深くした。しかし、シュタインが日本まで旅行できないことは明らかだった。伊藤はドイツの宰相ビスマルクに、シュタインの代わりに然るべき人物を推薦してくれるよう依頼した。ビスマルクは日本の近年の進歩を高く評価し、その要請に応えるべく三人の学者の名を挙げた。伊藤はただちに電報で、内閣に彼らを招聘《しょうへい》することへの聴許を求めた。外務卿井上馨は、伊藤に招聘許可の電文を送った。同時に井上は、ビスマルクならびにドイツ勢力の影響が過度に日本に及ばないよう警告した。井上は言う。前年フランスの陸軍教官を招聘した際、諸事フランス流を実行しようとしたため、陸軍卿らと不和を生じた。再びそのようなことがあってはならない。我が政府の意図は、純然たるドイツ流の憲法、諸法規を移入することにあるのではない。顧問の人選にあたっては、よろしく招聘の条件に則り、日本の官吏として任に堪える者を選択せよ、と。

自分の企画に対するいかにも熱意を欠いた反応にもめげず、伊藤はドイツとオーストリアの法律専門家を顧問に迎えるという希望を捨てなかった。十月十日、天皇はシュタインを在オーストリア公使館付に任命し、日本の法律制度に関する諮問《しもん》に答える顧問として採用することを承認した(14)。

八月初旬、伊藤は使節団一行と共にヨーロッパ視察の旅から帰国した。伊藤は約一年半をドイツ、オーストリア、英国、フランス、ロシア、イタリアでの憲法研究に費やしたことになった。伊藤は滞欧中、岩倉に書簡で次のように述べている。自分はグナイストとシュタインから国家組織の大枠を学んだ。また皇室の基礎を永遠に定め、その大権を千載《せんざい》に維持する大眼目は得た。今や立憲君主の政体を確立し、君権を完全なものとし、これを立法、行政の組織の上に置くべき時である。我が国には英国、フランスの過激な自由主義に心を奪われている者が多い。これらの人々を抑えるためには、自分の提案を採用する以外妙案はない、と。

伊藤の考えは、あまりに日本の将来のことばかりに向けられていた。そのため、日本の伝統が急速に衰退しつつあることには気づいていないようだった。もっとも、祭礼など日本の伝統的信仰を顕現する行事を復活させる努力が払われていなかったわけではない。(15) だが、この年七月二十日の岩倉具視の死は、恐らく過去との絆が何よりも痛烈に断たれたことを示すものだった。岩倉が孝明天皇の侍従に任命された安政《あんせい》元年（一八五四）当時、明治天皇はまだ一歳半だった。恐らく岩倉は、天皇の最も初期の思い出の登場人物の一人であったに違いない。それ以来、岩倉は皇室に影響を及ぼす重要な出来事のほとんどすべてにわたって、決定的な役割を演じ続けた。岩倉は下級公家の出身ではあったが、それでもなお公家には違いなかった。このことは、ほとんどが士族階級から成る明治政府の閣僚と岩倉との間に、一線を画すことになった。この身分の違いは時に、士族との衝突をもたらした。(16) しかし同時に岩倉に、天皇との特別な関係を享受させることにもなった。岩倉は、例えば彼より身分の高い太政大臣や左大臣など他の公家より遥かに意欲的な明治政府の活動家だった。

岩倉は御所修復を含む京都保存計画を取り仕切るため、この五月、京都に入った。天皇は、御所のみならず京都全体の荒廃に対して、このところ急激に関心を示し始めていた。岩倉が、これ以上の衰退を阻止するために積極的措置を取るべきだと提案した時、天皇は躊躇することなく同意した。(17) 天皇は岩倉のほかに参議らも京都に派遣し、御所保存を計画させた。

岩倉の計画には、御所、御苑、離宮、陵墓などを管理する宮内省支庁の設置も含まれていた。関西所在の社寺を管理する社寺分局も設置されることになった。賀茂の祭礼などを再興し、また御苑の中には平安京の創設者として崇敬される桓武《かんむ》天皇を奉祀《ほうし》する祠殿《しでん》が建設されることになった。かつては公家の屋敷が建っていた御所のまわりの御苑には、通路によって区画を作り、樹木を植え、溝《みぞ》を改造してきれいな水を通すことになった。不用な建物を撤去し、修学院《しゅがくいん》離宮を修復し、二条城《にじょうじょう》と桂宮別荘は正式に離宮とするとした。御苑内または鴨川《かもがわ》近辺に、外国貴賓の旅宿として新たに洋館が建築されることになった。

これらの計画は逐次実行に移され、進みつつあった京都の荒廃を一変させる手助けとなった。この大計画にそそがれた岩倉の情熱は、胸部神経痛に罹り、胃管狭窄《きょうさく》症で飲食が喉《のど》を通らなくなった後もなお、岩倉を仕事へと駆り立ててやまなかった。岩倉発病の報せを聞き、天皇は深く憂慮した。即座に侍医伊東方成《いとうほうせい》を京都に派遣し、岩倉の診察に当たらせた[18]。

岩倉の体調は回復し、なんとか東京に戻れるまでになった[19]。しかし帰京後、病は悪化した。七月五日、病状を案じた天皇は岩倉の病床を見舞うことにした。これを知った岩倉は、畏怖《いふ》と狼狽《ろうばい》のあまり息子を遣わして来駕《らいが》を拝辞させようとしたが、間に合わなかった。すでに天皇の車駕《しゃが》は岩倉邸に到着していた。岩倉は急いで服装を改め、病床を離れた。二人の息子に支えられて岩倉は御前に進み、親問の恩を謝した。岩倉の衰弱した姿に、天皇は人知れず涙を流した。

一週間後、岩倉が回復の兆しを見せないと知った皇后は、岩倉を見舞うことにした。「但《ただ》し」と皇后は言った。「右大臣（岩倉）は恭敬《きょうけい》礼を重んずるを以て、之《こ》れを聞かば必ず心を送迎に用ゐて病軀《びやうく》を害せん、是《こ》れ予《よ》の意にあらず、予は今日一条忠香《いちでうただか》の女（娘）として卿の病を問はんとす、宜《よろ》しく褥室《じょくしつ》に在りて相見るべし[20]」。岩倉は礼を重んじる男であり、もし自分が見舞うことを知ったら、病体を押して送迎しようとするだろう。それは、自分の意図するところではない。今日は皇后としてでなく、一条《いちじょう》忠香の娘として病床を見舞う。だから、くれぐれも病床についたままで自分と見《まみ》えるように、と。

天皇が二度目に岩倉を見舞ったのは、七月十九日のことだった。岩倉危篤《きとく》の報せを受けた天皇は、宮内卿の徳大寺実則《さねつね》を召して告げた。「朕親しく右大臣と永訣《えいけつ》（今生の別れ）せんと欲す」。天皇はすぐに鳳駕《ほうが》の用意を命じ、儀衛が整うのも待たずに門を出た。宮内少輔香川敬三《かがわけいぞう》が天皇の先触れとなって岩倉邸に入り、天皇がやがて到着すると岩倉に告げた。岩倉は、「流涕《りうてい》（落涙）して寵眷《ちょうけん》（寵愛して目をかけること）の厚きに感《かん》泣《きふ》」したと記録にある。天皇が病床に到着した時、岩倉は身を起こして拝礼しようとしたが、すでに身体が衰弱し、思うように動かなかった。ただ合掌して、感謝の意を表するばかりだった。天皇はそれを見て落涙し、わずかに体調のことを尋ねた。岩倉は返答しようとしたが、それもかなわなかった。天皇と右大臣は互いに見つめ合ったまま、言葉を交わすことがなかった。やがて、天皇は辞去した。この日、岩倉の辞表が受理された。岩倉は翌七月二十日、この世を去った。

天皇は岩倉の死を悼み、三日間にわたって朝議を停止し、岩倉に国葬の礼を賜った。誄辞《るいじ》（死者の生前の功績を称える言葉）の中で、天皇は岩倉に臣下として最高位である太政大臣の位を贈った。天皇は岩倉の「国家の棟梁《とうりょう》」としての偉業を称え、岩倉との個人的関係について次のような感動的な言葉を綴っている。「朕幼沖《えうちゅう》ニシテ阼《そ》ニ登リ、一ニ匡輔《きやうほ》ニ頼ル、啓沃《けいよく》、誨《くわい》ヲ納ル、誼《ぎ》、師父ニ均《ひと》シ、天憖遺《ぎんゐ》セズ、曷《なん》ゾ痛悼ニ勝《た》ヘン」(21)。朕は幼少にして天皇の位に就き、ひたすら岩倉の輔導を頼りにした。岩倉は隠すことなく思うがままを述べ、朕はその教えを受け入れた。その親しさにおいて岩倉は師であり父のごとくであった。天はあえて岩倉をこの世に残さなかった。この悲しみに、どうして堪えられようか、と。

一般に明治天皇の公式の発言は、主として大半が常套句《じょうとうく》から成っている。しかしここに引いた天皇の言葉は、恩師を失ったことに対する紛れもない悲しみに満ちている(22)。

それから間もなく天皇は、やはり多年にわたって天皇の人生で重要な役割を演じ続けたもう一人の人物に別れを告げることになった。英国公使ハリー・S・パークスが、清国に転任することになったのだ。天皇は御会食所で開かれた別れの午餐で勅語を賜《たま》い、十八年余にわたって日本に駐在したパークスに対して「惜別ノ情ニ堪ヘザルナリ」と述べている。天皇はパークスに、丁重に謝意を表した。「能《よ》ク両国ノ交際ヲシテ親《しん》睦《ぼく》ナラシメ、加フルニ明治維新ノ政図ヲ翼賛シ、有益ノ事業ニ就キ勧誘セラル、コト尠《すくな》カラズ、朕甚《はなはだ》之《これ》ヲ嘉《よ》ミス」。日英両国の関係を培《つちか》うことに努力を傾けたばかりでなく、明治維新の計画を支援し、数々の有益なる事業を勧告してくれた。朕は深くこれに感謝する、と。天皇はパークスの積年の功労に対し、旭日大綬章を授与するはずだったが、英国の規則によって、これはかなわなかった。代わりに秘蔵の香炉《こうろ》、花瓶一対を贈り、言い添えた。「卿、之ヲ愛玩シ、朕ガ厚意ノ記念ト為《な》サバ、満足スル所ナリ(23)」。

ここでもまた、天皇の言葉には誠意の響きが感じとれる。これは天皇が通常、外国使臣に別れを告げる時に使う言葉ではなく、天皇がパークスに向かってこのような温かい言葉をかけたことに驚きを禁じ得ない。パークスは一般に、日本人に対して傲慢かつ短気だった。この時期のパークスは、(アーネスト・サトウによれば)ナポレオンが英国人にとってそうであったように、憎むべき、また恐るべき「日本国民を脅《おびや》かす怪物(24)」だった。治外法権撤廃に反対した近年のパークスに対して、天皇が好ましい印象を抱いたはずはなかったが、天皇は募る不快感をなんとか克服し、寛大にも感謝の贈物をしたのだった。パークスにたびたび手厳しい批判を浴びせたサトウは、一方で次のような称賛を捧げている。

「日本自身としても、パークスのおかげを被《こうむ》っており、日本はこれに報いることができず、また充分にパークスの努力を認めてさえもいないということを知る必要がある。もし、彼が一八六八年の革命の際に別の側に立っていたならば、あるいは、もし彼が多数の公使仲間に与《くみ》して行動していたに過ぎなかったとしたら、王政復古の途上にいかんともなし難い障害が起こって、あのように早く内乱が終熄《しゅうそく》することは不可能だったであろう(25)」

翌明治十七年(一八八四)を通じて、明治天皇が主要な出来事に滅多に登場することがないのは驚くばかりである。『明治天皇紀』に記録されている天皇の活動は、ほとんどが前年の反復に等しかった。明治天皇に最大の満足感を覚えさせた行為は、曾祖父《そうそふ》である光格《こうかく》天皇の実父(典仁《すけひと》親王)に「慶光《きょうこう》天皇」という諡《おくりな》を追贈したことであったかもしれない。(26) 光格天皇は、天皇の位についたことのない実父のために、孝心のしるしとして太上天皇《だいじょう》(譲位した天皇、すなわち上皇《じょうこう》)の尊号《そんごう》を宣下《せんげ》しようと長年にわたって画策した。徳川幕府は光格天皇の計画を是認せず、ついに寛政《かんせい》四年(一七九二)、幕府は尊号宣下の延期を命じた。光格天皇を支持する公家の中で最重要人物は、前大納言《さきの》中山愛親《なかやまなるちか》だった。愛親は、明治天皇の母方の祖父中山忠能《なかやまただやす》の曾祖父にあたる。愛親は尋問のため江戸に召喚され、のち幕府によって閉門《へいもん》の刑を科された。(27) 明治天皇は光格天皇の実父に慶光天皇の諡を追贈することで、祖先に対する積年の不正を正すことができたと思ったに違いない。

この年の六月に勃発する、安南《アンナン》(ベトナム)の支配権をめぐる清国とフランスとの戦争(清仏《しんふつ》戦争)に際して、日本政府は開戦前の四月、他の中立三国(ドイツ、米国、英国)と協同し、交戦下の中立国民の生命、財産を保護する決定を下した。日本が海外において、このような形で他国と協調行動をとったのは初めてのことだった。(28)

この戦争に対する天皇の反応については記録がない。思うに天皇は、清国がフランスに対して屈しない姿勢を見せた時、喜びを覚えたのではないか。すでにハワイ国王との会談からも明らかであったように、天皇はヨーロッパ列強のアジア侵略を遺憾に思っていた。しかしこの時期、日本と清国は琉球問題をめぐって緊張関係にあり、清国の戦勝にあからさまに一喜一憂するわけにはいかなかった。

いずれにせよ、天皇は清仏戦争にさほどの関心を持っていなかったように見える。四月下旬以来、天皇は病気を理由に閣議を頻繁に欠席した。宮内卿の伊藤博文は深く心を痛め、侍医池田謙斎《いけだけんさい》の診察を受けるよう奏請した。医者嫌いで通っていた天皇は、侍医の診察を勧められた際、ただの風邪《かぜ》に過ぎないと言って診察を拒んだ。伊藤が重ねて強く勧めたため、ついにはしぶしぶ同意した。(29)

いかなる病気が天皇を悩ましていたのか、それについては何も触れられていない。天皇が罹っていたのはあるいは肉体的な病気ではなく、ふさぎの病であったかもしれない。侍従藤波言忠《ふじなみことただ》は晩年、この時期の天皇がいかに近寄りがたい存在であったかを回想している。(30) 藤波によれば、天皇は気分が悪いことを理由に、よく閣議を欠席した。参議であり宮内卿でもある伊藤博文が宮務、国務に関する報告のため拝謁を願い出た時でさえ、天皇は伊藤に会おうとしないことがあった。宮中の決まりによって、非常の事がない限り、宮内卿はおろか太政大臣でさえみだりに天皇の病床を訪ねることはできなかった。伊藤は、天皇が本当に病気なのかどうか怪しんだ。

伊藤は目に見えて苛立っていた。伊藤は大臣であり、天皇に直《じか》に会って報告すべき重要事項を抱えていたにもかかわらず、御前に出ることを許されないでいた。仮に気分が悪いとしても、天皇の病気は大臣に会えないほど深刻とは思えなかった。伊藤は緊急を要する国事は一刻の猶予も許されないと確信していた。天皇は個人的に自分を嫌っていて、そのため自分と政務を論じたくないのだろうかと考えた伊藤は、ついに、もはや重責を担って現職にあることはできないと決心し、侍臣に辞表を託して宮中を去った。

吉井《よしい》友実《ともざね》（宮内大輔《くないたいふ》）を始め宮内省幹部は、これを知って驚いた。吉井は侍従の藤波言忠に言った。「聖上不予《ふよ》、既に宮内卿を見たまはず、何ぞ臣等を見たまはん、臣等為すなし、君乞《こ》ふ此《こ》の事を慮《おもんぱか》り、宮内卿をして拝謁するを得しめよ」。陛下は気分が悪く、すでに宮内卿にさえ会おうとなさらない。まして や我々に会って下さるわけがない。我々にはなすすべもない。そこで君に頼むのだが、宮内卿がなんとか拝謁できるよう取り計らってはくれまいか、と。吉井が藤波に頼んだのは、藤波が幼少より天皇に仕え、常に内廷に出入りすることを許されていたからだった。

藤波は難色を示して言った。「此《かく》の如《ごと》きことを奏聞《そうもん》するは、侍従の職とする所にあらず、且之《かつこ》れを奏するには、多少の諫言《かんげん》を言上《ごんじやう》せざるべからず、是《こ》れ職務上能《よ》くする所にあらず」。そのようなことを奏聞するのは、侍従の職分ではない。また、そのようなことをするとなれば、陛下を諫《いさ》めることを少しは申し上げざるを得なくなる。これもまた自分の職分を越えることである、と。

吉井は応えた。「君の言ふ所理なきにあらず、然れども君にして若《も》し此《こ》の奏事により逆鱗《げきりん》に触るゝことあらば、予等《よら》飽くまで君のために尽すことあらん、願はくば君身命《しんめい》を賭《と》して之れを奏聞せよ」(31)。君の言うことは理にかなっていてよくわかる。しかし、もし奏聞したために君が陛下の逆鱗に触れるようなことがあれば、自分たちは最後まで君のために全力を尽くすつもりである。頼むから、命を賭けて奏聞してくれないか、と。

ここまで言われて藤波は、天皇に奏聞する決意を固め、あらかじめ皇后にその意思を伝えた。その後、女官にも意のあるところを告げた。時機をうかがい、ついに藤波は天皇に拝謁した。藤波は次のように奏聞した。「頃日《けいじつ》宮内卿伊藤博文事《こと》を以て屢々《しばしば》謁を請《こ》ふも、御仮床中《ごかしょう》の故《ゆゑ》を以て之れを聴《ゆる》したまはず、聖明素《せいめいもと》より国務の一日も廃すべからざるを知りたまはん、而《しか》も人を以て宮内卿の奏上を聞召《きこしめ》さるゝ如きは、甚だ其の妥当ならざるを覚ゆ、聞く、古《いにしへ》の聖帝は襟《えり》を正して大臣の言を聴くと、然れども今日の時勢は之れを許さず、請ふ、枉《ま》げて博文に謁を聴したまへ」。最近、宮内卿伊藤博文は国事について語るため再々にわたって拝謁をお願いしたが、陛下は病で床《とこ》にふせっていることを理由にお許しにならない。申すまでもなく陛下は、一日たりとも国務を怠ってはならないことを御存知のはずである。宮内卿の奏上を第三者を通じて聞くなどは、甚だしく妥当性を欠くと思われる。古代の聖帝は襟を正して大臣の言葉に耳を傾けたと聞く。しかし今日の時勢では、それも不可能である。博文に会って下さいますよう、無理を承知でお願いします、と。

天皇は色をなして怒り、藤波を叱《しか》った。「此《かく》の如きことは汝《なんぢ》の奏すべきことにあらず、汝能く其の職を弁《わきま》ふべし」。そのようなことは汝の言うべきことではない、よく自分の職分をわきまえよ、と。

藤波は、重ねて言った。「臣素《もと》より此《こ》の言を上《たてまつ》るの自ら職に戻る（悖《もと》る）ことを知るも、聖上のため、国家のため、黙すること能《あた》はず、敢《あ》へて此の言を為す、厳譴《げんけん》敢へて辞する所にあらず、伏して願はくは、更に聖慮を廻《めぐ》らしたまはんことを」。陛下に対してこのようなことを申し上げるのは自分の職分に反することだと承知しているものの、陛下のため、国家のため、自分は黙っているわけにはいかず、あえて申し上げている。厳しいお叱りを受けてもかまわない。お考えを改められるよう、謹んでお願いします、と。

天皇は、むっとした様子で言葉もなく、すぐに座を起《た》ち、寝室に入ってしまった。皇后は藤波に言い含め、その場を去らせた。

翌朝、藤波は御内儀《ごないぎ》（後宮）に伺候し、天皇の健康について質し、いつものように仕事に取りかかった。天皇は奥向きに仕える下役に命じ、藤波の様子を窺わせた。藤波はすでに退出した、と。天皇はすぐさま、宮内卿を呼ぶよう命じた。

報せを受けた伊藤はただちに参内し、御内儀で天皇に拝謁した。もとより伊藤は、それまで拝謁を許されなかった不満を色にも見せなかった。天皇もまた、あえてそのことに触れなかった。伊藤は山積していた国務について報告し、聖意をうかがい、退出した。天皇に拝謁できたことが藤波の諫言のおかげであると知り、伊藤は藤波の忠義と正直を喜び、その労を謝した。

このことがあってから二ヵ月ほどのち、天皇は廊下で藤波を召して言った。「汝曩《さき》に朕がために能《よ》く言を尽せり、朕頗《すこぶ》る之れを怡《よろこ》ぶ、今後に於《お》ても若《も》し此の如《かく》きことあらば、敢《あ》へて憚《はばか》ることなかれ、此《こ》の品軽微なれども汝に与へん」。汝は先日、よく朕のために意見してくれた。朕は非常に嬉しく思う。今後、もし同じようなことがあれば、躊躇することなく意見せよ。この品々はささやかだが汝に与えよう、と。天皇は藤波に金時計と反物《たんもの》を賜った。「言忠大《おほい》に感泣す」と記録にある。

この話は明治十七年（一八八四）四月から夏までにおける、天皇の行動に触れた数少ない例として挿入されている。しかしこの時期は、まったくの空白というわけではなかった。来日した外国の使臣らに謁を賜っているばかりでなく、上野・高崎間の鉄道が開通した六月二十五日、天皇は高崎まで列車に試乗している。それでもなお他の年に比べれば天皇に関する記録は不十分で、果たして天皇が国務に専念していたかどうかを窺い知ることはできない。藤波の回想が語られたのは、この出来事があって随分経《た》ってからのことだった。あるいはこの時の出来事と、明治十八年七月、やはり天皇に拝謁奏聞できないことを理由に伊藤が宮内卿を辞任しようとした時のことが一緒になってしまっているかもしれない。しかし老いたりとはいえ、藤波は金時計を賜った話を作ったりはしないだろう。

ともあれ、七月末までには、天皇は通常の日課を再開した。七月二十八日、天皇はドイツ留学を命じられた二等軍医森林太郎《もりりんたろう》（鷗外《おうがい》）に謁を賜った。同じ日、陸軍士官学校生徒卒業証書授与式に臨幸し、優等生徒に賞品を賜ってもいる。

この月のさらに重要な出来事は、天皇と直接の関わりはなかった。外務卿の井上馨は条約改正の急務を論じ、キリスト教禁制を解くべく内閣に建議した。監禁状態にあった浦上《うらかみ》キリシタンが釈放された明治六年三月以来、禁制は実際に履行されていたわけではなかったが、法的にはいまだに効力を持っていた。それが一部の列強諸国を苛立たせ続けていた。(32)

同じ意味で懸念の対象となっていたのは、反動的な団体の出現だった。彼らは皇道《こうどう》に名を借りてキリスト教を排撃し、その信者を「教匪《きょうひ》（宗教的に害をなす者）」と呼び、排斥しようとしていた。また外国人一般を忌避し、ヨーロッパの影響をこの国から一掃しようともしていた。井上はこれを、五箇条の御誓文で宣言した天皇の意図に反する行為だとした。井上は言う。このような行為は国運の進展を阻害するばかりでなく、条約改正の交渉をも妨げるものである、と。

これとはまた性格を異にする宗教的問題が、政府の神道および仏教に対する統制の範囲をめぐって決着を見ることになった。すでに明治五年、教部省《きょうぶしょう》と神仏教導職の制度が定められ、政府は宗教問題に直接干渉できるようになっていた。この制度に対する反発が高じ、教部省は明治十年に廃された。明治十七年八月、さらに教導職が廃され、代わりに神道各派、仏教各宗に管長一人を置くことになった。宗教に対するこの統制の解除は、諸手《もろて》を挙げて歓迎されたわけではなかった。大阪、京都、兵庫など諸府県の神官たちは、キリスト教公許の議および教導職が廃止される事実を知って愕然とした。神官たちは言う。もしそのようなことになれば、必ずやキリスト教は全国に蔓延し、計り知れない害毒を及ぼすことになるだろう。その弊害は、皇祖（神武天皇）の廟《びょう》に不敬を加え、神社を破壊し、君主を敬せず、親を尊ばず、政府を重んぜず、法律を恐れず、忠孝節義の考えを一変させ、ついには人心を瓦解《がかい》させるまでに到るかもしれない、と。神官八十一人が連署して太政大臣三条実美に奏上し、井上の建議を排するよう速やかな措置を求めた。

明治十七年十一月、明治天皇は朝鮮国王に対して次のように伝えた。済物浦条約に基づいて日本が受け取るべき賠償金五十万円のうち、すでに朝鮮が支払った十万円を除く四十万円を還付することにする、と。天皇はすでに閣僚に対し、東洋全体の平和を確保するためには、朝鮮に財政的援助を与えるのが望ましいと表明していた。先に「独立党」を組織した金玉均と朴泳孝は、日本を模範とした強力で富裕な国家の建設を目指し、今や朝鮮の政治に参与して、国家の独立達成に向けて精力的な努力を続けていた。しかし、厳しい財政状況が朝鮮の開化促進の足かせとなっていた。そこで天皇は、弁理公使竹添進一郎《たけぞえしんいちろう》(33)を通じて、賠償金還付についての天皇の決意を朝鮮国王に伝えさせることにしたのだ。朝鮮国王は深く感謝の意を表した。

その間、朝鮮の開化派の指導者たちは、目下フランスと交戦状態にある清国が朝鮮に介入できないことを見越して、今こそ腐敗政府を追放し、近代化を目指す政府と交代させる好機であると決意した(34)。日本は開化派を支持し、清国からの朝鮮独立を確保することこそ肝要であるとの立場を明らかにした。

この時期、朝鮮には二つの「政党」があった。政権を握っていたのは守旧派「事大《じだい》党」(「大国＝清国に事《つか》える」党)だった。清を宗主国と仰ぎ、大変革に反対し、閔妃一族と密接な関係にあった。開化派「独立党」は、清からの朝鮮独立を唱えていた。独立党を率いるのは、日本の近代化の成功に感銘を受けた人々だった。十一月四日、ソウルの朴泳孝邸で開化派独立党の会合が開かれ、日本公使館員一人も出席した。そこでは様々な策が論じられ、その一つが採用された。新しい郵政局が開設される十二月四日、決起してクーデターをめざす、と。

決起当日の夕刻、郵政局長に任命されたばかりの洪英植《ホンヨンシク》は、郵政局で開設祝賀会を催した。会が始まったのは六時だったが、七時頃、火災報知機が鳴り出し、祝典は中断された。向かいの家が炎上していた。閔妃の縁戚の一人が火事の様子を見に外へ飛び出したところを、和装の男に日本刀で斬りつけられた。他の祝賀客は、これを見て逃げ出した。

金玉均、朴泳孝は、開化派への日本軍の助勢を確認するため、日本公使館へ駆けつけた。日本軍は事実、すでに隊列を組み、出撃の態勢にあった。金玉均ら開化派の面々は王宮へ向かった。すでに王宮は、王宮内の開化派支持者が仕掛けた爆弾で混乱状態にあった。金玉均らは国王に謁見し、清国軍が国王逮捕のためこちらに向かっていると伝えた。国王は信じなかったが、反抗するすべもなかった。金玉均は国王に、日本公使に保護を求めるよう勧めた。国王は拒絶した。しかし反乱者の一人が、国王の名で親書を一気に書いた。日本公使と日本軍は、その後間もなく到着した。

翌未明、金玉均は国王の璽《じ》（印章）を使って事大党幹部に王宮に来るよう命令を出した。彼らは到着するや逮捕され殺害された。日本の助勢によって開化派独立党は政権を握った。独立党員から成る新しい内閣が組織され、クーデターが成ったかのように見えた。国王は政局が一新されたことを宣言する準備に入った。しかし事件を知った事大党員は、ソウル駐在の清国軍司令官袁世凱《えんせいがい》（一八五九―一九一六）のもとへ走り、武力介入を要請した。朝鮮において日本軍の七倍の勢力を持つ清国軍は、王宮を攻撃し、国王を救出した。国王はただちに謀叛《むほん》に対する反対声明を出した。日本軍と清国軍との間で戦闘が始まった。その時まで日本側の味方のように見えた朝鮮人もまた清国軍に加担し、清国軍は膨れ上がった。

日本軍は、総勢百五十人のうち三十人以上を失い、独立党幹部を伴って王宮から撤退した。やがて日本公使館には、兵士、館員、避難民など三百人以上が詰めかけた。しかし、糧食は一日分も無かった。竹添はソウル脱出を決意し、日本人一行は海岸を目指した。(35) 仁川に到着したのは十二月八日だった。翌日、国王からの特使が竹添を慰問した。国王は竹添に、速やかにソウルに帰還して後事を処理するよう求めた。明らかに、日本と清国が衝突したことの重大性を見誤ってのことだった。英国、米国もまた竹添を引き止めた。しかし竹添を始めとする日本人一行と朝鮮人避難民を乗せた船は、十二月十一日、長崎へ向けて出航した。

事件は、まだ終わったわけではなかった。十二月二十一日、天皇は参議兼外務卿の井上馨を引見し、特派全権大使として朝鮮行きを命じた。井上には陸軍中将らが随行することになった。天皇がこの措置に踏み切ったのは、竹添の帰還でクーデター未遂の詳細が明らかとなり、主戦論が盛んに取り沙汰されるようになったからである。日本駐在の清国特命全権公使もまた、清国が朝鮮に大軍を派遣すると告げていた。井上は大使として、天皇から以下のような内訓状を受けとった。朝鮮国王に謁見し、朝鮮国全権大臣と談判して今回の事変の責任の所在を明らかにし、適切な処罰を実行せよ。日本は、公使館が受けた被害の賠償を受け取らなければならない。また、もし（日本側が主張するように）国王から日本公使に対して護衛依頼があった事実が認められた場合、事件に関する内外の疑惑を晴らすため、朝鮮国王は日本国天皇に謝罪の書を呈さなければならない。また清国に対しては、将来の平和維持のため、日本と共に朝鮮駐在の軍隊を撤退させることを約束させよ、と。

井上は護衛兵として歩兵二大隊の出動を要請し、認められた。また、護衛艦として軍艦三隻が配された。この時すでに井上は、事変は日本が自ら招いたものであるとの結論に達していた。現に日本は、朝鮮の独立を推進することに決め、その目的達成のため朝鮮の内政に干渉していた。また諸外国を説得し、この日本の立場を認めさせようと努力していた。井上は言う。今や日本が取るべき政策は、二つに一つである。第一に、仮にそれが清国との戦争を意味するものであるとしても、朝鮮独立に向けての要求を貫徹することである。隣国との和親はもとより重要であるとはいえ、姑息な手段を講じて将来に禍根を残すことがあってはならないし、日本の威信を傷つけるような行為は断じて排さなければならない。清国がフランスと交戦状態にある今、もし日本が相当の兵力を背景に断固とした態度で臨めば、朝鮮の朝廷は日本の要求を受け入れるかもしれず、自分が歩兵二大隊の兵力を要請したのはそのためである。第二に、もし平和の維持が何にも増して大事であるとの理由からこの政策が受入れ難いならば、ただちに朝鮮独立の議を放棄し、朝鮮に対する清国の宗主権を認めるべきである。井上は、日本が進むべき方向について速やかに廟議を決するよう求めた。

同日、井上は伊藤から廟議の決議を伝える返電を受け取った。清国との戦争は、何としてでも避けなければならない。そもそも二大隊を従属させたのは示威行動のためでなく、クーデター未遂後の朝鮮に危険の恐れがあるためである。現段階で、清国との戦争へと発展する危険すらも覚悟し、朝鮮独立を支持するか否かを決することは不可能である、と。

井上は十二月三十日、進むべき方向も定かでないまま仁川に到着した。迷っていたのは、なにも井上だけではなかった。清国、朝鮮との関係は、日本の外交官たちにとってなお十年間にわたって解くべき難問であり続けた。

第三十八章　鹿鳴館完成、内閣制度発足

明治十六年（一八八三）十一月二十八日、二階建の洋式建築「鹿鳴館《ろくめいかん》」の完成を祝って、外務卿井上馨《いのうえかおる》、武子《たけこ》夫妻が主催する落成式が開かれた。それまで（エジンバラ公爵を始めとする）外国貴賓が接待されてきた延遼館は安普請《やすぶしん》の建築で、もともと徳川幕府が海軍兵学校に使用するために建てたものだった。外国貴賓のための宿泊施設に転用される際に新たに内装が施されたが、すでに老朽化は免れなかった。新しい建物が必要なことは明らかだった。

鹿鳴館を設計したのは英国の建築家ジョサイア・コンドルで、マンサード屋根（上部のゆるやかな勾配《こうばい》が下部で急傾斜している二重勾配構造の屋根）を有していることから「フランス風ルネッサンス様式」と呼ばれた。しかし正面のアーチ型のポルチコ（柱廊《ちゅうろう》）はどことなくムーア風で、柱にはインドの影響が見られた。松、棕櫚《しゅろ》、池、石灯籠《いしどうろう》を配した庭園だけが、この折衷式の特異な建築が日本のものであることを示していた。この建築様式は、井上の国際人趣味を反映していた。落成式に井上夫人がいるのは、十五年前の国家行事では考えられないことだった。これは、この新しい建物の将来の活動に女性が顕著な役割を果たすことを予見させるものだった。

鹿鳴館は、旧薩摩藩装束屋敷の跡地に総工費十八万円（当時の外務省の建物の工費は四万円）をかけて建築

された[1]。この新しい建物の使用目的の有する軽佻浮薄《けいちょうふはく》さほど、薩摩武士特有のスパルタ式鍛錬と程遠いものはなかった。お伽話《とぎばなし》に出てくるような建物の外観が、幕末期の武家屋敷の厳《いか》めしく近寄り難い塀に取って代わったのだ。わずか十五年間に起こった変化の大きさが、そこには象徴されているようだった。鹿鳴館という名称の出典は、古代中国の詩集『詩経』である。主人が賓客をもてなす作法を説いた「鹿鳴」の詩から取られた。外国の賓客をもてなすことがこの新しい建物の主な機能だったので、この名称はいかにも適切だった[2]。もはや外国人は、神国を汚《けが》す不浄のものとして邪魔者扱いされることなく、ここ鹿鳴館で敬意に満ちたもてなしを受けることになった。

　これと同じく重要な鹿鳴館のもう一つの機能は、日本人が過去の古臭い慣習を捨て、今やヨーロッパ式の食事の行儀作法、舞踏会での礼儀作法を自由に駆使できるようになったことを外国人に証明してみせる舞台であることだった。鹿鳴館で出る食事は手の込んだもので、数多くの料理がフランス語で献立《こんだて》表に並んでいた[3]。舞踏会が催される大広間では、ロンドンから取り寄せた夜会服を身につけた日本の紳士と、パリ仕立ての衣裳をまとった日本の淑女が、陸海軍軍楽隊によって演奏される最新のヨーロッパの旋律に合わせてカドリール、ワルツ、ポルカ、マズルカ、ギャロップを踊った。まだ踊り方を知らない者たちのためには、東京在住の外国人たちが舞踏の教師を務めた[4]。

　保守的な論客たちは舞踏会に参加する日本人に眉《まゆ》をひそめ、公衆の面前で男女が抱き合うなど不道徳極まりないと警告した。例えば当時の雑誌に、舞踏というものが次のように報道された。

「佳人《かじん》の頭は男子の肩に倚《よ》りて其《その》好顔男の耳の辺《ほとり》に向へり露《あら》はしたる腕は頸《くび》にまとひ波立ちたる胸は胸に密接して呼吸出没し足は足にまとひて葛《かつら》の松に於《お》けるが如《ごと》し男子の剛の右の腕はシカと女の腰をしめて転々たるの都度《つど》之《これ》を吾《わ》が躰《てい》にひし〳〵と圧《お》し付く佳人の流るゝ眼光は常に男子の上にあれども眩《めくるめ》きて何物をも見ず音楽われを囃《はや》し立つれども耳に其の音をきかず遥《はるか》に瀧《たき》の響《ひびき》をきゝ夢の如く立舞ふと覚へてわが全身いよ〳〵男子の五躰《ごたい》に密着す此《ここ》に至《いたり》て淑女が固有のはじらひ何処《いづく》にやある」[5]

多くの日本人が、舞踏会に対するこのような道徳的反感を共有していた。しかし上流階級の人々は、それが社交上必要な嗜《たしな》みであると考えた。舞踏の技術を磨くため、明治十七年（一八八四）十月から毎週日曜日の夜、鹿鳴館で踏舞《とうぶ》（「ダンス」は当初、こう訳されていた）練習会が開かれた。当時の記事が報じている。

「井上参議、大山参議、森文部省御用掛の夫人を始め、其他貴顕の夫人令嬢には昨二十七日午後六時頃より、内山下町《うちやましたまち》の鹿鳴館へ集会して踏舞の演習を催したるが是《これ》は来月三日天長節《てんちやうせつ》（当時の天皇誕生日の称。四大節《しだいせつ》の一つとして祝われた）の折に演ずる下稽古《したげいこ》なりと。又右の如く貴夫人令嬢が次第に踏舞に熟練するも、貴顕紳士にして此《この》技を知らざれば嘉宴《かえん》の折《をり》男女合歓《がふくわん》の踊りを為《な》す事能《あた》はずしては不都合なりとの事にて、外務、宮内を始め諸官衙《くわんが》の官員も昨今踏舞の下稽古最中の由《よし》なるが、来月三日の間に合ふや如何《いかが》あらんとの噂《うはさ》なり」(6)

恐らく鹿鳴館で踊っていた人々の多くは、自分たちの高価な衣裳や舞踏の腕前を見せる以上のことは何も考えていなかったろう。しかし井上は外国の貴顕と共通の趣味的関係を深めることによって、次のように外国人たちを説得できるのではないかと期待した。日本人は、かくもヨーロッパ文化の水準の高みにまで達した、だから、日本人は対等に扱われるべきである、と。井上の最終的な目標は、条約改正による治外法権の撤廃にあった。治外法権は日本の司法に対するヨーロッパ人の不信の象徴であり、また日本人に対する外国人の優越感を示す最も顕著な例だった。

鹿鳴館という享楽《きょうらく》の施設が、不平等条約の解消にどれだけ有意義な貢献をしたかは疑問である。日本側の期待とは裏腹に、舞踏会に出席したヨーロッパ人たちは、うまくヨーロッパ人のように振舞えることを証明しようとした日本人の努力に感銘を受けたわけではなかった。事実ヨーロッパ人たちにとって、高価な外国の衣裳に身をつつんだ日本人男女の風采《ふうさい》は面白く、また滑稽《こっけい》でさえあった。フランスの画家ジョルジュ・ビゴーの風刺漫画に、鏡の前に立っている一組の男女を描いたものがある。女の髪は堂々たる兜《かぶと》のように高々と堅く糊付《のりづ》けされ、駝鳥《だちょう》の羽根が一本立っている。スカートを広げる腰当てと傘は、最新流行の優雅なパリのファッションである。相手の男の口髭《くちひげ》は蠟《ろう》で固められ、手にはシルクハットがある。しかし、優雅に仕立てられた上着の下の脚はマッチ棒のようである。彼らの鏡の中の像は、一対の猿だった。(7)

　このビゴーの容赦ない風刺漫画には、「紳士と淑女が社交界にお目見え」と題がつけられている。これが、外国人の目に映った鹿鳴館の日本人の姿だった。明治十八年（一八八五）に来日し、十一月三日の天長節《てんちょうせつ》（旧暦九月二十二日の誕生日が、換算して新暦のこの日に移行されていた）に舞踏会に招待されたピエール・ロチ（一八五〇―一九二三）は、その体験を日記と小説『江戸《えど》の舞踏会《ぶとうかい》』(8)の双方に書いている。一訪問者から見た鹿鳴館の舞踏会の印象は、次のように記された。

「東京のど真ん中で催された最初のヨーロッパ式舞踏会は、まったくの猿真似《さるまね》であった。そこでは白いモスリンの服を着て、肘《ひじ》の上までの手袋をつけた若い娘たちが、象牙《ぞうげ》のように白い手帳を指先につまんで椅子《いす》の上で作り笑いをし、ついで、未知のわれわれのリズムは、彼女たちの耳にはひどく難しかろうが、オペレッタの曲に合わせて、ほぼ正確な拍子《ひょうし》でポルカやワルツを踊るのが見られた。（中略）

　この卑しい物真似は通りがかりの外国人には確かに面白いが、根本的には、この国民には趣味がないこと、国民的誇りが全く欠けていることまで示しているのである」(9)

　何人かの婦人についての記述では、ロチはもっと寛大だった。ロチが一番感銘を受けたのは井上武子だった。階段の上で夫のかたわらに立ち、笑顔で客に挨拶し、歓迎の言葉を述べている外務卿夫人。その鷹揚《おうよう》な物腰と洗練された作法は、夫の欧州派遣に同行した最初の日本人女性の一人として外国生活を送った経験の持主であることを自ずと語っていた。ロチは、武子が元芸者だった（あくまで推測）という自分が耳にした噂を繰り返し書いている。いずれにせよロチは武子の衣裳がパリで立派に通用すること、その作法も非の打ちどころがないことを述べている。最後にロチは、武子の打ち解けた気軽な態度に賞賛を送り、「アメリカ婦人のように、わたしに手を差しのべる」(10)とさえ書いた。

　明治十八年の時点で二十一歳の井上の養女末子もまた、井上に随《したが》ってヨーロッパに行っていた。末子は美しいばかりでなく才能があり、鹿鳴館に来る外国の賓客を心ゆくまで英語とフランス語でもてなすことができた。[11] 確かに井上は、妻と娘がヨーロッパの礼儀作法を身につけていることを誇ってよかったが、その期待に反して、外国人たちは鹿鳴館の夜会で日本がヨーロッパの先進諸国と対等になったとは誰も思わなかった。代わりに彼らは、日本人が独自の文化に欠け、単に中国や西洋の文化を借用し模倣する「猿真似の民族」であるという風評を流した。

外国人が洋服を着た日本人を見たのは、これが最初というわけではなかった。日本の男たちは、いつまでも奇異なお国ぶりの衣服を着ることに固執していたら、まともに扱われることはないのではないかとかなり前から気づいていた。女もまた特に上流階級の女たちは、最新のヨーロッパの流行を身につけることを楽しんでいた。しかし日本人は、近代的であることのしるしとして洋服を着るだけでは満足しなかった。いかにも鹿鳴館にふさわしい凝った衣裳を身にまとい、その衣裳に適《かな》った礼儀作法を身につけようと日本人が努力し始めた時、外国の賓客たちはその物真似ぶりを笑ったのだった。

鹿鳴館文化が最高潮に達したのは、二年後、伊藤博文が首相官邸で催した仮装舞踏会においてだった。各国外交官夫妻を始めとして四百名に及ぶ華族、政府高官らが、それぞれ扮装《ふんそう》を凝らして参集した。伊藤と妻の梅子《うめこ》はヴェネチアの貴族に扮し、娘はイタリアの田舎娘の扮装で現れた。[12]

日本文化の主流へと西洋文化を取り込むことは、たとえ仮装舞踏会のような一種特異な西洋文化であれ、やはり時代の中枢をなす出来事だった。磯田《いそだ》光一《こういち》は優れた研究『鹿鳴館《ろくめいかん》の系譜《けいふ》』の中で、例えば日本人が外国歌謡の歌詞や曲をいかに摂取したか、それも単なる模倣にとどまらず在来の日本の音楽を豊かにし得るものなら何でも同化吸収したことを跡づけている。この時代の日本人の西洋に対する無邪気な熱中ぶりは、今日の人々の笑いを誘うかもしれない。しかしこれまで数々の作家たちが、束の間に狂い咲きした鹿鳴館に対する郷愁を語ってきた。それは日本人が、過去の上流社会の暗がりからナポレオン三世のパリを思わせる灯火きらめく舞踏会へと大胆にも足を踏み入れた時代だった。[13]

列強に治外法権の撤廃を促すという井上馨の最終的な目標は失敗に帰し、明治二十年（一八八七）、井上は外務卿を辞任した。井上は今度こそ条約改正は間近だと何度も思ったが、いつも一部の列強国の動きによって打ち砕かれた。すでに明治十五年、ドイツは八年から十年以内に治外法権を完全に放棄する用意があると表明していた。条件は日本が外国との通商に内地を開放すること、また日本の法的制度を改善することだった。米国はかなり以前から、他の諸国が同様の措置を取ることを条件に治外法権と関税の協定税率の廃止に同意していた。ドイツも米国も、商業上の利益と引換えに司法権をめぐる譲歩に進んで応じる構えを見せていたのだ。(14) 治外法権維持の最強硬論者である英国でさえ、譲歩してもいいという素振《そぶ》りを見せていた。(15) パークスの後継者である英国公使フランシス・プランケットから井上に宛てた明治十七年四月の覚書は、治外法権を永久に維持することは英国の意図するところではないと言明している。日本政府が民法、商法、訴訟法を完備し、その翻訳を完成させた暁《あかつき》には撤廃されることになるだろう、と。(16) 明治十九年には、英国商務省は以下の懸念を表明するまでに到っていた。日本の治外法権に関する要求に英国が同意を拒否すれば、日本との通商を損なうことになるのではないか、と。(17)

しかしこれらの望ましい兆候は、すぐに成果をもたらしたわけではない。日本在住の外国人たちは、いったん日本の司法の言いなりになれば、理由もなく逮捕され東洋の拷問にかけられると固く信じていた。彼らは変化に抵抗した。治外法権撤廃に向けての日本人の闘いは、この制度がついに明治三十二年（一八九九）七月十四日（一部八月四日）に廃止されるまで続くことになった。また、日本の関税自主権の回復は、明治四十四年（一九一一）まで達成されることがなかった。しかし、ある学者が指摘しているように、「日本人が関税自主権を回復したがっていたことは、ほぼ間違いのない事実である。しかし、幕末時代に結ばれた条約に対する反対運動の真意が、治外法権の撤廃と、独立国としての日本の主権に対する侮辱に終止符を打つことにあったのもまた、同様に疑いようのない事実である。日本人が明治二十七年から三十一年にかけて、（諸外国による）治外法権の放棄と引換えに完全な関税自主権回復を明治四十四年まで延ばす覚悟でいたことは決してたまたまそうなったわけではなかった」[18]。

明治十八年、鹿鳴館はその威光と魅惑の極致にあった。そこで催された夜会の輝きとはまったく別に、この年は日本の文化史の上で記憶すべき年の一つだった。この年に登場した文学、批評の主要な作品の中には、坪内逍遙《つぼうちしょうよう》の『小説神髄《しょうせつしんずい》』、『当世書生気質《とうせいしょせいかたぎ》』があり、東海散士《とうかいさんし》の『佳人之奇遇《かじんのきぐう》』があり、ブルワー-リットンの小説の注目すべき翻訳『繋思談《けいしだん》』(*Kenelm Chillingly, His Adoventures and Opinions*)、湯浅半月《ゆあさはんげつ》の長篇詩『十二《じゅうに》の石塚《いしづか》』があった。羅馬字会《ローマじかい》と硯友社《けんゆうしゃ》が、やはりこの年に結成されている。

しかし明治天皇に関する限り、明治十八年という年は、かなり憂鬱《ゆううつ》な年だったようである。天皇は、なかなか職務に集中することができなかった。晩年、天皇は毎日長時間にわたって机に向かうことで知られるようになる。しかしこの時期、天皇が執務室にいたのは朝十時から正午までのわずか二時間だった。しかも、その時間のほとんどは侍従長、侍講らとの宮務に関する用談に費やされた。その間、大臣や参議は国事を論じる予定の謁見を虚《むな》しく待ち続けることさえあった。天皇の信頼が厚いばかりか、宮内卿として宮務の最高責任者だった伊藤博文でさえ、必要に応じていつでも天皇と謁見できるというわけではなかった。それが伊藤を苛立たせ、ついに辞意を表明させるまでに到った。

伊藤の焦燥の主な原因は、天皇が国務に専念しないことに対する不満だったようである。三条実美《さんじょうさねとみ》に宛てた書簡の中で、伊藤は「(明治天皇の)聡明叡智《そうめいえいち》の徳質も遂《つひ》に空名《くうめい》に帰せん」と危惧を表明し、次のように書いた。「今や千古未曾有《せんこみぞう》の変遷に遭遇し、中興の鴻業《こうげふ》を成就し、遺訓を万世に垂れさせらるべきに、無為にして消光したまふが如きは、上《かみ》歴代の祖宗に対せられ、下《しも》万世の皇孫に対したまふ所以《ゆゑん》にあらざるなり」。前例のない変革の時代にあって中興の大事業を成就し、後世に遺訓を残すべき時に、天皇が無為に月日を送られることは、歴代の祖先に対しても、後世の皇孫に対しても、あるまじきことである、と。政務は大臣以下の専決に委ね、内閣奏聞の書類も仔細《しさい》に吟味することはめったにない。まれに目を通すような時でさえ、疑問を発することもない。これでは、天皇が生まれながらにいかに叡明《えいめい》であろうとも、現代の極めて複雑多岐にわたる国務を完全に把握することなどどうしてできようか、と伊藤は反問する。確かに天皇の信頼厚い侍従長徳大寺《とくだいじ》実則《さねつね》、また天皇の儒学の師である元田《もとだ》永孚《ながざね》は尊敬に値する人物である。しかし彼らは世界の情勢に疎《うと》く、時務の得失をわきまえない。また、その任にあるわけでもなく、その責任を負う立場にもない。「今日の形勢の艱難《かんなん》危急なるは古今東西の史上に其の類を見ざる所、若《も》し方嚮《はうきやう》を誤り、処置を失せば、国家の存亡間髪《かんはつ》を容《い》れざらんとす」[19]と、伊藤は警告を発している。

伊藤が事実、この書簡を三条に送ったかどうかは明らかではない。また、明治天皇が国事に無関心のようであったその理由も明らかではない。恐らく主な原因は、退屈ということにあったのではないか。伊藤にとって極めて重要な問題が、必ずしも天皇の関心を引くわけではなかった。鹿鳴館の舞踏会に出席でもすれば、あるいは天皇に幸いしたかもしれない。しかしそれはさすがに天皇の威厳に関わることだった[20]。

天皇の憂鬱のもう一つの原因は、当時の健康状態にあったかもしれない。すでに見たように前年、天皇は病気を理由に時に閣議を欠席することがあった。この年もまた、天皇は繰り返し風邪と熱に悩まされていた。いずれも、深刻な病気ではなかったが、これが原因で例えば浜離宮の観桜会《かんおうかい》を欠席している。四月、天皇は広島と熊本の鎮台部隊による大規模な演習を視察するため福岡へ行くはずだった。演習の帰途には山口、広島、岡山の各県を巡幸することになっていた。しかし病気のため天皇は演習に参加できず、巡幸も延期された。最大の楽しみの一つである演習に参加できなかったことは、さぞ天皇をがっかりさせただろう。巡幸をする必要がなくなったことで天皇は救われた思いがしたかもしれないが、山口、広島、岡山三県の民衆は大いに失望した。天皇は、七月末の巡幸を約束した。

憂鬱のさらにもう一つの原因は、気候不順であったかもしれない。特に豪雨と暴風が、全国の家屋や穀物に大きな被害を与えた。天皇は、穀物の被害に関する報告を提出するよう命じた。報告は散々なものだった。茶の収穫は例年の半分しか見込まれず、小麦の収穫は六割に過ぎなかった。半世紀前、天保《てんぽう》四年から七年

（一八三三―三六）にかけて、日本は大飢饉《だいききん》に見舞われた。この天保の大飢饉を思い起こし、またもあのような飢饉に苦しめられることになるのではないかと、誰もが不安にかられた(21)。春と初夏は豪雨が襲い、河川が氾濫《はんらん》し、洪水となって家屋に大被害を与えた(22)。

唯一生き残った皇子の嘉仁親王が天皇の慰めとなっていたかもしれないが、当時、親王は曾祖父中山忠能の屋敷に住んでいた。明治天皇はめったに皇子の姿を見ることができなかったのではないか。親王が六歳となるこの年、天皇は親王の教育と健康が気がかりとなった。三月、親王が宮廷に住むことが決定された。二年前、参議兼文部卿の福岡孝弟《ふくおかたかちか》が、親王教育を始めるに際して宮廷内に幼稚園を設置することを建議した。この建議は検討されたが、（伝統的に皇太子に施されてきた教育とはかなり掛け離れたものであったため）実行に移すにあたって極めて慎重な措置が取られた。幼稚園のための新殿が青山御所内に建設され、学友として嘉仁親王と同年齢の少年たちが選ばれた。しかし親王がかなり病弱であったため、この計画は結局実現しなかった。それでもなお、親王の正規の教育を開始しなければならなかった。天皇は侍講の元田永孚に、学則ならびに日課表を準備するよう命じた。

元田の提案は、驚くほど自由主義的だった。元田は教官が規則に拘泥《こうでい》することなく、親王の遊戯中にも教訓を施すことを勧めた。なにがなんでも決められた時間割に従うというのでなく、緩急よろしく、その時々の判断に従って着実に学業を漸進させるというのが元田の提案の要旨だった。午前中二時間が読書、習字、修身、数学。また午前中一時間、午後二時間が体操。さらに隔日の午後三十分間が唱歌の学習にあてられた。

この日課は、明治十八年（一八八五）三月から開始された。しかし親王の健康は依然不安をかかえていた。六月、親王は久しぶりに中山忠能邸の訪問を許された。その夜、宮廷に戻った親王は俄《にわか》に発病した。高熱を発し、痙攣の発作に襲われた。回復まで一カ月ほどかかった。恐らく、これは心身症だった。幼少時代の懐かしく温かい思い出に満ちた中山邸から、厳粛な空気の漂う宮廷に戻りたくないという気持が生んだ病ではなかったろうか。

天皇は九月、嘉仁親王を翌年から学習院《がくしゅういん》に通学させることを決定した。これは、皇族の子弟に対する個別指導の伝統との訣別《けつべつ》を意味した。元田らは、親王の教育の学則を準備するよう命じられた。皇族および公爵、侯爵の子弟十五人ないし二十人が選ばれ、親王の学友とされた。十一月、天皇は洋学畑の西村茂樹を嘉仁親王御教育御世話に任じた。これは宮中の旧式による従来の教育方法ではもはや通用しないという天皇の信念を反映したものだった。天皇が西村に期待したのは、近代に適した教育を将来の天皇に与えることだった。

七月二十六日、天皇はかねての約束通り、山口、広島、岡山三県巡幸に出発した。[23] 恐らく天皇の数ある巡幸の中で最も疲労が激しく、ほとんど楽しみのない巡幸だった。原因は極暑にあった。[24] 沿道で迎える庶民の中には、初めて間近に龍顔を仰ぐ喜びのあまり感極まって泣き出す者もいたが、天皇自身は憔悴し切っていた。いつもであれば、天皇は旅の苦難を我慢強く受け入れる覚悟ができていたのだが、この時ばかりは、あまりの炎熱にさすがの天皇もまいってしまったようだ。一行が広島県の厳島《いつくしま》に到着した際には、天皇は厳島神社参拝に侍従の一人を代理に送っている。岡山藩祖池田《いけだ》光政《みつまさ》が寛文《かんぶん》八年（一六六八）に創建した儒学校「閑谷黌《しずたにこう》」は、いつもであれば天皇が最も喜びそうな訪問先だった。しかし、天皇は侍従長徳大寺実則に視察させている。[25] 炎天下であるにもかかわらず天皇は地元の名士に会い、土地の物産を見て回ることを余儀なくされた。天皇は恐らく気が進まなかったのではないだろうか。天皇にしてみれば、巡幸の最も重要な使命は学校を視察し全国津々浦々の教育の進展ぶりに注目することだったから。

天皇の乗艦が横浜港に帰港したのは八月十二日だった。停泊する艦船、陸上の砲台が歓迎の祝砲を放った。このたびの巡幸は、わずか十八日間だった。しかし天皇は毎朝四時ないし五時に起床し、深夜十二時近くまで就寝しなかった。巡幸そのものは、陸路であれ海路であれ炎天下の暑熱のため辛いものとなった。天皇の巡幸は臣民に喜びをもたらしたが、天皇自身は一日たりとも心休まる日がなかった。

帰京後、天皇の日常が再開された。ハワイのカラカウア国王が、懇親尊敬の意を表して天皇に自身の画像を贈った。ローマ法王レオ十三世からは、キリスト教宣教師に対する行き届いた待遇に感謝の意を表する親書が天皇に送られ、欧米大国の君主と交際するごとく天皇と交際することを求めた。天皇は協議の末、法王の使節を引見し、一般臣民と同様にキリスト教徒を保護することに努めると伝えた。イタリアのウンベルト国王が日本産の鹿《しか》を飼いたがっていると聞き、天皇は牡鹿《おじか》と牝鹿《めじか》各一頭を贈った。宮廷はスペインのアルフォンソ十二世の死去の報せを受け、二十一日間の喪に服した。

　恐らく天皇にとって明治十八年の最も満足すべき側面は、外交関係だった。二月、朝鮮国王が前年十二月の事変で日本人が殺害されたことに対し正式な謝罪の国書を天皇に捧呈した(26)ことで、この年は幸先《さいさき》よく幕を開けた。同月、いずれも朝鮮に従軍した陸軍中将の高島鞆之助、海軍少将樺山資紀《かばやますけのり》が、廟議に上書を提出した。二人はその中で次のように述べている。日本は欧米の政治、教育、法律、陸海軍の兵制を採用し、近代化（原文では「文明の域」）へ向けて着実な進展を遂げた。ひるがえって清国は、依然として旧套《きゅうとう》を墨守するのみである。両国政略の進路は、その方向をまったく異にしている。このことが清国に猜疑《さいぎ》嫉視《しっし》の念を起こさせた、と。ここで二人は、最近の日清の衝突（台湾征討、琉球処分、江華島事件など）、特に明治十七年のソウルの事変を例に挙げた。事変に際し、清国は朝鮮駐在の日本兵を攻撃し、在留邦人を殺傷した。「今にして断然決意して速《すみや》かに妖雲《えううん》を一掃し、禍気《くわき》を蕩尽《たうじん》するにあらずんば、両国の間不虞《ふぐ》の（予期しない）変将《まさ》に測るべからざらん」。要するに、清国との間に不測の事態が起こらないうちに、断固たる手を打てというわけだ。二人の確信するところによれば、今や国権を強め、皇威を宣揚するまたとない好機だというのであった。

　これに対し廟議は、参議兼宮内卿の伊藤博文を特派全権大使として清国に派遣し、日清間で深まりつつある亀裂に対処することにした。伊藤に託された使命は、これ以上朝鮮に干渉しないと約束する条約の締結を清国に迫ることだった。北京駐在公使となっていた榎本武揚《えのもとたけあき》は、ハリー・パークス（長年にわたって日本人の悩みの種だったが、今は北京駐在英国公使として日本人の友人となる可能性があった）を介して、李鴻章《りこうしょう》の意図を探るよう密かに指示を受けた。もし李が朝鮮に関して日本と協定を結ぶことを拒否した場合、日本政府には賠償を求める用意があった。

伊藤は清国皇帝に呈する国書および全権委任状を受け、日本政府から以下のように指示された。日本政府はもとより両国間の平和を望んでいる。ただし清国は二つの条件を満たさなければならない。「一、（前年）十二月六日の変に兵隊を指揮したる将官を責罰する事。一、漢城（ソウル）駐在の兵を撤する事」。清国政府がこれら二つの条件を受入れるならば、日本政府は公館の護衛を同時に撤退させる用意がある。しかし、もし清国がこの提案への同意を拒否した場合、日本は国家自衛のための行動に出ざるを得ない。その場合、遅かれ早かれ日本と清国は衝突することになる。その責任はひとえに清国にある、と。

伊藤全権一行は、二月二十八日に横浜港から出航し清に向かった。和平協定を結ぼうとするにあたり、天皇は伊藤の交渉能力に全幅の信頼を表明した。しかし日本の民衆は大いに激昂し、清国を膺懲《ようちょう》（打ち懲らしめること）せよとの声が高まった。その勢いは、あたかも征韓論の再燃を思わせた。太政大臣三条実美は各省卿以下の政府高官に対し、天皇の和平を望む気持を強調する内諭を発し、人心を鎮静させ、軽挙に出ることのないよう手配せよと命じた(27)。

伊藤は三月十四日に天津に到着した。清国政府は、伊藤がただちに全権李鴻章と協議に入ることを期待したが、伊藤は、まず北京に行き、皇帝に謁見し、国書および全権委任状を捧呈すべきだと考えた。伊藤はまた、北京で会談を開くことを望んだ。しかし清国の諸大臣は皇帝が幼少であることを理由にこれを拒否し、すでに全権を委任した李鴻章と協議するよう伊藤に求めた。四月二日、伊藤全権一行は北京から天津に戻った。伊藤、李の両全権の談判は容易に捗《はかど》らなかった。しかし四月十五日に到って、協議がまとまった。十八日、両国の軍隊が朝鮮から兵を撤退させることを規定した条約に調印した。十二月六日の事変で清国兵を指揮した将官の処罰については条約に盛り込まれなかった。しかしこれは調査した上で、日本人殺戮の確証があれば、清国の軍法に照らして処罰されることになった。伊藤は、この当初の要求の修正を受入れることにした。「（天皇の）東洋の大局を顧慮あらせられ、和好を重んぜらるゝの旨を体し、之れを諾《だく》す(28)」と、その理由を述べている。

四月二十八日、帰国した伊藤はただちに参内復命した。天皇は伊藤が使命を全うしたことを喜び、その労をねぎらう勅語を賜った。翌日、天皇は伊藤に対する賞賜《しょうし》について三条に諮問《しもん》した。北京での台湾交渉に成功した際には、大久保利通に報奨金（一万円）を賜った。伊藤の場合、この例に従うべきか、あるいは位一級を進め、年金を贈るべきか、と。宮中では、伊藤に侯爵位を授けるべきだという意見も出た。三条は金一万円ならびに三ツ組金杯一組の下賜を勧めたようだが、その後数ヵ月間の記録によれば、天皇から実際に伊藤に下賜されたものは乗馬一頭だった。しかし七月七日、伊藤は天皇からさらに嬉しい賞賛のしるしを受けた。この日、天皇は親王、大臣ら二十余名を伴い、伊藤博文邸に行幸したのである。(30)

天皇が伊藤を重視していたことは間違いないとはいえ、天皇は、西洋文化に対する伊藤の手放しの傾倒ぶりにはついていけなかった。九月、天皇は親王、参議、政府高官、陸海軍将官との金曜午餐会を再開した。これは恐らく、天皇が以前の無気力から回復したしるしだった。十一月、伊藤は宮内卿として提案した。内外人との交際が増え、会食、饗宴《きょうえん》などの機会が多くなった昨今の事情に鑑《かんが》みて、内外人との会食、夜会、舞踏会などは観菊会《かんぎくかい》（十一月）から観桜会《かんおうかい》（四月中旬）の間の時期に限定すべきである、と。

この時期、もう一人の政治家が権力の周辺で頭角を現わし始めた。黒田清隆である。黒田は明治十六年（一八八三）二月、陸軍中将を辞任すると表明し、清国視察の許可を申請した。主として清国に北海道物産の販路を開くことが目的だった。黒田の申請は、井上馨の意見によって却下された。日清間の緊張状態からして、今は黒田のような政府要人が清国を訪問するにふさわしい時機ではないというのが却下の理由だった。明治十八年二月、今度は清仏戦争視察のためだと言って、黒田は再び清国行きを申請した。黒田は天皇に謁見し、天皇は黒田の清国遊歴を認めた。「清国は我が締盟国中の最鄰邦《りんぽう》たり」というのが理由だった。天皇は黒田に、フランスと交戦中の清国で見聞したことを時に応じて報告するよう命じた。[32] 公的な旅行ではなかったが、黒田には旅費として四千円が下賜された。

黒田は、伊藤の天津到着と同じ日に、まず香港に上陸した。そこから黒田はシンガポールに向かった。さらに南方へと進むつもりだった黒田は、四月十六日、日清間で天津条約が妥結を見たことを知り、逆に北京へと北上することにした。北京で黒田は駐北京公使榎本武揚と酒を汲み交わした。黒田は九月五日に帰国した。

この年（明治十八年）、三条実美は天皇に内閣顧問黒田清隆を右大臣に任命する件を奏上した。右大臣職は、岩倉具視の死去で空席になっていた。三条の奏上は、権力中枢における長州（伊藤が代表）、薩摩（黒田の出身藩）の均衡を保つことが目的だった。また三条には、太政官を強化したい意向もあった。三条は、伊藤が太政官を廃して伊藤自身を首相とする内閣の樹立へ向けて政体再編を謀っているのを感じとっていたのである。伊藤は、三条が現在の地位を捨てることに気が進まないのだと初めて気づいた。そこで三条に調子を合わせ、黒田を右大臣に推すことに賛同した。十一月、三条は参議を集めた。黒田の右大臣就任に別に異論は出なかった。

三条から右大臣就任を要請された黒田は、伊藤の意見を質した。伊藤は黒田が右大臣として最適任者であると応え、自分は微力を尽くして援助すると約束した。そこで黒田は受諾に傾いた。しかし三条が天皇に奏上すると、天皇から思いがけない反応が返ってきた。右大臣の職は極めて重く、誰もがその徳識名望を推す人物でなければならない。黒田は適任とは言い難い、と。さらに天皇は、先を見越して付け加えた。仮に黒田が右大臣に就任したとしても、実際の権力が伊藤に握られていると覚《さと》れば、不平を鳴らすことになるのではないか、と。

三条はここで頭を切り換え、伊藤に右大臣就任を要請した。しかし伊藤は、自分が受ければかえって太政官制を強化することになり、太政官廃止の機会を逸することになると気づいていた。伊藤は謝絶し、あくまで黒田が就任すべきであると主張した。再度、この件について奏上されると、天皇は反問した。参議一致して黒田の就任に賛成なのか、と。天皇の信頼が厚い参議の佐佐木高行が、実はこの決議に加わっていなかったのである。佐佐木は黒田の品行の悪さ、天下に満ちる黒田への誹謗《ひぼう》、また特に酒癖の悪さを理由に、黒田の右大臣就任に密かに反対していた。(33) 恐らく佐佐木を工部卿から解任すると匂わせたのだろう、三条は最終的に佐佐木を黙らせた。

三条は、参議一致の支持を黒田に知らせた。ここで三条は再び驚くはめになった。黒田は右大臣就任を辞退したのだ。西郷隆盛、大久保利通でさえ拝することのなかった顕官に自分が就くのは心苦しい、また伊藤参議の上座を占めるのも気が進まない、と。これが黒田の本心か否かはともかく、天皇と佐佐木が自分の就任に反対であることを、すでに耳にしていたのではないかと思われる。黒田は、三条と伊藤が自分を支持した背後の動機にも気づいていたようだ。黒田は当分の間、公的生活から身を引いた。十一月二十七日、天皇は黒田邸に行幸した。妻殺しの根強い噂があるにもかかわらず天皇の行幸を仰いだことに、黒田はいたく感激した。(34)

思うに、黒田が右大臣に推されたのは北海道開拓長官としての功績によったが、現代の読者にとっては不可解なことであろう。明治十四年（一八八一）の北海道開拓使官有物払い下げ事件というスキャンダルの中心人物が、政府で三番目に高い地位に推されて然るべきだろうか。(35) その上、黒田の私生活には非の打ちどころが多々あった。黒田は明治の政界随一の酒豪であり、飲み過ぎで難しい決断を下せないこともあった。また、凶暴な気質でも知られており、黒田の妻は明治十一年、不可解な状況の下で死んでいる。(36) しかし人々の記憶はどう見ても短命だった。黒田は右大臣に推されたばかりでなく、ほどなく首相の地位にまで昇りつめることになる。

この間、伊藤が進めていた政府の機構改革は、徐々に機が熟しつつあった。(37) 大宝《たいほう》元年（七〇一）の大宝律《りつ》令《りょう》に倣った太政官制が廃止され、首相が率いる新しい内閣制度がこれに取って代わるということは、単なる行政改革にとどまらなかった。それは公家もしくは華族階級による名目的な支配が終焉《しゅうえん》を告げ、代わりに士族階級が首位の座を占めることを意味した。

三条実美は今にも自分の地位が失われることに、目立って狼狽していた。しかし天皇から政体組織の再編を検討するよう命じられた時、反対を唱えることはできなかった。十二月二十二日、三条は天皇に奏上して政体改革の必要を論じ、自らその任に堪えないことを理由に辞職を願い出た。(38)天皇はこれを認めた。同日、太政大臣、左右大臣、参議、各省卿の職制が廃され、内閣総理大臣ほか九省の諸大臣がこれに取って代わった。内閣総理大臣に伊藤博文、外務大臣に井上馨、内務大臣に山県有朋が、それぞれ任じられた。

閣僚の選定は、伊藤の推薦に従った。天皇は当初、森有礼《もりありのり》の文部大臣就任に反対だった。森はキリスト教に偏し、とかく物議をかもす人物だから、というのがその理由だった。しかし伊藤は譲らず、次のように言った。「臣が総理の任に在るの間は、決して聖慮を煩《わづら》はしたてまつるが如きことなきを保《ほ》す」と。天皇はすでに伊藤に組閣を委任していた。そこでしばらくの間、伊藤のやりたいようにやらせ、様子を見ることにした。(39)今や伊藤は、天皇に次ぐ最高権力の地位に就いた。鹿鳴館の精神が凱歌を揚げたのだった。

第三十九章　嘉仁親王皇太子となる

明治天皇の治世第十九年（一八八六）の元旦は、いつもと異なっていた。天皇は伝統的な新年の儀式を執り行わなかった。『明治天皇紀』は、さしたる説明もなく、ただ「御違例《ごゐれい》（病気などで体の具合が常と違うこと）の故《ゆゑ》を以《もつ》て四方拝を行はせられず」と記している。賢所《かしこどころ》・皇霊・神殿での祭典には、式部長官の鍋島直《なべしまなお》大《ひろ》が代拝を務めた。ただし、例年通り「晴御膳《はれのごぜん》あり、朝拝を行はせらる」とあるから、病気で身動きできなかったわけではない。この年、儀式を欠席するごとに天皇の健康状態が理由として引き合いに出されたが、通例、病状が明らかにされることはなかった。[1] ところがこの年は、乗馬を前年の二倍以上こなしている。思うに、病気というよりはむしろ儀式の退屈さが天皇の度重なる欠席を招いたのではなかったか。

二月、元老院議官土方久元《ひじかたひさもと》は、ベルリンから内大臣三条実美に宛てて、（翌年に行われる）ドイツ皇帝ヴィルヘルム一世の九十歳の誕生日を記念する祝典ならびに老皇帝の国事への精励ぶりについて記した書簡を送った。土方は三条に、ドイツに詳しくその方面に通じた外務大輔青木周蔵《あおきしゅうぞう》を使って天皇に奏聞させるよう勧めている。土方の期待は、天皇の心を動かすことにあった。これを機に天皇が欧米を遊歴して諸国の形勢を視察すると共に、各国元首に親しく接することを望んだのである。

これに先立ってオーストリア駐在公使西園寺公望《さいおんじきんもち》（一八四九―一九四〇）が、内閣総理大臣となった伊藤博文に書簡で同じ趣旨の進言をしていた。天皇が西洋に行幸するには今は最適の時機である、と。西園寺は恐らく正しかった。ベルリンでの祝典は、天皇のドイツ訪問の恰好の理由となるばかりではなく、未知の風物から刺激を受けることで天皇は無気力から解放されるかもしれなかったからだ。しかし、この話が実際に天皇に持ち出されたかどうかは明らかではない。天皇が海外行幸を具体的に考えた形跡は見受けられない。

天皇の度重なる病気、また天皇が重要な行事にたびたび欠席したことの一つの結果として、そのつど天皇の代行を務めた皇后の存在が俄然《がぜん》脚光を浴びるようになった。それまで皇后の公的な役割はごく控えめなものだったが、今や皇后は、通常であれば華族、政府高官など男だけが出席する会合にさえ姿を現わし始めた。例えば予定された金曜日御陪食に健康上の理由で天皇が出席できないことが明らかとなった三月二十六日、皇后は名代として出席した。そのため親王妃、政府高官夫人、典侍らが共に招待された。

天皇はまた三月三十日、軍艦「武蔵《むさし》」の進水式に際し、横須賀造船所に行幸する予定だった。しかし気分がすぐれなかったため、皇后が代行した。皇后は軍艦「扶桑《ふそう》」に乗艦し、横須賀港に入港した。天皇が行事に出席する際でも皇后を伴うことが多かった。四月十三日、天皇皇后は近衛諸兵の演習を見るため、北豊島《きたとしま》郡赤羽《あかばね》村に行幸した。北軍と南軍に分かれて行われた模擬戦闘は、戦闘の技術について何も知識がない皇后を戸惑わせたかも知れない。しかし記録は、「皇后は馬車に駕《が》して南軍追撃の状を視《み》つつ、遂《つひ》に荒川の南岸に到り、橋梁《けうりやう》爆破の状を覧《み》たまふ」(2)と記している。

皇后が初めて洋装で公衆の前に現われたのは、七月三十日、華族女学校《じょがっこう》に行啓し、卒業証書および修業証書授与式に出席した時だった。八月三日、青山御所に皇太后を訪問した際も、皇后は洋装だった。この時期を境に、皇后だけでなく女官たちの間でも次第に洋装が目立つようになった。八月十日、天皇皇后の御前で西洋音楽の演奏会が開かれた際、皇后は洋装姿で初めて外国人客を接見した。皇后がこのように洋装を身にまとうようになったのは、恐らく（鹿鳴館風の）西洋の物真似からではなく、新たに自分の役割を見つけたということを暗黙のうちに主張するためだったのではないか。

明治二十年（一八八七）一月十七日、皇后は、女子の服制に関する「思召書《おぼしめしがき》」を出した。その中で皇后は、およそ次のように力説している。昨今の日本女子の服装は、南北朝（十四世紀）以後の戦乱期の悪《あ》しき名残《なごり》である。今日の文明の世に適せぬばかりか、古代の日本女子の服装ともまったく異なるものである。着物よりむしろ西洋の女の服装の方が、古代の日本女子の服装に通ずるものがある。「宜《よろ》しく倣《なら》ひて以て我が制と為《な》すべし」と。皇后は日本女子の洋装着用を奨励すると同時に、これが国産服地の改良、販売の促進につながることを期待した。

この衣服改革の提唱は、政治における皇后の新しい活動的な役割の一環をなすものだった。明治十九年十一月二十六日、皇后は天皇に随《したが》って神奈川県長浦《ながうら》に行啓し、新造された巡洋艦「浪速《なにわ》」、「高千穂《たかちほ》」に試乗した。機関砲発射など海軍演習を観覧し、また水雷試験場で魚雷発射の作業を見た。この日、皇后は短歌数首を詠んでいる。次に引くのは「水雷火を《すいらいくわ》」と題した一首である。

事しあらばみくにのために仇波《あだなみ》のよせくる船もかくやくだかむ

言うまでもなく、この歌の主題は伝統的な型からはずれたものだった。洋装を取り入れたことといい、水雷の類を主題に織り込んだ歌といい、皇后もまた宮中の生活に退屈していたのだろうか。宮中での日々を綴った侍従たちの回想録が一致して認めるように、天皇は常に皇后のことを気遣い、暴君のように振舞ったことなど一度もなかった。しかし皇后は、結婚当初から自分に子供ができないことを知っており、後継者を産むという天皇の配偶者として最も重要な役割を果たせずにいた。そのため宮中では、主として飾り物的な位置に据えられた。とりわけ聡明な皇后にとって、これは極めて不本意なことであったかもしれない。皇后は、天皇の寝室に侍《はべ》る権典侍たちに恨み言の一つも述べたことがなかったが、あるいは彼女たちを妬《ねた》むことはあったかもしれない。この時期、そのような気持がさらに嵩《こう》じたとしてもおかしくなかった。すでに他の四人の権典侍が皇子皇女を産み、なお多くの権典侍たちが天皇の愛顧を分け合っている中で、園祥子《そのさちこ》が天皇の寵愛を独り占めしていたように見受けられるからだ。[3] 天皇の生活のこの側面にあえて踏み込んで書いた人々は、いずれも慎重な態度を取っている。しかし実のところ、園は明治十九年から三十年の間に生まれた天皇の最後の八人の皇子皇女の母親だった。そのうち四人のいずれも皇女は、天皇よりあとまで生きた。

祥子は、園基祥《そのもとさち》[4]の長女だった。基祥は明治三十八年（一九〇五）まで生きたが、幕末期の活動で最もよく知られていた。祥子の写真を見ても、ずば抜けて美しいというわけではない。また祥子のどういう資質が天皇を引きつけたか、その理由を窺わせる逸話も残っていない。ともかく何らかの理由で、祥子は天皇晩年のお気に入りの側室だった。

祥子の妊娠が明らかとなり、出産の時期が近づいた明治十八年末頃、生まれてくる子供を漢方医に託すべきか西洋医学を身につけた医師に託すべきかについて議論が分かれた。天皇のそれまでの七人の皇子皇女のうち六人は乳幼児のうちに死去しており、それが漢・西いずれを選ぶか人々を迷わせることになった。天皇は、中山忠能の意見を質した。忠能は医術のみならずすべてにわたって伝統的方法の信奉者だった。しかし明治十六年九月に皇女二人が幼くして相次いで死去して以来、皇子皇女は十歳頃まで漢方医に託すべきだとする忠能の確固たる信念も揺らぎ始めたようで、この頃には漢方が必ずしも西洋医学に勝るわけではないと考えるようになっていた。また、最近の東京に漢方の名医がいるとも聞かず、伝統的な医術はもはや廃《すた》れつつあると思った忠能は、最終的に漢・西いずれかを選ぶことは自分にはできないと奉答した。なお漢方を可とする明治天皇は、忠能および侍従長らに命じ、漢方の名手を東京じゅう隈《くま》なく探させた。

天皇の五番目の皇女が、明治十九年二月十日、園祥子から誕生した。七夜《しちや》である十六日、天皇は皇女に静《しず》子《こ》の名を賜った。その夜、親王、大臣、また皇女の祖父で伯爵の園基祥など貴顕を招き、宮中で祝宴が催された。[5] 三月十二日、静子内親王が初めて参内し、天皇に対面した。天皇の側室に生まれた他の皇子皇女と同じく、静子内親王は正式には皇后の子供と見なされ、産みの親は内親王の養育にほとんど関与することがなかった。

静子内親王は短命で、翌明治二十年四月四日に死去した。その年の元日、内親王は突然発熱し、吐乳した。病気は、生歯熱《せいし》（幼児に歯が生える際に伴う発熱）と診断された。次いで、それまで皇子皇女の死の原因となった慢性脳膜炎を併発した。適切な療法について、オランダ医学を修めた医師と漢方医との間で意見が分かれた。[6] 最終的に聖慮が仰がれ、天皇は西洋医学を採った。さらに、ドイツにも留学経験があり名医の誉《ほま》れ高い西洋医学者の池田謙斎を召し、共に診察に当たるよう命じた。当初、新しい療法は効果があるようだったが、三月下旬のにわかの寒気で静子内親王の病気は再発し、その後間もなく亡くなった。

天皇にただ一人残された皇子の嘉仁《よしひと》親王（六歳）は、度重なる病気に悩まされ続けていた。皇子皇女を次次と失った辛い経験から見て、恐らく天皇は嘉仁親王が無事成人するかどうか危ぶんだに違いない。小松宮《こまつのみや》彰仁《あきひと》親王（仁和《にんな》寺宮嘉彰《じのみやよしあき》から改名）の奏請を容れ、その継嗣《けいし》である弟の定麿王《さだまろおう》（十八歳）を天皇が養子としたのは、あるいはそれが理由だったかもしれない。英国留学中だった海軍士官の定麿王は、明治十九年五月一日、正式に天皇の養子となり、（親王として）依仁《よりひと》の名を賜った。すでに触れたように、五年前に定麿王はハワイのカラカウア国王の気に入り、国王の後継者である姪《めい》との結婚を望まれたこともある。[7] 恐らく明治天皇もまた、依仁親王を自分の後継者候補の一人として考えたのではなかったか。

嘉仁親王の健康を気遣う天皇の心配とは別に、嘉仁親王に皇位を継がせることには何ら疑問の余地がないように振舞う必要があった。嘉仁親王の教育は、天皇にとってここ数年の最大の関心事だった。かつて元田永孚は親王の教育計画を作ったが、親王の病気が原因でうまく軌道に乗せることができなかった。明治十八年（一八八五）十一月、天皇は西村茂樹を親王の御教育御世話に据えた。西洋畑の学者西村の起用は、伝統的な宮中の教育法ではもはや近代の実情にそぐわないと天皇が考えていたことを示唆している。天皇は西村に、翌年から親王が学ぶべき学課、時間などについて自分の考えを密かに伝えた。二ヵ月後の明治十九年一月、それまで定められた日にしか両親に会えなかった嘉仁親王が毎月数回参内できることになった。さらにその九月からは、随意参内が許されることになった。日夜両親に会うことは親子の情を育む上で自然であり、もとより親子が疎遠になってはならないという考えから出た新しい措置だった。

すでに勘解由小路《かでのこうじ》資生《すけなり》ら華族数人が交代で嘉仁親王の教育に当たっていたが、教育方法が旧式で、好ましい成果を挙げることができずにいた。伊藤博文は正規の小学校教育を親王は受けるべきであると考え、文部大臣の森有礼に相談した。森は、古い教育法を排して近代にふさわしい教育法によるべきだと主張し、文部省の一官吏、湯本武比古《ゆもとたけひこ》を推挙した。湯本は明治十九年四月十二日、嘉仁親王の御教育掛を命じられた。

湯本は日課を作り、時間を定めて読書、習字、算術を教え、一回の授業は三十分以内とした。それでもなお親王には規律を重んずる観念が乏しく、注意力散漫なことに湯本はやがて気づくようになった。湯本は、次のように回顧している。

「御教授事項は前既に述べた通り、五十音、一二三といふ様《やう》なもので、何も六ケ敷《むつかし》い事では無い。然《しか》るに殿下には未《いま》だ規則といふ様な事に就いて、何等《なんら》の御観念も御発達が無い。これを以て御気《おき》に召《め》した時には、三十分でも四十分でも御習ひ遊ばしたが、御気に召さぬ時には、『湯本モウ可《よ》いぞ』と仰《おほ》せられて、ツと立つて他《ほか》へ御出《おいで》になる。さうするとそれまでは、御附《おつき》の祇候《しこう》や武官は、回廊に控へて居《を》り、御相手（ご学友）は室内の机に掛つて居るが、殿下の御立ちと共に、御附の者も御相手も、共に随行して去つて仕まひ、余《よ》一人唯茫然《ただぼうぜん》と室内に残つて居るといふ有様《ありさま》。それよりも尚《な》ほ御気に召さぬ時には、御机をドンと前に突き倒して、何《いつ》れへか御出になるのであつた。或《あ》る御習字の時には『湯本モウ可いぞ』と仰せられたのに、余は『否《いや》モウ少し御習ひ遊ばさねば不可《いけ》ませぬ』と申し上げたれば、痛く御立腹になつて、一杯、朱を含んだ太筆を御持ちであつたが、それをば余を目掛けて抛《な》げ付け遊ばした。筆は余の一張羅《いっちゃうら》の然も新裁のフロックコートの胸に中《あた》りて、淋漓《りんり》たりし事もあつた」[8]

嘉仁親王がなぜこのような乱暴な振舞いをしたか、不思議に思われるかもしれない。恐らく取り巻きの者たちは、叱責《しっせき》すれば親王が痙攣を起こすのではないかと心配した。そこで、すべてにわたって親王のやりたい放題にさせたのではなかったか(9)。湯本は、宮内大臣を兼務する伊藤に辞職を願い出た。しかし、伊藤は留任するよう湯本を説得した。君主に仕えることは臣たるものの本分であり、軍人と同様に一身を捧げよ、と。

天皇は、教室での親王の気まぐれな態度を耳にしたようだ。湯本の上奏によって天皇は、教室では湯本を先生と呼ばせ、先生の指示があるまでは妄《みだ》りに席を離れないようにさせた。また湯本には、終日親王のそばを離れることなく、さらに感化を深めるよう命じた。また侍従および女官、時には侍講らに命じて、授業を視察させた。かつて天皇は湯本に、『幼学綱要《ようがくこうよう》』を使用しない理由を尋ねたことがあった。『幼学綱要』は、元田永孚が幼児指導のために編纂した教科書だった。高尚すぎて必ずしも幼童に適さないと湯本は答えた。湯本は新しい教科書を準備し、親王の学力はにわかに進歩を見せた。天皇の心は大いに安らいだ。この年五月、伊藤博文は、天皇の決定により、嘉仁親王は他の華族の子弟と同様に学習院に通うことになると発表した。

九月、なお親王の教育のことで心を煩わせていた天皇は、土方久元に御用掛を命じた。土方は、誰も自分の決定に口を挟まないことを条件に御用掛を引き受けると応じた。天皇は快諾し、侍従長を中山慶子《なかやまよしこ》のもとに遣わし、慶子の指導は今後一切必要ないと告げた。湯本もまた、親王教育のことはすべて土方と相談するよう指示を受けた。慶子は、孫の教育の責任を剝奪されることに抵抗を示したようである。十月、土方は天皇の御沙汰《ごさた》により慶子と親王教育の責任を分担することにした。宮中における養育、和服、食事などに関することは、すべて慶子の担当とした。そして、かねての計画通り、ついに嘉仁親王は翌明治二十年九月十九日、学習院に入学した。満八歳の親王は日々通学し、一般生徒と机を並べて授業を受けた。皇位継承者が一般教育を受けたのは、これが最初だった。

明治十九年十二月、西村茂樹は帝国大学で日本の道徳について三回にわたって講演した(10)。もと明六社《めいろくしゃ》という啓蒙思想団体の社員だった西村は、それまでに天皇の御前で何度も西洋について講義したことがあり、その後もこれは続けられた。しかし、のちに『日本道徳論《にほんどうとくろん》』の書名で出版されたこの一連の講演は、決して西洋から学ぶことを勧めたものではなかった。

後年、『往事録《おうじろく》』(11)を書いた際、西村は当時のことを次のように回顧している。伊藤内閣による西洋の法律制度、風俗礼儀の模倣、また夜会、仮装舞踏会、活人画会《かつじんが》など西洋の遊戯の真似事は、すべて外国人の歓心を求めてしたことである。これは外国の文明を装い、外国人を優遇する卑屈な態度から出たものだった。ひるがえって、古来、日本国家の基礎をなした忠孝、節義、勇武、廉恥《れんち》などの精神は、どこへ行ってしまったのか。これらの美徳は棄《す》てて顧みざるもののごとしである。自分はこの現状を大いに憂《うれ》え、公衆を集めて演説することを思い立った、と。(12)

最初の講義は、道徳を説く二種類の教えの違いに関する考察から始まった。西村は一つを「世教《せいきょう》」と呼び、一つを「世外教《せがいきょう》(あるいは宗教)」と呼ぶ。前者は中国の儒教、ヨーロッパの哲学を指し、後者はインドの仏教、西洋のキリスト教を指した。西村の共感は、明らかに前者に傾いていた。中国においては、儒教は古くから土着の教えとしてあらゆる階層に共通に広まった。仏教は中途から輸入された宗教で、儒教の影響には遠く及ばなかった。しかし日本では、儒教も仏教も共に輸入された。当初、仏教はあらゆる階層に受け入れられたが、後年、儒教が広く武門において隆盛を極めることになり、仏教はもっぱら下層階級の信仰の対象となった。したがって日本人は、あらゆる階層に共通の道徳を欠くことになった。事実、維新以来、道徳の標準は失われた。

東洋は今や、それぞれ各地に植民地を確保したヨーロッパ諸国の脅威に晒《さら》されている。危機感に燃える日本は、必死で近代化を目指している。「文明開化は固《もと》より希望すべきことなれども、国ありてこそ文明開化も要用《えうよう》なれ、若《も》し其《その》国を失ふときは文明開化も施す所なかるべし」と西村は言う。日本がなすべき急務は、独立を保ち、他国に国威を踏みにじらせないことである。しかし軍艦、大砲が数百、数千あろうとも、国民に道徳が欠けていたら、他国から畏敬《いけい》の念を得ることはできない。歴史の教えるところでは、西ローマ帝国の滅亡は国民が道徳を失い人心が腐敗した結果だった。あるいは近世史における最も憐《あわ》れむべき事例、ポーランドを見よ。その人心は、ローマ人の如く腐敗していたわけではなかった。しかし彼らは派閥に分かれ、個々に意見を主張し、協合一致して国を守ることをしなかった。その結果、周知のように国は三つに分断された。

「（日本では）農工商の三民は昔より教育の事なきを以て固より道徳の高下《かうげ》を論ずるに足らずと雖《いへ》ども、士族以上の民は祖先以来数代の間儒学の薫陶《くんたう》を受け、之《これ》に加ふるに、本邦一種固有の武道と云《い》ふ者ありて、能《よ》く人心を鍛錬し以て護国の職を尽さしむるに足るべきの力量を有せり。王政維新以来国教とも称すべき儒道は大《おほい》に其勢力を失ひ、武道の如きは今日復《ま》た之を言ふ者なきに至れり[13]」

西村は、士族の間にさえ道徳が欠如していることに失望を表明した。しきりに西洋を頼りにするばかりで、その当の欧米諸国がいずれも宗教によって国民の道徳を維持していることを忘れている、と。西村は、次のように概括した。

「元来邦人は、其天資敏捷伶俐《びんせふれいり》なる者多しと雖ども、又思慮浅薄《せんぱく》にして遠大の識《しき》に乏しく、雷同《らいどう》の風《ふう》ありて自立の志弱し。近来西国《さいごく》の学術の精妙なると其国力の強盛富饒《ふぜう》なるを見て漫《みだり》に之に心酔し、己《おの》が足元を踏固むることを知らず、（中略）然れども人情風土の異なるありて西国の学術等を其儘《そのまま》に之を東洋に用ふることは能《あた》はざるなり[14]」

西村は、儒教道徳への復帰を提唱した。自ら好む儒教の種類を、西村は特定していない。しかし学んだ道徳を実行に移すことを強調しているところから見て、それは王陽明《おうようめい》の教えであったかもしれない。西村は儒教や西洋哲学の欠点を隠そうとはしなかった[15]。西村はまた、仏教とキリスト教が採るに値する価値を持っていることも認めた。肝心なことは、近代日本の道徳を確立することだった。いったん道徳さえ確立されれば、あとは諸教の教義から随時その要素を借りてくれればよかった。

西村の道徳論を形成している個々の特徴は、別に驚くほどのことではなかった。西村は教育を重んじ、救われるべき貧乏人に施しを与えることに賛成した。また、国家のためになる事業への投資を奨励した。一方で、社会への貢献を続けようとせず四十、五十歳の若さで隠居してしまう日本の制度を非難した。西村は、西洋諸国の人々がいかに高齢まで生産的な人生を送っているかを説いた。西村が早婚に反対なのは、両親の若くして生まれた子供は病気になりやすく、全体として国民の肉体的衰弱に繋がると思うからだった。また早婚は子沢山の傾向があり、家族の困窮をもたらすと考えた。さらに奢侈《しゃし》に反対を唱え、特に婚礼や葬式のために浪費するのは悪しき風俗であると言っている。

西村の数々の提唱に、不服の者がいるとも思えない。西村の講演に対する反応は、単に好意的というより、むしろ諸手《もろて》を挙げて歓迎された。儒教の教えで育った人々（主として四十歳以上の士族）は、過去からの呼び声に反応した。明六社で西村の盟友だった文部大臣森有礼は、革新主義者として知られていた。森は『日本道徳論』に感銘するあまり、これを中学校以上の教科書として採用しようとしたほどだった。しかし伊藤博文は、この書物を読んで激怒した。それが政権を誹謗《ひぼう》するものであり、政治の進路を阻害するものと見なしたのだ。伊藤は森を呼びつけ、森が手放しで西村の説を賞賛したことを非難した。西村は伊藤の立腹を知り、一度は絶版を決意したが、のちに改訂した。政府の欧化政策に対する批判の幾つかは、事実あとで削除された。しかし『日本道徳論』は、政府の功利主義に対する一種の挑戦の役割を果たした。西村の論説は、いわば伊藤の政策に異を唱えた初めての反対声明であり、やがて顕著となる国粋主義の先触れとなった。

明治十九年（一八八六）のもう一つの事件に、ここで触れなければならない。英国の貨物船「ノーマントン」号沈没事件である。ノーマントン号は十月二十三日、横浜を出港し、神戸に向かった。翌日、和歌山県沖で暗礁《あんしょう》にぶつかり、難破した。英国人乗組員は全員脱出したが、英国人たちは二十五人の日本人乗客や十二人のインド人水夫に救助の手を差し延べようとせず、彼らの全員が溺死《できし》した。この事故の報せが広まると同時に世論は沸騰し、抗議の声が高まった。この沈没事件は人種的偏見の顕著な例と見られたのである。十一月五日、ノーマントン号船長ジョン・ウィリアム・ドレイクは、神戸の英国領事館で海難審判を受けた。しかし、ドレイクには過失がないとして無罪とされた。

当時ひたすら外国人の機嫌を取り結ぶことに努めていた日本政府は、一切抗議しようとしなかった。しかし国中に高まる抗議の声の激しさに、もはや事件を無視することができなくなった。新聞は、ノーマントン号犠牲者の遺族のために救済金などを募集した。目にあまる白人優越主義に激怒する群衆を前に、盛んに演説会が開かれた。ついに政府は、船長を裁判にかけるよう英国側に申し入れた（治外法権のため、直接介入することはできなかった）。裁判は十二月七日、八日、横浜の英国領事館で開かれた。ドレイク船長は怠務殺人罪で有罪となり、禁固三カ月の判決を受けた。他の英国人乗組員は無罪放免となった。[16] しかしノーマントン号事件は、なお日本人の記憶に生き続けた。特に、この惨事を歌にした「ノルマントン号沈没の歌」はのちのちまで歌い継がれた。[17]

海事法に詳しい専門家は、この判決を妥当とした。しかしドレイクに対する刑罰の軽さは、多くの日本人の胸にしこりを残した。[18] ノーマントン号事件といい、西村の『日本道徳論』の講演といい、共に外国人にへつらう鹿鳴館風の態度からの離脱を示すものだった。いずれも翌年の、さらに深刻な政府攻撃への舞台を用意するものだった。

明治二十年（一八八七）の始まりを告げる新年の儀式は、伝統に則って行われた。ただし、一つだけ例外があった。皇后が初めて洋装大礼服《たいれいふく》を着け、宮中での拝賀を受けた。以後、この種の儀式における皇后の洋装は慣例となった。ノーマントン号事件をめぐる不平不満の声は、まだ宮廷には達していなかったようだ。外国王室との贈答は、変わることなく続いていた。[19] 長いこと延期されていた新皇居の造営はすでに着手されていたが、財政的問題から完成が危ぶまれた。

一月二十五日、天皇皇后は京都に向けて出発した。後月輪東山陵《のちのつきのわのひがしのみささぎ》で、一月三十日、孝明天皇の二十年式《しき》年祭《ねんさい》が執り行われた。(20)この巡幸で最も注目すべきことは、皇后の存在だった。このことを除けば、京都巡幸ならびに学校および名所訪問は、それまでの巡幸とさしたる違いはなかった。天皇と皇后は、二月二十一日まで京都に滞在した。この日は仁孝天皇の例祭だったが、一官吏が代拝した。(21)天皇は皇后と共に二月二十四日に帰京し、通常の活動を再開した。皇后は工科大学、陸軍士官学校などに行啓した。四月、皇后は天皇に随って近衛諸兵の野外演習を観覧した。公式行事における皇后の役割は、たとえそれが軍事演習であれ不可欠のものとなったようだった。

明治二十年三月、皇后は華族女学校に歌二首を賜っている。いずれも、徳性の涵養《かんよう》を奨励するものだった。一首目は、次のように始まっている。

金剛石《こんがうせき》も　みがかずば
珠《たま》のひかりは　そはざらむ
人もまなびて　のちにこそ
まことの徳は　あらはるれ(22)

歌二首にはのちに旋律がつけられ、華族女学校の校歌となった。真面目《まじめ》で教訓的な調べは、同時代のプロテスタントの賛美歌を思わせる。親欧派の政府首脳は、しかし、このような美徳への呼びかけには心を動かされなかったようだ。彼らは鹿鳴館で享楽にふけりつつ、ひたすら愛想よく振舞い、西洋の行儀作法に精通することで西欧先進国の友好と尊敬を獲得しようとしていた。(23)彼らは、弱小国家日本が独立を保持する最上の方法は、ヨーロッパ人と同じ文化を共有する近代国家であると証明することだと信じていた。そのためにはヨーロッパ人のような服装をし、ヨーロッパ人のような食事をし、自分たちの社会から旧式なものを取り除かなければならなかった。彼らは進んで西洋の法制度を採用し、キリスト教を導入し、英語を国語にしようとした。さらに日本人種の改良のため、ヨーロッパ人の妻を娶《めと》ろうとさえした(24)。

鹿鳴館のお祭り騒ぎによる富の流出と、国民の大多数が暮らしている貧困との対照が、反発を呼び始めた。厳格な儒学者である元田永孚は、洋式の豪奢《ごうしゃ》な館《やかた》の建設と贅沢な宴会を不満とし、何度も伊藤に会おうとした。しかし、伊藤は多忙を理由に会おうとしなかった。明治二十年五月、勝海舟《かつかいしゅう》は時弊二十一条を掲げ、ヨーロッパ文化の摂取に急なあまり日本固有の美風が破壊されていることを鋭く非難した。幕末期、勝は航海術、海軍砲術の知識を得るためオランダ語を学んだ。また、太平洋を渡った日本最初の軍艦「咸臨丸《かんりんまる》」の艦長を務めた。勝は融通の利《き》かない儒学者ではなかったが、元田に劣らず、政府の欧化政策が日本の社会風俗に与えた悪影響に腹を立てていた。勝は、湯水のように富を浪費することによって道徳の水準を低下させたと主張した。

この間、四月二十二日には、第二十六回条約改正会議が開かれ、その席上、治外法権の撤廃を勝ち取るため外国人に思い切った譲歩を提案することが決定された。会議は、新条約の批准書交換後二年以内に日本全国を外国人に開放することで合意した。そして日本国民が享有する権利、特権のすべてを、外国人居住者にも等しく認めることとした。日本の司法組織は、批准書交換後二年以内に、あらゆる点で西洋の慣例に従って改められることになった。また刑法その他の法律はすべて英語(これが正本《せいほん》と見なされる)に翻訳され、批准書交換後十六ヵ月以内に外国政府に通知されることとなった。領事裁判制は、内地開放後もなお三年間にわたって存続し、外国人が関わる訴訟の審判にあたる裁判官の多数は外国籍の者とされるとした(25)。憎むべき治外法権に終止符を打ち、象徴的に対等の地位を認められさえするならば、日本人はいかなる外国側の要求にも譲歩する用意があるようだった。

もっとも、すべての日本人がこのような譲歩を進んで行いたがったわけではない。ヨーロッパから帰国したばかりの農商務大臣谷干城《たにたてき》は、(26)時代の道徳的弛緩《しかん》に愕然とし、忌憚なく思うところを述べた。伊藤が耳にした風説によれば、谷はルソーなどのフランス民権論者を賞揚し、厳しく政府を攻撃しているという。伊藤はこれを、谷が煽動《せんどう》的な民権思想に毒されたものと解釈した。天皇はこの噂を聞き、一閣僚がそのような意見を持つことを深く憂慮した。天皇は佐佐木高行に命じ、直接に谷の政治的見解を問わせた。

谷は王道論を唱える国粋主義者で、決して民権論者ではなかった。佐佐木は谷の真意を了解し、天皇の憂慮も消えた。しかし七月、谷は閣僚を辞任するに先立って、政府の政策を痛烈に攻撃した。谷は条約改正の即時中止を求め、また時弊を正す措置を講じるよう訴えた。西村と同じく、谷は鹿鳴館で踊り狂う者たちの頽廃と奢侈に愕然とし、また国を挙げての欧州化に税金が浪費され、そのために国民が被《こうむ》っている辛苦に義憤を覚えた。谷は伊藤に条約改正をめざすことの不当を論じ、速やかに中止すべきだと迫った。谷は同趣旨の意見書を内閣に提出し、外務大臣井上馨と激論を闘わせるに到った。谷は対立をものともせず、あくまで自説を貫いて、「是《こ》れ一時の名を貪《むさぼ》りて百年の害を顧みざるものにあらざるか」と政府の政策を非難した。井上らは、条約改正が治外法権の撤廃のために必要であると強調した。しかし谷は、次のように反問した。改正案は、以前にも増して外国人に内政干渉を許すものではないのか。しかも国家の重大事を決するにあたり、外務当局は独断専行し、いたずらに秘密主義を取り、あえて各省大臣の意見を広く問うこともしない。これは事理を甚《はなは》だしく誤るものではないか、と。

伊藤と井上は激怒し、即座に反駁《はんばく》した。万事にわたって日本が欧米文明国を模範とする今日、法律の制定改廃もまたそれに倣うのは筋道としてやむを得ないものである、と。谷は自分の意見が内閣に受け入れられないことを知り、大胆な手段に出る決心をした。七月二十日、谷は天皇に拝謁し、条約改正を中止すべき所以《ゆえん》、時弊が正されなければならない理由を詳細に述べた。また条約改正の可否を内閣顧問や宮中顧問官らに諮問するよう上奏し、特に最近ヨーロッパから帰国した黒田清隆の意見を質すよう勧めた。天皇は傾聴したが、意見は述べなかった。谷は退出し、ただちに辞表を提出した。(27)

この時の要求からも明らかなように、谷は佐佐木高行、土方久元、元田永孚ら宮中顧問官が表明していた政府批判の見解に通じていた。帰国した谷が条約改正に対して同じ疑問を抱いていることを知った佐佐木らは、谷を仲間に引き入れ、さらに同志を募った。内閣顧問の黒田清隆を始め政府内の多くの有力者が公然と条約改正に反対していた。

天皇に意見を質された元田は、次のように奉答した。谷の言葉はことごとく忠誠に発し、時弊の核心を突いている。これを非とする者は天下に一人もいない、と。元田は、条約改正のための諸外国への譲歩の取決めをすぐさま停止しなければ、不測の事態が起こる恐れがあると確信していた。

実は、これらの動きと併行して、フランス人内閣雇《やとい》法律顧問ギュスターブ・ボアソナードもまた条約改正案に反対を表明していた。ボアソナードは井上馨らに異議を申し立てたが、取り上げられなかった。司法大臣山田顕義にも意見を陳述したが、山田は管轄《かんかつ》外であることを理由に関与を避けた。図書頭《ずしょのかみ》の井上毅《いのうえこわし》(一八四四―九五)は、条約改正案に大いに疑義を抱いていた。彼は去る五月十日、密かにボアソナードを訪ね、改正案の是非を検討した。ボアソナードは改正案が国家に大きな弊害を及ぼすことを指摘し、井上毅に奮起して改正案の破棄に努めるよう力説した。

六月一日、ボアソナードは飽くことなく意見書を内閣に提出し、改正案を取り消すべき理由を力説した。もし改正案に基づく条約を締結すれば、日本国の利益を害し、面目を傷つけ、安全を脅《おびや》かし、日本国の地位は以前に増して低下することになる、と。またボアソナードは、外国人裁判官の採用を始めとする改正案のあらゆる条項に攻撃を加えた。国費をもって外国人裁判官に給料を支給し、またもし外国人の満足のいくような裁判官庁を建築することにでもなれば、膨大な国費が流出することは必至である、と。もしこの条約が批准されるようなことになれば、利益を害され国家の面目を毀損《きそん》されたことに憤慨する日本国民は国乱を起こし、ひいては外国の介入を招くことになるだろうとも警告した。

ボアソナードの議に力を得た井上毅は、七月十二日、井上馨に書簡を送った。その中で井上毅は条約改正の不当を論じ、日本は半独立国の地位に貶《おとし》められることになると訴えた。また井上毅は伊藤に対して予言した。もし条約案を実行しようとすれば、国内は改正賛成派と反対派に二分され、二派の対立は内乱を呼び、その禍害たるや測り知れないものがある、と。ついに井上馨は、自分の案が招いた混乱を認識せざるを得なくなった。もし列強との当初の取決めを修正せず、このまま突き進めば、国家の危機を招くことは火を見るより明らかだった。七月十八日の改正会議で井上は、各国全権委員に対し、日本政府は裁判管轄条約を変更せざるを得ないと決定したと告げた。八月二日、井上馨は天皇に謁見を請《こ》い、改正会議延期の顛末を上奏した。

九月十七日、内閣総理大臣である伊藤は、兼任していた宮内大臣を辞任した。当初、天皇は伊藤の辞任を認めようとせず、また後任として黒田清隆を推す伊藤の推薦を拒んだ。皇室の典範《てんぱん》はいまだ定まらず、皇室財産もまだ制度化されていなかった。これらの問題に有効に対処できる人間は、伊藤以外にいなかった。黒田については、その性格からして宮中に永く置くことを好まなかった天皇は、元田の意見を質した。元田は次のように奉答した。本来、内閣総理大臣が宮内大臣を兼ねることは宮中と国家の一体化を意味し、立憲君主国としては最も望ましい形である。しかし、あくまで人物による。かつて、中国には諸葛亮《しょかつりょう》（孔明《こうめい》）がいた。プロシアにはビスマルクがいる。いずれも至誠大才の人物である。伊藤は才識豊かではあるが、いまだ徳望に欠けるところがある。伊藤がこれ以上宮中にとどまれば、あるいは皇室に累《るい》を及ぼすことになるかもしれない、と。元田は、伊藤の辞意を聴き届けるよう勧めた。

天皇は、宮内大臣としての伊藤を失うのを嫌った。しかし、最後には伊藤の辞任を認め、後任に土方久元を据えた。黒田は農商務大臣に任じられた。元田は井上馨の外務大臣罷免《ひめん》を勧め、九月十七日、実行に移された。しばらくは伊藤が内閣総理大臣と外務大臣を兼任することになった。

これらの政治的変動は、天皇を大いに憂慮させた。しかし天皇はこの年、憂鬱な気分にひたってばかりいたわけではなかった。八月二十二日、天皇の四番目の皇子猷仁《みちひと》親王が誕生した。生母は園祥子だった。また八月三十一日、八歳の誕生日を迎えた嘉仁親王が、正式に儲君《もうけのきみ》（皇太子）と定められ、皇后の実子となった。その日夕刻、天皇、皇后、皇太后、嘉仁親王列座のもとに、御内儀で内宴が催された。皇族、大臣、宮中官吏など三十九名が招かれ陪席した。この夕、天皇は大いに喜び、くつろいだ。諸臣を御座に召し、杯を賜った。また皇太后、皇后、嘉仁親王に手ずから酒を勧めた。やがて宴たけなわとなり、御内儀は歓呼の声に満ちた。天皇は人々に命じ、歌い、かつ舞わせた。『明治天皇紀』は、「蓋《けだ》し君臣愉楽の状此《かく》の如《ごと》きは、未だ嘗《かつ》て見ざる所なり」と記している。事実、天皇の生涯において、このような機会はめったに無いことだった。

第四十章　憲法発布、そして条約改正反対高まる

　明治二十一年（一八八八）、明治天皇は病気のためほとんど儀式を執り行わず、また（習慣となっていた）野外演習、卒業式にもめったに臨幸することがなかった。最も深刻な病は二月七日から五月五日まで続き、鼻《び》喉頭《こうとう》カタル症および肺炎と診断された。[1] 危機を脱したのち、侍医たちは海岸高燥の地で療養するよう進言した。しかし天皇は例によって、君主としての強い義務感から宮廷を離れようとはしなかった。[2] さらにこの年後半、天皇は風邪をこじらせた。しかし天皇の医者嫌いは甚だしく、侍医の助言には一切耳を貸さなかった。さまざまな機会に、特に天皇が病気の時はなおのこと皇后が天皇の名代を務めた。例えば帰国するシャム国特命全権大使の引見、巡洋艦「高雄《たかお》」の命名式への出席、帝国大学の医科および理科大学の視察などである。[3]

　侍医たちの実績は、芳《かんば》しいものではなかった。しかしいまだに伝統的な「漢方」に固執する天皇は、侍医を交代させなかった。[4] 天皇の皇子がまた一人、十一月十二日に脳膜炎のため一歳三ヵ月で死去した。猷仁《みちひと》親王である。侍医たちの必死の努力（また最後に呼び寄せた陸・海軍軍医総監らの投薬）も、甲斐《かい》がなかった。もう一人の皇女（六番目の皇女）が九月、園祥子から誕生した。例のごとく、誕生を祝う宴が催された。しかし列席者の多くは、これまでに皇子皇女が何人死去したかを思い起こしていたに違いない。乳児の昌子《まさこ》内親王の健康を願う祝杯に、果たしてどれほどの効果があるだろうか、と。

新年の始めにあたり、天皇は例のごとく御講書始を行なった。この年は福羽美静《ふくばびせい》による『日本書紀《にほんしょき》』景行《けいこう》天皇の巻、元田永孚による『中庸《ちゅうよう》』の一節、西村茂樹によるヘンリー・ホイートン『万国公法《ばんこくこうほう》』の「自主の義」だった。[5] これら進講の主題の選択には、相変わらず調和のとれた天皇教育への配慮が施されていた。すなわち日本の歴史的伝統、中国の道徳的教義、西洋の実学、である。

この時期の天皇について垣間見《かいまみ》える数少ない身近な話題のうち、特に興味深いものが一つある。宮内大臣の土方久元は、外国王族、貴賓に贈与する天皇の肖像として、明治六年に内田九一によって撮影された写真よりも新しい最近の天皇の肖像写真が必要だと考えた。土方は印刷局雇のイタリア人画家エドアルド・キオッソーネに、天皇にふさわしい肖像画を準備するよう依頼した。最も手軽な方法は、天皇の写真を撮影することだったが、天皇は大の撮影嫌いで、これは不可能だった。伊藤博文の宮内大臣時代にも、天皇に新しい肖像写真の撮影を何度か奏請したことがあった。しかし天皇は、そのつど許さなかった。この天皇の気持は変わりそうにないとわかっていた土方は、キオッソーネに依頼し、密かに天皇の顔を写生させることにした。何かまずい事態が生じたら、自分が責任を取る覚悟だった。

まず侍従らの承諾を得た土方は、適切な時機を待った。好機は、一月十四日に訪れた。その日、芝公園内の弥生社《やよいしゃ》への行幸で、御陪食があった。キオッソーネは襖《ふすま》の陰に隠れ、正面の位置から龍顔を仰ぎ、その姿勢、談笑の表情に到るまで細心の注意を払って写生した。[6] 土方はキオッソーネが完成させた肖像画の出来栄えを大いに喜び、これを写真に撮影した。土方は写真を天皇に奉呈するにあたり、事前に天皇の許可を得なかったことを詫《わ》びた。天皇は写真を見て、無言のまま良いとも悪いとも言わなかった。土方は天皇の沈黙が何を意味するか戸惑ったが、あえて天皇の気持を質すことはしなかった。ちょうどこの頃、某国王族から天皇の写真を求められた。土方は天皇に、キオッソーネが描いた肖像画の写真への署名を願った。天皇が写真に親署したので、土方は大いに胸を撫《な》で下《お》ろした。親署したということは、すなわち天皇が写真を気に入った証拠だと思ったからである。[7] これ以降、(写生に基づく)キオッソーネの肖像画の写真は、外国王族のみならず広く全国の学校に配布された。「御真影《ごしんえい》」として知られるようになるこの写真の前で、幾世代もの子供たちが最敬礼した。肖像画はあまりにも真に迫っており、ほとんどの人々はそれが写真だと思った。(8)

二月一日、天皇は大隈重信を外務大臣に任命した。すでに見たように大隈の前任者井上馨は、条約改正をめぐる対立から辞任を余儀なくされた。しかし井上は、大隈が自分の後任となって条約改正を実現してくれることを期待した。(9)大隈を指名するにあたっての難題は、内閣顧問黒田清隆の説得にあった。黒田と大隈は北海道開拓使官有物払い下げ事件以来、反目し合っていた。

内閣総理大臣伊藤博文は、黒田説得に協力すると約束した。大隈は立憲改進党の結党（明治十五年）に中心的な役割を果たし、自由党ほど過激ではなかったが伊藤が嫌う変革を提唱していた。(10)しかし伊藤は大隈に対する政治的反感を抑え、大隈指名を黒田に説いた。伊藤の説得は功を奏した。ある日突然、黒田は大隈の屋敷に現われ、過去の経緯を詫び、将来の協力を約束した。(11)

大隈は、黒田の態度に動かされた。しかし、入閣は改進党にとって逆効果になる恐れがあるため躊躇した。大隈は入閣の受諾と引換えに以下の条件を出した。すなわち国会開設後七、八年以内に議院内閣制(12)を確立すること、国会議員を選ぶ際の選挙権は府県会議員の選挙権より条件設定を高くしないこと、秩序ある進歩を期して過激の暴乱に陥らせぬようにすること、の三点だった。(13)大隈はまた、以上の条件が満たされた場合、その誓約をあまねく国民に告げるよう要求した。伊藤は数カ月、これらの条件を呑《の》むことを渋った。そのため、自ら外務大臣の兼任を続けた。しかし最終的に妥協が成立し、大隈は入閣した。

大隈は井上馨に劣らず治外法権の廃止に断固たる決意を固めていた。井上案を修正した大隈案には、論議の的である内地の旅行、居住、土地の購入を外国人に許可する項目が入っていた。しかし外国人裁判官の役割は限定され、また新しい民法の正本は英語でなく日本語となっていた。(14)これらの手直しは、政府内の条約改正反対派を懐柔するには不十分で、大隈案は明治二十一年、翌二十二年の大半にわたって批判の矢面《やおもて》に立たされた。

その間、明治二十一年四月二十八日に天皇は枢密院《すうみついん》を設置した。天皇の勅令には、「朕《ちん》、元勲及練達ノ人ヲ撰《えら》ミ、国務ヲ諮詢《しじゅん》（相談）シ、其啓沃《けいよく》（主君に心を開いて告げること）ノ力ニ倚《よ》ルノ必要ヲ察シ、枢密院ヲ設ケ、朕ガ至高顧問ノ府トナサントス」[15]とある。

枢密院の主たる機能は、憲法制定に関わる諸問題を討議することにあった。[16]枢密院を構成する顧問官は、いずれも国家に貢献した（四十歳以上の）年功者から成り、議長、副議長を含む約十五名だった。立憲政治が開始されると同時に、枢密院は政府と議会の間に介在し、天皇の輔翼《ほよく》の任を果たすことが目的だった。伊藤は枢密院の主唱者だった。伊藤は断固として、憲法は天皇が国家に授ける欽定《きんてい》憲法であるべきだと考えていた。天皇の権威は神聖にして侵すべからざるもので、また天皇の裁決は絶対的なものでなければならなかった。枢密院の役割は、特に政府と議会の間で対立が生じ、例えば大臣を罷免するか議会を解散するかといった事態が生じた際には、天皇の裁決を正しく導くことにあった。

新たに組織された枢密院の重要性を強調するかのように、伊藤は内閣総理大臣を辞任し、枢密院議長に就任した。伊藤の推薦で、黒田清隆が後任に指名された。天皇は、内閣総理大臣としての伊藤を失うことに気が進まなかったが、枢密院議長に就任することを認めた。恐らく、伊藤以外に枢密院の議論を統率できる人物がいなかったためだ。枢密院会議は、天皇の臨御によって機能が高められることになった。天皇は病気の時を除き、毎回臨御した。天皇は議事進行に注意深く耳を傾け、一語も発することがなかった。もっとも、会議後に議長を召して疑義を質すことは時折あった。[17]炎暑の季節に入り、議場が時に耐えがたいほどの暑さとなっても、天皇は暑さを訴えることなく、倦《う》まずに議事に聞き入った。

なぜ天皇が、見当違いで退屈な繰り返しも多かったに違いない議論に何時間も進んで耳を傾けたのか、不思議に思われるかもしれない。恐らく恒例の宮中儀式や、数え切れないほどの外国人訪問者との接見の退屈さに比して、天皇の注意を引く何かがそこにあったのではないか。枢密院における討議の数々は、あるいは日本の将来における天皇の役割を理解する上で役に立ったかもしれない。

　明治二十一年四月、伊藤は憲法草案を天皇に奉呈した。すでに明治十七年、伊藤は宮中に設けられた制度取調局長官に任じられ、憲法調査に取り組んでいた。井上毅、伊東巳代治《いとうみよじ》、金子堅太郎《かねこけんたろう》を調査に従事させ、太政官《だじょうかん》雇ドイツ人ヘルマン・レースラー（のちに東京帝国大学法学部教授）を顧問とした。しかし伊藤は多忙のため、思うような進捗《しんちょく》を見なかった。明治十九年、伊藤は憲法の起草に本格的に着手した。井上毅、伊東、金子にそれぞれ役割を分担させ、井上毅を起草の責任者とした。

　伊藤は、すでにウィーンで憲法研究を重ねてきた。伊藤の見解は恐らく、憲法政治の「機軸《きじく》（活動の中心）」の重要性について現地で学んだことを反映していた。明治二十一年六月十八日、枢密院での憲法起草趣旨演説で、伊藤は次のように述べている。ヨーロッパにおける憲法政治の萌芽《ほうが》は遠く往古《おうこ》に発し、数世紀にわたり着実に発展してきた。そのため、人民はこの制度に習熟している。のみならず宗教はヨーロッパ諸国の機軸を成し、人心に深く浸透し、これを統一することに役立っている。日本には、宗教として仏教と神道がある。しかし人心を統一するにはあまりに力が弱く、機軸の用をなさない。日本人が持つ唯一の機軸は、皇室である。憲法の草案を作成するにあたっては、もっぱらそれに意を用い、君権を尊重して、あえてこれを束縛することがないよう努めた、と。「君権」は、伊藤らが準備した憲法草案の機軸となった。

　憲法をめぐる討議は、残る明治二十一年の最後まで延々と続けられた。他の諸問題、例えば治外法権撤廃に向けての条約改正問題が忘れ去られていたわけではなかったが、進展はほとんど見られなかった。しかし十一月に調印されたメキシコとの修好通商条約は、メキシコ人の内地居住、土地所有を認め、治外法権は認めなかった。これは、二国間において日本が対等の立場で調印した最初の条約だった。しかし、メキシコの例に倣う国は現れなかった。むしろ英国とフランスは、日本との間の現行条約にある最恵国条款《じょうかん》にもとづいて、メキシコの享受する新たな特権を自動的に自国にも認めるべきだと強く要求した。もっとも、当時日本にいたメキシコ人は一人だけだったため、この条約はさしたる影響を及ぼさなかった。

新宮殿がこの年十月末に完成し、以後、皇居は「宮城《きゅうじょう》」と称せられるようになった。皇族は翌明治二十二年（一八八九）一月十一日、新宮殿に移ることになった。明治天皇の宮廷は明治六年以来、手狭な「仮皇居」にあった。天皇の浪費嫌いは、新宮殿の建設を考えることさえ躊躇させた。しかし天皇は、日本の国威が君主にふさわしい邸宅を必要とするという意見に最終的に従った。

巨額の費用で建てられた宮殿は、日本の君主の威光を示すことを意図したものだった。訪れた外国人の大半は、これに感銘を受けた。(18)宮殿の東翼《とうよく》は、天皇の公人としての役割のために使われた。例えば天皇は、そこで金色の玉座に坐って外国の賓客を接見した。天皇の御座所である西翼は、和風建築だった。建物後部には神殿があり、天皇はそこで儀式を執り行うのだった。個々の建物は和風の廊下で繋がれ、その周囲に庭が配されていた。(19)

明治天皇は、新宮殿の体裁にはまったく無関心だったようである。例えば侍従だった日野西資博の回想によれば、御学問所の廊下に飾られた造花の桜は三、四年も放《ほう》っておかれ、桜の色が変色しても天皇は気づかないようだった。これはのちの天皇崩御《ほうぎょ》の際、あまりに汚いので焼き捨てられた。(20)宮殿には電気が配線され、公務の部屋で使われていた。しかし、天皇は御座所では電灯を許さなかった。漏電《ろうでん》が大火災を引き起こすかもしれないことを恐れたのである。そのため蠟燭《ろうそく》の使用で天井は黒ずみ、特に天皇の晩年は宮殿の様相はかなりわびしいものとなった。

新宮殿への移動は、仮皇居から行列をなして行われた。天皇皇后は親王、閣僚ほか貴顕たちに供奉されて午前十時に仮皇居を出発、一時間後に新宮殿に到着した。沿道には諸学校の生徒が整列し、「君《きみ》が代《よ》」を歌った。新宮殿正門外では、軍楽隊の演奏が出迎えた。行列が二重橋《にじゅうばし》に到着すると、昼間の花火が打ち上げられ、群なす奉迎の市民が万歳を唱えた。

明治二十二年、天皇の健康状態は前年よりも良好だった。もっとも、病気のため時に国事を欠席することはあった。この年は、天皇の裁断が絶えず仰がれる、その治世でも最も慌《あわ》ただしい年の一つだった。中でも難題は、陸軍中将の谷干城に関わることだった。谷は、明らかに有能な人物だったが、議論を好み、伊藤博文や井上馨と鋭く対立し、（すでに見たように）農商務大臣の辞任を余儀なくされた。すでに一年半、谷は公務から遠ざかっていた。谷が密かに何かを企《たくら》んでいるのではないかと疑った政府は、探偵を放って谷の身辺を探らせた。

天皇が恐れたのは、谷が不平の徒に与《くみ》して江藤新平《えとうしんぺい》や西郷隆盛の轍《てつ》を踏み、反旗を翻《ひるがえ》すのではないかということだった。最善の策は、谷を枢密院に入れ、その行動を制することだと思われた。明治二十一年十二月、天皇は元田永孚に命じて谷を訪問させ、枢密院に出仕するつもりがあるかどうか打診させた。谷は固辞し、動かなかった。

谷を説得するため、嘉仁親王御教養主任で谷の旧友でもある曾我祐準《そがすけのり》が、[21]谷が頻繁に滞在していた熱海《あたみ》の旅館を元田と共に訪ねた。谷は、天皇が熱心に谷の顧問官就任を願っていることを知って感涙した。しかし谷は、同志との約束を破るわけにはいかないと応えた。すでに谷は同志に対し、上院（貴族院）の議官となって反政府の所信を披瀝《ひれき》することを約束していた。[22]もし谷が、ここにきて枢密院に出仕すれば、同志の信頼を失うことになるのだった。谷は、反政府的立場は皇室に対する不忠を意味しないと主張した。日本の反政府勢力は、（ドイツ社会主義者やロシア虚無主義者と違って）皇室の信奉者である。政府が探偵を放って自分の言動を偵察させるなど馬鹿げている、と。[23]

枢密院での審議は、なお続いていた。明治二十二年一月、伊藤は次のように述べた。憲法を欧文に翻訳し、また法律学者の意見を聞いた結果、なお不備の箇所があることがわかった。いかに細心の注意を払って憲法を作成しようと、もとより批判は免れ得ない。とはいえ、不用意ゆえに欠点を後《ご》世に残すことだけは避けなければならない、と。発布の時期が迫るこの期に及んでなお伊藤は、例えば、皇位継承者は男子に限定することを憲法に明示すべきであるなど、最後の修正条項を提出した。

二月五日、枢密院はすでに皇室典範、帝国憲法、議院法、衆議院議員選挙法および貴族院令を決定し、浄書各三通を作り、二通が天皇に奉呈された。六日後、神武天皇の即位を記念する紀元節御親祭《きげんせつごしんさい》の二月十一日、天皇は賢所で皇室典範および憲法制定の告文《こうもん》（神に告げる文書）を奏した。皇祖皇宗《こうそこうそう》（天皇の始祖と歴代天皇）に向けて奏された告文の中で天皇は、この日の大事が達成できたのはひとえに皇祖皇宗の導きのお蔭であると述べ、憲法を遵守することを誓った。天皇は皇霊殿に拝礼し、再び告文を奏した。

引き続き午前中に、憲法発布の式典が行われた。親王、内閣総理大臣および各大臣、各貴顕、各府県知事、他の国家機関の各総代ならびに各国公使らが一堂に会し、天皇の勅語に耳を傾けた。天皇は祖宗のみならず祖宗の忠良なる臣民を讃《たた》え、その子孫たる我が臣民と共に帝国の光栄を広く内外に宣揚し、祖宗の遺業を永久に強固なものにすることを誓った。

勅語の後、天皇は大日本帝国憲法を内閣総理大臣黒田清隆に授けた。天皇が国家に憲法を授けることを意味する、これは象徴的な行為だった。皇族の侍医を務めたドイツ人医師エルウィン・ベルツは、この日の式典を次のように再現している。

「天皇の前には、やや左方に向って諸大臣、高官が整列し、そのうしろは貴族で、そのなかに、維新がなければ立場をかえて現在将軍であったはずの徳川亀之助《とくがわかめのすけ》氏や、ただ一人（洋服姿でいながら）なお正真正銘の旧《ふる》い日本のまげをつけているサツマの島津侯を認めた。珍妙な光景だ！　天皇の右方は外交団。広間の周囲の歩廊は、他の高官連や多数の外人のため開放されている。皇后は、内親王がたや女官たちと共に、あとより続かれた。長いすそをひく、バラ色の洋装をしておられた。すると、玉座の左右から、それぞれ一人の大官が一つずつ巻物を持って進み出たが、その一人はもとの太政大臣三条公だった。公の手にあった方が憲法である。他方の巻物を天皇は手に取ってお開きになり、声高らかに読み上げられた。それは、かねて約束の憲法を自発的に国民に与える決定を述べたものであった。次いで天皇は、憲法の原本を黒田首相に授けられたが、首相はこれを最敬礼で受取った。それが終ると、天皇は会釈《えしゃく》され、皇后やお付きのものを従えて、広間を出て行かれた。式は、わずか十分間ばかりで全部終了した。この間、祝砲がとどろき、すべての鐘が鳴り響いた。儀式は終始いかめしく、きらびやかだった。ただ玉座の間《ま》が、自体は豪華なのだが、なにぶん地色が赤で暗すぎた」(24)

明治二十二年の帝国憲法は、アジア諸国のどの憲法よりも進んでいた。また、ヨーロッパ諸国の幾つかの憲法より自由主義的だった。しかし、「神聖ニシテ侵スベカラ」ざる人物としての天皇と、天皇に与えられた主権の強調は、この憲法が主権を国民に与えることからは程遠いものであることを示していた。(25) それでもなお憲法の授与は、日本における代議政体の開始を告げるものだった。帝国憲法は、冒頭の「上諭《じょうゆ》」で、帝国議会を明治二十三年（一八九〇）に召集し、その議会開会時を以て憲法を有効とするとしている。

憲法発布の式典挙行に先立ち、新たに制定された勲章である旭日桐花大綬章《きょくじつとうかだいじゅしょう》が伊藤博文に授与された。当初、（長州人である伊藤への授章と釣り合いを取るため）黒田清隆（薩摩出身）にもまた同様に授章して然るべきだという意見があった。しかし明治天皇は、元田永孚の支持があったにもかかわらず、これを斥けた。(26) このめでたい機会に古傷を癒そうと、反乱罪で処罰された人々が赦免され、また贈位《ぞうい》（死後に位階を贈ること）された。西郷隆盛に正三位《しょうさんみ》が、吉田松陰に正四位《しょうしい》が贈られた。

同日、文部大臣の森有礼が憲法発布の式典に列席するため官邸を出ようとした時だった。一人の男が森に面会を求めた。森は代理の者に男をまかせ、玄関を出ようとした。男は森に飛びかかり、出刃庖丁《でばぼうちょう》で森を刺した。森は重傷を負った。男はその場で斬られ、即死した。のちに、以下のことが明らかになった。森を刺した凶徒西野文太郎《にしのぶんたろう》は、森が伊勢神宮に参拝した際、靴を脱がずに昇殿し、杖《つえ》で神簾を掲げ、内に安置された神鏡を覗《のぞ》き見たという噂を耳にした。西野は憤慨し、森の行為が神明《しんめい》に対する冒瀆《ぼうとく》であるばかりでなく、皇室を侮辱するものでもあると解釈した。西野は密かに、森を殺す決意を固めた。

森は翌日、死去した。西野の懐中から見つかった斬奸状は、西野が伊勢に出向き、森が事実不敬な行為をしたことを確かめ、噂が決して虚伝ではないと確信するに到ったと書いている（しかし森の死後、文部次官が調査した結果、これは全くの虚伝であるとの結論が出た）。天皇は、森の業績を讃えると同時に哀悼の意を表する誄辞《るいじ》を賜い、森に正二位を贈った[27]。

憲法発布の興奮がいったん収まると、政府閣僚は未完の仕事、特に条約改正問題に本腰を入れ始めた。東洋諸国に対して協調行動を取る傾向がある欧米政府の連鎖を破ることこそ急務であると考えた大隈は、合同会議による決定を排し、国別談判の方針を採ることにした。条約改正案は明治二十一年十一月、まずドイツ代理公使に手交された。さらに十二月、大隈は米国公使に条約改正案を手渡し、速やかに本国政府の承認を得るよう求めた。その際、大隈は次のことを約束した。他国の方針のいかんにかかわらず、米国国民は新条約より生ずる利益を享受することになる。もし他国政府が最恵国条款を楯《たて》に同一の利益を要求しても、米国政府と同様に治外法権の撤廃を受入れない限り、同様の利益を享受できないことを通告する、と。

大隈は、ヨーロッパ諸国から改正条約に対する同意が得られなければ、米国との条約は何ら意味をなさないことに気づいていた。しかし大隈は考えた。もし新条約がまさに日米間で調印されようとしていることを他国政府に告げられるならば、各国とも刺激を受け、条約締結に向けて動き出すことになるのではないか、と。

明治二十二年二月二十日、大隈と米国公使リチャード・B・ハバードによって調印された和親通商および航海条約は、治外法権撤廃に向けて大きな一歩を記した。条約は、憲法発布一周年の記念日である明治二十三年二月十一日に施行されることになった。日本側は調印を急いだ。米国の新しい共和党政権が、民主党に任命されたハバードの取った措置を承認しないかもしれないと恐れたからである[28]。

すでに予測可能であったように、英国は条約改正に反対だった。もっとも、日本側は英国に同意を促すため最大限の努力を払ってきた。明治二十一年十二月二十九日、大隈は英国代理公使に対し次のように念を押した。英国は我が国の輸入貿易の大部分を占め、日英両国間の貿易高は我が国の海外貿易総額の三分の一に当たる。日本に居留する外国人の約半分は英国人であり、その利害は遥かに他の列国の上を行っている。明治維新の際にハリー・パークス公使から受けた恩を日本人は決して忘れていないが、もし英国が条約改正を阻止し続けるならば、日本人の感謝の念は怨嗟《えんさ》の念に変わるかもしれない、と。大隈は続けた。もし英国が改正を受け入れれば他の列国も勢いこれに倣うことになり、日本人は英国の支持に心から感謝することになるだろう。結果、「貴国は極東に於《お》いて四千万の人口と、十八万の精兵と、数十艘の堅艦とを有する新興国を自ら同盟国として見るに至らん」(29)。

大隈の雄弁にもかかわらず、英国は日本の要求に応ずる気配を容易に見せなかった。英国側は指摘した。日本の法律の編纂は西洋の標準に従ったものでなく、条約改正案には不備な箇所が多々ある。もし外国人に日本の裁判権に従うことを実際に望むのであれば、ただちに内地を開放すべきである。今から五年を経過し、裁判所の構成が確立され、法典の編纂が完了し、裁判所の満足のいく運営に関して合理的かつ十分な保証を得るに到ったならば、その時初めて領事裁判所は廃止され、治外法権は停止されるべきだろう、と。似たような条件は、関税率の改正に関しても主張された。

日本側から条約改正案に関する疑義を最初に表明したのは、米国駐在特命全権公使の陸奥宗光《むつむねみつ》（一八四四―九七）だった。日米条約付属の公文によれば、条約施行ののち少なくとも十二年間は数名の外国籍裁判官を大審院に任用するとある。しかしこれは、帝国憲法第二十四条および第五十八条に抵触するのではないか(30)。この陸奥の指摘に対し大隈は、抵触を生じないようにすると応えた。しかし外国籍裁判官をめぐる議論は、なお続いた。

明治二十二年六月十一日、日本とドイツは改正条約に調印した。最後の最後になって、さらに日本側に譲歩が求められたが、ドイツ駐在特命全権公使の西園寺公望は、ドイツ外相ヘルベルト・フォン・ビスマルクに日本側の決意を示し、改正案に対する意向を質した。ビスマルク外相は意外にも日本側に好意を示し、事態は好転した。日本政府はこの成功を喜び、日本駐在の各国公使に条約改正案を手渡し、本国政府に送付するよう求めた(31)。

成功裡《り》に終わった米国およびドイツとの交渉は、改正条約に対する国内の反発に終止符を打ったわけではなかった。改進党の機関紙「郵便報知新聞」は、条約改正問答と題し、改正条約に関する一問一答を十四回にわたって連載した。主筆矢野龍渓《やのりゅうけい》（文雄《ふみお》）の目的は、新条約の先行きに不安を覚える人々を安堵《あんど》させることにあった。ある者は例えば、外国人裁判官の任用は外国の内政干渉を招くことになるのではないかと恐れた。しかし矢野は、以下のように応えた。裁判官の任免、懲戒の権は完全に日本人の手にある。さらに、もし裁判官が日本に帰化すれば内政干渉の危険などあり得ない、と。また外国人に内地を開放し土地の所有権を認めることは日本の主権を脅かすことになるのではという危惧に対しては、矢野は国際関係は対等でなければならないと主張した。日本人はすでに諸外国を自由に旅行し、土地を購入することができる。同様の権利を外国人に認めなければ不公平ではないか、と。また、外国人に日本の土地を買い占められてしまうのではという危惧に対しては、次のように応えている。土地より儲《もう》かる投資の対象は多く、また日本の土地より利益をもたらす地面は世界に山ほどある。外国人が日本の土地を買い占めようと殺到してくることなどあり得ない、と。

矢野の論旨には説得力があったものの、改正条約に反発を覚える日本人の声は高まるばかりだった。天皇は、元田永孚を大隈のもとに遣わし、改正条約に付した公文の内容が帝国憲法に抵触するという非難に対する釈明を求めた。大隈の説明は釈然としなかった。元田は、伊藤の意見を質すよう天皇に勧めた。七月二十四日、天皇は伊藤を召し、外国人帰化法および外国人裁判官雇用について問い質した。伊藤も当初は大隈の条約改正案に賛成し、天皇にも承認を求めた。しかし条約が憲法に抵触するとの議論が高まるにつれ、伊藤の意見は揺らぎ始めた。二十九日、天皇が再び伊藤を召した時、伊藤は（病気のため参内できないと言って）悲観的になっていた。伊藤は将来の困難を予測し、微力にして奉答すべき解決法を知らず、と告白した。

多くの疑問が、答を待っていた。第一に、ある主要国が条約改正案を受け入れなかった場合、その国と結ばれた現行条約を無効とするべきなのか。最も重要な「主要国」である英国は、条約の改正を考える素振りさえ見せていなかった。予測された通り、日本が内地での交易権を米国に与えた際に、英国は最恵国条款を楯に米国と同じ権利を要求した。大隈は、英国の要求を撥《は》ねつけた。英国側は時期尚早と判断し、いったん主張を留保した。その前にメキシコとの修好通商条約が公布された際にも、英国公使はメキシコが享有する全ての特権に英国もまた浴する権利を有すると主張した。それに対しては、もし英国が治外法権についてメキシコと同じように譲歩するならば同様の特権を享有できると英国公使に告げられた。交渉は長引いた。この間、日本は八月にロシアとの改正条約に調印した。

八月十四日、枢密顧問官の副島種臣を筆頭に鳥尾《とりお》小弥太《こやた》など貴顕数人が外務大臣官邸に大隈を訪ね、条約改正について論じた。鳥尾は、外国人裁判官問題を持ち出した。大審院判事に外国人を任用するのは憲法違反だと考える鳥尾は、外国人の利益を保護することに急で国民の利益を度外視するのはなぜかと大隈に迫った。大隈は鳥尾の批判に一理あることを認めつつも、次のように応えた。治外法権によって現に日本が受けている被害は、今求められている譲歩から生じる被害より遥かに大きく、もし大害を取り除こうと欲するならば、幾分の譲歩は止むを得ない、と。鳥尾はなお、飽くまで条約改正を断行するつもりなのかと迫った。大隈はその決意であると応え、しかしもし天皇が批准しなければ止むを得ないと付け加えた。鳥尾は反駁し、大隈が今なすべきことは辞職して条約改正を中止することだと息巻いた。

条約改正反対派は、なにも政治家に限ったわけではなかった。条約改正の中止を求め、各府県から大勢の人々が上京した。八月十八日、反体制派の新聞、雑誌を含む諸団体の有志が全国非条約改正論者連合大懇親会を催し、参加者は百八十名以上に達した。さらに二十五日から三日間、全国同志連合政談大演説会が開かれた。二十二日、条約改正の（そして一般に西洋化に対する）中止運動の機関として「日本倶楽部《にほんクラブ》」が結成された。彼らは新聞「日本《にほん》」に条約改正中止を唱える論陣を張り、さらに天皇の信頼すべき枢密顧問官、特に元田と佐佐木高行を通じて天皇に訴えようと試みた。ほどなく大隈の辞任、さらに弾劾《だんがい》さえ求める声があがった。

抗議の声は、公然と外国人嫌悪の調子を帯び始めた。日本の法廷に外国人裁判官を任用することに対し、特に猛攻撃が浴びせられた。また、言葉巧みに痛烈に政府を皮肉る意見書も書かれた。「嗚呼《ああ》、昔日《せきじつ》幕府攻撃の諸賢、何ぞ幕府に勇にして外国に怯《けふ》（臆病）なるや」、もし改正条約が施行されれば国家の独立はどうなるか、などと。[32]

法制局長官の井上毅は、内閣総理大臣黒田清隆に書簡を送り、条約改正交渉の中止を求めた。井上は当初、裁判官の帰化人採用説を首唱していた。しかし今や条約改正の試みをすべて断念しない限り、日本は取り返しのつかない一大難事に直面すると確信するに到った。井上は辞職を決意し、黒田に申し出たが取り上げられなかった。井上は司法大臣山田顕義に書簡を送り、次のように述べた。明治十六年（一八八三）、岩倉具視は死の床で自分にこう命じた。欧米諸国が法的に条件付きの条約を要求する限り、内地雑居を許してはならない。国の命運は、ひとえにこのことに懸かっている。それを断じて忘れるな、と。井上が恐れたのは以下のことだった。もし日本が条約改正をこのまま続ければ国権論者はますます激昂し、愛国者と粗暴の政論家とが与《くみ》して排外運動を起こすに違いない。その場合、日本は必ずやエジプトの轍（急速な近代化に伴う巨額の対外債務により、英仏の支配を受けていた）を踏むことになる、と。

それまで政府首脳が提唱する条約改正に賛成のように見えた天皇も、今は心を痛めていた。天皇は大隈を召し、英国との協議の経過および条約調印後のロシアとの関係について質した。大隈は英国との交渉は極めて困難ではあるが、ほどなく調印される見込みであると請け合った。天皇は納得しなかった。天皇が抱いた印象では、黒田は諸事ことごとく大隈に一任し、大隈は独断専行しているようだった。すべてを一人の人物にまかせておいてよいのかと、天皇は不安を覚えた。伊藤は条約改正を持ち出した当初、それが憲法と抵触する可能性については触れず、だからこそ天皇も同意したのだ。問題は、今何をなすべきかだった。条約改正の試みを断念すべきなのか。あるいは、改正条約をさらに改正すべきなのか。天皇は伊藤に意見を上奏するよう命じた。

伊藤には、奉答すべき妙案など何も無かった。しかし大隈罷免を求める改正反対派の声は、日増しに険しくなっていった。ここにきて、憂国の予言者たちが気勢を挙げた。宮中顧問官の西村茂樹は、条約改正に反対する理由を記した次のような意見書を各大臣に建言した。獰猛《どうもう》で手に負えない気質の欧米人は、常に侵略をせずにはいられない。もし我々がその学問に感服し、その富に目が眩《くら》み、その甘言を信じ、その宗教に惑わされて彼らの術中に陥れば、日本はインド、トルコ、エジプトなどの轍を踏むことになるだろう。日本と欧米の国勢の強弱、また人民の智愚、財産の貧富等の差を比べても見よ。もし欧米人に内地雑居を許し、土地の所有権を与えるならば、利するのはもっぱら彼らであり、日本人には害のみがもたらされる。百年もすれば地主はすべて欧米人となり、今の地主は小作人となっていることだろう。国家建設以来数千年にわたって皇室の所有であった土地は外国人の所有に帰し、商工業の実権もことごとく外国人の掌握するところとなる。日本人は、まさに奴隷《どれい》のごとく虐待されることになるだろう。現行条約に、もとより欠点がないわけではない。しかし改正条約に比べれば、国害となること甚だ小である。現行条約の趣旨は、努めて外国人を遠ざけることにある。しかし改正条約は、彼らを身近に引き寄せることによって、国家を危険にさらすものである、と。(33)

西村が天皇の侍講に選ばれたのは西洋の制度に精通していたからだが、彼の外国人への評価には手厳しいものがあった。過去何年にもわたり、治外法権は日本に対する西欧の優越主義を体現するものとして最も憎まれてきた。しかし西村の考えでは、治外法権の撤廃と引換えに日本が強いられることになる犠牲に比べれば、それも大したことではなかった。皮肉なことに、日本人を治外法権の犠牲者だとはまったく考えていない英国人は、ドイツが得るもの少なくして日本に大幅な譲歩を与えたことが不思議でならなかった。(34)

十月三日、事態を憂慮した天皇は、宮内次官吉井友実《よしいともざね》を通じて黒田に告げた。速やかに伊藤と協議し、条約改正断行の可否を定めよ、と。黒田は、万難を排して改正を断行する決意を固めていた。しかし伊藤は当初は改正に賛成していながら、もはやそれを遂行する勇気を無くしていた。黒田はこれを不愉快に思い、病気と称して誰にも会おうとしなかった。長年にわたって天皇の信頼が厚い枢密顧問官佐佐木高行は、天皇に条約改正反対運動が日増しに勢いを増しつつある現状を報告し、もし天皇が決断を下さなければ不測の事態を招くことになるだろうと上奏した。また、速やかに内閣会議で条約改正の可否を決し、枢密院に諮問させるよう奏請したが、天皇は伊藤からの具体的提案なしに行動するのを躊躇しているようだった。天皇は、英国との交渉に決着が着くまで待ってほしいという大隈の奏請が心にひっかかっていた。また天皇は、伊藤、黒田、大隈が協議し結論を出すのを待ちたいと考えた。

十月十五日、天皇臨御のもとで内閣会議が開かれたが、枢密院議長の伊藤は十一日に辞表を提出して出席しなかった。賛成派、反対派の双方とも見解を変えず、膠着状態となった。両派とも内務大臣山県有朋の支持を求めたが、山県は自分はまだ事情を熟知していないとして可否の意見表明を留保しただけだった。

十月十八日、一人の「愛国者」が大隈を襲撃した。その日、閣議を終え官邸に帰る大隈が外務省門前まで来ると、一人の男が飛び出し、馬車に爆弾を投げつけた。大隈は重傷を負った。治療に駆けつけたベルツ博士は、上腿《じょうたい》切断しかないと結論した。ベルツは日記に書いている。「かつては日本人すべてが望んでいた宿願を、多大の労苦と手腕でついに達成することに成功した大隈は、今では、外人に国を売ろうとする国賊であるとか、その他のばかげた非難を浴びるにいたった。このような一般の感情が最高潮に達して、今回の卑劣な暗殺行為となって現われたのである。枢密院議長の伊藤伯は、数日前に辞表を提出している。かれは、実にずるいキツネだ！[35]」。

結局、大隈は右脚を切断し、負傷から回復した。しかし条約改正は少なくともしばらくの間、暗礁に乗り上げた。ベルツは怒りを込めて記している。「日本人の話を聞いたり、日本の新聞を読んだりすると、この条約改正を熱望していたのは外人であって、これを日本人に押しつけたくて仕方がない！――というのが真相だと思いこむだろう。（中略）一年たつうちに、真相がもっと明白になることだろう。その時は、日本人も必ずや、自ら進んで改正を求めるようになると思う[36]」。

十月二十二日、条約改正を支持しつづけた黒田は、自ら改正失敗の全責任をとり、天皇に辞職を奏請した。黒田は後任に山県を推したが、結局、無難だが行動力に欠ける三条実美が内閣総理大臣に就任した。これは、山県内閣の準備が整うまでの暫定的な措置だった。大隈は留任となったが、十二月に外務大臣を辞任した。不平等条約改正に向けての闘いは終わった、少なくともしばらくの間は――。

第四十一章　第一回選挙、教育勅語、議会開設

明治二十三年（一八九〇）元旦、数えで三十九歳となった天皇は、前年に続いて四方拝を行わなかった。記録には、「御風気《ごふうき》（風邪）の故《ゆゑ》を以《もつ》て」とある。しかし憲法論議を始め、極めて重大な問題に関する審議を何時間にもわたって多大な関心をもって聞いていた天皇である。病気というよりはむしろ、お決まりの儀式にうんざりしていたのではないか。しかし儀式を時に怠ることはあっても、この年の天皇はそれまでに増して熱心に公務に打ち込み、ほとんど一日たりとも休むことがなかった。七月十九日、侍従長の徳大寺実則は日記に記している。「頃日《けいじつ》（近頃）炎熱熾《や》くが如《ごと》しと雖《いへど》も、聖上日々昼御座《ひのおまし》に出御ましまし、万機を親裁したまひて倦怠《けんたい》の色なし」[1]と。

一月七日、御講書始として三つの進講が行われた。まず元田永孚による『周易《しゅうえき》（易経《えききょう》）』の一節、次に西村茂樹による『万国史《ばんこくし》』からドイツ史の一章、最後に帝国大学教授の物集高見《もずめたかみ》による『続日本紀《しょくにほんぎ》』から慶雲《けいうん》四年（七〇七）の詔詞《しょうし》。古代中国、西洋、日本という主題の調和は維持されていた。天皇教育の一環であるこれらの進講は、天皇にとって大して関心を引くものではなかったようである。天皇の日常は、さらに面白味に欠けていた。

慣例の儀式は、かなりな時間の浪費となっていた。応接すべき外国人訪問者の列は絶えることがなく、型

どおりの歓迎、送別の挨拶が何度も繰り返された。また宮廷が外国王室との交際に熱心なあまり、天皇はヨーロッパ王族に子供が誕生するたびに祝電を送ることを余儀なくされた。これに輪をかけて退屈な義務は、外国の君主や王族の死去の報せを受けるたびに喪に服さなければならないことだった。ヨーロッパの国々であれば、互いに王室同士が結ばれている血縁、婚姻関係から言って、このような義務は当然頷《うなず》けるものだったが、一月八日の故ヴィルヘルム一世の皇后アウグスタの死去の報せは、明治天皇にとってさほど意味のあることではなかったはずだ。しかし日本の宮廷は、二十一日間の喪に服すこととなった。同様に一月二十日、馴染みのないイタリア皇弟アオスタ公の死去の報せで、さらに六日間の喪に服すはめになった。天皇の「従兄弟《いとこ》」たちの死は、結構頻繁に起きた。そのため、喪に服す期間について内規を定める必要が生じた。交際諸国が、大国（ロシア、英国、ドイツ、オーストリア、イタリア）と小国（オランダ、スペイン、ベルギー、ハワイ、スウェーデン、ポルトガルなど）に分けられた。大国の王や皇帝、王妃や皇后、皇太子が死去した場合、宮中服喪は二十一日間とされた。しかし小国の王族の死去に際しては、わずか三日間ということもあり得た。(2)

より身近なことでは、天皇は相変わらず皇太子の健康について心を痛めていた。一月二十八日、園祥子が天皇の第七皇女（房子《ふさこ》内親王）を産んだ。しかし後継者たる皇子嘉仁親王の健康は、絶えず天皇の心配の種だった。健康状態が心許《こころもと》ないため、皇子は酷暑、酷寒の季節に東京を離れざるを得なかった。君主に課せられた義務が常に念頭にあった明治天皇自身は、個人の慰安のために東京を離れることを拒み続けてきた。(3)

この時期、天皇のもう一つの心配は、今では華族となった公家たちの窮状にあった。その多くは、近年とみに貧窮を余儀なくされていた。一つの解決策は、彼らを神官にすることだったが、これはなかなかうまくいかないことが明らかとなった。また、皇族の中で最も弁の立つ朝彦《あさひこ》親王は、皇族への国事諮問などに関して執拗に嘆願し、天皇を悩ませた。四月の京都行幸の際、天皇は華族たちの窮状を哀れに思い、京都在住の華族に金一万円を賜った。(4)

これらの問題は天皇に直接関わりがあり、重要なことだった。しかし天皇の主たる関心は、すでに政治へと向けられていた。特に七月一日に予定されている衆議院総選挙は、アジアでは前例のない出来事だった。前年かなり深刻な論議の的となった外国との条約改正問題も決して忘れ去られていたわけではないが、こちらは大した進展もなく時間が経過した。一月二十九日、外務大臣青木周蔵（前年十二月二十四日、山県有朋内閣発足とともに就任）は、天皇の承認を得るため、日本が条約を結んでいる各国に提示する条約改正に関する覚書案を上奏した。宮内大臣土方久元は、天皇自身が大いに発奮し条約改正に対処しない限り、交渉を成功に導くことは不可能であるとの考えを明らかにした。土方は、人心をひとつにまとめることこそ最も肝要であると述べた。

天皇は憂慮を示し、宮中顧問官となった伊藤博文と長年の顧問である佐佐木高行に意見を質した。佐佐木は条約改正問題を決定する適切な機関は内閣であると述べ、さらに国体および敬神について論じ、日本と欧米諸国では国情が異なると言った。天皇はこれに対し、次のように応えた。内閣や社会の上層にいる者の考えるところと、地方人民の考えるところには、すこぶる隔たりがある。この点に十分注意を払わなければならない、と。こういう形で天皇は、日本の全国民の声を代弁していると称する官吏への批判を表明したのだった。天皇の呈した疑念は、極めて保守的な佐佐木にさえ深い感銘を与えた。

天皇はなお議会開設後の諸問題について伊藤に質した。天皇の質問には、それまでにない鋭さが見られる。例えば、「内閣が提出した議案で、行政上緊急を要するものであるにもかかわらず議会が協賛（同意・承諾）しなかった場合、どうするか」。伊藤は答えた。議会の協賛なしには何事も進まない。そのような場合、内閣は議会の協賛を得るため最大限の努力をしなければならない、と。また例えば、「貴族院と衆議院が互いに見解を異にし、また内閣と議会の所見が食い違った場合、どうするか」。そのような場合は枢密院が重要な役割を果たさなければならないと伊藤は答えている。

取り立てて深みのある質問、というわけではない。しかし、すでに天皇が政治に真面目に関心を持つに到ったことを窺わせるものだった。同じことは、閣僚たちについても言えた。それまで閣僚たちの閣議への出席は、いたって気まぐれなものだった。天皇自身、これには不満を漏らしていた。しかし今や閣僚たちには全閣議への出席が義務づけられた。物理的に出席できない閣僚は、前もってその旨を届け出なければならなかった。大臣が提出した議案が審議される際、当該大臣は他の閣僚に説明し、また意見を述べなければならなかった。そうすることで閣議が静粛かつ敏速に運ぶことを期したのである。閣議が初めて閣議の名に値するものになったという印象を受ける。それまで閣議とは名ばかりで、実は仲間同士、敵同士が冗談を応酬し、政治的利権を分け合う場に過ぎなかった。議事進行に関して伊藤が海外で学んだことが、実を結び始めたのだった。

二月八日、外務大臣青木周蔵は日本が条約を結んでいる締盟各国に対し、今後いかなる条約であれ対等であることが必須の条件となる旨を述べた覚書を提示した。議会召集の期日が迫り、憲法の実施も間近となった今、条約改正を可能にするために代々の外務大臣が提案してきた数々の譲歩は、もはや適切でないことがはっきりしたようだった。立法府と憲法を備えた日本は、もはや西洋先進国に遅れをとっていると見なされるべきでなかった。青木は、かつて井上馨、大隈重信が提案した譲歩に関し、四項目の改正案を提示した。「(一) 外国出身の裁判官を大審院に任用することに関する許約の取消、(二) 帝国諸法律の調査編成及び公布に関する約款の撤回、(三) 一般に外国人をして不動産を所有せしむべき権利に関する約款の撤回、(四) 外国人をして内国人同様の位地(地位)を得せしむることに関し其の権利に若干の制限を設くること」。さらに青木は、次のように付け加えた。三十年前、各国に与えた権利を一朝にして一掃できないことは承知しているが、日本は今後、国民の福利を損傷し、立憲国としての威厳を損なうような条約は、一切締結できないことを宣言する、と。

ヨーロッパ諸国(特に英国)が、これら一方的に定められた変更を受け入れるとは思われなかった。しかし前年に高まった条約改正に対する反発の声は、交渉の新たな共通基盤を作ることを余儀なくさせた。条約改正問題は、単に無視して済まされることではなかった。前年の交渉の失敗を憂慮した天皇は、議を尽くし宜《よろ》しく事を運ぶよう密かに元田永孚に告げていた。元田は、この聖旨を枢密顧問官らに伝えた。しかし外交的手段による進展は、ほとんど見られなかった。代わりに日本は、法的組織の改変に着手した。かねてからヨーロッパ諸国は、日本の旧式な不文法の下で自国民が苦しむのではないかという危惧を表明してきた。これは、その危惧の根拠を打ち消すための措置だった。

三月十八日、裁判所の再編が決定された。この年行われた数々の変革の、これが皮切りとなった。同月二十七日、長年の準備が実り、民法が公布された。手本とすべくフランスのナポレオン法典の翻訳に着手したのは、すでに明治三年（一八七〇）のことだった。明治九年、民法編纂委員が指名されて民法の起草に取りかかり、明治十一年に草案をまとめ上げた。政府はこれに満足せず、よりよい法典の編纂を期して欧米の立法、学説の調査に当たった。明治十二年、司法省雇のフランス人ギュスターブ・ボアソナードに、新たに草案の起草が命じられた。ボアソナードの手になる草案が審議され、その翻訳が脱稿したのは明治十九年（一八八六）だった。さらに幾多の修正が加えられ完成が急がれたが、ここに到ってやっと元老院、枢密院の承認が得られたのである。民法と同時に民事訴訟法、商法も公布された。これらの新たな動きによって、日本の司法が専横なものでも不正なものでもないことを外国人は納得してよかったはずだが、彼らはいまだに条約を改正しようという素振りすら見せなかった。対等であることを求める日本人の願いは、満たされないままだった。[5]

これら法的組織の変革に対する天皇の反応は記録されていない。恐らく天皇の頭を占めていたのは、愛知県で視察する予定になっていた大演習のことではなかったかと思われる。天皇は三月二十八日午前七時三十分、新橋停車場から列車で名古屋へと発った。途中で何度か休憩があり、名古屋到着は午後五時だった。市民たちは、限りない熱気と歓喜で天皇を迎えた。花火が打ち上げられ、紅灯《こうとう》が街路に輝き、奉迎の気持を表わす緑門《りょくもん》（杉などの青葉で包んだ門）が設けられた。名古屋を起点とするこの行幸は、天皇の巡幸の中には数えられていない。行幸の目的が演習の視察にあり、天皇を国民の生活に馴染ませることになかったからである。しかしこの行幸は、巡幸に劣らず天皇の人気を高めるのに役立った。

陸海軍による連合大演習は、東軍（日本軍）と西軍（侵入軍）との間の模擬戦争の形で行われた。西軍は強大な艦隊で海を制し、すでに伊豆《いず》大島《おおしま》や下田《しもだ》、和歌山など沿岸地域に部隊を上陸させていた。東軍の使命は、東京攻略を目指して多方面から接近する西軍の攻撃に対し、東京湾などを防御することにあった。三十日夜から降り始め、翌三十一日も降り続けた豪雨で、演習は難渋した。天皇は風雨を冒し、道路の泥濘《ぬかるみ》も意に介さず、馬を縦横に駆って演習を視察した。豪雨と泥濘に阻まれて供奉の文武諸官は天皇に追いつけず、天皇に随従したのは熾仁《たるひと》親王だけだった。天皇と親王は完全に道に迷い、途中出会った一人の農夫に観戦に便利な場所に案内させた。天皇は、農夫に飲料を所望した。しかし農夫が茶を携えて戻って来た時、すでに追いついた供奉の諸官が天皇を取り巻き、農夫は近寄ることができなかった。茶は侍従を通じて天皇へ手渡された。ここで初めて農夫は、自分が話していた相手が誰であったか知ったのだった。

「戦闘」は当初、東軍に有利のように見えた。しかし侵入軍である西軍は、乃木希典《のぎまれすけ》ら有能な将校の指揮で攻勢に転じた。侵入軍が必ずや撃退されることを期待していた天皇は、あるいは落胆したかもしれない。陸と海での五日間の戦闘の後、大演習は終わった。しかしそれまでには数々の逸話が残されていた。例えばその一つは、次のように記されている。天皇は地元の小学校で教卓を食卓に午餐をとり、生徒用の茶碗で学校用の渋茶を飲んだ、と。(6)

皇后は名古屋で合流し、四月五日、天皇と共に京都に行啓した。東京・神戸間の鉄道は前年の七月に全通し、それまでに増して行幸は行いやすくなった。その日夕方、天皇皇后が京都御所に到着すると、御所の桜が満開だった。京都を自分の故郷と見なしていた天皇は、懐旧の情に駆られ、次の歌を詠んでいる。

ふるさとの花のさかりをきて見ればなく鶯《うぐひす》のこゑもなつかし

京都到着の数日後、天皇皇后は孝明天皇の墓所である後月輪東山陵に参拝した。その足で皇后は、京都市立盲唖《もうあ》院《いん》に行啓した。天皇は第三高等中学校に行幸し、生徒の体操、中隊運動などを観覧した。四月九日、京都府知事と滋賀県知事のたっての願いで、天皇皇后は竣工したばかりの琵琶湖疏水《びわこそすい》に臨幸した。疏水は、琵琶湖から京都に水を引くためのもので、そのルートをたどっての視察には、隧道《ずいどう》（トンネル）を通過しなければならなかった。それを知った朝彦親王は大いに驚き、宮内大臣土方久元を詰問した。もし隧道通過の際、砂礫《されき》の一片といえども墜落して玉体に触れるようなことがあったらどうするつもりか、と。土方は恐懼《きょうく》して、疏水視察には名代を派遣するよう天皇に上奏し、そのように手配がなされた。天皇皇后は疏水の中途にある蹴上《けあげ》の地に至り、そこで日本初の水力発電所の水車を見学した。

四月十五日、英ヴィクトリア女王の第三王子コンノート公爵アーサーと同妃ルイーズ・マーゲリートが世界漫遊の途次、東京に立ち寄った。天皇は京都行幸中だったお蔭で、慌ただしく夫妻を歓待する手筈《てはず》を整える必要はなかった。天皇皇后は帰京を急がなかった。海軍を軽視してきたのではないかと気づかった天皇は、十八日、神戸港での海軍観兵式のために京都を発ち、その足で海軍の主要軍港である呉《くれ》、佐世保《させぼ》の二港への行幸に向かった。皇后は奈良に行啓し、市内外の主だった神社を訪れた。天皇皇后とも五月七日まで東京に帰らなかった。

その間、コンノート公爵夫妻は人力車に乗り、骨董品を買い、桜の花を愛《め》で、東京滞在を楽しんだ。英国公使夫人のメアリー・フレイザーは手紙に書いている。「じっさい公爵夫人は熱心な〝景勝探訪家〟で、唯《ただ》ひとつの危惧しかお持ちでないようです。それは、自分は普通の旅行家なら独力で捜し出すはずの何か興味深い経験をのがしてしまうのではないか、ということです。ご到着の前、伝旨《でんし》があり、可能なかぎり観光の自由を得るため、まったく非公式に旅行したいとの希望をお持ちである、とのことでした[7]」。

天皇が帰京したのは、公爵夫妻が五月八日にバンクーバーに向けて船出する前日のことだった。夫妻の出発の日の朝（前夜、夫妻は参朝して天皇皇后と会食した）、小松宮彰仁親王は二人に勲章を贈るため、滞在先の英国公使館を訪ねた。当時の日本人は、訪問先に到着する時間をあまりにも几帳面《きちょうめん》に守るので外国人を驚かせたものだった。これは今日もなお日本人の間で続いている伝統である。フレイザー夫人は回想している。
「小松宮親王は九時一五分前、前触れなしにこられました。そして、公爵も夫人もそのような早いご訪問にはじゅうぶんな用意ができていませんでした。しかし、一一時前にはご夫妻は横浜へ出発することになっていましたので、この時間こそ唯一可能なものだったのです。さいわい、ヒュー（夫の英国公使フレイザー）は身支度ができており……」[8]。

　コンノート公爵夫妻の来日は、事故もなく、また不必要な大騒ぎもなく終わった。これは、外国貴顕の訪問を接待するにあたっての新たな習熟を示すものだった。その公爵夫妻の離日後間もなく、内閣総理大臣山県有朋は、大幅な内閣改造を行なった。それは、日本の政治に新しい時代が到来したことを示すものだった。すでに改革は前年の第一次山県内閣成立の際、警視総監に薩摩出身者以外の者を据えるという山県（長州出身）の決断によって始まった。警視庁はそれまで、総監以下多くを薩摩出身者が占めてきた。この藩閥支配が、数々の権力の濫用《らんよう》を生んだ。山県は議会開会に先駆け、その改革を決意したのだった。明治二十二年（一八八九）十二月、土佐（高知県）出身の田中光顕《たなかみつあき》が警視総監に任命された。

　この任命は前例を破るものだったが、さほど衝撃的なものでもなかった。詰まるところ土佐は、閣僚の椅子を独占していた西南雄藩（薩摩、長州、土佐、肥前）の一つだった[9]。翌二十三年五月の山県の次なる措置は、より劇的だった。山県は、西南雄藩以外の出身者二人を入閣させた。文部大臣の芳川顕正《よしかわあきまさ》（阿波《あわ》＝現在の徳島県出身）、農商務大臣の陸奥宗光（紀伊《きい》＝現在の和歌山県出身）である[10]。この二大臣の任命は、西南雄藩出身の政治家の反発を招いた。天皇でさえ、これには留保を表明した。天皇は以前から陸奥を好まなかった。天皇によれば、陸奥には「十年の事」があった[11]。つい十年ほど前に投獄された人物をにわかには信じ難いと天皇は危ぶんだ。また天皇は、芳川はすこぶる衆望に乏しいとも言った。これら両名を抜擢する前に、さらに熟慮が必要である、と。

山県はこれに対して答えた。陸奥の前罪は、監獄で送った数年間ですでに償われている。もし今日、陸奥にその才幹にふさわしい地位を与えなければ、陸奥は反政府活動を起こす在野の政治結社に加わるかもしれない。もし背信するようなことがあれば、自分が責任を取る。宸慮《しんりょ》（天皇の心）を煩わすようなことは決してさせない、と。また旧友である芳川について、山県は次のように請け合った。芳川は内務を託すことはまだ無理であるが、文部省の仕事をこなす能力は十分備えている。自分が責任をもって芳川を指導する、と。さらに山県は、教育は国家の大事であると続けた。自分は再々にわたって文部大臣榎本武揚に説き、将来の教育基準を定めようとした。しかし榎本は優柔不断で、何も達成できなかった。もし芳川を文部大臣に任用すれば、文部大臣が更迭《こうてつ》されても変更する必要がないような教育の大原則を必らずや確立するだろう、と。天皇は、ついに二人の任用を承認した。任用は成功だった。天皇は山県の手腕にいたく感銘を受け、六月、山県を陸軍大将に昇進させた。

選挙の施行で立憲政治が活動を開始するまでには、多くの問題が残っていた。六月二十八日、選挙の直前になって行政裁判法が制定された。さらに二日後、新たに選出される議会に向けて政治の職権を明確にするため、枢密院と内閣の職権の範囲を定めるべきだとの奏議があった。

そして七月一日、第一回衆議院議員選挙が行われた。憲法発布の明治二十二年二月十一日に天皇の名で発布された衆議院議員選挙法の規定によって施行されている。(12) 北海道、沖縄、小笠原《おがさわら》諸島を除く日本全国の選挙区で、三百議席が争われた。選挙権は厳しく限定されており、女性は投票できなかった。男性にも年齢、居住、財産に基づく選挙資格が必要だった。年齢は二十五歳以上、当該府県に一年間以上本籍を定めて住み、直接国税を十五円以上納めている者でなければならなかったのだ。当時の日本の四千万人近い人口のうち約一・一パーセントあまり、すなわち四十五万三百六十五人だけに投票の資格があるということだった。棄権しても法的罰則はなかったにもかかわらず、投票資格のある者の九三・九パーセントが投票した。これは、選挙に対する国民の強い関心を示すものだった。[13]

ついこの間の国を分裂させた内戦を思えば、選挙は暴力沙汰もなく驚くほど順調に運んだ。概して、選挙違反はほとんどなかったようである。もっとも、読み書きのできない有権者が投票した際に些細《ささい》なごまかしがあるにはあった。[14] しかし、R・H・P・メイソンは次のように論評している。「二年後の第二回総選挙の時とはまったく対照的に、政府は対抗勢力の敗北を確実なものにするために行政上、司法上の権力を濫用するようなことはしなかった。選挙法は中立だったし、警察および政治、司法当局の執行もまた中立だった[15]」。『明治天皇紀』は、選挙に対する天皇の反応については何も触れていない。たとえ直接の影響はなかったにせよ、天皇が選挙の結果に無関心であったとは思えない。伊藤博文に貴族院議長の地位を引き受けるかもしくは枢密院議長に再度就任するよう説得を続けていたことを見ても、天皇が政治の行く末を案じていたことがわかる。伊藤は固辞し続けたが、最終的に貴族院議長への就任を受諾した。ただし、一会期だけで辞任することを条件とした。[16]

議会政治の開始によって、それまで容認されてきた以上に集会、結社の自由が拡大された。七月二十五日、政談集会の開催、結社届け出の手続きを簡略化する法律が制定された。解散を命じられた集会の演説者に対しては一年間政治演説を禁止するという現行法の条項は削除された。また、警官が集会の解散を命じることのできる範囲を規定し、職権を濫用できないようにした。しかし同時に新しい規定として、未成年者および女子の政談集会への出席と政治結社への加入が禁止された。議会開会中は議院から三里以内での屋外の集会、また大がかりな大衆運動が禁止された。

この時期の皇室の歴史の特徴的な一面として、全国の様々な地域で御料地《ごりょうち》が着実に増加したということがある。『明治天皇紀』は、新たに皇宮地《こうぐうち》附属地に編入された地所の所在地、面積を繰り返し記録している。[17] 確かに天皇自所有地の増加とそこから得られる収入は、当然のことながら皇室の権威の強化につながった。確かに天皇自身は、新たに皇室の所有となった様々な狩猟地、温泉、景勝地を利用することがほとんどなかった。それでもなお、これらの所有地は天皇周辺の人々の心を安堵させるのに役立ったはずである。過去において何人かの天皇が経験したような貧窮に、明治天皇はもはや見舞われる心配はない、と。

議会は、十一月二十九日まで開かれなかった。その間数カ月、土壇場《どたんば》にきて様々な改革が提案された。九月二十四日、枢密顧問官佐佐木高行を始めとする顕官たちが連署し、神祇《じんぎ》に関する官庁の設置を求める建議書を内閣総理大臣に提出した。(18) この官庁の機能は、国家の祭祀《さいし》・礼式および節会《せちえ》、大小神社、大嘗祭《だいじょうさい》、文官・武官・帝国議会議員の宣誓などに関する事務を取り扱うことだった。その長官は敬重すべき最上の地位を占める意味から、皇族名門より選出されなければならないとされた。長官は天皇を輔翼《ほよく》し、もっぱら祭祀の大任に当たることになる。佐佐木の確信するところでは、国家の秩序を整えるためには、まず千古不変の国体を保持しなければならなかった。国体に欠くことのできないものは、神祇崇敬の道である。民心の結束を固めるためには、忠君愛国の皇道を拡充する必要がある。「祖宗及び天神地祇《てんじんちぎ》を祭祀すべき最高の官衙《くわんが》(官庁)なきは、豈《あに》明治聖代の一大欠典にあらずや」と佐佐木は力説した。(19)

山県は、この建議を閣議に諮った。当初、宮内省に神祇院を置くことで容易に閣議の同意が得られそうな気配だった。しかし宮内大臣は、佐佐木の趣旨に同意しながらも実行に移す際の困難を指摘した。佐佐木の案によれば、大小神社すべてを神祇院の管轄下に置くことになる。しかし、全国には三万余の神社があり、もし社格のない神社まで加えれば八万を越える。どのようにしてこれを処理するのか。難問に直面した内閣は、最も安全な道を選んだ。裁断を仰ぐため、天皇に建議書を奏上したのである。

天皇は、伊藤博文にその可否を質した。伊藤は応えた。もとより神祇尊崇は当然で、言を俟《ま》たない。しかし、新たに官制を設けるのは並大抵のことではない。閣議で十分議論を尽くし、天皇の裁断を仰ぐべきである、と。宮内次官吉井友実は、三条実美に意見を聞いた。三条は、新たに役所を設ける経費を引き合いに出して佐佐木の提案に反対し、また、徒《いたず》らに神官を増長させることになると警告を発した。他の閣僚たちの中にも異議を唱える者がいた。もし佐佐木の提案が採用されれば、欧米人をして外来の宗教を排斥するための政略ではないかと思わせかねないからだ。また国内では、神道を国教とすることで宗教に差別を設けるのではないかという仏教徒の疑いを招くかもしれなかった。立憲政治が創始されるにあたって政治と宗教の混同が見られるのは当を得たことではないというのが大方の反対理由だった。

佐佐木は反論した。祖先を尊崇することは、すなわち皇国の国体にほかならない。神祇院を設けるのは神祇を宗教の上に特立させ、神祇崇拝が皇国固有の道であることを明確にし、宗教の自由を確保するものである、と。最終的に、何ら決定には到らなかった。しかし神道と国家の特別な関係は、この先数年間にわたって極めて重要性を帯びることになった。

十月に入ると、それ自体は大したことではなかったが、長期にわたって何かと影響を及ぼすことになる、もう一つの新たな展開が見られた。当初、官立（国立）学校だけに配布されていた天皇皇后の御真影が、次いで各府県立学校、町村立高等小学校に下賜され、さらに市町村立の尋常小学校と幼稚園にまで各校・園の自己負担で複写・奉安されることになったのだ。御真影は忠君愛国の精神を植えつける手段として、三大節などの機会に教職員、児童生徒によって奉拝された。[20] 恐らくほとんどの教職員や児童生徒が、少なくとも最初はこの義務を愛国の行為として受け入れた。しかし奉拝の対象が国旗その他の象徴的なものではなく一枚の写真だったことから、やがて宗教上その他の理由で最敬礼を拒否する者が出てきた。その一方で、天皇崇拝、さらには天皇神格化の種が、御真影の前で最敬礼する者たちに植えつけられた。

十月三十日、天皇は「教育勅語」を下賜した。茨城県の岩間《いわま》でかなりきつい演習観覧をこなした天皇は、前日帰京したばかりだった。ふだんから行幸の行く先々の学校で授業を参観するなど、天皇は教育に並々ならぬ関心を示し続け、儒学の侍講元田永孚に、教育の基盤として若者に忠孝を教え込む書物を書くようかねてより勧めてきた。元田は日本が西洋の文物、制度を採用し模倣する必要性があった事実は認めた。それは、列強の脅威の中で日本が独立と威厳を維持するために必要なことだった。しかし一方で国体の本質、教育の淵源《えんげん》を顧みず、国民が聖旨からますます遠ざかろうとしている傾向があることを慨嘆した。元田は繰り返し、その嘆かわしい現状を正そうと試みた。宮中顧問官の西村茂樹もまた、国民道徳の根元が常に皇室にあると強調した。地方長官らは文部大臣榎本武揚に対し、欧米偏重の教育を排し、本邦固有の道徳を奨励し、速やかに教育の方針を確立すべきだと建言した。

これら教育の現状を憂慮する気持は、天皇とて同じだった。天皇は榎本に、学生が常に誦読《しょうどく》すべき教育に関する箴言《しんげん》の編纂を命じた。榎本は数ヵ月を費やして編纂を試みたが果たせなかった。榎本の後任として芳川顕正が文部大臣に就任した際、天皇は重ねて編纂を命じた。芳川は、聖旨を体現した勅諭の文部省案を作成した。その趣旨を要約すれば次のようなものであった。我が国には、忠孝仁義の道がある。知りやすく、また行いやすい。まさにこれは、国体の本質にして教育の本源である。我が国の教育の方針を定めるのであれば、これ以外のところに求めるべきではない、と。

ここに提示された教育方針の一目でわかる欠点は、それが極めて儒教的（少なくとも当時の人々が儒教的と考えていたもの）であるため、何ら斬新さも日本独自の特徴も含まれていないように見えることだった。確かに、日本国家の本質と言われる忠孝の価値を否定するような人間がいるとは思えない。恐らく教育方針を日本独自のものに見せる唯一の方法は、皇室の重要性を強調することだった。この方策は事実、教育勅語の作成に際して採用されることになった。

井上毅は、今や知的問題を処理する専門家と認められていた（井上は伊藤博文の「知恵袋」と言われた）。井上は文部省案に対する意見を聞かれ、様々な理由からこれに反対した。まず井上は、教育に関する勅諭が政治上の勅語と同じであってはならず、また軍事教育における軍令と同一であってもならないと述べた。これは鋭い指摘と言える。また井上は、敬天尊神などの語を用いることで宗教上の論争を招くことは避けなければならないと主張し、次のように続けた。難解な哲学上の言論にわたったり、政治的臭みを帯びるべきではない。漢学者の口吻《こうふん》、あるいは洋学者の気質習慣に偏ってもいけない。帝王の訓戒はゆったりとした大海の水のごとくにすべきで、また愚を戒め悪を戒める言葉を用い、消極的な教訓としてはならない。一宗派を喜ばせ他を怒らせるような語気があってはならない。これらの困難を避け、真誠な玉言を完成するのは、十二楼台《ろうだい》（仙人の居所にあるという十二の高層の建物）を建てるより難事である、と。

この見解の概要から明らかなように、井上毅の評価は大方が否定的だった。井上は、のちに自ら稿案を起草して元田に示し、その意見を取り入れて次の稿を草した。総理大臣山県と文部大臣芳川は、文部省案を捨ててこの原稿を採用することにした。若干の文体上の修正を経て仮稿が作成され、天皇に奏呈された。天皇はこれを熟覧し、なお意に満たないところがあった。特に忠孝仁義といった徳目の条項に不備があると指摘した。八月二十六日、元田は聖旨を踏まえて仮稿を修正し、井上に送った。井上は元田と共に推敲《すいこう》を重ね、一句を削り一字を加えることを繰り返した。ついに内閣案として最終稿が仕上がり、十月二十一日、天皇に上奏された。天皇は熟読し、一言一句を吟味した。天皇の裁可が下されたのは十月二十四日になってからのことである。学者の間では随分前から周知のことだが、教育勅語は天皇の名の下に発布されたにせよ天皇が実際に書いたものではなかった。しかし最終稿への天皇の関与は、それが実際は他の者が書いたものであるにせよ、少なくとも一人称で伝える演説に君主や大統領が加える修正と同じく意義のあることだった。

勅語そのものは短く、簡潔である。しかし、めったにお目にかからない難解な漢字を用いているため、原文で理解するのは英訳よりも難しい。原文は次のように始まっている。

朕惟《ちんおも》フニ、我ガ皇祖皇宗、国ヲ肇《はじ》ムルコト宏遠《くわうゑん》ニ、徳ヲ樹《た》ツルコト深厚《しんこう》ナリ、我ガ臣民、克《よ》ク忠ニ克ク孝ニ、億兆心ヲ一《いつ》ニシテ、世世《よよ》厥《そ》ノ美ヲ済《な》セルハ、此《こ》レ我ガ国体ノ精華ニシテ、教育ノ淵源《えんげん》亦《また》実ニ此《ここ》ニ存ス、爾《なんぢ》臣民、父母ニ孝ニ、兄弟《けいてい》ニ友《いう》ニ、夫婦相和《あひわ》シ、朋友《ほういう》相信ジ、恭倹《きようけん》己《おの》レヲ持《ぢ》シ、博愛衆ニ及ボシ、学ヲ修メ業《げふ》ヲ習ヒ、以《もつ》テ智能ヲ啓発シ徳器《とくき》ヲ成就《じやうじゆ》シ、進《すすん》デ公益ヲ広メ世務《せいむ》ヲ開キ、常ニ国憲ヲ重《おもん》ジ国法ニ遵《したが》ヒ、一旦《いったん》緩急アレバ義勇公ニ奉《こう》ジ、以テ天壌無窮《てんじやうむきゆう》ノ皇運ヲ扶翼《ふよく》スベシ、是《かく》ノ如キハ、独リ朕ガ忠良ノ臣民タルノミナラズ、又以テ爾祖先ノ遺風ヲ顕彰スルニ足《た》ラン(21)

（朕が思うに、我が皇祖皇宗が国の基礎を定めたのは遥か昔に遡《さかのぼ》り、その事業は偉大だった。道徳を確立し、手厚い恵みを臣民に与えた。我が臣民が忠孝を重んじ、全臣民が心を一つにして代々美風をまっとうしてきたことは、我が国体の誇るべき特色であり、教育の根本もまた、そこにある。爾《なんじ》ら臣民は、父母に孝行し、兄弟は仲良く、夫婦は睦《むつ》まじく、朋友は互いに信じ合い、自らは慎み深く節度を守り、博愛を衆に及ぼし、学問を修め技能を習うことで、知能を啓発し、立派な人格を磨き、進んで公益に尽くし、この世でなすべき務めを拡げ、常に国憲を重んじ法律に従い、ひとたび国家に大事が起きれば、正しく勇ましく公のために奉仕し、天地と共に永久に続く皇運に力を添えて助けよ。このようにするならば、爾はただ朕の忠良なる臣民というばかりでなく、爾の祖先の遺風を世に明らかにする孝道を発揮することになる）

天皇の先祖ならびに歴代天皇に対する崇敬の言葉から始まる文章が、いかにも日本的であることは疑いの余地がない。ここでは忠孝の徳目が、あたかも古くから受け継がれてきたかのように書かれている。しかし例えば『古事記《こじき》』は、そのようなことを強調してはいない。また、朱子学《しゅしがく》の正統を築いた朱子の教えにもかなっていない。朱子が、孝心の重要性を説いたことは確かである。しかし国に対する忠誠の代わりに朱子が主張したのは、弟が兄を尊敬することに代表されるような年長者に対する尊敬の美徳だった。朱子が格物《かくぶつ》（自然の原理）の研究に与えた重要性が、勅語からは抜けている。そこで強調されているのは、学問の素晴らしさではなく、建国以来幾世代にもわたって日本人が皇室に忠誠を捧げ続けてきたということだった。勅語の結びは、次のとおりである。

斯《こ》ノ道ハ、実ニ我ガ皇祖皇宗ノ遺訓ニシテ、子孫臣民ノ倶《とも》ニ遵守《じゅんしゅ》スベキ所、之《これ》ヲ古今《ここん》ニ通ジテ謬《あやま》ラズ、

之ヲ中外《ちゆうぐわい》ニ施シテ悖《もと》ラズ、朕、爾臣民ト倶ニ拳々服膺《けんけんふくよう》シテ、咸《みな》、其《その》徳ヲ一ニセンコトヲ庶幾《こひねが》フ(22)

（ここに述べた道徳は、いずれも我が皇祖皇宗の遺訓であり、子孫である天皇と臣民が共に従い、守るべきものである。これらの道徳は古今を通じて誤りなく、世界に行き渡らせて道理に反することではない。朕は爾ら臣民と共に、これを常に忘れずに守り、皆で一致して立派な人格を磨くことを念願するものである）

天皇の臣民が学問を修め技能を習うことの望ましさに言及している以外、勅語は現在および将来の教育の中身についてはほとんど述べていない。天皇の臣民は、善良な市民として国憲を重んじ国法に従うことを強いられた。また危急の際には、国家に勇敢に自分を捧げることを命じられた。しかし、教育に密接な関係のある他の問題に触れることはなかった。教育は、すべての国民に課された義務教育なのだろうか。もしそうであるならば、どこまでが義務教育なのか。女子は男子と、同種同程度の教育を受けるべきなのか。西洋の学問（科学、法律、医学など）は、道徳教育と同様に重要と見なされるべきなのか。伝統的な日本の技芸は、教育に欠かせぬ一環をなすものなのか。体育は、重要なのか。教育勅語は、見たところ、明らかに少年天皇が誓った五箇条の御誓文より進歩的ではなかった。

しかし教育勅語は（五箇条の御誓文と違って）、称賛されたばかりでなく崇拝された。翌明治二十四年（一八九一）一月、勅語の発布からわずか数カ月後、第一高等中学校嘱託教員の内村鑑三《うちむらかんぞう》（一八六一―一九三〇）は、教育勅語に添えられた天皇の署名の前で（他の教師、生徒と共に）頭を下げることを求められた。それはちょうど、「仏教や神道の儀式で定められているごとく、祖先の位牌《いはい》の前で頭を下げるのと同じやり方」だった。内村はこの事件から二カ月後、アメリカ人の友人に宛てた手紙に次のように書いている。

「私は、このような奇妙な儀式に遭遇する心の準備が出来ていなかった。これは、学校長の新しい思いつきだった。私は三番目に壇に上がって、最敬礼することになっていた。だから、じっくり考える暇はなかった。

戸惑って躊躇したあげく、私はキリスト教徒の良心に賭《か》けて安全な道を選んだ。威厳ある六十人の教師（キリスト教徒は一人もおらず、私以外のキリスト教徒の教師二人は欠席していた）と、一千人以上の生徒の前で、私は自分の立場を固持し、最敬礼をしなかった！　私にとって、それは恐ろしい瞬間だった。自分のしたことの結果が、一瞬にしてわかったからである」(23)

学校で友人たちに最敬礼するよう勧められた時、内村は応えた。「賢い天皇であれば臣民に最敬礼などさせるべきでなく、むしろ私たちの毎日の暮らしで守らなければならない訓戒をこそ与えて然るべきだった」と。しかし最終的に、内村は「学校、学校長、そして自分の生徒たちのために」最敬礼に同意した。(24)内村の解雇を望まない校長が、最敬礼は崇拝を意味するものではないと保証したからだ。内村のように「この儀式をかなり馬鹿げていると思った」人々は、ほかにもいたに違いないが、仲間が全員最敬礼しようとしている時に、自分一人だけが拒否するのは勇気のいることだった。心の中でどんな反感を覚えていたにせよ、ほとんどの人々は結局最敬礼し、声を揃えて教育の偉大な礎《いしずえ》を褒め称えたのだった。

教育勅語の影響は、ただちに目に見えて明らかとなったわけではない。教育勅語発布に先立つ明治二十三年八月、文部大臣芳川顕正は高等教育に関する声明を発表し、帝国大学以下の官立諸学校および六大私立学校が東京に集中している現状を憂《うれ》えている。東京に集中している学生の数は約五千人と言われ、全国的に見てまったく偏在していた。特別認可学校と称する私立学校の中には、政党の機関となっているものもあった。また英国、フランス、ドイツ一辺倒で、日本の伝統を顧みないものもあった。あてもなく法律や政治学の一部分を学んでいるだけで、しっかりした教育の素地のない若者は、国家の繁栄に貢献するどころか、空理空論に惑わされていた。この状況を是正するには大学を地方にも設け、子弟が東京に殺到するのを避けなければならなかった。言うまでもなく、この問題は次の二十世紀においても解決されることはなかった。

明治二十三年十一月二十九日、待ちに待たれた第一回帝国議会開院式が行われた。その朝、天皇の行列は宮城を午前十時三十分に出発し、貴族院に向かった。熾仁親王、内大臣三条実美、内閣総理大臣山県有朋、枢密院議長大木喬任《おおきたかとう》を始め、高官たちが供奉し、議院門前では貴衆両院議長らが天皇一行を出迎えた。両院の議員はすでに式場に整列し、各国公使、公使館員、親任官、勲一等受章者など招待客が着席していた。天皇は式部長の先導で式場に姿を現わした。侍従が剣璽《けんじ》を奉じて侍列し、親王以下供奉諸員も列に就いた。天皇は玉座に着御し、列席者から最敬礼を受けた。内閣総理大臣が勅語書を奉進し、天皇はこれを朗読した。

勅語の中で天皇は、即位以来二十年間、内政のさまざまな制度が大方達成されたことに満足の意を表明した。また、その発展が、今後とも帝国の栄光と臣民の忠良かつ勇進なる気性を内外に知らしめることになるよう希望した。天皇は各国と修好通商を拡げ、国勢を拡張することを願ってきた。幸いにも締盟諸国との交際はますます親しさを増したと、天皇はその成果に喜びを表明した。

その語調は、確かに教育勅語より国際的ではあったが、ここでも日本国民の発展は皇祖皇宗のお蔭だとされた。貴族院議長伊藤博文が前に進み、天皇から勅語書を拝受した。ここで議員一同は最敬礼し、天皇は会《え》釈《しゃく》を返した。天皇が退出して儀式は終わった。

皇族に仕えていたドイツ人医師エルウィン・ベルツ博士は、日記に短く書き留めている。「歴史上記憶すべき出来事から、今しがた帰ったばかり——天皇による第一回日本議会の開院式[25]」。

第一回帝国議会の召集は、多くの人々の夢、中でも大隈重信の夢の実現だった。大衆小説の作家でさえ、間近に迫る議会開設の興奮に夢中になっていた。数多くの読者たちが、西洋先進国のように国民すべての自由を保障し、より良き生活を約束する議会によって日本が統治されることを夢見ていた。新しい種類の小説——明治十年代の政治小説——が、これら膨大な数の読者たちの心に訴えるべく書かれた。このように高邁な望みを抱いた人々の多くは、やがて実際の議会の議事進行につきものの愚劣な口論に幻滅を覚えることになった。日本が民主主義達成に向けて大きな一歩を踏み出したことは疑うべくもない事実だったが、前途は暗い影に覆われていた。

第四十二章　ロシア皇太子暗殺未遂の衝撃

明治二十四年（一八九一）元日、天皇は伝統に則り新年の儀式を執り行なった。しかし二日後、深刻な病に襲われた。流行性感冒（インフルエンザ）が国中を席捲《せっけん》し、皇族もその例外ではなかった。まず女官の多くが感染し、次いで皇后、そして天皇にまで及んだ。天皇は四十日間も床に就くことを余儀なくされ、公務に復帰したのは二月十六日だった。もっとも、天皇の知っておくべき問題については常に報告を受けていた。

流行性感冒は、天皇の側近からも犠牲者を出した。一月二十二日、元田永孚《もとだながざね》が発病後九日で死去した。元田の発病を知った天皇はただちにエルウィン・ベルツ博士を派遣し、治療に当たらせた。また再々にわたって病状を問い、容体を気遣った。二十一日、元田危篤の報が入った。天皇は侍講、儒学顧問として二十余年仕えた元田を華族に列し、男爵を授け、従二位に叙した。そして枢密顧問官井上毅を派遣し、これを直《じか》に元田に告げさせた。「永孚感泣し、合掌稽顙《けいさう》（額を地につけて敬礼をすること）して天恩の厚きを謝したてまつる」と記録にある。その後間もなく元田は息を引き取った。

元田が天皇に伝えたのは、教育の重要性と、天皇の天賦《てんぷ》の職務を忠実に果たすべきだとする元田の儒学的信念だった。天皇は成年に達した後も国家の方針について元田に相談し、師の意見として尊重し続けた。元田は（徳川期の儒学者と違って）、西洋についてかなりの知識があった。しかし基本的に元田は保守的で、なかなか新知識の価値を認めようとしなかった。この点に関しては、天皇に影響を与えたようには見えない。しかし職務に対する天皇の並々ならぬ献身、浪費嫌い、臣民と苦労を分かち合うという決意は、確かにこの師に多くを負っていた。元田の死を知った時、伊藤博文は元田の後任は置くべきではないと密かに上奏した。「永孚の業永孚にして始めて能《よ》くす、碩学《せきがく》博識の者と雖《いへど》も代らしむべからず」と。

流行性感冒は、二月になっても依然として猛威をふるい続けた。三条実美《さんじょうさねとみ》が二月十八日に死去した。その日未明、天皇は三条が危篤状態に陥ったことを知り、死ぬ前に三条に会わなければならないと決心した。行列が整うのを待たず、天皇は侍従長ら三人を伴い三条邸に向かった。当直の近衛士官二人、伝令騎兵三人だけが護衛を務めた。病床に案内された天皇は自ら病状を尋ねた。三条は病状に触れることなく、次のように奉答した。積年の大恩に感銘せずにはいられず、今また親しく陛下のご訪問を受け、感謝の言葉もありません。病床のままお迎えする非礼をお許しくださるように、と。天皇は自ら三条を正一位に叙し、その偉勲を称え、土方久元に位記《いき》（授ける位階を記した文書）を示させた。三条は、これを病床に臥《ふ》したまま拝受した。無理に身体を動かすことで三条の病状が悪化するのを恐れた天皇は、あらかじめ宮内大臣である土方を通じて、そのように諭していたのである。

短時間で天皇は退出したが、すぐに叙位の勅書を三条に送った。その中で天皇は、三条に対する恩義について述べ、三条を「師父ニ同ジ」と形容している。この言い回しは、岩倉具視死去の際の天皇の哀悼の言葉を思い起こさせる。しかし天皇の気持には異なるものがあったに違いない。維新以前の三条は、激烈な尊王攘夷派の公家だった。文久三年（一八六三）、三条は孝明天皇の意志に逆らって無理やり石清水八幡宮《いわしみずはちまんぐう》に攘夷祈願の参詣をさせた。同年、朝廷の公武合体の方針に反対した三条は、他の六人の尊攘派公家と共に長州に脱走した。明治天皇は当時あまりに若く、三条が父天皇に逆らったこれらの事実を覚えていなかったかもしれないが、そののちの三条の変化も、天皇の三条に対する信頼の情を育てることはなかった。

維新後、三条はまるきり別人のようになった。優柔不断で知られ、断固たる決断を下すことが決してできないように見えた。明治天皇は、岩倉、木戸、伊藤に比べ、確かに三条をあまり頼りにしていなかった。三条が政府で重い地位を占めていたのは、主として身分の高い公家であったことから来ていた。新政府樹立の際に貢献した公家はあまりいなかった。そのため、家柄の重みというものが常に念頭にあった天皇は、三条をその実力以上に買いかぶっていたかもしれない。三条は国葬の礼を以て遇され、東京の護国寺《ごこくじ》に埋葬された。三条は一般国民に迎合するようなことは一切しなかったにもかかわらず、群衆は沿道に列をなし、泣きながら三条の葬列を見送ったという。

天皇皇后が病気だったため、通常は新年早々に催される歌御会始は二月二十八日まで行われなかった。この年の御題は「社頭祈世《しゃとうきせい》」で、天皇は次の御製を詠んだ。

とこしへに民やすかれといのるなるわが世をまもれいせの大神《おほかみ》

流行性感冒と身近な人物二人を失うことで始まった一年に、天皇は危惧を感じていたかもしれない。しかし、さらに悪いことが天皇を待ち受けていた。

天皇がまだ流行性感冒に悩まされていた一月九日、ロシア皇太子ニコライ・アレクサンドロヴィチ（のちの皇帝ニコライ二世。一八六八―一九一八）が日本訪問を計画しているとの報せが入った。恐らくこの報せは天皇を大いに喜ばせたに違いない。かつてロシアとは、樺太・千島の領有をめぐって対峙したことがあった。しかしロシアは隣国であり、両国の友好関係は極めて重要だった。さらに、明治天皇はそれまで他の外国王族の訪問を受けたことはあっても、ニコライは国賓待遇を以て遇すべき最重要人物だった。[1] ロシア皇帝アレクサンドル三世の長男として、ニコライはいずれはロシア全国民の皇帝として世界最大の国家に君臨することになるのだから。

ニコライには、従弟《いとこ》にあたるギリシャのゲオルギオス親王が同行することになった。当時のロシア政府で恐らく最も有能な人物だったセルゲイ・ウィッテ伯爵は、回顧録の中で二人の皇子の旅行の背景を次のように書いている。

「彼（皇太子）は成年に達した。（中略）彼を海外へ派遣することが決まり、それは政治的成長の仕上げをするためだった。この時点で皇帝アレクサンドル三世は、皇太子を極東に行かせることにした。皇太子には弟のゲオルギーが同行したが、途中で帰国するはめになった。風邪と、ある種の不注意から肺炎の兆候を見せ始めたからである。皇太子には、ギリシャのゲオルギオス親王も同道していた。ゲオルギオス親王の振舞いは、とても帝政ロシアの皇子たちが見習うべき模範とは言えなかった」(2)

日本側は、皇太子来日に備えて周到な準備をした。賓客たちの東京での滞在先は、霞ケ関《かすみがせき》にある有栖川宮《ありすがわのみや》熾仁《たるひと》親王の西洋風邸宅とした。屋敷の修繕と新たな設備のため、天皇は二万円もの大金を賜った。(3) 英国公使夫人メアリー・フレイザーは、ロシア皇太子来日をめぐっての東京での興奮をこう描いている。

「この王族のご訪問のための準備がたいへん大がかりになされています。海のそばの宮殿(4)の部屋という部屋はすべて内装が一新されました。凱旋門《がいせんもん》やイルミネーションも調《ととの》えられ、宮中舞踏会も催される予定です。天皇陛下はこの賓客にたいして、栄誉だけでなく楽しみをも存分にふるまおうとしておられます」(5)

ニコライ皇太子一行は、四月二十七日、長崎に到着した。一行は前年十一月、サンクト－ペテルブルクを出発し、オーストリア－ハンガリー帝国の主要港トリエステで軍艦「パーミャティ・アゾヴァ」に乗船した。船はエジプト、ボンベイ、セイロン、シンガポール、ジャワ、バンコク、サイゴン、香港《ホンコン》、広東《カントン》、上海《シャンハイ》に立ち寄り、日本に到着した。ニコライは日本各地を訪問する予定で、その後、ウラジオストックに行き、そこでウラジオストックとハバロフスクの間に敷設するウスリー線第一区の鉄道起工式に臨席することになっていた。(6) 若い（二十二歳）ニコライを東方へ送ることに決めた背景には、疑いもなくロシアの東アジアに対する関心の高まりを窺わせるものがあった。

長崎で、ニコライは国賓の礼をもって迎えられた。威仁《たけひと》親王（有栖川宮熾仁親王の弟）が歓迎団を率い、皇太子の日本滞在中の接伴役を務めることになった。ニコライに対する歓迎は、かなり大掛かりなものだった。至れり尽せりの計画が立てられ、それは例えば皇太子一行が市内巡行中にそれぞれの休憩所で出される茶菓の種類にまで及んだ。[7]

若いニコライは、茶菓よりは別のものが欲しかったように見受けられる。長崎上陸の前夜、ニコライはピエール・ロチの『お菊《きく》さん』を読みふけった。[8]その結果、一時的な「日本人妻」を得たい欲求を刺激されたようだ。長崎に到着した夜、ニコライは稲佐《いなさ》に駐留しているロシア海軍の士官八人と会い、彼らがいずれも日本人妻と結婚していることを知った。ニコライは「私も彼らの例にならいたい」と考え、「しかし、こんなことを考えるなんて、なんと恥ずかしいことか。復活祭直前のキリスト受難週間が始まっているというのに」と付け加えている。[9]

五月三日は(ロシア正教の)復活祭だったので、ニコライはそれに先立つ一週間を祈りに捧げることになっていた。それを知った日本側は五月四日まで公式行事を組まなかったが、ニコライはどうしても長崎の町が見たかった。船上で祈りに専念する代わりに密かに人力車で市内見物に出かけた[10]ニコライは、掃き清められた街路や家々の清潔さ、人々の人なつっこさに、しきりに感心した。行く先々で護衛役の日本の私服警官がニコライの跡をつけた。ニコライの行動に関する彼らの機密報告書は、ニコライがどこへ行ったか、土産《みやげ》物《もの》屋で何を買ったかなどを正確に報告している。[11]ロチの真似《まね》をして、ニコライは右腕に龍の入れ墨をした。彫り上げるのに、夜九時から翌朝四時まで七時間かかった。[12]

五月四日、表向き足止めをくらっていた宗教的障害から自由になったニコライは、長崎市民から熱烈な歓迎を受けた。長崎とロシア太平洋艦隊との三十年以上にも及ぶ長い付き合いは、ロシア人に対する友好的な態度を育《はぐく》むことになった。日記の中でニコライは、ロシア語が話せる人々の数に驚きを表している。その日、ニコライは長崎県知事主催による歓迎の宴で凝った日本料理のもてなしを受けた。[13]午餐の後、ニコライとギリシャの親王は有田《ありた》焼《やき》など日本の美術工芸の展示を見た。さらに、長崎の代表的神社である諏訪《すわ》神社に案内された。その後、一行は帰艦したが、その晩、ニコライとゲオルギオスは船を抜け出して稲佐へ行き、長崎駐在のロシア士官と日本人妻たちに会った。芸者たちが二人に踊りを披露した。ニコライは日記に、全員が少し酒を飲んだと記している。(14)

その晩の饗宴に関する警察の機密報告書は、ニコライの日記に記されていない詳細を語っている。それによれば、ロシア人一行は丸山《まるやま》の芸妓五人を招いて酒宴を催し、芸妓は踊り、二人の皇子はロシアの歌を歌った。その夜遅く、二人は諸岡《もろおか》マツという女が経営する西洋料理店を訪ねた。二人は朝の四時まで船に帰らなかった。また別の情報によれば、マツは二人の皇子のため住居二階に秘密の宴会を手配した。これに連なった女性たちの名前は、論議の的となっている。(15) ニコライは、長崎を去るに忍びないものがあった。特に、その清潔さを称賛してやまなかった。

次の訪問地は鹿児島だった。薩摩が外国人嫌いで知られたことから考えると、これは妙な選択であったと言わなければならない。髷《まげ》を切らず洋服を着なかったことから明らかなように、公爵島津忠義《しまづただよし》(久光の長男)は極めて保守的で、しかも外国人嫌いだった。しかし、ロシア皇太子が天皇の国賓として日本を訪問するという報せを受けると、忠義は皇太子を鹿児島に招く決心をした。ロシア皇太子の一行は五月六日、鹿児島に到着した。

島津忠義のもてなしは、古式に則ったものだった。ニコライが忠義の屋敷に到着すると、忠義は先祖伝来の甲冑《かっちゅう》を身につけた老武士百七十人と共にニコライを出迎えた。老武士たちは、忠義の四歳になる息子忠重《ただしげ》の指揮で侍踊《さむらいおど》りを披露した。また忠義自身は、疾走する馬上から動く標的(他の騎馬が引く俵《たわら》)を弓矢で射る犬追物《いぬおうもの》を披露した。(16) ニコライは鹿児島での歓迎ぶりを心から楽しんだ。特に感銘を受けたのは、市内でヨーロッパ人に一人も出会わなかったことで、それはこの土地がいまだ「荒らされていない」証拠だった。ニコライは古式に則った日本料理も楽しんだが、何よりも喜んだのは島津忠義の保守性だった。それがニコライ自身の好みと見事に一致していたからである。

ロシア人のすべてが、このような感銘を受けたわけではなかった。皇太子に同行していたE・E・ウフトムスキー公爵は、鹿児島が侍主義と外国人嫌いの発祥の地で、神道と封建的伝統の巣窟《そうくつ》であることが気に入らなかった。ウフトムスキー公爵にとって、侍踊りの音楽は陰鬱《いんうつ》なだけだったし、武士たちが挙げる喚声《かんせい》は耳障《みみざわ》り以外のなにものでもなかった(17)。しかしニコライと島津一族との間に築かれた絆は、その後数年間にわたって維持された。ロシア軍艦は同日の夕暮れ時に鹿児島を後にした。

五月七日、八日は海上を行く。「パーミァティ・アゾヴァ」は下関海峡から瀬戸内海《せとないかい》に入り、神戸に到着したのは九日正午過ぎだった。二時間ほど市内を見物した後、ロシア人一行は汽車で京都に向かった。京都到着は夕方。ニコライは京都が気に入った。いずれもかつては国の首都だったことから、ニコライは京都をモスクワになぞらえている。ニコライは京都の近代的旅館「常盤《ときわ》ホテル」に滞在したが、わざわざ用意された西洋式の部屋を断わって伝統的な和室を選んだ。その夜、ニコライは突然、京女郎《きょうじょろう》の舞が見たいと言い出した。祇園《ぎおん》の中村楼《なかむらろう》に案内され、帰館したのは午前二時だった。

翌日は見物と買物。一行は大宮御所、京都御所、二条離宮、東西の本願寺などを訪ねた。大宮御所では飛鳥井《あすかい》家の蹴鞠《けまり》の技を見物した。また弓術《きゅうじゅつ》、賀茂競馬《かものけいば》を見た。見るものすべてがニコライの気に入ったようだった。言うまでもなく、ニコライは行く先々で群衆の歓迎を受けた。工芸物産会では美術品一万円分以上を買い上げ、西本願寺では貧民救済のため二百円を献金した。ニコライは、建物に入るたびに靴を脱ぐべきかどうか尋ねた。日本人はその思慮深さに感銘を受けた。

翌五月十一日朝、ニコライ、ゲオルギオスの一行は京都を出発し、大津に向かった。琵琶湖およびその周辺の山々の景観を楽しむためだった。ニコライは縞羅紗《しまラシャ》の背広を着込み、灰色の山高帽をかぶり、人力車に乗った。京都府と滋賀県の県境には緑門が建てられ、その上に日本、ロシア、ギリシャ三国の国旗が交差して掲げられた。一行が緑門を通過すると、大津衛戍《えいじゅ》歩兵第九連隊長、滋賀県警部長、町会議員、教師、生徒らがこぞって沿道に列をなし、皇太子一行を出迎えた(18)。

長さ百メートル以上にも及ぶ人力車の長い行列が、大津の町に入った。それまでにニコライが訪れた他の日本の町と同じように、群衆は歓呼の声を挙げ、旗を振った。行列はまず三井寺《みいでら》に向かった。賓客たちは寺の宝物を見せられ、その長い歴史について説明を受けた。三井寺から琵琶湖の景観を楽しみ、ほどなく三保《みほ》ケ崎《がさき》で汽船「保安丸」に乗り込んだ。緑葉や花々で陽気に飾られた保安丸は、唐崎《からさき》に向かった。外国の皇子一行が唐崎に近づくと、さかんに昼の花火（見えないが聞こえる）が打ち上げられた。唐崎神社で甲冑の展示などを見た後、一行は再び保安丸に乗船し大津の中心部に戻った(19)。

県庁で午餐を済ませ、午後一時三十分、ロシア皇太子一行は京都への帰途に着いた。人力車の行列は京都府警部、滋賀県警部、県知事らの乗った四台が先導した。ニコライは五番目の人力車、ゲオルギオスは六番目、威仁親王は七番目だった(20)。かねてより、この日はロシア皇太子の身に何か面倒が起きるかもしれないという流言があった。そのため、護衛巡査が沿道に配置された。行列が狭い道の両側に居並ぶ群衆の中を、県庁から六、七町《ちょう》（一町は約百九メートル）行った時だった。突然、一人の巡査が飛び出し、皇太子の頭をねらってサーベルで切りつけた。最初の一撃は、皇太子の帽子の縁を切り、右耳上部に傷を負わせた。ニコライは、日記に次のように記している。

「人力車で同じ道を通って帰途につき、道の両側に群衆が並んでいた狭い道路を左折した。そのとき、私は右の顳顬《こめかみ》に強い衝撃を感じた。振り返ると、胸の悪くなるような醜い顔をした巡査が、両手でサーベルを握って再び切りつけてきた。

とっさに『貴様、何をするのか』と怒鳴りながら人力車から舗装道路に飛び降りた。変質者は私を追いかけた。だれもこの男を阻止しようとしないので、私は出血している傷口を手で押さえながら一目散に逃げ出した。

群衆のなかに隠れたかったが、不可能だった。日本人自身が混乱状態に陥り、四散していたからである。

走りながらもう一度振り返ると、私を追いかけている巡査の後から、ゲオルギオスが追跡しているのに気づいた。

六十歩ほど走ってから、小路の角に止まり、後を振り返ると、有り難いことにすべてが終わっていた。命の恩人ゲオルギオスが竹の杖《つえ》の一撃で変質者を倒していた。私がその場所に近づいていくと、私たちの人力車夫と数人の警官が変質者の両足を引っ張っており、そのうちの一人はサーベルで変質者の首筋に切りつけていた。

すべての人が茫然《ぼうぜん》自失していた。私には、なぜこのようにゲオルギオスと私とあの狂信者だけが街頭に取り残され、群衆のだれ一人として私を助けるために駆けつけ、巡査を阻止しなかったのか理解できなかった。随行員のだれ一人として助けに来ることができなかったわけはわかる。なぜなら人力車で長い行列をつくって行進していたからである。有栖川宮殿下でさえも、三番目であったので何も見えなかった。

私は、彼らすべてを安心させるために、わざと、できるだけ長い間、立ったままでいた[21]」

ニコライの記録は、最も信頼できる資料であるはずだ。しかし大勢の他の目撃者の証言から、幾つかの点で誤っていることが明らかとなった。ゲオルギオスが一撃で巡査を倒し、また襲撃時にニコライとゲオルギオスの周りに誰もいなかったと書いているのは正確ではなかった。裁判で目撃者たちは、確かにゲオルギオスが襲撃者に最初に抵抗した事実を証言した。ゲオルギオスは、その日土産に買ったばかりの竹の杖を使った。しかし襲撃した巡査を倒したのは、竹の杖ではなかった。それは巡査をひるませただけだった。その間《かん》隙《げき》をぬって、ニコライの人力車夫が巡査に飛びついたのだった。倒れた時、サーベルは巡査の手から落ちた。ゲオルギオスの車夫の一人がそれを拾い上げ、巡査の首と背中に切りつけた。ロシア皇太子を救うにあたって二人の車夫が果たした決定的な役割は、やがて日本人のみならずロシア人たちも知るところとなった。

ニコライの記憶違いは、極度の心的動揺と負傷によるものだったと思われる。しかしニコライがのちに人力車夫に与えた褒美《ほうび》は、彼らの勇気を認めるに到ったことを証明している[22]。それでもなお、この「大津事件」の発生日である五月十一日になると毎年、ニコライは教会での祈りの中で（車夫でなく）ゲオルギオスに命を救ってもらったことに感謝している。[23]

我々は、しかし次のように推測してみてもいいかもしれない。丸腰の二人の男を変質者から救うことより、まず自分たちの安全を第一に考えた群衆から見放されたという気持は、日本人に対する苦い思いをニコライに残したかもしれない、と。ニコライの日記には、あからさまにそうした感情を示した言葉はない。逆に日記が語るところによれば、ニコライは日本人が街頭に跪《ひざまず》き、祈るように合掌し、彼に降りかかった災難の許しを乞《こ》う姿に感動している。[24] さらに襲撃直後、ニコライは威仁親王に次のように断言している。はからずも自分は一狂人のために微傷を受けた。しかし、貴国を悪く思うようなことは決してない、と。[25]

しかしウィッテ伯爵は回顧録の中で、皇太子の反応にまったく異なった解釈を与えている。

「襲撃は皇太子に、日本および日本人に対して敵意と軽蔑《けいべつ》の姿勢を抱かせるに到ったのではないかと思われる。公式報告を見てもわかるように、そこで彼は日本人を指して『ヒヒ』と言っている。

もし日本人が不愉快かつ卑劣で、巨人ロシアの一撃で崩壊させ得る無力な国民であるという皇太子の確信がなかったなら、我々は日本との不幸な戦争へと我々を導いた極東政策を採用するようなことはなかったはずである」[26]

ウィッテ自身のニコライ二世に対する「敵意と軽蔑」が、あるいはこの見解に影響を与えているかもしれない。しかしウィッテは、自分の君主のことをよく知っていた。ウィッテが、わざわざニコライに対して偏見を捏造《でつぞう》したようには思えない。今から振り返れば些細なことのようにも見える大津事件は、それから十三年後の日露《にちろ》戦争に向けての由々《ゆゆ》しき第一歩であったのかもしれない。

東京に届いたニコライ皇太子暗殺未遂事件の報せは、最初はひどく誇張されていた。メアリー・フレイザーによれば、第一報は「頭部に二箇所の深傷《ふかで》。回復不能」だった。のちに新たな電報が入った際、フレイザーは次のように報告することができた。「皇太子はお気の毒にかなりの深手を負われていたのです。しかし、その時の恐怖のあまり誰かが電報で打ったような危険な傷ではなかったのですが[27]」。しかしニコライが軽傷から回復することが明らかになった後もなお、日本人が受けた深い衝撃は消えなかった。

第一の反応は、恐怖であったに違いない。多くの日本人は、皇太子襲撃がロシアとの戦争に発展するのではないかと恐れた。戦争が勃発すれば、日本はヨーロッパとアジアに跨《また》がる大帝国に太刀《たち》打ちできるはずがなかった。また一方で、近代文明国としての日本の威信に大打撃を与えたのではないかという認識もあった。フレイザーは、襲撃事件についてこう書いている。

「もしこれがヨーロッパで起こっていたのでしたら、大きな不幸とは見なされたでしょうが、それ以上のものではなかったでしょう。それから何の演繹《えんえき》的推論も引き出されなかったでしょう。とにかく、文明諸国民は、こんな国と友好関係を結ぶべきでなかったとか、条約を結ぶなどばかばかしいかぎりで、対等の関係など夢想に過ぎないということを示すために、打ちのめされたこの国の顔の前に敵対者がその記録を振りまわす、というようなことはありえなかったでしょう。こうした攻撃のすべてが傷のうずくあわれな日本に、傷のなかでももっとも辛い名誉の損傷に苦しむ日本にむけられたのです。天皇陛下が歓迎しようとされた客が裏切られたのです[28]」

明治天皇のもとに届いた大津事件の第一報は、襲撃から十分ほどのちの威仁親王の電報だった。電報はロシア皇太子が重傷を負ったことを告げ、ただちに陸軍軍医総監の橋本綱常を派遣するよう依頼していた。約一時間後、威仁親王は天皇に京都行幸を促す電報を打った。天皇は衝撃的な事件に驚き、内閣総理大臣松方《まつかた》正義《まさよし》（五日前の五月六日に就任）ほか閣僚に相談した。天皇はすぐさま能久《よしひさ》親王を京都に派遣した。また橋本軍医総監、侍医局長ら数名の医師に命じて、同地に急行させた。さらに天皇は威仁親王に、天皇自身が翌早朝に皇太子慰問のため京都行幸に出発することを知らせた。天皇はまたニコライ宛ての親電を打って、「朕ガ親友ナル皇太子」が襲撃されたことに対する憤懣憂慮の念を表し、速やかなる回復を祈る気持を伝えた。

皇太子はこれに対し、天皇を痛嘆させたことを遺憾とし、自分は思いのほか元気であるとの返電を打った。さらに天皇はロシア皇帝アレクサンドル三世に親電を打ち、皇太子の負傷を報じた。皇后は同様の親電をロシア皇后に送った。

天皇は予定通り翌十二日朝六時三十分、新橋停車場から京都に向けて発った。同日夜、京都到着後すぐに、天皇はロシア皇太子が加療中の常盤ホテルに赴いてニコライを慰問しようとした。ロシア公使はこれを拝辞して言った。深夜の訪問は、かえって患者によくない、と。これは明治天皇の生涯でめったに起こり得ない出来事の一つであったに違いない。天皇の意向が拒絶されたのである。しかし天皇は逆らわず、翌朝訪問する旨を告げた。その間、天皇が派遣した医師団は皇太子拝診を請うたが、ロシア人医師の拒絶にあっていた。傷には何ら異常がなく、包帯は解かないほうがいいというのがその理由だった。またロシア人医師によれば、皇太子は他の医師に診察されるのを好まないとのことだった。さらに翌日、日本の医師団は再び拝診を願い出たが、ロシア人医師はまたも拒絶した。同日、皇太子は神戸港に停泊中の「パーミャティ・アゾヴァ」に移されたため、ついに日本人医師団は皇太子を診察できなかった。(29)

十三日午前、御所で一夜を過ごした天皇は、常盤ホテルにニコライを慰問した。ゲオルギオス親王が天皇を出迎え、負傷した皇太子の部屋に案内した。天皇は事件に対し深く遺憾の意を表し、遠く離れて心配しているに違いないニコライの両親に同情の意を示した。皇太子には犯人が早急に処罰されることを告げ、また回復後に皇太子が東京を訪問し、日本各地の名所を見てまわるよう希望を述べた。これに対してニコライは、自分は、はからずも一狂漢のために軽傷を被ったが、陛下を始めとして日本国民が自分に示してくれた厚誼《こうぎ》に対して感謝の意を有することは、負傷以前となんら異なるところはないと応えた。東京訪問については、ニコライは本国からの命令を待たなければならなかった。

十三日午後、ニコライは京都から神戸に移された。母后《ぼこう》の命令により、「パーミャティ・アゾヴァ」艦上で療養することになったからである。天皇は皇太子が帰艦すると知り、大いに驚いた。皇太子が東京を訪問しないことを、それは意味したからである。天皇は伊藤博文をロシア公使のもとに派遣し、皇太子が日本に留まるよう勧めさせた。公使は、ロシア国民の側に皇太子の安全について大きな危惧があることを説明し、特に母后の深い憂慮を挙げた。皇太子は個人的には東京に行きたかったが、両親に従わざるを得なかった。最終的に公使は、涙ながらに伊藤に懇願した。陛下には、皇太子を我が息子と思われ、皇太子の身の安全確保のため神戸まで付き添っていただけないだろうか、と。[30] 伊藤は公使の要請を伝えることを承知し、もとより天皇は至仁の心でそれを聴許するだろうと請け合った。

天皇は失望しながらも、公使の要請を受け入れた。天皇の馬車は常盤ホテルに立ち寄り、ニコライを同乗させて七条《しちじょう》停車場に向かった。天皇はニコライと共に御召《おめし》汽車に乗り、ゲオルギオス親王と威仁親王が随行した。汽車は厳戒態勢で、一行が神戸の三宮《さんのみや》停車場から「パーミァティ・アゾヴァ」の停泊する港まで行く沿道は歩兵、憲兵が警備した。天皇は神戸港埠頭まで皇太子を見送り、別れに際し握手の礼を行なった。

これが天皇とニコライの最後の対面になったわけではなかった。五月十六日、ニコライは天皇に親電を送り、父帝の命令で十九日に日本を辞去せざるを得なくなったと告げた。[31] 天皇は十九日、ニコライを神戸御用邸での午餐に招待した。しかしニコライは、医官の進言により不本意ながらこれを拝辞し、代わりに天皇を「パーミァティ・アゾヴァ」艦上での午餐に招待した。天皇はただちに承知した。招待の報せが大臣らのもとに届くと、彼らは仰天する。かつてソウルの変で朝鮮の大院君《テウォングン》が清国人に拉致《らち》されて船で運ばれ、清国に三年間幽閉された事実を思い起こしたのである。神戸港には、日本の軍艦を上回る数のロシア軍艦が停泊していた。大臣らは、ロシア側は必ずや天皇を連れ去るに違いないと思い込んだ。大臣らの杞憂《きゆう》に対し、天皇は泰然《たいぜん》として応えた。「朕応《まさ》に行くべし、露国は先進文明国なり、豈敢《あにあ》へて爾等《なんぢら》の憂慮するが如き蛮行を為《な》さんや」と。

十九日、天皇はロシア軍艦に臨幸した。熾仁親王、能久親王が随従した。午餐は順調に運んだ。のちにロシア公使は、天皇があれほど高声に談笑するのを聞いたのは初めてだったと語っている。天皇は、大津事件についてニコライに詫びた。これに対し皇太子は、どこの国にも狂人はいる、いずれにせよ傷は極めて浅く、陛下が憂慮されるにはあたらない、と応えた。二人は、食事中に喫煙するロシアの習慣に従った。それぞれ互いの煙草を差し出し、相手に勧めた[32]。天皇は午後二時に退艦し、「パーミァティ・アゾヴァ」は午後四時四十分、ウラジオストックに向けて出航した。能久親王は軍艦「八重山《やえやま》」で、下関までロシア軍艦を見送った。

天皇のロシア軍艦訪問は、滞りなく終わった。恐らくそれは、二人の間の距離をせばめるのに大きな効果をもたらし、また、ニコライの心から不快な記憶を消し去ったことだろう。天皇にしてみれば、これはかなり勇気のいることだった。自分が必要と考えることは、大臣たちの意見をも顧慮せず実行する——天皇はここでもまた毅然たる態度を示したのだった。

この間、事件をめぐって全国的な動揺が高まっていた。恐らく最も深く傷心していたのは、皇后だった。フレイザー夫人は書いている。

「また一方、ご不運な若い皇太子を助けることも襲撃者を罰することも、ご自分では何もおできにならない方がひとりおられました。すぐれてお優しい皇后陛下は、そのお育ちゆえのご自制も、そのお立場上あらゆる機会に示してこられたこの上ない穏やかさも、すべてお忘れになられ、その悲惨な一夜が明けるまで、悲しみの涙のあふれるまま心底から泣き続けられ、往《い》ったり来たりされました。（中略）ただ若者とその母君のことだけを考えておられたのです[33]」

日本中が悲しみに沈んでいたように見える。ラフカディオ・ハーン（小泉《こいずみ》八雲《やくも》。一八五〇—一九〇四）は *Yuko: A Reminiscence*（「勇子　回想」）を、次の一節で始めている。

「市中の異様な静けさ、人々の厳粛さは、世の中全体の悲しみの表れだ。行商人でさえ、いつもより控えめな声で売り歩いている。ふだんであれば早朝から深夜まで混雑する芝居小屋は、すべて閉まっている。あらゆる歓楽街、あらゆる興行が木戸を閉め、花屋の店先にさえ花がない。料亭もすべて門を閉ざしている。静まりかえった芸妓街には、三味線《しゃみせん》の音さえ聞こえない。居酒屋で乱痴気騒ぎする者は一人もおらず、客たちは声を押し殺すようにして話している。街ですれ違う顔からさえ、いつもの笑みが消えている。貼《は》り紙《がみ》は宴会、娯楽の無期限延期を告げている[34]」。ハーンは、「誰もが自発的に罪を償おうとしている姿」を語り続けた。金持ちも貧乏人も、彼らの最も価値ある家宝、最も貴重な家財を差し出し、「パーミァティ・アゾヴァ」に送りつけた。

　ハーンが中でも心を動かされたのは、「雄々《おお》しさを意味する、かつての侍風の名を持った勇子《ゆうこ》という婢《はしため》」のことだった。

「四千万の人々が悲しみに暮れていた。しかし彼女の悲しみは、他の誰よりもまさっていた。なぜか、またどうしてか、西洋人の心には完全に知り得ようもない。彼女の生命は、我々が極めて漠然《ばくぜん》としかその本質を推測できない感情と衝動に支配されていた[35]」

　五月二十日、畠山《はたけやま》勇子は、京都府庁門前で喉を突き、自刃《じじん》して果てた。二十六歳だった。遺体からは数通の遺書が見つかった。その一通は、（ハーンの言葉によれば）「何の価値もない若い命が罪の償《つぐな》いに捧げられたことを知って、天子様が悲しむのをやめてくださることをお祈りする」手紙だった[36]。のちに、勇子を偲《しの》んで碑が建てられた。

　国中の人々が「パーミァティ・アゾヴァ」に慰問の品々を送りつけた。そのため、「船は贈り物で沈むかと思われるほど」だった[37]。また、事件について日本国民の羞恥《しゅうち》と遺憾の念を伝える何万通もの手紙が皇太子のもとに届けられた[38]。

　ロシア皇太子に対して示された溢《あふ》れんばかりの同情とは対照的に、日本人は暗殺未遂犯である津田三蔵《つださんぞう》に対しては憎しみ以外の何物も持たなかった。山形県最上《もがみ》郡金山《かねやま》村は村民に対して津田という姓または三蔵という名をつけることを禁ずる条例さえ出している[39]。津田は一介の巡査に過ぎなかったが、津《つ》藩藤堂《とうどう》家に代々医師として仕え、家禄《かろく》百三、四十石を領した家柄の出だった。安政元年十二月（一八五五年二月）に生まれた。[40]のち藩校に通い、漢学、武芸を学んだ。明治五年（一八七二）、陸軍に入隊。西南戦争中に軍曹となり、手柄を立てて勲七等を受けた。[41]明治十五年に除隊し、三重県巡査、次いで滋賀県巡査として奉職した。寡黙《かもく》で、人付き合いの少ない男だったという。[42]

真っ先に問題となったのは、津田の動機だった。ベルツ博士は、ごく簡潔な説明を下している。「ある程度これは、一種の売名的行為だと思う。[43]しかし、近年次第に増大するロシアへの憎悪も、それに混ざっていることは確かだ。すでに前からこの国では、なんでものみ込むロシアが、いつかは日本にかかってくるのではないかと、恐れていた」[44]

別の資料は、動機として次の三点を指摘している。津田は、ロシアに対する樺太割譲に憤慨していた。また、ロシア皇太子は日本侵略に備えて偵察のため来日したのだと決めつけていた。さらに、ニコライが天皇謁見のため最初に東京に赴く代わりに、長崎、鹿児島に遊び、各地を遊覧したことに腹を立てていた。[45]津田の動機として断然興味をそそる説明は、ある噂に発するものだった。西郷隆盛が実は生きていて、すでにロシア人と共に日本に帰還しているという噂だった。西南戦争に従軍した津田は、西郷の帰還を歓迎しなかった。津田は、手柄を立てた名誉を剝奪《はくだつ》されるかもしれないと恐れさえした。[46]

裁判で津田が打ち明けた事実は、およそ次のようなものである。当初は、先に警備についていた三井寺でロシア皇太子を殺すつもりだった。ニコライとゲオルギオスは、眺望を求めて人力車で小高い丘に登った。明治十一年に天皇の行幸を記念して名づけられた「御幸山《みゆきやま》」だった。そこに立つ記念碑は、西南戦争で死んだ大津出身の軍人を偲んで建てられたものだった。碑文を見た津田は、戦時における我が身の栄光と、今の巡査としての惨《みじ》めな現状とを引き比べ、それが外国人訪問者への苛立ちを募らせた。津田は憤慨の気持を晴らすため、ロシア皇太子の暗殺を思い立った。二人の外国人が丘の上に姿を現わしたのは、ちょうどその時だった。二人は死者たちの碑にいささかの敬意も示さず、ただ人力車夫に景観について尋ねただけだった。

津田は、二人の質問を偵察行動に携わっている証拠と解釈し、怒りをさらに募らせた。しかし津田には二人の外国人のうちどちらがロシア皇太子かわからなかったので、手を下すのは見合わせた。同時に津田は、ロシア皇太子の訪問が天皇陛下にとって非常に大事であることを部下に強調した、警察署長の朝の訓示を思い出した。(47) さらに唐崎遊覧の警衛についた際、津田はニコライ襲撃に十分な距離まで接近したが、やはり取りやめた。しかしニコライ一行が大津を去るに及んで、津田はこれが最後の機会であることに気づいた。もしニコライを生かして帰せば、他日、必ずや侵略者として戻ってくるに違いない。これが決行の理由だった。(48)

津田の皇太子襲撃は、明らかに計画的だった。ほとんどの人々が、津田は速やかに処刑されて然るべきだと思ったが、ただ一つの問題は、刑法のどの条項でそれが可能かということだった。元老や閣僚は、津田が死刑にならない限りロシアが満足するはずはないと主張した。そうしなければ何が起きるかは言うまでもないと考えた。ロシア皇帝およびロシア国民を満足させるために、津田は断じて極刑に処されなければならなかった。刑法一一六条の規定によれば、天皇、三后《きんこう》(太皇太后《たいこうたいごう》、皇太后、皇后)、皇太子に対して危害を加えた、また加えようとした者は死刑に処す、とあった。問題は、この条項が外国皇族にも適用されるかどうかだった。

五月十二日、内閣総理大臣松方正義(一八三五―一九二四)、農商務大臣陸奥宗光は、大審院長児島惟謙《こじまこれかた》(一八三七―一九〇八)を官邸に招き、ロシアの感情を害する危険について説いた。児島は刑法一一六条の考え方には外国の皇太子は含まれていないと応え、法権の独立を主張した。これに対し、松方は次のように反駁した。国家あっての法律である。法律の重要性を強調するあまり、国家の存亡を忘れるのは愚かである、と。陸奥もまた児島説得に加わり、次のように指摘した。刑法一一六条は単に天皇とだけ言っており、日本の天皇とは言っていない。したがって国を問わず、いかなる君主にも適用されて然るべきである、と。しかし児島の返答はこうだった。元老院は明治十三年(一八八〇)、刑法草案から「日本天皇」の「日本」を削除した。あえて「日本」と特定しなかった理由は、天皇という称号が古来日本の君主にしか用いられない尊称だからである、と。児島は、断じて立場を譲ろうとしなかった。

翌十三日、児島は大審院に判事を集め、一一六条について解釈を求めた。全員一致で、条文の「天皇」は日本の天皇だけを指すものであると確定した。これに対し司法大臣は、刑法に優先する戒厳令の発布で対抗する可能性もあると応じた。同日、津田を裁くことになっている大津地方裁判所長から、津田の犯罪は刑法二九二条、一一二条によって裁かれるべきであるとの報告があった。これは一般人の謀殺もしくは謀殺未遂に適用される条項で、最高でも無期懲役だった。

これで問題が片づいたわけではなかった。児島は日本の司法権擁護のため、果敢に戦うことを強いられた。児島は、ロシア刑法によれば外国君主暗殺未遂はロシア皇帝暗殺未遂より遥かに寛大に裁かれること、またドイツ刑法では一年以上十年以下の監禁に過ぎないことを指摘した。仮に謀殺未遂で無期懲役とするだけでも、すでに諸外国より厳罰となるわけだった。時と場合に応じて法律を曲解し、かつ適用するようなことになれば、それは明らかに憲法を破壊するものであると児島は主張した。津田が処刑されなければロシアは恐るべき復讐の手段に出るに違いないという警告に対しては、児島は次のように応えている。ロシアは決して蛮野の国ではない。卑屈無謀の策を採ることなどあり得るはずもない。諸外国は常に、日本の法律の不完全と裁判官の不適性について不平を鳴らしている。今を措《お》いて、日本人の遵法精神を示す時はない、と。

五月二十日、児島院長を始めとする大審院判事らは、京都御所に参内し、天皇から次の勅語を賜った。「今般露国皇太子ニ関スル事件ハ国家ノ大事ナリ、注意シテ速《すみや》カニ処分スベシ」と。この謎めいた勅語の解釈は、人によって著しく異なった。ある者は「注意シテ」という言葉を、ロシア人を挑発するなという警告と受け取った。ある者は、これを新憲法をみだりに変更してはいけないという天皇の言葉として受け取った。[49]児島の解釈によれば、これは法律を枉《ま》げてまで一一六条に外国皇族を含めようとする内閣の横暴に対し、あくまで反対せよという天皇の命令にほかならなかった。

測り知れないほどの圧力が、七人の判事に加えられることになった。判事七人は、津田三蔵に刑法一一六条を適用することが合憲か否かについて審判を下そうとしていたのだった。閣僚たちは、それぞれ自らと同じ藩出身の判事に接近した。一一六条の適用に賛成を求める閣僚たちの説得が成功したかのように見えた。しかし結局は、判事たちの司法官としての良心が勝利を占めた。判事七人のうち五人が、一一六条の適用に反対したのだ。津田の裁判が始まる前日の五月二十四日、児島は司法大臣山田顕義に、一一六条の適用の可能性はないと告げた。

山田は大いに驚き、内務大臣西郷従道は激怒した。西郷は児島に、この決定に到った理由について詳細な説明を求めた。児島は応えた。裁判官は、ひとえに天皇の命令を尊重しただけである。一一六条の適用は刑法の成文を破り、憲法を侵犯し、日本の歴史に千年にわたって消すことのできない汚点を残すことになる。これは、聖徳を冒瀆《ぼうとく》することにほかならない。同時にまた、裁判官は不法不信の名を後世に残すことになる、と。

西郷は反駁した。「予《よ》は元より法律論を知らず、然れども若《も》し果して卿《きやう》の云《い》ふ如《ごと》き処分に出《い》づるならんか、是《こ》れ聖旨に悖《もと》るのみならず、露国の艦隊は品川《しながは》湾頭に殺到し、一発の下に我が帝国は微塵《みぢん》と為《な》らん、是《ここ》に至らば法律は国家の平和を保つの具にあらずして、国家を破壊するの具と云ふべきなり」。このたびの事件で、陛下は深く心を悩ませている。我々が、こうしてここへ来たのは勅命によるものである。裁判官は勅命といえども承服しないつもりか、と西郷は迫った。しかし児島は屈しなかった。

児島の心が変わらないことを知った山田、西郷らは、他の裁判官に接近を試みた。しかし、誰もが面会を避けた。予定通り五月二十五日、津田三蔵の裁判が始まった。判決に至るのに何も困難はなかった。津田は無期懲役を言い渡された。判決の報せがロシアに届いても、ロシア政府は品川砲撃のため艦隊を派遣しはしなかった。ロシア公使が外務大臣に伝えたところによれば、実のところ、もし判決が死刑であればロシア皇帝は天皇に死一等を減じるよう頼むつもりでいたという。[50] 津田は北海道の監獄に収容され、明治二十四年九月三十日、肺炎のため死んだ。[51]

大津事件は、政府閣僚の危惧に反し、戦争に発展することはなかった。暗殺未遂事件の結果、ニコライが十三年後の日露戦争の一因となるような反日本的偏見を抱いた可能性はあるものの、これは疑問視されている。事件がもたらした最も重要な成果は、児島惟謙が示した勇気のお蔭で、日本の司法が強化されたことだったのは間違いない。児島自身は、政治家に異を唱えたために不利な立場に立つこともなく、明治二十七年（一八九四）に貴族院議員となった。大津事件について記した児島の手記は、関係者生存中は出版を禁じられ、昭和六年（一九三一）に初めて公刊された。[52] 児島は、紛れもなく近代日本史上の英雄の一人だった。

当時日本に在住していた外国人たちは、負傷した皇太子に同情を示しつつも、ロシア人を猜疑の目で見ていた。ベルツ博士は、明治八年（一八七五）にロシアに樺太を割譲した日本人は馬鹿だと書いている。いずれはロシア人の侵略があり得る兆候として、ベルツ博士は駿河《するが》台《だい》にある巨大なロシア正教の教会の建物を例に引いた。「この場合、奇妙なのは、ロシアの平民が一人として東京にはおらないことである」[53]と。

恐らく暗殺未遂事件に最も同情的な評価を寄せたのは、ラフカディオ・ハーンだった。ハーンは明治二十六年八月二十六日、友人西田《にしだ》千太《せんた》郎《ろう》に宛てた手紙に書いている。

「ところで、私は思うのだが、津田三蔵は将来の世代からもっと思いやりをもって裁かれることになるのではないか。彼の罪は、ただ『忠義が行き過ぎた』というだけのことだった。彼は、さしあたって正気ではなかった。彼は、大義と時機に恵まれれば最高の価値を持ったであろう狂気と共にあった。彼が目の当《ま》たりにしたのは、英国さえも震え上がらせるような恐ろしい軍事力の化身だった。現に、この軍事力に対抗するため西ヨーロッパは百五十万以上の軍隊を召集した。彼は見た、あるいは見たと思ったのだ、日本の大敵を（恐らく彼は実際に見た、時間だけが証明できることだが）。だから、彼は襲った。勇気を奮い、分別《ふんべつ》も忘れて」[54]

第四十三章　不正選挙と混迷議会

残る明治二十四年（一八九一）は、いったん大津事件の興奮が収まると比較的平穏だった。最も目立った政変は、ニコライ皇太子がまだ九州滞在中に起きた。すでに四月九日、山県有朋が内閣総理大臣辞任を奏請していた。山県は三月に流行性感冒に罹り、その後回復したが、いまだに調子がすぐれなかった。山県は、後任に貴族院議長伊藤博文を推した。天皇は山県に内閣総理大臣に留まる意思がないことを知り、自らも伊藤の説得に乗り出した。伊藤は当時、貴族院議長としての辞表を提出し、関西地方を旅行中だった。天皇は伊藤の旅先に宮内大臣土方久元を差し向け、帰京を促した。

四月二十七日、伊藤は参内した。天皇は謁を賜い、伊藤を内閣総理大臣に任じようとした。伊藤は固辞して言った。明治十四年、大隈重信が国会開設の議を奏上した際、自分は反対した。国会の準備はいまだ整わず、国民の意識もいまだ熟していないと考えたからである。自分は海外諸国の憲法、政治制度の調査のため渡欧し帰朝するまで国会開設を延期するよう奏上し、天皇の裁可を得た。帰朝後、憲法は制定され、続いて国会が開設された。しかし民度は依然として低く、憲法政治の実施は依然として困難である。今は誰が首相になろうと、その地位を長く保つことは不可能だ。もし自分があえてその任に就いたとしても、いつ暗殺されてもおかしくない。もとより自分の命など惜しむに足りないが、もし自分の身に不測の事態が起これば、いったい誰が皇室の力となり、政府を保てるだろうか、と。

伊藤は、内務大臣西郷従道、大蔵大臣松方正義のいずれかが任命されてしかるべきだと奏上した。天皇は西郷が応じないことを知り、松方に白羽の矢が立った。松方は固辞したが、天皇は聞き入れなかった。五月六日、松方は内閣総理大臣に就任した。松方がこの年この地位にあった六ヵ月余の間、議会は常に紛糾の中にあった。十二月に衆議院は解散され、翌年早々にも選挙が実施されることとなった。

この年七月、清国北洋海軍提督丁汝昌《ていじょしょう》が天皇に謁見した。謁見は「東洋的」な丁重極まる儀礼の交換に終始した。しかし横浜に停泊する六隻の軍艦（日本海軍のどの軍艦よりも強力）から成る清国艦隊は、日本人の一部に恐怖を抱かせるに到った。当時の「国民新聞」の一記者は、次のような戯《ざ》れ句《く》を書いている。「チャン／＼坊頭は意張りけり、世の弱虫は懼《おそ》れけり」(1)。

しかし清国艦隊の訪問は概して、伝統的教育を受けた日本人にとって、中国文化の蘊蓄《うんちく》を披露する好機として大いに役立った。「支那《しな》と我は兄弟の如き者」と言い、中国人を兄と敬う者もいた(2)。丁提督を始めとする清国艦隊艦長たちは、行く先々で饗応を受けた。彼らは日本的情景にしっくり溶け込んだ。それはヨーロッパ人ではとてもこうはいくまいと思われる風景だった。日本の学者文人は、来日した清国の賓客たちと漢詩の交換を心ゆくまで楽しんだ。この喜びは、漢字が国境を越えたからこそ可能となった。文人の理想は清国と日本に共通のものだった(3)。恐らく、これら友好を示す様々な場に居合わせた人々の誰一人として、わずか三年後に日本と清国が激しい戦争を始めるとは夢想だにしなかったろう。

明治二十四年夏、天皇にとって最も喜ばしい報せは、権典侍園祥子が八月七日に天皇の八番目の皇女允子《のぶこ》を産んだことだったに違いない。天皇には今や皇太子、昌子内親王、房子内親王、允子内親王の四人の子供がいた。多くの皇子皇女を幼少にして失って以来、ついに天皇は自分の子供が大人へと成長していく姿を見守る喜びを実感することができたのだった。

この年は、ほかには大したこともなく過ぎた。しかし十月、天皇はロシア皇太子ニコライに鎧《よろい》一具《ぐ》、太刀一振《ふり》、短刀一口《くち》、弓一対、天皇の写真一葉を贈り、これに書簡を添えた。[4] 恐らくこれらの贈物には、大津事件に対する重ねての謝罪の意味があったのであろう。

明治二十五年（一八九二）の最初の重要な出来事は、二月十五日に行われた衆議院議員総選挙だった。国会の前途に憂慮を示していた天皇は、松方に次のように告げた。選挙に際し、もし前国会と同じ議員が多く選出されるようなことになれば、何度も解散の憂き目を見ることになるだろう。地方長官に訓戒し、心して地区の良民を議員とするよう務めさせるべし、と。

天皇の言葉を最も肝に銘じて受け取った閣僚は、内務大臣品川弥二郎《しながわやじろう》（一八四三―一九〇〇）だった。品川は地方長官に政府の方針を示し、厳正中立、不偏不党の名士を選ぶよう訓示した。品川は、それまで政党に深く関係していた官吏は免職されて然るべしと考えていたようである。また、警察官に対しては脅迫、収賄の行為を厳重に取り締まるよう指示した。品川は、これらの行為を政党の仕業《しわざ》と見なしていたようである。しかしその気負った指示とは裏腹に、明治二十五年の選挙は恐らく日本史上最悪の不正選挙となった。最大の違反者は、ほかでもない品川弥二郎自身だった。

この衆議院議員選挙では、前々年の平穏な選挙と異なって放火や暴行が目立った。民党《みんとう》（いわゆる野党）、吏党《りとう》（政府支持の政治勢力）が軋轢《あつれき》を強め、各地で死傷者を出した。[5] 高知県第二区では暴漢に投票箱を奪われ再投票となった。佐賀県第三区では当日の投票が不可能となった。一般に信じられたところでは、これらの不正行為は品川らの計画的干渉によるものだった。品川は政府反対党を不忠の徒とし、圧迫すべき対象と見なした。両党の軋轢が高じた結果、高知県民などは行政官吏、警察官を仇敵《きゅうてき》のように見るに到ったという。しかしこれらの策動、蛮行にもかかわらず、衆議院で吏党系の百三十七議席に対し民党系は百六十三議席の多数を占めた。[6]

威嚇、暴力行為があったことを知り、深く憂慮した天皇は、選挙後間もなく、違法行為が最も激烈を極めた石川、福岡、佐賀、高知の四県に侍従らを派遣した。五月六日、新たに帝国議会が召集された。貴族院は十一日、選挙干渉に関する次の建議案を可決した。

衆議院議員ノ選挙ハ官吏ノ職権ヲ以《もっ》テ之《これ》ニ干渉スベカラザルハ素《もと》ヨリ論ヲ待タズ、故《ゆゑ》ニ政府ニ於《おい》テハ決シテ干渉ノ命令訓諭アルベキノ理ナシ、然ルニ本年二月衆議院議員総選挙ヲ行フニ際シ、官吏ノ其《その》競争ニ干渉シ之ガ為《た》メ人民ノ反動ヲ激成《げきせい》シ遂《つひ》ニ流血ノ惨状ヲ呈スルニ至レリ、此《この》事タル衆目ノ視《み》ル所、衆口ノ訴フル所ニシテ今ヤ地方到ル処《ところ》官吏ノ選挙ニ干渉シタルヲ忿怒《ふんぬ》シ官吏ヲ敵視スルノ状《じやう》アリ、今ニ於テ政府ハ宜《よろ》シク速《すみや》カニ之ニ処シ其公正ヲ衆庶《しゅうしょ》ニ示サザルベカラズ、若《も》シ之ヲ忽《ゆる》ガセニスルトキハ実ニ国家ノ安寧ヲ害シ其極《きょく》ヤ復《ま》タ救済スベカラザルノ大不幸ヲ招クニ至ラン、因《よっ》テ本院ハ政府ニ於テ深ク此事ヲ省慮《せいりょ》シ之ヲ現在ニ処理シテ之ヲ将来ニ遏止《あつし》センコトヲ希望シ茲《ここ》ニ之ヲ建議ス（7）

（衆議院議員選挙は、官吏の職権をもって干渉してはならないことは、もとより言うまでもない。したがって政府が、干渉の命令もしくは訓諭をする理由はなにもない。それにもかかわらず本年二月の衆議院議員総選挙の際、官吏が選挙に干渉したため人民の激しい反発を引き起こし、ついには流血の惨事を見るに到った。これらの事件は人民の関心の焦点となっており、今や官吏による選挙干渉は各地で怒りを買い、官吏は敵視されている状態である。政府は速やかにこの事態に対処し、公正さを人民に示さなければならない。もしこれを怠れば国家の平穏を乱し、ついには取り返しのつかない大きな不幸を招くことになるだろう。よって本院は、政府がこの問題を深く反省考慮し、ただちに適切な措置を取って、将来に禍根を残さないようにすることを願い、ここに建議するものである）

前年末の衆議院解散以来、選挙に関して閣内には品川の選挙干渉に異を唱える者たちがあり、しばしば品川と対立した。松方は伊藤に助言を求めるため、二月七日に小田原《おだわら》の別荘を訪ねると決めた。しかし伊藤は松方の来訪前にその意図を知ると、陸奥宗光に書簡を送って不満をもらした。松方は内閣が紛糾するたびに自分に解決を求めてくる、と。伊藤は、この段階で関わりになることを避けて、助言を求める前に、まず松方は井上馨、山県、黒田清隆らと前途の方針について合意すべきだと示唆した。山県らは熟慮の末、現在の時局を乗り切るには伊藤自身が内閣を組織するしかないとの結論に達した。彼らは伊藤に受諾を迫ったが、拒絶された。

伊藤が繰り返し枢密院議長の職を辞そうとしたことで、問題はさらに複雑化した。このような場合の通例として、伊藤は病気を訴えたが、天皇は聴許しなかった。自分が最も信頼している人物を国政から失った場合の先行きを天皇は憂慮したのだった。三月十一日、天皇は侍従長徳大寺実則を勅使として伊皿子《いさらご》（現東京都港区《みなと》）の伊藤邸に派遣した。「朕卿《きやう》ガ陳情（伊藤の実情説明の訴え）極メテ切ナルヲ知ル、但《た》ダ朕ハ常ニ相《あひ》咫尺《しせき》（距離を近く）シテ卿ガ啓沃《けいよく》（助言・進言）ニ倚《よ》ランコトヲ望ム、卿其《そ》レ餐《さん》ヲ加ヘテ（滋養をとって）静養シ以テ朕ガ懐《くわい》ヲ慰メヨ、枢詢《すうじゅん》（重要な相談）ノ職ヲ解クハ朕ガ允《ゆる》サザル所ナリ」(8)。伊藤は大いに感泣し、ただちに参内して辞意を撤回した。

品川弥二郎は、選挙期間中に忠誠の行為だと思って自分がとった行動に対する他の閣僚たちの反応に極めて不満だった。行動は適切だったと確信し、また意図が曲解されたことに怒った品川は、辞意を表明した(9)。松方は帝国議会の召集が既に定まった時期に閣僚を更迭《こうてつ》するはめになり、当惑を隠せなかった。松方は山県に品川の慰留を依頼したが、品川は慰留を拒み、山県に自分の気持を託した和歌二首を差し出した。

情《なさけ》ある人は知るらむ情なき人にまことの情ありとは

おろかなる身をも忘れて天地《あめつち》に誓ひし事のはづかしきかな

品川は病気と称して辞表を提出し、天皇は即日これを聴許した。様々な人物（当然、伊藤も含む）が内務大臣の後継者に擬された。最も有力な候補は副島種臣だったが、天皇は、副島は激務に耐えるには年を取りすぎていると言って反対した。天皇は副島が中途で辞職することを恐れていた。副島が「第二の谷干城《たにたてき》」にならないという保証はなかったからだ。天皇が代わりに推したのは、河野《こうの》敏鎌《とがま》だった。しかし松方は、副島の評判が河野を遥かに上回っていると指摘し、また河野は地方官に信用が薄いとして、あくまで副島を推した。天皇は不本意ながらついにはこれを聴許した。

この逸話は、明治天皇が（めったに政治的意見を率直に表明することはなかったが）閣僚たちに厳しく目を配っていたこと、彼らの能力について自分なりの判断を持っていたことを立証するものである。またこれは同時に、天皇が閣僚の任命に口を挟んだとしても、必ずしも思い通りにはならなかったことを示している。

政府の主立った人物に対する天皇の意見は、長年にわたって天皇の顧問を務めた佐佐木高行の日記に克明に記録されている。例えば三月十九日の談話で天皇は語っている。

「品川は正直なれども、狭量にして忍耐なく、会議中にも憤慨して涕泣《ていきふ》するなど、事理《じり》を弁ぜざることあり、頃日《けいじつ》（最近）伊藤が選挙に対する不審を質《い》し、干渉の事実を非難せしに、品川は大《おほい》に激昂《げきかう》し、伊藤が辞職して政党を組織せんと云ふを聴き、君の政党組織は予の関する所にあらざれども、君にして若《も》し暴激の言論あらば、予は直《ただち》に予《よ》戒令《かいれい》を以て君を処分すべしと云ひしかば、伊藤艴然《ふつぜん》として（むっとして）色を作《な》して曰《いは》く、内務大臣の職権を以てするも、如何《いかに》ぞ此の伊藤を随意に処分し得んやと、互《たがひ》に相罵《あひののし》りたり」[10]

明治天皇は明らかに、品川と伊藤が罵り合う一部始終を最大限の注意を払って聴いていた。二人に関する天皇の人物評は、副島、後藤象二郎、陸奥宗光についてと同様に率直で、とてもわかりやすい。佐佐木は、天皇が自由に思うところを述べた数少ない側近の一人だった。佐佐木もまた、天皇に自分の気持を吐露した。佐佐木の言葉が、常に敬意に満ちたものであったことは言うまでもない。

副島は、天皇が予見した通り、内務大臣の職に長くは留まらなかった。六月に辞職し、枢密顧問官に任じられた。これは、辞職もしくは解任後の閣僚に対する慣例的な措置だった。政治家個人の間もしくは政党間の反目ばかりが目立つ政治的状況下、井上毅は、天皇こそ政府を安定させる唯一の希望だと考えた。井上は、聖断によって「大号《たいごう》」を発し、天皇が自ら率先の意を示すべきであると上書した。天皇は、日頃から節倹を重んじることで知られていた。井上は特に天皇に、儀式などの無駄な出費を削減することを提案した。これは、暗に宮廷の出費の一〇パーセントを海軍増強に当てることを意図したものだった。

天皇は原則として井上の節倹の意見に賛成だったに違いない。天皇は自らの軍服を新調するよりは継ぎを当てる方を選ぶという人物だった。しかし同時に天皇は、贅沢を好む取り巻きに囲まれていて、こちらにも適切に対応しなければならなかった。大臣や貴顕の家を訪問する際、天皇は、経費はともかく状況に応じてそれなりにもてなされることを期待した。例えば七月四日、天皇は高輪《たかなわ》の後藤象二郎邸に行幸した。先例に従って、天皇は後藤に贈物を賜ることを余儀なくされた。御紋附銀杯一組、同七宝焼花瓶一対、金千円、さらに後藤夫人に紅白縮緬《ちりめん》二匹、子女らにも贈物を賜った。後藤は備前守《びぜんのかみ》家の銘刀一振、朝鮮伝来の茶壺《ちゃつぼ》、陶製の狸《たぬき》の置物を天皇に献じた。午後には、観世《かんぜ》銕之丞《てつのじょう》、宝生九郎《ほうしょうくろう》、梅若実《うめわかみのる》など当時の名だたる能楽師による能の上演があった。晩餐後、天皇は桃川如燕《ももかわじょえん》の講談、西幸吉《にしこうきち》の薩摩《さつま》琵琶《びわ》の弾奏などを楽しんだ。いずれもその道の名人である。これら特別な催し物とは別に、宮内省楽師《がくし》が終日和洋の楽を奏し、座に興を添えた。夜になると何千もの提灯《ちょうちん》が点灯され、樹下には篝火《かがりび》が燃えた。一万匹の蛍が池の周りに放たれ、いかなる絵画も及ばぬほどの光景を描き出した。天皇が皇居に戻ったのは深夜十二時半だった。翌日は、皇后が行啓して同様のもてなしを受けた。いかに簡素好みとはいえ、後藤がこの夜手配した豪奢なもてなしを、天皇は心から楽しんだに違いない。

それから一週間もたたない七月九日、天皇は永田町の鍋島直大《なべしまなおひろ》（式部長。元佐賀藩主）邸に行幸した。饗宴の規模は後藤邸ほどではなかったが、例によって贈物の交換があり、これに武術の試合、晩餐、奇術、講談などが続いた。能の上演は行われなかった。天皇の行幸は、もてなす側にとっては大いに名誉なことだったとはいえ、天皇の節倹の方針の促進には何ら役立たなかった。

のちに天皇は宮内大臣を召し、次のように伝えている。宮廷の費用を節約し、製艦費に当てることが自分の望みである。心の及ぶ限り節約に努め、我が志を成すべし、と。また一方で天皇は、出費を惜しんではならない例外として二つの条件を提示した。皇祖皇宗の祭事ならびに山陵（みささぎ）のための費用、そして皇太后の経費である。皇太后は宮廷で実施される節倹のことを知ると、自身の経費の一〇パーセントを節減したい意向を示した。しかし天皇は憤然として、いかなる節減も許さなかった。「此のこと敢《あ》へて尊慮を煩はしたまふなかれ」。このようなことで皇太后が御心《みこころ》を煩わされる必要はない、と。

いずれにせよ皇室費用の多くは天皇皇后自身のためにのみ使われたわけではなかった。大火、震災などの災害のあった町村の学校の再建、救済などにも当てられた。[11] 同時に皇室には、芸術を保護育成する義務があった。例えば七月十二日、皇后は米国コロンブス世界博覧会日本婦人会に金一万円の大金を賜っている。これは、翌年のシカゴ世界博覧会に日本から出品する展示品の質を向上させるための資金に当てられた。[12] 長年にわたって荒廃するにまかせられていた仏寺は建築物、古美術の修復の資金を賜った。[13] また皇族に対しては、比較的遠縁であっても婚儀や邸宅新築に際して金品が下賜された。[14] 仮に天皇皇后が、ひたすら簡素極まりない生活を望んだとしても、なおこれら公的な義務に見合う十分な資金が皇室には必要だった。

明治二十五年の最も重要な政治的展開は、それまで小田原に隠棲《いんせい》して政界の黒幕として政治を操ってきた伊藤博文の現役復帰だった。伊藤は、内閣総理大臣への再任を断り続けてきた。七月末に松方正義が辞任すると、またもや伊藤に話が持ちかけられた。伊藤は病気を理由にただちに東京を離れ、小田原に戻った。またしても伊藤は再任から逃げようとしているかに見えたが、天皇が宮内大臣を派遣して帰京を求めると、伊藤は総理大臣就任の機が熟したと判断したようである。それでもなお伊藤は、薩長出身の主たる元老が全員内閣に加わり、自分を支援するという態勢を望んだ。この願いは実現した。第二次伊藤内閣（八月八日成立）の構成は以下の通りである。山県有朋（司法大臣）、黒田清隆（逓信大臣）、井上馨（内務大臣）、大山巌（陸軍大臣)、後藤象二郎(農商務大臣)、陸奥宗光(外務大臣)、河野敏鎌(文部大臣)、仁礼《にれ》景範《かげのり》(海軍大臣)、渡辺国武《わたなべくにたけ》(大蔵大臣)。有能な者が揃い、これ以上に印象的な顔ぶれはないだろう。

伊藤は内閣総理大臣就任を承諾した際、天皇に上奏して次のように誓った。「臣不肖と雖《いへど》も、重任を拝するあらば、万事御委任あらせられたし、大事件は固《もと》より悉《ことごと》く叡慮を候するに怠らざるも、他は総《すべ》て自ら其《そ》の責に任ぜん」と。これに対して天皇は応えた。「卿の言善《よ》し、朕敢《あ》へて何事も干渉するの意なし、唯《ただ》奏聞あれば意見を告ぐべし」(15)。

伊藤内閣はそれまでの各内閣よりよく機能し、長続きした。しかし十一月、伊藤の乗った人力車が馬車と接触して転覆し、伊藤は頭部、下唇数ヵ所に裂傷を負った。このため伊藤は翌年二月まで参内できなかった。

明治二十六年(一八九三)は、今や慣例となった形で幕を開けた。天皇は四方拝を行わず、賢所の祭典などには式部長鍋島直大が代拝した。御講書始は英国志(史)、儒学の古典『礼記』から一篇、『万葉集』の長短歌の進講だった。天皇は例年のごとく青山御所に皇太后を訪問した。この年の歌御会始の御題は「巌上亀」だった。

すべてが滞りなく運んでいるように見えた。しかし新年のお祭気分は、一月十二日、突然破られた。衆議院が官吏俸給、軍艦製造費を削減する予算査定案を可決したのである。かねてから政府は常時節減を求めてきたが、この二分野だけは例外として削減を許さなかった。その他の削除費目も含めると、全体の削減額は政府予算原案の約一一パーセントにも上った。衆議院予算委員長は、官吏俸給の削減は妥当であり、業務の能率低下には結びつかないと説明した。また委員会は、国防の大方針を定めずして海軍の規模を拡大するのは時期尚早であるとした。これに対して大蔵大臣渡辺国武は、官吏俸給などの削減は行政機関の機能に支障を来《きた》すことになると反駁した。双方とも譲らず、衆議院は一月十七日から五日間の休会に入った。政府と議会が初めて真っ向から衝突したのだ。これは、次の根本的な疑問を提起した。たとえ憲法が保障する議会の特権を踏みにじることになっても、政府は極めて重要と思われる問題について断固として我が道を行く権利を持つのかどうか(16)――。

もはや天皇に訴えるほかないと決した衆議院は、一月二十三日、百四十六名の連署で内閣弾劾の上奏案を提出した。しかし同日、天皇の詔勅によって衆議院は二月六日まで停会に入った。衆議院議長星亨《ほしとおる》の名で提出された上奏案は、憲法に明記されたごとく議会の予算削減の決定を正当なものとし、議会の権利を保護するにあたり天皇の調停を求めたものだった。二月七日、衆議院は内閣弾劾と天皇の調停を求めた上奏案の議事を再開した(17)。伊藤は衆議院に再考を促すべく反論し、また天皇の心を煩わすことのないよう訴えた。しかし衆議院は、百八十一対百三の多数で上奏案を可決した。

明らかに、この対決に決着をつけられる人間は天皇だけだった。明治天皇は、時に歴史家たちによって名目上の長に過ぎない存在として描かれることがある。天皇の聖断を仰ぐ奏上は、確かに伝統に則った儀式的な決まり文句で書かれたが、無意味な形式的行為にとどまらないことも多く、この場合もその例の一つだった。天皇の裁断は、誰もが尊重するであろう唯一の決定であった。

伊藤は二月九日、各大臣連署の上書の中で次の甲乙二案につき勅裁を仰いだ。

(甲案) 衆議院の上奏に対して勅答を賜い、さらに政府と和協(折り合いをつける)のための議事を開かせる。ただし、議院が勅旨に従わない場合、また和協の結果が得られない場合は、解散も止むを得ない。

(乙案) ただちに衆議院に解散を命ずる。

翌日、天皇は詔勅を賜った。天皇が強調したのは、列強諸国の脅威が日一日と増している今の時に当たって、日本は備えを固める必要があるということだった。天皇の決定は以下のようなものだった。宮廷の出費を抑え、六年間にわたって年額三十万円を下付する。また、同じく六年間、文武の官僚の俸給から一〇パーセントを差し引き製艦費の補足に充てることにする、と。

衆議院は恐懼して詔勅を拝し、政府と妥協を図ることを約束した。貴族院もまた十四日、議員の俸給の一〇パーセントを製艦費の補足に当てることで同意した。天皇の決定は、妥協を説いていた。文武の官僚は、（衆議院が提案したように）俸給を削減されることになった。しかし、その金は製艦費に当てられることになった（これは衆議院が可決したことではなかった）。皇族は、全体として諸経費を五パーセントから一五パーセント削減した。当初、皇后の宮廷経費は削減の対象になっていなかったが、皇后の命令により、向こう六年間五パーセント削減することになった。

明治二十六年における衆議院の大きな仕事と言えば、ほかに条約改正に関する措置があった。列強諸国との不平等条約は、その大半が幕府の衰退期に調印されたものだった。これらの条約は、長年にわたって日本人の不満の源泉となっていた。誰もが治外法権の撤廃と、関税自主権の回復を望んでいた。しかし、目標の達成と引換えに日本人が支払わなければならない代償（外国人の内地雑居を許可すること）が、繰り返し障害となって立ちはだかった。時には、次のような意見が強く主張されたこともあった。恥知らずの外国人に日本人の土地および生活を不当に奪われるくらいなら、治外法権の屈辱に耐える方がまだましである、と。

衆議院はすでに明治二十五年五月、治外法権と外国人の関税支配の撤廃を求めた上奏案を提出していた。最終的な目標は、対等条約の締結だった。この目的達成のため、上奏案は外国人の内地雑居を認めた。しかし土地の所有、鉱山、鉄道、運河、造船所の所有権および営業は認めなかった。同時に上奏案は、締盟各国に日本に対する最恵国待遇を要求するものだった。しかし、この上奏案は審議に入る前に議会が閉会されたため、実を結ばなかった。同年十二月、前月末に開会した議会に再び提出された上奏案は、明治二十六年二月、（政府の要求により）秘密会で討議され、賛成多数で可決された。

上奏文には、例によって歯の浮くような天皇の聖明を称える言葉のみならず、進んで不平等条約に調印した幕府に対する怒りが表明されていた。また上奏文は、明治四年の岩倉使節団に始まる条約改正の足跡をたどり、最後は「伏シテ冀《こひねがは》クハ輿論《よろん》ノ在ル所ヲ採納（採用）セラレムコトヲ」と結ばれていた。

この上奏文は、大した成果を生んだようには思えない。しかし、問題は決して忘れ去られたわけではなかった。七月、天皇は、外務大臣陸奥宗光が起草し閣議決定した条約改正案を裁可した。陸奥の考えでは、条約改正の努力の歴史はことごとく失敗の歴史だった。失敗の原因は常に内政にあり、日本人が協調行動を取れないことに起因していた。陸奥は自ら通商航海条約案を起草し、閣議に諮った。条約案を作成するにあたり、陸奥は一八八三（明治十六）年に締結された英伊条約に則り、明治二十二年に発効した日墨《にちぼく》（日本—メキシコ）修好通商条約を参照した。両条約とも対等を基礎に据えたものだった。また陸奥は、この条約が調印後一定の年限、例えば五年後に実施されることが望ましいと考えた。それは、現行条約から新条約への移行に十分な準備期間を与えるためだった。

陸奥は、最善の方法は各国と個別に交渉する国別談判だと考えた。まず、対等条約の長年の反対者である英国政府との交渉に着手することにし、陸奥は交渉役としてドイツ駐在特命全権公使の青木周蔵を抜擢した。青木は九月、日本駐在英国公使ヒュー・フレイザー（この時期、休暇でロンドン滞在中だった）に会い、英国政府との予備交渉に着手した。

条約改正は、決して容易ではなかった。日本に在住する外国人は、繰り返し内地雑居の禁止に抗議していた。彼らは主要な西洋各国の国内で日本人が自由に旅行、居住を楽しんでいる実情を例にとって訴えた。日本人の中には内地雑居を許した結果起こる災厄を恐れて外国人に暴行を働く者もいた（特に熊本、茨城両県にこの手の反対論者が多かった）。彼らは、暴力行為に出ることで、歓迎されていないことを外国人たちに理解させようとしたのだが、その行動は日本政府にしてみれば迷惑な話だった。外国人たちは、かねてから治外法権が撤廃されれば日本の裁判所はこのような暴力を処罰しなくなるのではないかと恐れていたため、政府は外国人たちをますます説得しにくくなった。しかし条約改正は、多くの日本人にとって計り知れないほどの心理的重みを持っていた。それは、日本が近代国家として認められることを意味していた。伊藤は不穏分子を処分するため保安条例を用いることも止むを得ないと考えた。

条約改正賛成派と、（外国人の内地雑居を許すよりは）現状の維持を望む現行条約励行派との間の反目は、明治二十六年を通して続いた。問題の核心には、多くの日本人に共通する外国人恐怖症があった。十二月、陸奥は衆議院に提出された現行条約励行建議案その他、条約改正に関する法案を吟味し、それらの内容に愕然とした。陸奥は次のように論評している。

「是《こ》れ等《ら》諸案の如きは外国人を以て異類視するものにして、恰《あたか》も猶《なほ》露西亜《ロシア》国政府の猶太《ユダヤ》人を遇するが如く、我が開国の皇謨《くわうぼ》（天子の治世の道）に悖戻《はいれい》（道理に逆らう）するものなり、故《ゆゑ》に政府は此《こ》の際断然其《そ》の維新以来の方針たる開国主義を明示し、之《こ》れに反対する非開国主義を撲滅鎮圧するの手段を取らざるべからず、若《も》し然《しか》らずして之れを黙過するが如きことあらんか、其の勢燄《せいえん》益〻《ますます》国内に瀰漫《びまん》し、遂《つひ》に内外交渉の大紛乱を惹《じやっ》起《き》するの恐《おそれ》あるのみならず、目下著手《ちやくしゆ》せる条約改正交渉に大《おほい》なる阻障を与ふるに至らん、政府は今や一日も逡巡躊躇《しゆんじゆんちうちよ》すべきの秋《とき》にあらず[18]」

陸奥はその対策を案じ、閣議に諮った。閣議は容易に決しなかった。陸奥は閣議の優柔不断を憤り、十二月十一日、辞意を表明した。しかし伊藤は陸奥を諭した。「焦躁《せうさう》短慮は今日の大計を処断する所以《ゆゑん》にあらず」と。伊藤は陸奥に、軽率を捨て熟考するよう促した。陸奥は考え直し、辞意を撤回した。

条約改正に対する反発は、なお衆議院で続いた。十二月十九日、衆議院は政府に対し、現行条約の権利と義務を明確にし、これを励行することを求める建議案を提出した。また理由書を添え、国権が正当に行われないために外国人が我がもの顔に振る舞っている現状を説明した。

議事は紛糾し、帝国議会の十日間停会を命ずる詔勅が下された。当期の議会が開会して以来、衆議院と政府との軋轢《あつれき》が増すにつれ、天皇は大いに憂慮を示した。常に侍従を議院に差し遣わし、議事を傍聴させた。重大問題に関して議事が紛糾した際は、刻々と電話で事態を報告させた。

十二月二十九日、議会は再開された。陸奥は、現行条約励行案に対する反対演説をぶった。ここでもまた陸奥は、維新以来の政府の基本方針が開国進取にあることを強調した。陸奥は言う。現行条約の励行は、この国是に反するものである。現行条約は、すでに調印以来進歩を重ねてきた今日の社会に適合しない。今や旧幕府の「鎖攘《さじょう》（鎖港攘夷）主義」を排し、失った権利を回復すべき時である。現行条約にない特権を外国人に与えることは、その報酬にほかならない。しかし同時に、次のことを忘れてはならない。もし外国人が自由に内地を旅行すれば、その散財はすなわち内地人民の利益となる。条約の改正を欲するならば、まず外国人に日本国の進歩の実情を知らしめなければならない。その実現のためには開国の方針に依拠するしかない、と。結論として陸奥は、衆議院に現行条約励行案の撤回を求めた。議員たちは撤回に応じなかった。詔勅が突然下り、さらに十四日間の停会が議会に命じられた。

三十日、内閣総理大臣伊藤博文、枢密院議長山県有朋が天皇に謁見した。これに続いて衆議院が解散された。伊藤は衆議院の現行条約励行案を阻止するため、前もって停会を奏請していた。前日、突然の停会の詔勅が下ったのは、そのためだった。しかし議員たちは反省の色を見せなかった。伊藤は施すべき策を失い、ついに衆議院の解散を決断した。同日、天皇は衆議院に解散を命じた。天皇は、伊藤と同じ結論に達していた。「幾たび停会するも、議会の状勢は変ぜざるべきを以て、解散するの外方法《ほか》なかるべし[19]」と。

年を越して間もなく、天皇は佐佐木高行に心の内を明かしている。「斯《か》かる衝突は要するに是れ急進の弊《へい》より起る、国会開設は早きに失したるの感あり[20]」と。天皇の政治的考えは、この時以来、より保守的になっていったように見受けられる。天皇は、近代的君主として誇りに思っていた憲法の授与と議会開設の認可は、今思えば時期尚早だったのではないかと考え始めていた。

第四十四章　清国ニ対シテ戦ヲ宣ス

明治二十七年（一八九四）元日、天皇はやはり四方拝を行わず、また賢所その他の祭典は掌典長《しょうてんちょう》の九条道孝《くじょうみちたか》が代拝した。天皇が四方拝などの祭典の義務を果たさなくとも、もはや人々は驚かなかった。近年、天皇は気分がすぐれないとの理由から、また、時に何の説明もなしに、儀式への出席を取りやめることが多かった。人々は、儀式を主宰するのが過去何世紀にもわたる天皇の重要な務めであったことを忘れてしまったかのようだった。

この時期、宮廷の人々の印象に深く残ったことと言えば、おそらく新年拝賀のために皇太子嘉仁親王が参内したことだろう。この年、皇太子は足繁く天皇を訪問した（毎月数回に及んだ）。天皇と皇太子のそれまでの関係は、愛情の絆というよりむしろ宮廷の儀礼に支配されていた。皇太子の度重なる参内は、二人の関係が親密さを増したことを窺わせるものだった。もちろん、天皇はそれまでにも皇太子が病気に冒されるたびに心を悩ませていた。しかし天皇の主たる心配の対象は、あるいは皇太子自身の生命よりむしろ皇位継承にあったかもしれない。他の皇子たちは、すべて幼少で死去していた。病弱であるにもかかわらず、嘉仁親王が天皇の後継者となる公算はますます大きくなった。唯一生き残った皇子である嘉仁親王は、幼い頃の天皇自身のように健康でもなければ活発でもなかった。天皇は恐らくたびたび嘆いたであろう。

それでもなお、皇太子を将来の地位に就けるために然るべき準備が必要だった。天皇は、皇太子が正規の教育を受けるべきだと考えた。すでに見たように、天皇は皇太子を他の華族の子弟と一緒に学習院に通わせることを早くから決断していた。それまで皇族は、個別指導を受けるのが常だった。皇太子は、とりわけ勉強に熱心というわけではなかったが、学究的な適性に欠けるからといって、学問を早々に切り上げるわけにはいかなかった。明治天皇が特に重視したのは、次代の日本の天皇は日本および中国の歴史と文化のみならず西洋の事情にも通じていなければならないということだった。同時に皇太子たるもの、書にすぐれ、かつ伝統的な作法に則って歌が詠めねばならなかった。(1) しかし教育計画にかなりの配慮が払われたにもかかわらず、常に皇太子の健康状態が教育に優先することになった。皇太子の勉強は病気のため、あるいは皇太子が勉学を続けるには東京は寒暑が厳しすぎるという医師の判断によって頻繁に中断された。

皇太子は、親らしい愛情をめったに見せない父に怯《おび》えていたように見受けられる。明治天皇が格別に冷厳だったわけではない。天皇は、儒教的な父親像にかなったやり方で皇太子に接した。恐らく天皇は息子に接するにあたって、自分に対して厳格だった父孝明天皇を模範にしたのだと思われる。しかし明治天皇は孝明天皇と違って、息子への和歌の手ほどきを日課としたわけではなかった。(2) 天皇は事実、自分の後継者の教育に直接携わることはなかったようである。

明治二十七年になってとみに頻度を増した嘉仁親王の参内は、父子の自然な愛情がついに芽生えたことを窺わせるものだった。この年の終わり近くになってそれは証明された。明治二十七年十一月十七日、嘉仁親王は天皇訪問のため広島に到着した。八月一日に日清戦争が勃発すると、天皇は九月から前線により近い広島に御座所を移していた。皇太子は翌十八日午前十時三十分、広島城に置かれた大本営《だいほんえい》に姿を現わし、天皇と歓談後、天皇が満洲《まんしゅう》産の馬を見るのに陪席した。その後、二人は一緒に天守閣に上り、広島全景の眺望を楽しんだ。主殿頭《とのものかみ》山口正定が案内に立ち、望遠鏡と地図を使って景色を説明した。天皇父子は、御座所で午餐を取った。かねてより天皇の皇太子に対する愛情に欠けるものがあると心配していた側近たちは、この日の天皇の思いやりある態度に歓喜し、早速これを皇后に知らせなければならないと思った。しかし、めったに見せない親密さを示したからといって、天皇は自らの務めをおろそかにしたわけではなかった。皇太子は十一月二十四日、東京に向けて発った。結局、天皇が嘉仁親王と午餐を共にできたのは一週間のうちに都合四回だけだった。

皇太子が父天皇と共に時間を過ごすことは現実的にほとんどなかったが、明治二十年（一八八七）以降、皇太子は天皇皇后と一緒に錦絵《にしきえ》に頻繁に登場するようになった。中には天皇と皇后の間に皇太子が立っている構図もあり、それはあたかも皇室の家庭の和を強調するかのようだった。[3] さらに天皇一家の家庭生活を窺わせるものとして、明治二十七年の天皇大婚《たいこん》二十五年の祝典があった。日本の君主の結婚記念日が国民の祝賀の対象となったことはかつてなかったが、天皇は欧米諸国で王室の銀婚式を祝う風習のあることを知り、祝典挙行の建議を喜んで受け入れた。祝典の準備に疎漏のないよう祝典委員会が組織され、海外諸国の例が調査された。祝典は三月九日に挙行すると公式に発表された。

祝典を記念して金製、銀製の祝典章が作られた。祝賀にふさわしく、表面には皇室の菊の御紋章、一対の鶴《つる》などめでたい意匠が彫られた。[4] 祝典章は祝典当日に参内した者に与えられ、終身佩用《はいよう》と子々孫々受け継ぐことが許された。三月九日、祝典を記念して千五百万枚の郵便切手が発行された。日本の郵便記念切手はこれをもって嚆矢《こうし》とする。

祝典当日は、まず賢所、皇霊殿、神殿での祭典から始まった。これらの祭典に天皇皇后の出御はなかったが、皇太子、親王、閣僚らが次々と拝礼した。近衛砲兵連隊と海軍の各軍艦が礼砲を発射した。午前十一時、天皇皇后は鳳凰《ほうおう》の間《ま》に姿を見せ、皇族、閣僚夫妻を始めとする二百余名の拝賀を受けた。天皇は正装で、菊花大綬章ほかあらゆる勲章をつけていた。皇后は白の中礼服《ちゅうれいふく》に勲一等宝冠《ほうかん》章をつけ、王冠をかぶっていた。中礼服の裳《も》には銀糸で花鳥《かちょう》が織り出されていた。続いてフランス、英国、ドイツ、ロシア、米国、ベルギー、朝鮮、オーストリアの各国公使が自国の君主、大統領からの慶賀の親書、祝詞を捧呈した。天皇は各公使に勅語を賜った。

午後二時、天皇皇后は観兵式のため馬車に同乗して青山練兵場に向かった。宮城正門前には帝国大学学生を始め各団体が整列し、また盛儀を一目見ようとする者たちが沿道に満ちた。二時四十五分頃、式場に到着した天皇皇后は、彰仁親王らに迎えられた。各部隊が捧剣捧銃《ほうけんほうじゅう》し、軍楽隊が「君が代」を吹奏した。来場の皇族、大臣、外国使臣らに謁を賜った後、天皇皇后は再び馬車に同乗して幌《ほろ》を開いたまま場内を一周し、閲兵式を行なった。その後、分列式を観覧した。

祝典は丸一日続いた。祝賀の宴が開かれ、舞楽《ぶがく》が上演された。「銀婚式」という言葉は、正式には使われなかった(5)のだが、贈答の品々は菓子器、置物、花瓶など、主として銀製のものが多かった。祝典に招かれなかった一般臣民にも、天皇皇后に贈物を献上することが許された。こちらは銀製というわけにはいかなかったが、詩歌、酒、醤油《しょうゆ》、鯣《するめ》、鰹節《かつおぶし》、刀剣、絵画、陶器、漆器《しっき》、盆栽《ぼんさい》など、その品々は実に多岐にわたった。(二十五周年の数字にちなんで)皇族、大臣以下男女各二十五名および月次《つきなみ》歌御会詠進《えいしん》者が歌を捧呈した。歌題は「鶯花《おうか》契万春《ばんしゅん》」だった。疲労困憊《こんぱい》した天皇皇后が就寝したのは午前一時五十分だった(6)。

銀婚式のお祭気分は、三月二十八日、朝鮮の政治活動家金玉均《キムオクキュン》が上海の日本旅館で殺害されたことで無惨《むざん》にも消し飛んだ。日本から金玉均に同行した刺客が、金玉均を開化派の一味として憎む朝鮮の守旧派指導者の命令で暗殺を決行したのだ。

明治十七年(一八八四)の未遂に終わったクーデター以前、日本に住んでいた金玉均は、明治十四年(一八八一)の最初の来日後間もなく福沢諭吉と親しくなった(7)。福沢は朝鮮の開化派を強く支持し、日本は朝鮮と清における近代化の動きを主導すべきだと考えていた。しかし開化派が政変に失敗し、朝鮮の政局を掌握できないことが明らかとなった明治十八年(一八八五)、福沢は有名な「脱亜論《だつあろん》」を発表した。その中で福沢は、「我国は隣国の開明を待《まち》て共に亜細亜《アジア》を興《おこ》すの猶予ある可《べか》らず、寧《むし》ろ其伍《そのご》を脱して西洋の文明国と進退を共に」せざるを得ないと主張した。

金玉均は明治十七年十二月、八人の朝鮮人と共に日本に亡命した。いずれも開化派の同志で、朝鮮は日本の近代化の例に倣うべきだと考える者たちだった。これら朝鮮人たちは、日本の指導者層の好感を得ようと日本人の姓名を名乗り、洋服を着用した。(8) 彼らは恐らく日本政府から厚遇されることを期待していたが、最小限の保護を受けただけだった。明治十八年二月、朝鮮政府は日本に使節を派遣し、金玉均を引き渡すよう要請した。日本側が拒否すると、朝鮮政府は刺客を送り込んだ。刺客は、金玉均とその同志の朴泳孝《パクヨンヒョ》の殺害を命ずる朝鮮国王高宗《コジョン》の署名入りの命令書を携えていた。(9) 暗殺計画を知った金玉均は、総理大臣伊藤博文、外務大臣井上馨にそれを告げた。井上は朝鮮政府に刺客を召還するよう書簡で要請し、代わりに金玉均を国外退去させることを約束した。

金玉均は当時、横浜のグランド・ホテルに滞在していた。神奈川県知事は、彼を治外法権下にあるグランド・ホテルから三井《みつい》財閥の別荘に移し、拘留した。明治十九年（一八八六）六月、内務大臣山県有朋は、金玉均を十五日以内に国外退去させるよう県知事に命じた。その滞留は日本の治安を妨害し、かつ外交上の平和を障碍《しょうがい》する恐れがあるというのが理由だった。(10) 日本政府は、金玉均は親日派であるにもかかわらず、明らかに彼を厄介者と見ていた。そして金玉均の存在が、日本の軍備が整わないうちに戦争を引き起こすかもしれないことを恐れた。(11) 結局、金玉均は国外退去でなく離島の小笠原諸島の父島《ちちじま》に追放され、そこで二年間、孤独な幽閉生活を送った。孤島の気候は彼の健康を害した。金玉均は北海道に移送され、明治二十三年に許されて東京に戻るまでそこで幽閉生活を送った。(12) その間、多数の日本人支持者から援助を受け、なんとか幽閉の日々を生き延びた。

明治二十七年三月、金玉均は朝鮮開化運動に対する日本政府の支援を断念し、上海に向かった。目的は李鴻章に会うことだった。金玉均は駐日清国公使だった李経方《りけいほう》（李鴻章の息子）と親しく、李経方の帰国後も手紙のやりとりを続けていた。金玉均は李経方が、清国最高の実力者である父の李鴻章に会わせてくれることを期待した。金玉均が特に望んだのは、西洋列強の侵略を阻止するために東アジア三国が提携するという彼の計画をこの老練な政治家の前で説くことだった。[13] 金玉均は上海行きは危険だと警告を受けたが、[14] たとえ五分間でも李鴻章との談話の時間が得られれば危険を冒すだけの価値はあると確信していた。[15] 船賃（および日本滞在中の借金の支払い）は、大阪在住の朝鮮人李逸植《イイルシク》が負担した。彼はまた清国での活動資金と称して金玉均ににせの為替手形五千円を渡し、この手形を現金化するためには洪鍾宇《ホンジョンウ》が同行しなければならないと告げた。彼は直近までフランスに留学していた朝鮮人だった。[16] 一行には金玉均の日本人の友人和田延次郎《わだえんじろう》も加わった。

上海到着は三月二十七日だった。翌日、宿泊先の日本旅館から和田が使いに出て、寝台で本を読んでいた金玉均に、不意に部屋に入ってきた洪鍾宇が二発の銃弾を撃ち込んだ。寝台から廊下に這《は》い出《で》た金玉均は、さらに背中から一発の銃弾を受け、これが致命傷となった。才気にあふれ風変わりで魅力的な犠牲者は、四十三歳で世を去った。[17]

和田延次郎は棺《ひつぎ》を購入して遺体を納めた。和田は彼ら一行を上海に運んだ「西京丸《さいきょうまる》」の事務長に相談し、棺を日本に送り返す手筈《てはず》を整えた。しかし出航前夜、日本領事館の館員が出発を見合わせるよう和田に求めた。[18] 和田が拒絶すると、領事館員は居留地警察に知らせた。居留地警察は棺を持ち去り、清国官憲の手に渡した。暗殺の知らせを受けた李鴻章は、遺体を納めた棺と刺客を軍艦に乗せ、朝鮮に送還するよう命じた。清国政府、日本政府ともに、この厄介な理想主義者の遺体を早く処分したかったようだ。

棺が朝鮮に到着すると、朝鮮政府は金玉均の遺体を棺から出し、頭と両手両足を切断し、「謀叛《むほん》大逆不道罪人玉均」と記した幟《のぼり》と一緒に杭《くい》に吊るした。[19] 胴体はそばに放置された。朝鮮政府の復讐《ふくしゅう》は、この惨刑で終わったわけではなかった。金玉均の家族もまた処刑された。[20] 洪鍾宇は英雄として歓迎された。

日本人は、金玉均暗殺に激怒した。清国が事件に一枚噛んでいたため、清国人に対する憎悪を募らせる結果となった。それは、中国崇敬千年の伝統からの訣別を意味した。外務次官林董《はやしただす》は、回顧録に次のように書いている。数ヵ月後の清国との戦争の勃発は、金玉均暗殺と事件に対する清国の関与によって早められた、と。[21]

福沢諭吉は、暗殺された金玉均に同情的な言葉を記している。福沢は清国が遺体を朝鮮に引き渡したことに対して怒りを、また朝鮮が恥ずべき死体切断の刑を断行したことに対して憎しみを表明した。さらに日清両国が協同して朝鮮の治安を維持することを定めた天津条約に違反したとして、清国を非難した。福沢は言う。「支那帝国の中央政府は満州人の掌握する所にして、制度文物古代の東洋流にして、毫《がう》も改進の実《じつ》を見ず、芯《しん》は腐敗せる朽木《きうぼく》なり」。福沢は、清国が朝鮮を属国と見なし続ける限り日本との衝突は避けられないと見ていた。また、改革の兆候を見せないかぎり清国は独立を維持することさえ覚束ないと言っている。[22]

しかし日本が清国と戦争を始めるには、まだ直接の理由を欠いていた。その契機となったのは、東学《とうがく》と呼ばれる朝鮮の宗教団体が起こした反乱だった（東学党の乱、あるいは甲午《こうご》農民戦争）。東学は明治二十七年四月、五月、朝鮮の全羅道《チョルラド》、忠清道《チュンチョンド》の各地で一斉蜂起した。[23] 東学運動の主唱者崔済愚《チェジェウ》（一八二四―六四）は、西洋の影響を排除し、朝鮮土着の教義（これを「西学《ソハク》」に対して「東学《トンハク》」と呼んだ）の復活を信徒たちに呼びかけた。彼は、原則として儒教に反対していた。儒教は中国伝来の教義で、中国は外国だからである。しかし崔済愚の教義は、実は儒教、仏教、道教《どうきょう》を折衷したものだった。彼が敵と目したのはキリスト教だった。政府は、東学運動を禁止した。理由は、教義のゆえというよりむしろ農民の間で得ている人気のためだった。当局は農民が東学運動に煽動されて反乱を起こすことを恐れた。

結局、崔済愚は逮捕され、政府の命令で断首された。しかもカトリック教徒として。東学の儀式は、見かけは当時朝鮮で迫害されていたローマ・カトリック教のそれに似ていた。そのため警察は、反キリスト教の狂信者に殉教者としての死を与えるはめになった。東学は初代教主を失い、地下に潜ったが、農民に対する影響力は維持された。農民の心を捉《とら》えたのは、東学の不可思議な呪文《じゅもん》や護符ではなく、平等と現世《げんせ》利《り》益《やく》を約束する教理そのものだった。[24]

布教の禁止にもかかわらず、東学の信徒の数は増えるばかりだった。明治二十六年（一八九三）までに、朝鮮半島の南半分は東学一色に塗りつぶされた。第二世教主に推された崔時亨《チェシヒョン》は、その年一月、東学信徒の大集会を催した。初代教主である崔済愚の汚名をそそぎ、東学に対する布教禁止の解除を求める運動を呼びかけた。三月、信徒幹部らはソウルに赴き、崔済愚の無実を訴えた。三日三晩にわたり王宮の正門前に平伏《ひれふ》し、前教主の冤罪《えんざい》を主張し、国王に直訴した。[25] 直訴は聞き届けられなかったが、彼らは東学信徒の信念の強さを示威したことになった。この時期以降、東学の外国人排斥運動の掛け声が勢いを増した。もともとヨーロッパ人だけが対象だった排斥運動の標的に、今や日本人も含められることになった。農民たちは、ヨーロッパ人については漠然とした印象しか抱いていなかったが、あくどい日本の商人については誰もが個人的体験を持っていた。日本人商人は彼らの米や麦を買い占め、彼らに高利で金を貸し付けていた。

東学信徒は、自分たちの運動が朝鮮政府を脅かしている事実に勇気づけられた。各国公使館、領事館の壁や塀に外国人排斥のスローガンを大書した貼り紙をはりつけた。また門内にいる外交官らに向かって、盛んに罵声《ばせい》を浴びせかけた。[26] 清国代表部公館もその例外ではなかった。朝鮮駐在清国代表の袁世凱《えんせいがい》は、これらの行動がさらなる大騒動へと発展する恐れがあることを察知した。袁は李鴻章に急報を発し、軍艦二隻の派遣を要請した。ただちに李は、軍艦「靖遠《せいえん》」と「来遠《らいえん》」を仁川《インチョン》に急行させた。日本公使館も、信徒たちの襲撃に備え、日本刀で武装して臨戦態勢をとった。

日清戦争勃発に到る経緯を語る陸奥宗光の報告は、極めて重要であると言わなければならない。陸奥は目配りの利く事件の観察者であったと同時に、外務大臣として意思決定に直接的に関与していたからである。陸奥が著した日清戦争の記録『蹇蹇録《けんけんろく》』[27]は、東学党の乱の性質に関する考察から始まっている。

「朝鮮の東学党なるものに対しては内外国人種々《しゅじゅ》の解釈を下せり。或《ある》は儒教、道学を混合したる一種の宗教的団結なりといい、或は朝鮮国内における一派政治改革希望者の団体なりといい、或はたんに好乱的凶徒の嘯集《しょうしゅう》するものなりといえり。今その性質を討究するはここに必要なければ略す。要するにこの名称を有する一種の乱民は、明治二十七年四、五月の交《こう》より朝鮮国全羅《ぜんら》、忠清《ちゅうせい》両道《どう》の各処より蜂起し、所在民舎を劫掠《ごうりゃく》し地方官を駆逐しようやくその先鋒本部を京畿《きょうき》道の方に進め、全羅道の首府たる全州《ぜんしゅう》府もまた一時はその手裡《しゅり》に落ち、勢いすこぶる猖獗《しょうけつ》なりしは事実なり」(28)

東学党の乱の初期の成功に対する日本側の反応は様々だった。ある者は、弱体な朝鮮政府の反乱鎮圧を援助するため朝鮮に日本軍を派遣すべきだと主張した。またある者は、東学党は苦しむ朝鮮人民を腐敗政府から救出することを目的とする改革者だと考えた。近年、学者の中には反乱に対する東学の宗教的教義の重要性を軽視する者もいる。（宗教の体裁をとっているとはいえ）本質的には農民運動だったというのがその理由である。(29)

当初、観測筋によれば東学は現体制を転覆させるほど強力ではないという見方がもっぱらだった。しかし東学党がソウルに接近すると、朝鮮政府は動転し、袁世凱に反乱鎮圧のための援兵を要請した。六月二日、陸奥は朝鮮駐在臨時代理公使の杉村濬《すぎむらふかし》から、朝鮮が清国に援兵を要請したという報せを受け取った。陸奥はただちに閣議で、朝鮮における日清両国間の権力の均衡を維持するため、朝鮮半島に「相当の軍隊」を派遣すべきだとの見解を述べた。閣議は一致し、総理大臣伊藤博文が参内して出兵の上裁《じょうさい》を仰いだ。天皇はただちに裁可し、短い勅語を賜った。「今般、朝鮮国内ニ内乱蜂起シ、其勢《そのいきほ》ヒ猖獗《しやうけつ》ナリ、依《よつ》テ、同国寄留我《わが》国民保護ノ為《た》メ、兵隊ヲ派遣セントス」。

たまたま休暇で帰朝中だった朝鮮駐在公使の大鳥圭介《おおとりけいすけ》は、六月五日、特命全権公使として朝鮮帰任を命じられた。その際、大鳥は次の指示を受けた。全力を尽くして日本国の名誉を守り、清国との権力均衡をはかる当初の目的を貫徹することは言うまでもないが、ただし、あくまで平和的解決を第一義とせよ、と。陸奥は書いている。「日清両国がおのおのその軍隊を派出する以上はいつ衝突交争の端を開くやも計り難く、もしかかる事変に際会せば（中略）われはなるたけ被動者たるの位置をとり、つねに清国をして主動者たらしむべし[30]」。

清国政府は日本駐在公使汪鳳藻《おうほうそう》を通じ、日本政府に以下のことを告げた。清国は朝鮮国王の要請により、東学党の乱鎮圧のため朝鮮に「若干の軍隊」を派遣した、と。陸奥によれば、汪は「わが（日本の）官民の争執《そうしゅう》、日を逐《お》いてはげしきを見て日本はとうてい他国に対して事をなすの余力なかるべしと妄断し[31]」ていた。

清国がこの印象を受けたのは、日本の議会における際限のない激論のせいである。これは、清国では滅多に見られない政治現象だった。伊藤博文は、伊藤個人および彼の内閣に対する絶え間ない攻撃に業《ごう》を煮やし、次のような上書をしたためた。憲法実施以来すでに五年が経過したというのに、国家前途の大計はなお「亡《ぼう》羊《よう》の歎《たん》（方法に迷って思案に暮れる）」を免れない。各政党は競って政府に反対することをもって潔《いさぎよ》しとし、かえって国家の大計を軽視する弊に陥っている。願わくは各党の首領を御前に召して叡旨のあるところを示し、国家前途の大計を審議せしめたまわんことを、と。伊藤が実際にこの書を天皇に捧呈したかどうかはわからない。どちらにせよ、天皇はこれに対して何の反応も示していない。

清国人は日本の議会で表明された甚だしい見解の相違に気を取られ、（憤慨した伊藤が時に忘れた）日本人の強烈な愛国心を容易には察知することができなかった。すなわち、いったん国が危険に晒されるや見解の相違など吹き飛ばしてしまう日本人の強烈な愛国心、である。清国の陸海軍は日本の軍隊に勝るという清国人たちの想定は、同時に多くの日本人が共有する考えでもあった。林董は書いている。「日清戦争前には、日本人は口先にこそ清人の固陋《ころう》を笑い侮《あなど》り居《お》れど、実は之《これ》を恐れたること甚しかりし[32]」と。

六月七日、陸奥は在北京臨時代理公使の小村寿太郎《こむらじゅたろう》に訓電し、日本政府は朝鮮に「若干の軍隊」を派遣することを天津条約の規定に従って行文知照《こうぶんちしょう》（公文書による通知）すると、清国政府に通告させた。これに対して清国政府は、自国が朝鮮の要請により内乱鎮圧のため援軍を派遣したのは属邦保護の慣例によるものだと主張した。最後の「属邦」の二文字を、日本側は黙って見過ごすわけにいかなかった。陸奥は、「わが政府は未だかつて朝鮮をもって清国の属邦と認めたることなく」と応じている[33]。続く日清戦争を通じて、日本側は絶えずこの点を強調し続けたが、朝鮮が保護を求めた相手が日本でなく清国だったという事実は残った。

特命全権公使となった大島圭介は、六月九日、仁川に到着した。海兵三百余を率いてソウルに帰任し、さらに陸兵一大隊がこれに続いた。その間、すでに東学党は勢いを挫《くじ》かれ、現実にはソウル進出をやめていたが、その直接の原因は清国軍の存在だった。大島はソウルが意外にも平穏なことを知り、日本政府に多数の軍隊を朝鮮に派遣する必要はないと告げたが、それでも陸奥の信念は変わらなかった。「もし危機一発するときは成敗《せいはい》（成功と失敗）の数まったく兵力の優劣にある」[34]と陸奥は考えていたのだ。六月十一日、陸軍少将大島義昌《おおしまよしまさ》率いる混成旅団が広島県宇品《うじな》港を出発し、仁川に向かった。同月十五日現在、すでに東学党の乱は鎮圧されたかのように見えたが、清国軍と日本軍は朝鮮半島から撤兵する気配すら見せなかった。

この重大な局面において伊藤は、次のように提案した。日清両国が協力して速やかに乱徒を鎮定し、おのおの常設委員若干名を派遣して、朝鮮の内政、特に財政、兵備を改革すべきである。さらに、もし清国の賛同が得られない場合は独力で改革に当たるべきである、と。この提案は閣議を経て奏上されたが、天皇は、必要とあらば日本が独力でも行動するという（伊藤の原案に陸奥が追加した）但《ただ》し書《がき》の部分を憂慮したようである。侍従を派遣して陸奥にその趣旨を質した。参内した陸奥が委細を奏上すると、天皇はついに裁可した。

陸奥が予期したごとく、清国はこの提案を容易には受けつけなかった。六月二十一日、清国公使は清国政府が日本案に同意できない理由として三点を挙げた。

第一に、朝鮮の内乱はすでに平定した。今や清国の軍隊が朝鮮政府に代わってこれを討伐するには及ばないことが明らかとなった。この際、日清両国が相互に協力してこれを鎮圧する必要を認めない。

第二に、日本政府の朝鮮国に対する善後策は非常に素晴らしいが、朝鮮の改革は朝鮮自らがこれを行うべきものである。

第三に、事変が平定されれば両国は軍隊を撤兵せよと天津条約は規定している。この際、両国が互いに撤兵するのは当然で、これ以上議論する必要はない[35]。

清国の論旨には反駁の余地がなかった。しかし陸奥は、「わが政府の見るところは最初より朝鮮の内乱はその根柢《こんてい》に蟠《わだかま》る禍因を除去するにあらざれば安堵すべからずといふにある[36]」と書いている。陸奥は清国政府に対し以下のように告げた。帝国政府は断じて現在の朝鮮国に駐在する軍隊の撤去を命令することはできない。今日、朝鮮国における惨状を黙って傍観し、これに手を差し延べないでいることは、隣邦《りんぽう》の友誼《ゆうぎ》に背くのみならず、我が国の自衛上も問題があると言わざるを得ない、と。枢密院議長の山県有朋は、六月二十三日、「遂に清国と開戦するの止むなきに至るべし」と枢密院に報告した。

六月二十六日、大鳥圭介は朝鮮国王高宗に謁見し、内政改革の必要を力説した。さらに二十八日、清国の勢力を打破しないかぎり朝鮮の改革は到底望めないとの見地から、朝鮮政府当局者に対し、朝鮮は果して独立国なのか、それとも清国の属邦なのかと詰問した。朝鮮政府は、この詰問で恐慌状態に陥り、議論は何ら結論に達しなかった。この段階で日本政府から朝鮮の内政改革案の訓令を受け取った大鳥は、これに力を得て朝鮮側に強く回答を迫った。六月三十日、ついに朝鮮政府は朝鮮は独立国であると言明した。

朝鮮は独立国だという言質《げんち》を得た大鳥は、七月三日、朝鮮国王に再び謁見した。大鳥は朝鮮の行政、財政、法律、兵備、教育の内政改革案を提言した。朝鮮政府はいまだに守旧派の事大党の勢力が強く、清国を畏怖し、改革を嫌っていた。しかし、大鳥の提言の背後には日本軍の兵力が控えていたため、これを拒むことはできなかった。国王は、危機の責任が自分にあると認める詔勅を発した。積年の悪政を悔い、相次ぐ内乱を悲しみ、そのすべての原因が自分の不徳と官吏の無能にあるとした。さらに改革委員を任命し、日本公使と協議するよう命じた。

日本の元老たちは、次々と戦争支持を表明した。松方正義は七月十二日、前日の閣議が対清開戦を決しなかったことを知り、伊藤博文を訪ねた。政府の優柔不断をなじり、松方は伊藤に迫った。清国の傲慢は日に日に募り、朝鮮もまた無礼な言行をほしいままにしている。しかるに日本政府は逡巡躊躇し、まさに機を失わんとしている、と。伊藤の考えでは、開戦の理由がいまだに不十分だった。しかし松方によれば、政府に反対の立場の者も含めて世論は一致して戦争を支持していた。松方は言う。もしこのまま虚しく数日を経過すれば、世論の紛糾を抑えられなくなる。また、いつ列強が干渉してこないとも限らない。この期に及んで日本軍が朝鮮から撤兵すれば、外国に対しては国威を失墜し、国内においては再び人心の離散を招くこと必定である、と。最後に松方は、もし自分の意見が無視されるようならば二度と再び相見《あいまみ》えることはないと脅した。

伊藤は、松方の意見にも一理あるとしたが、閣外にある松方と違って、伊藤には内閣総理大臣としての立場があり、その責任は自ずから異なっていた。さらに伊藤は天皇の身近にあり、天皇が開戦に乗り気でないことを知っていた。天皇は、日清間の戦争が第三国に介入の機会を与えるのではないかと危惧していた。

李鴻章はロシアに調停を依頼し、ロシアは喜んで調停を引き受けた。朝鮮に対するロシアの関心は、特に結氷しない良港を朝鮮半島（ないしは中国の遼東《りょうとう》半島）に得ることにあったからだ。このロシアの思惑は、その後この地域における状況の進展に関わる重要な要素となった。日本はロシアの調停の申し出に謝意を表し、事情が許し次第、速やかに半島から軍隊を撤去すると明言した。

英国もまた、東アジアの平和を望んでいることを表明した。この年四月、英国政府は日本との条約改正に同意した。治外法権撤廃に対する英国の拒否は、日本人にとって長年の痛恨事だったが、英国は今や他の欧米諸国に先駆けて日本を対等と認める最初の大国になろうとしていた。当時のウィリアム・グラッドストーン首相は、新たに組閣した際、日本に現存する領事裁判権を維持することは不当であるばかりか、その撤廃は日英両国の友好の絆を強めるにあたって緊要のことであると言明した。しかし英国が七月十七日に仲裁を申し出た時には日本はすでに開戦を決定していたため、英国の提案には関心を示さなかった。そして英国に対し、清国政府にはまず受け入れ難いと思われる条件をわざと提示した。すなわち、日本政府が単独に朝鮮の内政改革に着手した事項に対して清国政府は決して容喙《ようかい》（口出し）してはならない。また、朝鮮における清国軍のいかなる増派も日本政府は挑発行為と見なす、と。英国は、この条件は天津条約の精神に反するものだとしたが、「清国政府に要求する所は決して英国政府の詰問せらる丶如きものにあらず」と、日本政府は木で鼻をくくったような回答をした。英国は仲裁の労を放棄した。

七月二十三日払暁《ふつぎょう》、日本軍の混成旅団はソウルに進入した。王宮に接近すると、朝鮮兵が突然発砲した。日本軍は応戦し、王城内に突入した。そして朝鮮兵を城外に追い出し、代わって王宮の守備についた。朝鮮国王高宗は、父大院君《テウォングン》に政治の運営を委ねた。大院君は、かつて痛烈な反日派だったが、清国で幽閉された経験が彼の考えを変えていた。大院君は大鳥を引見して、国王が国政改革の全権を自分に委任したと告げ、今後いかなる措置を取るにあたっても、事前に必ず大鳥公使と協議すると約束した。七月二十五日、大院君は清韓条約の廃棄を宣言した。

日清間の最初の衝突（いまだ宣戦は布告されていなかった）は、その七月二十五日に起こった。日本の連合艦隊第一遊撃隊が、牙山《アサン》（ソウルから南へ約八十キロ）に向かって南下する二隻の清国軍艦（巡洋艦と砲艦）に遭遇した。清国軍艦は日本の将旗に礼砲を発しなかったばかりか、戦闘配置についた。双方の艦隊が約三千メートルに接近した時、清国巡洋艦「済遠《さいえん》」が発砲した。日本側は「浪速《なにわ》」ほか二艦が応戦した。約一時間続いた戦闘の後、「済遠」はひどく損傷を受け、逃走した。清国砲艦「広乙《こうおつ》」は座礁《ざしょう》し、放棄された。新たに別の二隻が西から接近してきた。清国軍艦「操江《そうこう》」と、牙山に向かう清国兵千余人を輸送する英国商船だった。引き続いて行われた戦闘中に「操江」は白旗を掲げ降伏した。「浪速」艦長の海軍大佐東郷平八郎《とうごうへいはちろう》は、英国商船に錨《いかり》をあげて随航するよう命じた。英国商船は命令を無視し、撃沈された。英国人船長以下三名を救助し、清国人乗組員と千余人の兵隊は溺《おぼ》れるにまかせた。英国商船撃沈の報は英国民を激昂させたが、英国の国際公法の権威たちは、日本軍がとった行動を戦時に適切なものとして擁護し、問題は自然消滅するにまかされた。英国政府にとって、それが都合よかったからだ[37]。

最初の陸戦は七月二十九日に起きた。陸軍少将大島義昌の率いる混成旅団は、成歓《ソンファン》で清国軍と遭遇した。

例によって日本側の戦記は、清国軍が最初に発砲し日本軍はそれに応戦しただけだと述べている。日本軍はいずれにせよ勝利を得た。清国軍を壊滅的に敗走させたばかりか、牙山を占領した。

八月一日、日本は清国に宣戦布告した。天皇は宣戦の詔書を発した。「朕茲《ちんここ》ニ清国ニ対シテ戦ヲ宣ス、朕ガ百僚有司《いうし》（すべての官吏）ハ宜《よろし》ク朕ガ意ヲ体《たい》シ、陸上ニ海面ニ清国ニ対シテ交戦ノ事ニ従ヒ、以《もつ》テ国家ノ目的ヲ達スルニ努力スベシ、苟《いやしく》モ国際法ニ戻《もと》（悖）ラザル限リ、各ゞ《おのおの》権能ニ応ジテ一切ノ手段ヲ尽《つく》スニ於《おい》テ必ズ遺漏ナカラムコトヲ期セヨ」[38]。

日本人の間に強烈な戦争熱が昂《こう》じたことは疑うべくもなかった。失敗に終わった豊臣秀吉の朝鮮出兵以来三百年、日本の軍隊が海外で初めて外国人と一戦交えるのだった。また、この戦争は世界の国家間における日本の新たな地位の確認でもあったようである。対照的に清国は、日本がそれまでにかなぐり捨ててきたものすべてを身にまとったままのように見えた。日本人にとって清国は、あるがままの現実よりむしろ過去の栄光を鼻にかける「無知蒙昧《もうまい》」の国だった。

啓蒙主義を主唱する福沢諭吉は、論文の中で清国との戦争は必要であると断言し、この戦争をきっかけにして、中国人は頑迷な満洲人支配者が否定してきた文明の恩恵に浴することができるとした。清国の朝鮮干渉を、文明の普及を妨げる許しがたい企てだと考えていた福沢は、この戦争は日清両国間の争いとはいえ、実は「世界の文明の為《た》め」の戦いなのだと書いている[39]。

のちに反戦論者として知られることになる内村鑑三は、この年八月、*Justification of the Korean War*（日清戦争の義）と題した英語の論文を発表した[40]。内村は、「このたび日清間で火蓋《ひぶた》を切った朝鮮戦争」は正義の戦いだと確信していた。内村は次のように書いている。

「朝鮮戦争（日清戦争のこと）は、次のどちらかの運命を決する戦争となることだろう。すなわち西洋において長らくそうであったように、『進歩』が東洋を支配する法となるか。それとも、かつてペルシャ帝国が、次にカルタゴが、さらにスペイン、ついには満洲人帝国（これが史上最後であることを望む）が助長してきた

『退歩』が、東洋を永遠に牛耳《ぎゅうじ》ることになるか。日本の勝利が意味するものは、地球のこちら側に住む六億の民衆にとっての政治の自由であり、宗教の自由であり、教育の自由であり、商業の自由なのだ」(41)。

内村は、「日本は東洋の『進歩』の擁護者である。その不倶戴天《ふぐたいてん》の敵である清国（救いがたく『進歩』を嫌う者）を除いて、日本の勝利を望まない者がどこにあろうか！」と結論を下している。

朝鮮における日本軍の緒戦の勝利は日本人の愛国熱を全国に波及させ、それは勝報が日本に届くと同時に描かれ出版された錦絵《にしきえ》によって、いやが上にも高められた。成歓での戦闘は、二人の英雄を生んだ。その武勲は様々な画家によって描かれ、日本のみならず外国の詩人によっても歌われた。成歓の陸戦の最初の英雄は、松崎直臣《まつざきなおおみ》大尉だった。脚に銃弾を受けた松崎は、なお戦い続け、ついに頭部に銃弾を受けた。「残念！」が、その最期の言葉だった。しかしやがて松崎の名声は、同じ明治二十七年七月二十九日に戦死した一兵卒白神源次郎《しらがげんじろう》(42)の名声によって光彩を失うことになった。戦地からの報告によれば、白神は銃弾にやられながらも最後まで喇叭《らっぱ》を吹き続け、死体が発見された時、喇叭は口に当てられたままだったというのであった。ほどなく、この英雄的な喇叭卒に刺激を受けた詩歌《しいか》、錦絵が堰《せき》を切ったように溢れ出した。例えば、外山正一《とやままさかず》（一八四八―一九〇〇）が書いた長篇詩「我《われ》は喇叭手《らっぱしゅ》なり」に、次の一節がある。

岡山県人白神源次郎。
彼は亦《また》一個の喇叭手なりしなり。
人は云《い》へり。彼は唯々《ただただ》喇叭吹きなりと。
彼は云《い》へり。我は唯々《ただただ》喇叭吹きなりと。(43)

この手の詩の眼目は、白神がかつての士族階級でなくただの徴集兵だということにあった。事実、日清戦争の英雄の多くは、低い身分の出の男たちだった。これらの兵隊が、それまでは士族階級に固有の行為とされてきた勇敢さを示したことは、日本の全国民が勇敢でありかつ忠誠の美徳を備えているということを証拠だてた。

八月十一日、賢所、皇霊殿、神殿で清国に対する宣戦の奉告祭が行われた。同じ日、掌典長の九条道孝が伊勢神宮に、掌典岩倉具綱《いわくらともつな》（岩倉具視の養子）が孝明天皇陵に派遣され、それぞれ宣戦を奉告した。

その数日前、天皇の宣戦の詔勅が公布されて間もなく、宮内大臣土方久元が天皇の御前に伺候し、神宮ならびに孝明天皇陵に派遣する勅使の人選について尋ねた。天皇は次のように応えた。「其《そ》の儀に及ばず、今回の戦争は朕素《もと》より不本意なり、閣臣等戦争の已《や》むべからざるを奏するに依《よ》り、之《こ》れを許したるのみ、之れを神宮及び先帝陵に奉告するは朕甚だ苦しむ」と。土方はその言葉の意外さに驚き、「曩《さき》に既に宣戦の詔勅を裁可あらせらる、然《しか》るに今に於て斯《か》かる御沙汰《ごさた》あらせらるゝは、或《あるい》は過《あや》まりたまふことなきか」と諫《いさ》めた。これが逆鱗《げきりん》に触れた。天皇は色をなし、「再び謂《い》ふなかれ、朕復《ま》た汝《なんぢ》を見るを欲せず」と応えた。土方は恐《きょう》懼《く》して退出した。[44]

官邸に帰って、土方は真剣に状況を考えた。宣戦の詔勅はすでに内外に公布され、陸海軍は出征の途にあった。天皇の言葉がその後の戦争の展開にいかなる影響を与えるか、土方は考えるのも恐ろしくなったが、天皇がその言葉どおりの気持であることは疑いようもなかった。土方は居たたまれなくなり、伊藤博文に相談しようとしたが、事がますます面倒になるばかりだと、思いとどまった。煩悶と苦悩で終夜眠れなかった土方だったが、翌朝、侍従長が土方の官邸を訪ね、伊勢、京都に派遣する勅使を速やかに選定し奉呈せよと命じる天皇の聖旨を伝えた。急遽参内した土方が御座所に伺候すると、天皇は前夜と打って変わって機嫌がよかった。土方は人選を奏上し、天皇はすぐに裁可した。土方は感泣し、退出した。

明らかに天皇は、事態に鑑《かんが》みて、この期に及んで戦争の中止など宣言できようもないことに気づいたようだ。しかし天皇が宣戦布告を裁可するのに気が進まなかったのはなぜだろうか。先に天皇自ら述べたごとく、戦争が諸外国の干渉を招き、ひいてはそれが日本の不利益になるのを恐れてのことだったかもしれない。あるいは、多くの日本兵が間違いなく殺されることになると考えると居たたまれなくなり、そんなことに手を染めたくないと思ったのかもしれない。またあるいは、日本は到底清国の敵ではないのではと危ぶんだのかもしれない。外国の新聞は、声をそろえて清国の勝利を予測していた。訓練と戦備によって緒戦は日本に有利かもしれないが、いったん緒戦の優位が崩れれば清国の勝利は間違いない、と。[45] あるいはまた、ひたすら儒教の古典に基づいた教育を受けてきた天皇が、賢者を生み出した国と戦うのを望まなかったということも考えられる。

明治天皇は、なぜ清国に対する宣戦布告を神々あるいは父の墓に報告したくなかったのか。我々はその理由を知ることは決してできないだろう。しかし翌朝、すでに天皇の考えは変わっていた。その時から戦争終結に到るまで、アジア大陸ならびに周辺の海域における日本人の戦闘を見守る天皇の姿勢に、もはや迷いはなかった。

第四十五章　連勝の戦果と「旅順虐殺」の汚名

清国との戦争は、日本側にとって申し分ない形で展開していた。すでに、戦勝後に朝鮮に対して採用すべき方針について議論が始まっていた。明治二十七年（一八九四）八月十七日、外務大臣陸奥宗光は次の四案を閣議に提出した。①日本国政府は内外に朝鮮の独立を表明し、その内政改革の必要性を宣言している。国運を開くにあたっては、すべてを朝鮮の自主、自力に任せるべきである。②名目上は朝鮮を一個の独立国として扱うが、日本国政府は間接直接に永久もしくは長期にわたってその独立を支え、朝鮮が諸外国から侮られないよう努力すべきである。③もし朝鮮が自力で独立を維持することができず、かつまた日本が単独に朝鮮を保護することが得策でない場合、朝鮮領土の保全は日清両国が協同で責任を持つべきである。④もし第三案が妥当でない場合、ヨーロッパにおけるベルギー、スイスのごとく朝鮮を各強国担保の中立国とすべきである。閣議は、現段階で不動の政策を採用するのは尚早とし、当分の間は第二案を大方の戦略とすることに議決した。(1)

朝鮮に対する友好的支持を維持する方針に従って、八月二十日、天皇は枢密顧問官の西園寺《さいおんじ》公望《きんもち》に朝鮮行きを命じ、朝鮮国王への親書、贈物を託した。天皇の親書は、最近の朝鮮情勢に対する明治天皇の深い憂慮の念と、朝鮮国王の英明果断が国家隆昌《りゅうしょう》の基礎を堅固にすると信じていることを表明していた。変わらぬ友好のしるしとして、天皇は太刀一振、花瓶一双を贈った。同様に朝鮮国王も、明治天皇が日本と朝鮮の友好の絆を強めることを願って大使を派遣したことに対して喜びを表明し、また朝鮮の独立維持のため日本軍を派遣したことに対しても感謝の意を表した。

日本政府が懸念していたのは、朝鮮における日本軍の行動が諸外国に与える印象だった。外務大臣の陸奥は、特命全権公使大鳥圭介および（大本営を通じて）在朝鮮の陸海軍指揮官に、以下のような同一の訓令を与えた。第一に、朝鮮の独立権を侵害するような行為は、仮に軍事上の不便または不経済になることがあっても努めて避けなければならない。第二に、朝鮮国政府に対して時に止むを得ない要求をする場合があるのは承知しているが、しかしその要求の程度は、朝鮮国政府が独立国の面目を失わずに受け入れられる限度を越えてはならない。第三に、朝鮮は敵国でなく同盟国であり、軍事上その他の必要な物品については相手の満足すべき代償を支払わなければならない。いかなる場合でも、決して侵略の印象を与えてはならない、と。

八月二十六日、日韓攻守同盟条約が調印された。条約は、両国が協力して清国兵を朝鮮国境外に撤退させ、朝鮮国の独立自主を強固にし、日朝両国の利益を増進すると謳《うた》っている。

天皇は当初、（すでに見たように）日本が清国と交戦状態に入ることを好まなかったが、すぐに日本軍の大元帥として自身の職務に没頭し始めた。政治と軍事の権限を統合できるのは天皇だけであり、頻繁に決断を求められたからである。日清戦争の継続中に御前会議は約九十回開かれ、軍の将官のみならず、天皇の求めにより伊藤博文も出席した。(2) 文官としての伊藤の配慮は、二つの点に向けられた。一つは戦争遂行を成功に導くことであり、もう一つは特に戦争が長引いた場合に他国が介入してくる可能性についてだった。(3) 幸いなことに英国との条約改正交渉は成功裡に終わり、憎むべき治外法権の撤廃は確実なものとなっていた。(4)

九月一日、天皇は参謀総長熾仁《たるひと》親王に謁を賜った。親王は、朝鮮で戦う部隊との連絡を密にするため大本営の広島移駐を奏請した。大本営移駐は、もともとは伊藤から出た案だった。伊藤は、朝鮮に最も近い港として下関（伊藤の出身地の長州すなわち山口県にある）が最適だと提案した。しかし軍部は、第五師団司令部のある広島を推した。広島は本州縦貫鉄道の西の終点にあたり、広島外港の宇品港は朝鮮に向かう主力部隊の出発地点だった。大本営の広島移駐は前線との通信の向上には役立ったが、大半が東京に駐在している各国公使との交渉には不便を来すことになった。[5]

　大本営広島移駐の命令が下されたのは九月八日のことである。大元帥たる天皇は当然、御座所を広島に移さなければならなかった。天皇には侍従、侍医、秘書官などが供奉することになった。総理大臣伊藤博文も供奉を命じられ、広島へ行くことになった。

　天皇は、皇后に見送られ九月十三日に列車で東京を発った。大勢の貴顕が新橋停車場で天皇を奉送した。停車場に向かう沿道には兵士、学生、一般市民が列をなし、馬車の通過と共に万歳を唱えた。御召汽車の通る沿線では市街地はもとより村落のある所でも全住民が鉄道線路の両側に並び、天皇を奉迎した。天皇は名古屋に一泊し、翌朝、神戸に向かった。神戸には清国人が多く残留しているため海陸の警戒が極めて厳しかったが、天皇は起こり得る危険に無関心で、その夜、仲秋《ちゅうしゅう》の名月を眺めながら夜更けまで談笑に時を過ごした。側近たちは、天皇の度量の広さに深く感銘を受けた。

　広島到着は九月十五日夕刻で、天皇はただちに大本営の置かれた第五師団司令部に向かった。そこは、粗末で飾り気のない木造二階建てだった。[6]天皇の御座所、御湯殿、御厠《かわや》、御召替所は二階にあった。残る二階と一階の部屋は、軍議室、侍従長らの詰所、供奉各部局に当てられた。天皇の御座所であることを示す唯一の特徴は、玉座の後方に置かれた金屏風《きんびょうぶ》と剣璽《けんじ》を安置する机、その前に置かれた御璽《ぎょじ》を押すための机だった。同じ部屋が公務、食事、寝所に使われた。毎朝、起床洗面の後、寝台を片づけ、代わりに机と椅子を運び込んだ。東京から携行した机、椅子など二、三点のほかに部屋には家具がなく、壁を飾るものといえばどこにでもあるような八角時計だけだった。[7]のちには呉《くれ》鎮守府在勤の下士卒が謹製献上した造花や、前線での戦利品を利用し天皇自らが作った花瓶が飾られた。

　天皇は、しかし御座所をそれ以上快適にすることを好まなかった。侍臣は安楽椅子や（冬に向けて）暖炉を使うことを勧めたが、天皇は「戦地に斯《か》くの如《ごと》きものや有る」と反問して許さなかった。別の者は、御座所が手狭のため増築を提案した。天皇は、自分が楽をするために建物を増築することは望まないとして、「出征将卒の労苦を思はば不便何かあらん」[8]と、再び拒絶した。

明治天皇が広島に御座所を移した同じ日、朝鮮の日本軍は平壌《ピョンヤン》を防御する清国軍陣地を攻撃した。戦闘に参加した清と日本の軍隊は、ほぼ同数の約一万二千人だったが、戦略上の常識では、包囲攻撃を成功させるには攻撃側は三倍の兵力が必要とされていた。その上、清国軍は日本軍より近代的な兵器を装備していた[9]。これら物量的に不利な状況に加えて、日本軍部隊は平壌までの長い行軍で疲労困憊していた。しかし日本軍は払暁、総攻撃を仕掛けた。

清国軍の抵抗は頑強で、日本軍は拠点数ヵ所を確保したが、肝心の城塞《じょうさい》は堅牢《けんろう》で容易に攻め難いことが明らかとなった。この重大な局面で、一人の日本兵が城壁を攀《よ》じ登《のぼ》り、北門の玄武門《げんぶもん》を開いた。日本軍は城門に殺到し、市内になだれ込んだ。城塞を守る総司令官の葉志超《ようしちょう》を含む清国兵の大半は、情勢不利と見て平壌を放棄し、清との国境の鴨緑江《おうりょくこう》の方角へ逃げた。一人の清国人武官が、いわばドン・キホーテ的な勇敢さを示したことで人々の記憶に残った。総兵官の左宝貴《さほうき》が、降伏を潔しとせず、皇帝恩賜の正服を身につけ、手《しゅ》兵《へい》を率いて突撃を敢行したのだ。ほどなく日本軍の砲弾を受けて左宝貴は戦場に斃《たお》れた。日本軍は死者百八十人、負傷者五百余人。しかし清国軍は死者二千余人、六百余人が捕虜となった。平壌は、朝鮮における清国軍最後の拠点だった。この段階から、戦場は清国の領土に移った。

平壌の勝利で、一人の英雄が誕生した。原田重吉《はらだじゅうきち》という名の一等卒で、玄武門を開いた（とされた）男だった。その武勲により原田は上等兵に昇進した。目ざましい勇気に報いるには、いささか不十分な処遇だったと言わなければならない。原田はまた、のちに金鵄《きんし》勲章を授与された。さらに原田の勇敢な行為を長く称えるしるとして、多くの錦絵が描かれた。内側から門を開くために城壁を攀じ登る原田、城壁内で清国兵と戦う原田、あるいは倒したばかりの清国兵の傍らで城壁の上に立ち、燃える平壌に目をやって一人瞑想《めいそう》にふける原田。(10)原田はまた歌にも歌われた。その一つは次のように始まっている。

雨より繁《しげ》き弾丸の
下を潜《くぐ》りて城壁を
猿猴《ましら》の如くに攀《よ》ぢ登り
ヒラリと飛込む其人《そのひと》は
これぞ原田の重吉氏
続いて三村《みむら》小隊長
死を決めたる奮闘に
打悩まされし敵兵が
浮足立つたる其隙《すき》に
城門颯《さつ》と推《お》し開けて
我が軍隊をさし招き
平壌ために陥《おちい》りし(11)(後略)

原田の活躍は『海陸連勝日章旗《かいりくれんしょうあさひのみはた》』という芝居に仕立てられ、歌舞伎座《かぶきざ》で上演された。原田(芝居の中の役名は沢田重七《さわだじゅうしち》)を演じたのは、五代目尾上菊五郎《おのえきくごろう》だった。しかし英雄の役回りは、原田には荷が勝ちすぎたようである。戦後、原田は金鵄勲章を売り払い、その金を飲んでしまった。一時は自ら舞台に上がり、勇壮な行為を再現して見せたこともあった。原田が放蕩《ほうとう》に到った理由の一つは、自分が城壁を越えた最初の人間ではないことが発覚したからかもしれない。実は原田より早く、すでに決死隊が城壁を乗り越えていたのだ。戦死したと思われていた決死隊の一人松村秋太郎《まつむらあきたろう》は、生きて日本に帰還した。当局は、松村の話が世に知られれば原田の栄光に傷がつくことを恐れ、松村に真相を語ることを禁じた(12)。

天皇は平壌陥落を知り、兵たちの忠義と勇気を称える祝いの勅語を賜った。勅語は電報で第五師団長野津《のづ》道貫《みちつら》に伝えられた。野津は次のように奉答した。「将校下士卒、皆感泣シテ、益〻奮進、一死以《もっ》テ聖恩ニ酬《むく》ヒ奉《たてまつ》ランコトヲ誓ヘリ(13)」。

陸戦での日本軍の成功に、海上での大勝利が続いた。平壌陥落の翌九月十七日、黄海《こうかい》で日本の連合艦隊と清国北洋艦隊が砲火を交えた。蒸気力を使った軍艦同士の最初の海戦だった。十一隻の軍艦から成る連合艦隊司令長官は、旗艦「松島《まつしま》」に搭乗する海軍中将伊東祐亨《いとうすけゆき》。十二隻の清国艦隊は連合艦隊より幾分総トン数に欠け、速度も遅かったが、二隻（旗艦「定遠《ていえん》」と「鎮遠《ちんえん》」）は甲鉄艦《こうてつ》（鉄板で装甲された軍艦）で、東洋で最強と言われた(14)。清国軍艦には指導官としてドイツ陸軍少佐が乗り組んでいたほか、英国人、米国人も計四名が乗っていた。

戦闘の日の朝、水平線上に一筋の煙を認め、やがて同様の煙が数を増したため、清国艦隊との遭遇が確認された。午後一時頃、清国艦隊の旗艦「定遠」が約六千メートルの距離から発砲した。連合艦隊は三千メートルの距離に到って初めて砲撃を始め、激しく応戦した。まともに砲弾を浴びた「松島」を始め、日本の軍艦はひどく損傷を受けた。一方で、損傷をまぬがれた清国軍艦は一隻もなく、三隻が撃沈された。二大甲鉄艦はかろうじて旅順港《りょじゅん》に退却したものの、朝鮮近海はもとより清国北洋の制海権も日本海軍の掌握するところとなった(15)。

この海戦もまた一人の英雄を生んだ。「松島」に乗り組んだ一水兵が、清国甲鉄艦の砲撃によって重傷を負った。息を引き取る際、自分を励ます副艦長に尋ねた。「定遠は、まだ沈みませんか」と。佐佐木信綱《ささきのぶつな》は、この水兵の言葉を詩に仕立てた。詩に曲がつき、戦争が生んだ多くの歌の中で最も忘れ難いものとなった。その詩「まだ沈まずや定遠は」の最後は、次のように結ばれている。

まだ沈まずや定遠は
此言《このこと》の葉《は》は短きも
皇国《みくに》につくす国民《くにたみ》の
心に永くきざまれん
まだ沈まずや定遠は
此真心の言の葉は
皇国を思ふ国民の
燃《もゆ》る胸にぞ記《しる》されん(16)

この水兵は、すでに述べた喇叭手や城壁を攀じ登った勇士と同じく、日本軍の低い階級の兵隊だった。彼らが不朽の名声を得たことで、清国に対する勝利は、(昔の日本の合戦《かっせん》と違って)武士の刀の勝利でなく日本国民全体の勝利となった。

天皇は大元帥だったが、戦争の指揮に口を差し挟むことはなかった。天皇が広島にいる理由は、常に戦う兵たちと共にあって彼らの心の支えとなり、兵たちが勇敢かつ愛国心に富む偉業を果たせるよう勇気づけるためだった(17)。天皇は、あくまで不便に耐えることを強く主張し、また軍服を新調するという前線の兵たちが共に享受できない贅沢をするより、むしろ軍服の裏に継《つ》ぎを当てることを選んだ。それもこれも、すべて兵たちと共にあることを念頭に置いてのことだった。天皇が皇后や女官たちに身のまわりの世話をさせなかったのは、もとより前線には兵の面倒をみてくれる女性などいないからである。天皇は代わりに侍従たちに頼り、侍従たちは行き届かないまでも天皇の身のまわりの世話をした(18)。前線からの急送公文書に目を通していないような時、天皇は蹴鞠《けまり》や弓術を楽しむこともあった。側近の者たちは天皇の無聊《ぶりょう》を慰めようと、広島各地の刀剣、美術品などを天覧に供した。天皇は時折、絵がうまいと評判の側近たちに題を与え、絵を描かせることがあった。また、自ら絵筆を握ることもあった。侍従の日野西資博《ひのにしすけひろ》は書いている。「(天皇の描いた絵は)あまり御上手な御画ではなかつたのであります。これは戴《いただ》いて置きましたら宝になつたと思ひますが、直《す》ぐ御破りになつたので戴くわけに参りませぬで残念でございます」(19)

驚いたことに天皇は、広島滞在中、あまり歌を詠まなかった。(20)成歓の戦闘後、天皇は軍歌「成歓役」を作った。その最後は次のように結ばれている。

我《わが》勇猛のつはものは　彼我《ひが》の屍《かばね》を踏越えて
勇み勇みて進み行く　こゝは牙山の本営と
進めや進め我軍の　鋭く打出す砲撃に
守れる敵も乱れつゝ　苦もなく砲塁乗取《のっとり》て
三度凱歌《がいか》を唱へけり　三度凱歌を唱へけり(21)

この詩には曲がつけられ、九月二十六日の晩餐の際、陸軍軍楽隊の演奏で歌われた。しかし、曲は天皇の意にそぐわなかった。二日後、この詩は加藤義清《かとうよしきよ》作詩「喇叭《らっぱ》の響《ひびき》」の旋律に合わせて歌われた。これは天皇が好み、かねてより毎晩のように晩餐後に演奏させていた曲だった。(22)天皇はまた、『成歓駅』という題で謡《よう》曲《きょく》を作った。こちらは内大臣秘書官桜井能監《さくらいよしかた》に節付《ふしづけ》を命じ、御前で謡《うた》わせた。(23)

広島での天皇の日常は、十月十八日から二十一日まで広島で開かれた臨時帝国議会で活気を添えられることになった。逓信《ていしん》大臣黒田清隆、内務大臣井上馨は、広島に帝国議会を召集するよう、かねてより伊藤博文に提案していた。黒田らは、東京で代理が勅語を奉読するより、天皇自らが開院式に臨御した方が、議員たちの感激はいっそう深く士気も高まると主張し、そのとおりに手配された。開院式における天皇の勅語は、清国が東洋の和平を保持する責任を忘れ今日の事態を招いたことに遺憾の意を表した。すでに戦端は開かれ、日本は目的を達成するまで戦い抜かなければならない。帝国臣民は一致協力し、完全なる勝利によって速やかに東洋の和平を回復し、帝国の威光を宣揚することを望む、と勅語は結ばれている。

議会は、もっぱら戦費調達に関する議論に終始した。財源の不足分には、一億円の公債を発行して当てることになった。清との交戦目的の貫徹に関しては、その意思表示の方法で各派議員の見解は幾分異なった。しかし何よりも戦争を成功させることで全会一致し、建議書が可決された。また天皇親征の労を謝する上奏案が満場一致で可決された。

広島での帝国議会開会中も朝鮮と清の国境である鴨緑江畔《はん》に向けて進撃していた第一軍は、十月二十四日、渡河《とか》を果たした。清国軍の抵抗は頑強だったが、日本軍はすべての戦闘で勝ち続けた。「連戦連勝」という言葉はまさにこの時のためにあるようだった。十一月二日、天皇は帝国議会仮議事堂での戦捷《せんしょう》（戦勝）祝賀会に出席した。構内の壁面には袁世凱の大法螺《おおぼら》、李鴻章の泣《な》きっ面《つら》、左宝貴の戦死などを描いた絵が飾られた。宴会後、能、狂言が上演された。(24) 翌日の天長節の夜、御座所で宴が開かれ、天皇は自ら謡曲『熊野《ゆや》』を謡った。

十一月六日、米国特命全権公使エドウィン・ダンは、外務大臣陸奥宗光に米国政府からの次の訓令を伝えた。

「痛嘆すべき日清両国間の戦争は毫《ごう》も亜細亜《アジア》州における米国の政略を危殆《きたい》（危険）にするものにあらず。両交戦国に対する米国の意向は、不偏不党、友好の情を重んじ中立の義を守り両国の好運を希望するにほかならず。然《しか》れどももし戦闘弥久《びきゅう》（久しきにわたり）日本軍の海陸進攻を制するの道なきときは、東方局面に利害の関係ある欧州強国は、ついに日本国将来の安固《あんこ》と康福《こうふく》とに不利なる要求をなし、もって戦争の終局を促すに至るやも計り難し。米国大統領は従来日本国に対しもっとも深篤《しんとく》の好意を懐《いだ》くゆえに、もし東方平和のため日清両国均《ひと》しく名誉を毀損《きそん》せざるよう仲裁の労をとらんとせば、日本政府はこれを承諾するや否《いな》やを聞き合わすべし(25)」

これらの言葉の背後には、例によって英国に対する米国の不信があることが感じられ、また、米国は東アジアにおいて領土的その他の野心を持たない日本の友好国であると伝えようとする意図が感じられる。しかし陸奥は、米国の仲裁の申し出に感謝の意を表しながらも、(天皇と政府の同意のもとに)次のように回答した。「そもそも交戦以来、帝国の軍勢はいたるところに勝利を獲《え》たれば、いまさらに戦争を息止《そくし》(停止)するため特に友国の協力を乞《こ》う必要あらずと思考す」。

陸奥は、「つらつら清国の情勢を察すれば、彼らは今いっそうの打撃を蒙るののちにあらざれば未《いま》だ真心悔悟し誠実に講和の必要を感ぜざるべく、而《しか》して内国(日本国内)の人心にありては主戦の気焔《きえん》未だ少しも減却せず。即今《そっこん》講和の端緒を開くは時機なお早し(26)」と考えていた。

陸奥はダンに対し、日本政府は「いたずらに勝ちに乗じて今回の戦争に伴うべき正当の結果を確収するに足る定限以外に超逸し、その欲望を逞《たくま》しくせんとするものにあらず」と確約した。しかし別の日本人は、さらに野心的な計画を抱いていた。第一軍司令官山県有朋は、十一月七日、朝鮮の将来に関する建言書を天皇に提出し、「朝鮮国の独立を助け、之《こ》れをして清国の干渉を免れしむるは、其《そ》の現情に鑑《かんが》みて誠に至難の業なり」と自ら信じるところを明かした。山県は、釜山《プサン》・ソウル間の鉄道建設についてはすでに密約があることに言及した。しかし、それだけでは不十分だと山県は言う。もし平壌より北の義州《ウイジュ》まで鉄道を延長しなければ、日本は必ず後悔することになる。義州の地は戦略的に重要であり、日本人の移住を奨励することで清国からの影響を最小限に抑えなければならない。釜山と義州を結ぶ道は、じかにインドに通ずる大道である。もし東洋に覇を唱えようとするならば、速やかに鉄道を敷設すべきである、と。

この建言は、決議には到らなかった。しかし前日の第二軍の金州城《きんしゅうじょう》攻略以降、山県は日本の大陸進出を焦眉《しょうび》の急として説いた。清国軍は領土深く進入した日本軍の襲撃を食い止めることができず、早期の戦争終結を切望していた。李鴻章はどのような賠償をもってしても日本と講和を結ばなければならないと決意したとも伝えられた。李はドイツ、ロシアなど諸外国に対し、日本の講和条件を引き出すよう依頼した。ドイツ公使は仲裁を断わり、日本政府と直接交渉するよう勧めた。ロシア公使も同様の回答をした。

次の主戦場となった旅順は、要害堅固な清国北洋艦隊の母港だった。清国が巨額の費用と十数年の時日を費やしてここに築いた要塞は、世界三大要塞の一つとして知られた。清国軍守兵一万以上[27]と約百五十門の備砲が配置されていた。日本軍（第二軍）は十一月二十一日午前六時四十分、砲撃を開始した。第一線の攻撃は難航したが、いったん諸砲台が陥落すると清国軍の抵抗は崩れ、ほとんどの守兵は算を乱して潰走《かいそう》した。清国が誇った旅順要塞は日本軍の手に落ちた[28]。

日米通商航海条約が調印された同じ十一月二十二日、在北京の米国公使チャールズ・デンビーは、在東京の米国公使エドウィン・ダンに打電した。清国政府は「直接に講和談判を開くことを本使に委任しかつ依頼せり」と。清国政府の出した講和条件は、朝鮮の独立を承認すること、日本の軍事的出費に対する妥当な償金を弁償すること、の二件だった[29]。日本政府は、この講和条件の提議（陸奥は「市場に一物を売買するがごとき駆引き」と非難している）を清が真剣に和平を望んでいないことの表れと解釈した。日本政府は回答した。もし清国政府が誠実に和睦《わぼく》を希望するならば、日本国政府から戦争終結の条件提示を受ける清国側の全権委員を任命すべきである、と。

すべてが、日本側に有利に運んでいるように見えた。まさにそのような時、旅順占領を目撃した外国人記者が打電した記事は、外国の読者に衝撃を与えたばかりか、一時は日本の近代文明国家としての声価を脅かしさえした。

旅順占領後の日本軍の行動に関する第一報は、英国紙「ロンドンタイムズ」の海外特派員トーマス・コーウェンが送った記事だった。旅順を発ったコーウェンは、十一月二十九日に広島に到着し、翌日、外務大臣陸奥宗光と会見した。コーウェンは自分が目撃した身の毛もよだつような場面を詳しく語り、陸奥を驚かせた。その夜、陸奥は外務次官の林董に次のように打電している。

「今日《けふ》、タイムス通信者壱人《いちにん》旅順口《こう》ヨリ帰リタル者ニ面会セシニ、日本軍ハ戦捷《せんせう》後随分乱暴ナル挙動アリ、生捕《いけどり》ヲ縛リタル儘《まま》ニテ殺害シ、若《も》シクハ平民特ニ婦人迄《まで》ヲ殺シタルコトモ事実ナルガ如ク、此《この》事実ハ欧米各新聞社ガ目撃セシノミナラズ、各国艦隊ノ士官特ニ英国海軍中将ナドモ実地ヲ見タリト云《い》フ(30)」

コーウェンは陸奥に、日本政府が取るべき善後策を尋ねた。陸奥は、もし報告が事実ならば実に痛嘆すべきことだが、第二軍司令官大山巖《おおやまいわお》大将から正式な報告があるまではなんとも言えないと応えた。陸奥にしてみれば、常に規律を守る日本兵がそのような行為に及ぶとは信じ難かった。もし事実そのようなことが起きたのであれば、何か原因があったに違いない。その理由さえわかれば、違法行為も少しは罪が軽くなるかもしれなかった。陸奥は林に、手元に届く情報はすべて報告するよう命じた。

戦闘に関するコーウェンの最初の記事は、十二月三日の「ロンドンタイムズ」に掲載された。冒頭、コーウェンは、清国兵が軍服を脱いで民間人の服を着て、爆裂弾などの武器を隠し持っていたと書いた。続いて、事件に対する日本側の公式見解を次のように記している。民間人も戦闘に参加し、家々から発砲していた。そこで日本軍は、彼らを根絶しなければならないと判断した。日本軍をさらに激昂させたのは、生きたまま火焙《ひあぶ》りにされた、あるいは手足を切断された日本兵捕虜の死体を見たことだった、と。

コーウェンは次に、自分自身の体験を綴った。日本軍が勝利を収めた攻撃に続く四日間、コーウェンは旅順の市内にいた。市内では何ら抵抗は無かったにもかかわらず、ほとんどすべての男が虐殺《ぎゃくさつ》され、その巻き添えとなって死んだ婦女子もいたことを事実として述べた。日本兵は全市で掠奪《りゃくだつ》行為を働いた。コーウェンは、すでに陸奥外務大臣に報告したことを次のように描写した。衣服を剝《は》がれ、両手を後ろ手に縛られた多くの清国人捕虜が刀で切り刻まれ、切り裂かれているのを自分は見た。人によっては腸を引きずり出され、手足が切断されていた。多くの死体は部分的に焼け焦げていた、と(31)。

外国の新聞に掲載されたこの記事および同種の記事に対し、日本政府はただちに反応した。それは、外国報道機関を通じて日本に有利な記事を打電させることだった。(32)英国の通信社ロイターは、賄賂《わいろ》と引換えに日本寄りの記事を配信した。(33)「ワシントンポスト」など数紙がじかに買収され、日本に有利な記事を掲載した。

この頃すでに様々な外国人記者が日本政府から補助金を受けていた。(34)

日本の報道機関に対する軍の検閲が始まったのはこの時期だった。「内国新聞記者従軍心得《こころえ》」十カ条が定められ、その最後に「勉《つと》メテ忠勇義烈ノ事実ヲ録《ろく》シ、敵愾《てきがい》ノ気ヲ奨励スベシ」に始まる四つの注意事項が記されていた。これらの規制に違反した者は「相当ノ処分」を受けることになった。(35)

旅順で起きた事件に世界中の関心を引きつけたのは、ニューヨークの新聞「ワールド」の記者ジェイムズ・クリールマンが送った短い外電だった。(36)

「日本軍は十一月二十一日、ポート・アーサー（英国によって名付けられた旅順の英語名）に入り、冷酷にもほとんど全市民を虐殺した。

無防備で武器を持たない住民が家々で虐殺された。その死体は、口に出すのもおぞましいが手足を切断されていた。無制限の殺人行為が三日間続けられた。全市が身の毛もよだつ残虐行為にさらされた。

これは、日本の文明に印された最初の汚点である。この出来事によって日本人は野蛮に逆戻りした。残虐行為を正当化する事情があったという弁明は、すべて嘘である。文明社会は、その詳細を知るに及んで戦慄するに違いない。

外国人従軍記者たちは惨状を見るに堪えず、一団となって軍に別れを告げた」(37)

日本の新聞は、清国兵の言語道断の策略を引き合いに出し、日本兵の行為を正当化することでこれに応酬した。清国兵は軍服を脱いで民間人の服を着た後もなお抵抗を続けた。彼らは人間の中に放たれた狂犬のように危険だった。日本軍は嚙まれる前に彼らを殺さざるを得なかった、と。(38)日本人捕虜の死体に清国兵が加えた非道な行為は、日本軍の清国兵に対する憎悪の理由として繰り返し引用された。(39)

「虐殺」に関しては、英国人がインドでさらに残忍な行為を働いた事実が引き合いに出された。マオリ族がニュージーランドで虐殺されたことも。[40] トルコ政府のブルガリア人部隊による近年のアルメニア人虐殺は、東洋の日清間の問題より遥かに残酷であるとも主張された。[41] また米国のテキサスでリンチ刑に処された黒人の唯一の罪は、高度な教養に憧《あこが》れを抱いたことだったが、この黒人リンチ事件は、(今日の読者が予期するように)人種差別の嘆かわしい例として引用されたわけではなく、文明人(アメリカのリンチ執行者や日本人)が野蛮人(黒人や中国人)に憐憫の情を覚えるのは困難だという実例として引用されたのだった。[42]

旅順虐殺事件に関する全貌は、三人の外国人特派員(コーウェン、クリールマン、そして英紙「スタンダード」他に書いたフレデリック・ヴィラーズ)が目撃したごとく、まさに戦慄すべきものだった。抵抗が無かったにもかかわらず日本軍が見る者すべてを殺したという事実には、すべて証言がある。跪《ひざまず》き慈悲を乞う老人は銃剣で刺し殺され、首は切断された。[43] 丘に向かって逃げた婦女子は追われ、撃ち殺された。[44] 殺戮《さくりつ》は見境がなく、動くものは犬、猫、迷子の騾馬《らば》の類でさえ撃たれ、斬り殺された。[45] コーウェンによれば、彼が目にした限り、家屋の中から日本兵に向けての発砲は一発もなかったが、なお日本人は無謀な銃撃をやめなかった。[46] 市街は写真が示すように死体に満ち、血の河で溢《あふ》れた。外国人特派員によれば、死体のどれ一つとして兵士のようでなかったし、また武器も見かけなかった。[47]

捕虜は一人もいなかった。公式には三百五十五名前後の捕虜が厚遇され、やがて東京に連行されることになっていた。[48] 十二月四日付「万朝報《よろずちょうほう》」は「比較的捕虜の数少きハ何故《なにゆゑ》ぞや」と問いかけ、自ら次のように答えている。もし日本の陸海軍が敗兵を捕虜にしようと思えば、一兵も残さず望みどおりにすることができただろう。しかし、大勢の捕虜を得たところで、手数がかかるばかりである。そこで第二軍は、銃砲刀剣を持つ者、日本兵に抵抗を試みる者はすべて殺してしまったのだ。だから、わずかの捕虜しかいないのだ、と。[49]

実際には殺されなかった清国人もいた。恐らく、死体を埋めるのに彼らの助けが必要だったからだ。彼らは「順民なり殺す勿《なか》れ」「此《こ》の者殺す可《べ》からず、何々隊」などと記した白い布あるいは紙を与えられた。[50]

日本軍付属の軍夫《ぐんぷ》（軍に雇われて雑役《ざつえき》に従事した）は、国際法で武器の携帯を禁じられていたにもかかわらず、さかんに殺戮に参加した。やがて虐殺事件があった事実を陸軍が否定できなくなると、起きたことはすべて酒に酔った軍夫のせいにされた。(51) 日本軍が旅順市街の民家から財貨を掠奪したという批判に対しては、事実無根として大山巌大将が正式に否定した。「財貨ノ掠奪ニ至リテハ断ジテ之レ無シ」(52) と。

十一月二十三日の新嘗祭《にいなめさい》の日、祝宴が旅順造船所で催された。祝宴が最高潮に達した時、大山巌、山地元治《やまじもとはる》（第一師団長）、西寛二郎《にしかんじろう》（歩兵第二旅団長）らが次々と胴上げされた。その夜遅く、第二軍司令部法律顧問の有賀長雄《ありがながお》は外国人特派員を宿舎に訪ねた。有賀はかつて東京大学の優等生で、アーネスト・フェノロサの美学の講義が完全に理解できる唯一の学生という評価を得たことがあった。(53) しかし、この時の有賀は日本軍部を弁護する立場にあった。有賀はヴィラーズに、過去数日間に起きたことが「虐殺《マサカー》」と言えるかどうか、ためらわずに答えてほしいと迫った。ヴィラーズは直答を避けた。しかし記事の中でヴィラーズは、別の言葉を使って事件を描写した。それは、「冷血な虐殺《ブッチャリー》」だった。(54)

もし外国人特派員がいなかったならば、これらの言語に絶する事件は決して記録されることがなかったかもしれない。(55) 旅順虐殺事件は、今なお痛ましい記憶として残っている。鬼畜でも何でもない人間たちが、どうしてこれらの凄惨《せいさん》な行為に走り得たのか。戦闘の最中に、手足を切断された戦友たちの死体を見て（あるいはその報せを聞いて）思わず逆上し、日常の規律など吹き飛び、人間本来の思いやりを始めとする個々の信念は、殺戮の本能だけが支配する画一的な集団的情動となってしまったのかもしれない。(56)

欧米の軍隊が世界の片隅に住む「原住民」を虐殺した記事を、西洋の人々が読んだとする。彼らはその記事を軽く受け流し、野蛮人には文明人のように振舞うことを教えてやらなければ、と言ったかもしれない。しかし同じ彼らが日本軍による残虐行為の記事を読んだ時にはどうなったか。美しい景色と雅趣に富んだ美術はあっても、やはり日本は対等に付き合えない野蛮国であるという、彼らの一部の者が抱いていた疑惑が立証されたことになったのだった。(57)

米国上院による日米通商航海条約の批准はすぐに影響を受けた。十二月十四日、栗野《くりの》慎一郎《しんいちろう》駐米公使は陸奥に次のように打電した。「米国国務大臣[58]は本使に告ぐるに、もし日本兵士が旅順口にて清国人を残殺せしとの風聞真実なれば、必定元老院（上院）において至大の困難を引き起こすに至るべし」。陸奥は、即座に栗野公使に返電した。「旅順口の一件は風説ほどに誇大ならずといえども、多少無益の殺戮ありしならん。然れども帝国の兵士が他のところにおいての挙動はいたるところつねに称誉を博したり」[59]と。上院はかなり手間取った挙句、ついに条約問題を取り上げた。清における日本軍の残虐行為に鑑《かんが》み、治外法権撤廃に対する抵抗が見られた。修正が提案され、それは陸奥によれば「ほとんどこれがために条約全体を破壊するの結果を生じ」させる類のものだった。[60]上院がようやく条約を批准したのは、明治二十八年（一八九五）二月になってからだった。

クリールマンは、陸軍大将ほか将軍たちは虐殺が連日続いていることに気づいていたと書いている。[61]一方、広島にいる天皇は事件について知っていたようには見えない。天皇の側近たちは、帝国陸軍を辱《はずかし》めるような行いがあったという報告をすることで天皇の心を煩わそうとはしなかった。天皇はめったに新聞を見なかったが、仮に詳しく読んだとしても、外国人特派員の記事を否定する内容の記事ばかりがもっぱら目にとまったのではないか。それに天皇には、自分の臣民より外国人の言うことを信じる理由は何もなかった。

恐らく天皇が戦闘について最も身近に得た知識は、もっぱら天皇に喜んでもらおうと差し出された戦時の分捕《ぶんど》り品を通じてだった。分捕り品の中には美術品もあったが、主として清国人の衣類、軍旗の類が多かった。最も忘れ難い戦利品は一対の駱駝《らくだ》で、これは当初、発見した日本兵が山地将軍に贈ったものだった。山地はこれに丹頂鶴《たんちょうづる》を添え、天皇に献上した。[62]駱駝は十一月二十九日、宇品に到着した。天皇は上機嫌で、戯れに駱駝を侍従の堀河康隆《ほりかわやすたか》に賜ることにした。[63]困惑した堀河は恐懼し、この歓迎すべからざる贈物を拝辞した。[64]翌年二月、駱駝は皇太子からの下賜という形で上野動物園に寄贈された。[65]

天皇は旅順での戦闘を和歌二首に詠んだ。

かずしらず仇《あだ》のきづきしとりでをもいさみてせむる銃《つつ》《ゆみ》のおと

世にたかくひびきけるかな松樹山《しょうじゅさん》せめおとしつるかちどきの声(66)

これが、旅順陥落を知った時に天皇が示した最も率直な心情の表現だった。

第四十六章　下関条約を結び、三国干渉に遭う

清国は旅順での壊滅的な敗北後、いま一度、戦争終結に向けて動き出す。李鴻章の献策により天津《テンシン》海関税務司のドイツ人グスタフ・デトリンクが日本に派遣された。デトリンクは、李鴻章から内閣総理大臣伊藤博文宛の書簡を託されていた。書簡によれば、清国皇帝がデトリンクを日本に派遣するよう李に命じたのは、「中国で長年にわたり役職を務め、忠実かつ信頼できる」人物だからだという。デトリンクの使命は、日清両国間の争いに解決をもたらすことであり、どうすれば両国の平和を回復し、昔の親交を取り戻すことができるか、その条件を探るよう李から指示されていた。[1] 李はまた書簡に添えた伊藤宛の私信で、数年前に天津で伊藤と会った際の旧誼《きゅうぎ》に触れ、伊藤と李の期するところは同じだという信念を披瀝していた。

デトリンクは明治二十七年（一八九四）十一月二十六日、神戸に到着した。すぐに兵庫県知事を通じて伊藤に面会を求めたが、伊藤は断固として面会を拒否した。デトリンクは交戦国の使者としての正当な資格に欠けるというのがその理由だった。[2] 伊藤が手続き上の理由で使者を拒否したことは、日本がこの段階で戦争を終わらせるのに基本的に無関心であったことを示唆している。事実、戦争は日本側にかなり有利に展開していた。[3]

すでに山県有朋大将指揮下の第一軍は鴨緑江を渡河し、清国に入っていた。弾薬、糧食などの補給を確保

する兵站《へいたん》線が伸びすぎ、山県は困難な決断を強いられていた。このまま進軍を続けるか、それとも陣営を張って越冬するか。最高統帥機関の大本営は後者を推した。この時期が、攻勢から守勢に転じる好機と見たからである。しかし第一軍の将官たちは、あくまで清国の領土深く進軍することに固執した。旅順における第二軍の勝利に見合う戦功を自分たちも挙げたかったし、長引く待機は士気の低下を招くだけだと判断した。山県はすでに（十一月三日）、大本営に次の三案を献策し、大本営が選んだ策を実行に移す心積もりでいた。①西寄りの山海関《さんかいかん》付近に上陸し、北京攻撃の拠点を確保する。②旅順半島（遼東《りょうとう》半島の先端部）に集結し、海岸線の不凍港に兵站基地を建設する。③北進して奉天《ほうてん》（現在の瀋陽《シェンヤン》）を攻撃する。[4]

大本営は、これら三策をすべて斥けた。しかし山県は大本営の回答を不服として、十一月二十五日、戦略的に見て陸上交通の要衝である海城《ハイチョン》の攻撃を第三師団に命じた。山県が大本営を無視したことに激怒した伊藤は、十一月二十九日、天皇に山県の内地召還を命じる勅語を発するよう奏請した。召還は、公式には山県が胃腸病に罹ったためと発表され、天皇も勅語の中で山県の健康を気づかう言葉を述べているが、その真意はただちに帰国するよう命じるものだった。それも表向きは、天皇が「敵軍全般ノ状況」を山県から直接に聴くためだとされた。[5]

しかし、このときすでに第一軍は奉天の手前にある海城の近くに到着し、それまでになく頑強な清国軍の抵抗に遭っていた。日本軍は十二月十三日、海城を占拠した。しかし清国軍は緒戦以来の行動とは打って変わって海城を断念する気配を見せなかった。清国軍は五回にわたって海城奪還を試み、[6]日本軍はそれを撃退するために甚だ苦戦した。一時は、戦局が逆転するのではないかとさえ思われた。[7]その最も深刻な脅威は、翌年の二月下旬、清国軍の総大将である東征総軍司令官劉坤一《りゅうこんいつ》が十万の大軍を動員して海城ほかの日本軍を包囲し殲滅《せんめつ》させる作戦を立てた時にあった。劉の作戦は清国軍上層部の反対に遭い、皇帝の裁可が下りなかった。清国最高司令部が劉の作戦を採用しなかったことが、日本を壊滅的な敗北から救ったと言っていいかもしれない。[8]

前線の日本軍が敵の軍事行動以上に苦しめられたのは、寒さだった。何百もの兵隊が凍傷を負った。十二月十九日払暁、第三師団は海城を出発し、牛荘《ニューチャン》（営口《えいこう》）に移動しつつある清国軍を攻撃した。路上の深い積雪に足を取られ、行軍は難渋した。日本軍は奮戦し、拠点数ヵ所を確保したものの、清国軍の抵抗は頑強で、日暮れまでに日本軍は戦闘と寒さのために疲労困憊してしまった。夜に入り、師団長桂太郎《かつらたろう》は諸隊にただちに海城への帰還を命じたが、兵たちはすでに体力を消耗し尽くしていた。なんとか海城に帰り着いたのは翌日正午近くだった。

日清戦争の間に作られた数多くの錦絵の中で最も心を打つのは、凍《い》てつく満洲の寒さと雪の中の兵士たちを描いたものである。焚火《たきび》を囲む兵士、雪中に伏せて銃の狙いをつける兵士、人間同様苛酷《かこく》な寒さに苦しむ馬にまたがる兵士。[9]当初、日本軍は冬服の支給が間に合わず、極寒にもかかわらず夏服を着用しており、軍馬は氷上用の蹄鉄《ていてつ》を装着していなかった。[10]しかし、なお日本軍の行軍は続けられた。

清から日本に派遣されたデトリンクは、結局、伊藤との面会を果たせなかった。その後、清国政府は在北京米国公使チャールズ・デンビーと在東京米国公使エドウィン・ダンを介し、日本側に講和条件の概要を開示するよう求めてきた。条件を知らずして使節を任命することはできないというのが清国側の言い分だった。日本政府はこれに対し、正当な資格を備えた全権委員に会った上でなければ条件を提示することはできないと応えた。清国政府は再び両米国公使を介して、日本の意見に従って全権委員を任命すると伝えると同時に、上海で日本全権委員と会合したい旨申し入れた。日本側は、会合の地は日本国内でなければならないと応えた。清国側は往復に便利な長崎を提案したが、日本側は広島を主張した。清国全権委員の広島到着後、四十八時間以内に会合が開かれることになった。

戦争終結を望む清国側の切迫した空気とは裏腹に、清国全権委員が広島に到着したのは明治二十八年（一八九五）一月二十一日になってからだった。日本政府は、日本側の全権委員として伊藤博文、陸奥宗光を任命したが、当初から、清国使節が比較的軽輩であることに対して不満があり、清国政府に果たして誠意をもって交渉する気があるのかどうか疑問が生じていた。さらに、清国使節は全権委任状を携帯していないことが明らかになった。彼らが携えていたのは国書と称する信任状と、清国皇帝が二人を使節に任命した命令書だけだった。交渉に際しての二人の権限は明記されていなかったし、清国皇帝は明らかに、彼らが交渉をするたびに電報で報告し、また交渉を進める前に皇帝の命令を待つことを期待していた。日本側は清国使節に対し、彼らが事実、講和締結に関する一切の権限を委任されているのかどうかを書面で確答するよう要求した。これに対し二月二日に提出された公文の中で清国使節は、自らの判断で決断する権限がないことを認めた。伊藤は、これ以上の交渉は不可能であると宣言した。[11]

これらのやりとりが行われていた間も、日本軍の行軍は続いた。一月二十日、日本軍は山東《さんとう》半島北岸の栄《ロン》城《チョン》湾に上陸し、清国艦隊の最後の拠点である軍港威海衛《いかいえい》に向けて進軍していた。二月二日、第二軍は敵の抵抗を受けることなく威海衛を占領した。また日本連合艦隊は、威海衛軍港内に停泊中の清国北洋艦隊の残艦の封鎖に成功した。[12] 劉公島《りゅうこうとう》の清国軍砲台からの砲撃は相変わらず激しく、清国北洋艦隊に対する軍事行動は思うように捗《はかど》らなかった。日本軍の水雷艇《すいらいてい》部隊は二月五日未明、なんとか劉公島を通過した。標的から五十ないし百メートルの至近距離まで接近した水雷艇は、魚雷を発射し敵艦隊の旗艦「定遠」に大損害を与えた。[13] 六日未明に決行された第二次攻撃では、主要艦二隻を含む三艦を撃沈した。七日、日本連合艦隊は軍港内の劉公島、日島《にっとう》の二島に艦砲射撃を浴びせた。日島砲台の火薬庫が被弾し、爆発した。これが致命的な打撃となって、清国軍は戦意を喪失したようだった。[14]

九日正午頃、日本軍の砲弾が巡洋艦「靖遠」の弾薬庫内の火薬に命中し、「靖遠」は轟沈した。これを見た旗艦「定遠」艦長は、すでに大破していた同艦の自爆を命じ、自らは拳銃で自殺した。翌日、残存する清国北洋艦隊の各艦長は、そろって丁汝昌提督に降伏を促した。丁提督は最後の決戦を呼びかけたが、誰一人として賛同する者はいなかった。丁提督は、やむなく連合艦隊司令長官の伊東祐亨に降伏申し入れの軍使を派遣した。これより早くすでに伊東司令長官は、丁提督に降伏を勧告していた。伊東の勧降書は、丁提督の外国人顧問を降伏の軍議に参加させるために英語で書かれていた。勧降書の書き出しは次のようなものだった。

「閣下

不幸な巡り合わせから、我々は敵同士になりました。しかし今日の戦闘は、我々すべての個人間に敵意があってのことではありません。我々は、次のことを閣下に保証するに十分なほど我々の昔日《せきじつ》の友情が今なお温かいものであることを希望するものであります。すなわち閣下のお許しの下に差し出したこの書簡は、単なる降伏勧告より高次の動機によって口述されたものであるということであります(15)」

丁提督からの降伏文書を受け取った際、伊東司令長官は提督への慰労と儀礼として葡萄酒《ぶどうしゅ》、シャンパン、枯露柿《ころがき》（干し柿の一種）を軍使に持たせた。二月十二日朝、白旗を掲げた清国砲艦「鎮北《ちんほく》」が、連合艦隊旗艦「松島」に接近した。軍使は、北洋海軍提督丁汝昌から伊東司令長官に宛てた正式の乞降書《きっこうしょ》を携えていた。丁提督は威海衛海域にある艦船、砲台、兵器を差し出す代わりに、清国の部隊ならびに外国人顧問の安全の保証を求めた。十六日、丁提督は漢詩一篇を作り、清国海軍を失った責任を取ると記して、毒を仰いで自決した(16)。

丁提督の最期は日本人の心を動かし、提督に対する敬意を生んだ。毒を仰ぐ前の丁提督の最後の姿は、錦絵の作者たちによって共感をもって描かれた。水野《みずの》年方《としかた》の錦絵では、丁提督は手に毒杯を持ち、港内で燃える艦船を眺めている。右田《みぎた》年英《としひで》の錦絵では、もっと恰幅《かっぷく》のいい人物が、力なく椅子にもたれながら遺書に目を通している。近くのテーブルの上には毒の入ったガラス瓶が置かれている。

丁提督の死を知った伊東司令長官は、艦隊に命じて半旗を掲げさせ、儀式以外の奏楽を禁じた。伊東は降伏手続きのため来艦した清国士官に対し、最も多くの人間を搭載できる艦船はどれか尋ねた。士官は応えた。「康済《こうさい》」以外はすべて軍艦で兵員の輸送には適さないが、「康済」は元運送船で約二千人が乗れる、と。伊東はさらに質した。昨日、談たまたま故丁提督の柩《ひつぎ》の処置に及んだ際、貴官は他の柩と一緒に清国の戎克《ジャンク》（中国特有の帆船）に載せて港外に出せばよいと言った。しかし、と伊東は続ける。「彼は実に北洋水師《すいし》（海軍）の長官なり、（中略）一朝敗戦すと雖《いへど》も、提督の柩を一葉《えふ》の支那《しな》戎克に載するが如きは、日本男児の忍ぶ能《あた》はざる所なり、予《よ》は提督の霊を慰むるがため、特に康済に限りて之れが収容を止《や》め、以て貴官の自由処分に任ずべし、若《も》し提督の柩を載せて余地あらば、士官以下を搭載するを妨げず」[17]。丁提督は、北洋艦隊の長官である、戦闘に敗れたとはいえ、提督の柩を一隻のジャンクで運ぶのは、日本男児として忍び難いところである。自分は提督の霊を慰めるため、特に「康済」だけは接収せず、貴官の自由処分にまかせることにする。もし提督の柩を載せてなお余地があれば、士官以下を搭載しても止めだてしない、と。

丁提督の柩を載せた「康済」の出港に立ち会った外国人ジャーナリストは、次のように報じている。「日本の艦隊は勇敢な敵に対して、心温まる弔辞を捧げた。柩を載せた蒸気船が出港する際、すべての艦船は半旗を掲げ、伊東伯爵の旗艦からは、船が進むにつれ葬儀の礼砲である分時砲《ふんじほう》（一分ごとに鳴らす）がしばらくの間撃ち続けられた。威海衛港に停泊するヨーロッパの軍艦もまた、故提督によって示された勇気を称えて半旗を掲げた」[18]。

伊東司令長官は、敗れた敵に対し異例に寛大な措置を取った。「康済」に収容可能な清国人をすべて撤退させることを認めたばかりでなく、非戦闘員の中で希望する者もすべて威海衛からの退去を許した。威海衛の戦闘は、日本の勝利に終わっただけではなく、旅順の戦慄すべき事件後、日本の武士道の存在を誇らかに示したのだった。

大元帥としての天皇は、その後間もなく日本軍の勝利を知ったはずである。しかし天皇の日々は、そのことを除けば、しごく単調に過ぎていったように見える。天皇は数多くの政策会議に出席したが、（憲法編纂が論議された際にそうであったように）一語も発することはなかったようである。広島の大本営で迎えた明治二十八年の元日、通常の宮廷儀式は執り行われなかった。しかし天皇は蹴鞠を見物し[19]、侍臣に『平家物語《へいけものがたり》』を朗読させた。これは恐らく天皇の御前での伝統的な進講が、天皇自らの選択した作品によって行われた最初であったろう。

　前年の十二月、参謀総長有栖川宮熾仁《ありすがわのみやたるひと》親王が腸チフスに見舞われた。天皇は親王の発病を知り、菓子、葡萄酒一箱を賜った。親王は時に回復の兆しを見せることもあったが、再発を繰り返しただけだった。親王は広島を離れ、兵庫県の海沿いにある舞子《まいこ》別邸で療養に専念することにしたが、転地はなんら効果を見せなかった。清国と交戦中の部隊に悪影響を及ぼすことを恐れて、親王の病気は秘密にされた。天皇は、死に瀕している親王に大勲位《だいくんい》菊花章頸飾《きっかしょうけいしょく》（最高勲章。頸飾《くびかざ》りと共に授与される）ならびに金鵄《きんし》勲章（武功に抜きん出た軍人・軍属に与えられた勲章）を賜った。熾仁親王は天皇から金鵄勲章を賜った最初の人物となった。あらゆる手を尽くしたにもかかわらず、熾仁親王は一月十五日に死去した。親王の死は秘密にされた。しかし二十三日、親王が危篤状態であると公式に発表され、遺体は東京に運ばれた。天皇でさえ熾仁親王の死を知らなかった。二十三日、熾仁親王の容体を確認するため侍従が派遣され、初めて親王の死が明らかになった。一月二十九日、国葬の儀が執り行われた。天皇は葬儀に際し榊《さかき》一対を賜った。皇子皇女以外の葬儀で榊を賜るのは異例のことで、これが初めてだった。

　熾仁親王の死を知って、天皇がどのような気持だったかはわからない。しかし、維新時代に側近にあった人物をまた一人失ったことが衝撃だったのは確かである。参謀総長としての熾仁親王の後継には彰仁《あきひと》親王が任命された。

　三月十九日、皇后が広島に到着した。大本営で天皇に仕える者たちは、天皇が侍従らによって行き届かない世話を受けていることを知っていたため、[20]かねてより皇后の広島入りを望んでおり、天皇の許可がついに下りたのだった。皇后は女官一行を引き連れていた。その中には天皇の愛妾《あいしょう》である権典侍《ごんのてんじ》の千種任子《ちぐさことこ》と園祥子《そのさちこ》もいた。権典侍は宮廷内の部屋から出たことがなかったため、顔は一様に蒼白《あおじろ》かった。[21]誰一人として、それまで旅というものを経験したことがなかった。

ヨーロッパの婦人が、このような寛大な振舞いに及ぶことは考え難い。皇后は夫の然るべき欲求を案じ、夫の寝所での自分の地位を奪うと承知のうえで女官たちを伴ってきたのだ。公式記録には、天皇がこのときまで広島で誰か婦人を侍《はべ》らせていたかどうかを暗示するようなことは見当らない。また天皇が二人の権典侍に会って、果たして喜んだかどうかもわからない。日野西資博子爵の回想によれば、広島滞在中、皇后は大本営の後方の建物に住んでいた。しかし到着から一カ月近くたっても、天皇は皇后のもとを訪れず、それまで通り大本営の一室に住み続けた。だが、ある夜、天皇はたまたま皇后の部屋を訪れ、それ以来、天皇は毎夕皇后のもとに通い、朝まで大本営に戻らなかった。(22)

広島に到着した日、皇后は翌日にも傷病兵が収容されている病院を訪問したいという意向を示した。皇后の侍医たちは、まず長旅の疲れを癒《いや》すよう勧めた。しかし三月二十二日から皇后は隔日に病院を訪問し、傷病兵を慰労した。錦絵は、熱心に病棟を訪問する皇后の姿を描いている。その病室では、包帯を巻いた患者が畏敬の面持ちでベッドの上にうずくまっている。(23) 皇后は一カ月以上、広島に滞在した。

皇后が広島に到着した同じ日、戦争終結に向けて日本側との交渉を開始するため、李鴻章の率いる清国全権代表団が下関に到着した。李は清国政府の重鎮であり、今回は全権代表の資格が問題とはなり得なかった。日本が全権談判の地として下関を選んだ理由の一つは、元治《げんじ》元年(一八六四)の四カ国連合艦隊による下関砲撃以来、この地名が西洋で馴染みのものとなっていたからだ。

交渉は、清国全権代表団到着の翌日に始まった。日本全権代表団は、伊藤博文、陸奥宗光ほか数名だった。今回は無事に全権委任状が交換され、同日、李は講和談判に際して正式に休戦を要請した。これは数カ月前、在北京および在東京の米国公使を介して提議された要請と同一のものだった。翌三月二十一日、伊藤は休戦の条件を次のように主張した。日本は大沽《ターク—》、天津、山海関ならびにその周辺の城塁を占領する。また、これらの地にある清国軍は一切の兵器、軍需品を日本軍に引き渡す。日本の軍務官が天津・山海関間の鉄道を管轄する。休戦期間中、清国は日本軍の費用を負担する。もし清国側がこれらの条件に異議を唱えた場合、清国側から然るべき修正案を提出しなければならない。日本側は、改めて別案を考慮することはしない、と。李鴻章は、苛酷な条件に愕然とした。しかし日本側の提案について熟考するため数日の猶予を乞い、三日間の猶予期間が与えられた。

三月二十四日、李と伊藤らは下関の春帆楼《しゅんぱんろう》で会談した。李は休戦の提議を撤回し、代わりに講和条約締結の談判に入りたい旨を申し入れた。伊藤は次の日に条約案を提出すると約束した。会談を終え、旅館への帰途にあった李を、小山豊太郎《こやまとよたろう》という名の暴漢が短銃で狙撃《そげき》した。李は顔面に負傷した。(24)

李鴻章暗殺未遂の報せが広島の大本営に届くと、天皇はただちに報告を受けた。天皇は大いに驚き、陸軍軍医総監二人を下関に派遣し、李の診療に当たらせた。皇后は看護婦を下関に派遣し、皇后手製の包帯を賜った。二十五日、天皇は次のような詔勅を発した。清国と交戦状態にあるとはいえ、このような襲撃事件が起きたことに対して悲しみと遺憾の念を覚える、と。天皇は、犯人（すでに捕まっていた）が法に則って断固処罰されるべきことを宣し、すべての臣民に対し、これ以上国家の威光を損なうようなことがあってはならないと戒めた。

襲撃事件以前の李鴻章が錦絵に描かれた姿は、よぼよぼの老人だった。それはいかにも弱くて狡《ずる》い中国人を象徴していた。また、李を嘲笑する歌もあった。(25) しかし、襲撃事件は李に対して非常に大きな同情を呼び起こし、贈物と慰問の手紙が下関に殺到した。陸奥宗光は回想している。「李鴻章の身分に対してもほとんど聞くに堪えざる悪口雑言《あっこうぞうごん》を放ちおりたる者が、今日俄然《がぜん》として李に対しその遭難を痛惜するにおいて往々諛辞《ゆじ》（へつらいの言葉）に類する溢美《いつび》（褒めすぎ）の言語を出し、はなはだしきは李が既往の功業を列挙して、東方将来の安危は李が死生にかかるもののごとく言うに至り(26)」。

大津でのロシア皇太子襲撃の場合とは異なり、清国が復讐に出る恐れはなかったため、暗殺未遂事件に対する反応は大津事件の際とまったく同じではなかった。しかし戦争中の数々の勝利によって確立した海外における日本の名声を失墜させる危険はあった。また西洋の同情を引こうと李が事件を利用することも考えられた。これは、第三国に戦争介入の恰好の口実を与えかねなかった。[27]

陸奥は、日本が襲撃事件を心から残念に思っていることを清国および他の世界の国々に納得させるためには、何か大きな意思表示をする必要があると感知した。そこで陸奥は、李からなされた休戦の要請に対し、これを数週間、無条件で許可すべきだと主張した。伊藤は陸奥の意見に同意し、広島にいる閣僚、大本営の重臣に休戦を認めるよう説いた。その中には休戦は日本にとって不利に働くと考える者もいたが、天皇の勅許が下り、陸奥は三月二十八日、休戦条約の草案を携えて病床の李を訪ねた。休戦条約の緒言はこうなっていた。

「大日本皇帝陛下は、今回不慮の変事のため講和談判の進行を妨碍《ぼうがい》せしをもって、ここに一時休戦を承諾すべきことを、その全権弁理大臣に命ぜられたり[28]」

陸奥は、「休戦はまったくわが皇上《こうじょう》の任意に允可《いんか》（許可）し給《たま》える」ものであると付け加えた。しかし明らかに、天皇の役割は極めて小さいものだった。天皇は草案を裁可しただけであり、その草案は陸奥が考案し伊藤が聖裁を仰いだものである。緒言の書き方は、清国人の目に天皇の権威を大きく見せることを意図したものであったかもしれない。いずれにせよ、李は明らかに満足して休戦を受け入れた。李は言った。負傷のため会議所に赴くことは不可能だが、病床での談判でよければ、いつでも喜んで応じよう、と。三月三十日に調印された休戦条約は、調印の日から三週間、（一部遠征軍を除く）両国陸海軍の休戦を規定していた。[29]

四月一日、日本側は李鴻章に講和条約案を送達した。条件は厳しかった。すでに数ヵ月前、清は朝鮮を独立国として認めることを受け入れていた。それとは別に、条約は清に対し奉天省南部、台湾、澎湖《ほうこ》列島（台湾の西にある）を日本に割譲することを求めていた。清はまた、庫平銀《こへいぎん》（清国の銀貨）三億両の賠償金を日本に支払わなければならなかった。さらに、そこには清における日本臣民の商業的特権が明記されていた。

李は、日本の要求を削減すべくあらゆる手を尽くした。これ以前に、李は日本に対して「西洋の大潮は日《にっ》夕《せき》にわが東方に向かいて流注し来《きた》る、これ実に吾人《ごじん》協力同心してこれを防制するの策を講じ、黄色人種相結合して白晳《はくせき》人種に対抗するの戒備を怠るべからざる秋《とき》にあらずや」(30)と説いたが、不成功に終わっていた。今、李は日本提案に対する長文の覚書の中で、「もし今回割譲を要求する土地のごとき強いてこれを割譲せしめば、啻《ただ》に争論を除くこと能《あた》わざるのみならず、後来必ず紛議続生し両国人民子々孫々相仇視《あいきゅうし》して底止するところなきに至るべし」と警告した。

さらに李は、日本が求める巨額の賠償金に疑問を投げかけ、戦争を始めたのは日本であり、清国の領土に侵入したのも日本であると訴えた。それでもなお李は、（すでに米国公使に伝えたように）進んで賠償金を支払うつもりでいたが、金額は妥当なものであるべきだとした。講和の代償としてこのような高額を設定することは危険であり、もし清が要求された金額を支払えない場合、それは新たな日清戦争の勃発を招くかもしれないとした。李は最後に慈悲を求め、次のように覚書を締めくくっている。「本大臣、官にあるほとんど五十年、今自ら顧《おも》うに死期もはや多年なし。君国のため尽くすところもおそらくは今回の講和事件にて最終とならん。（中略）東洋二大国民の向後《きょうこう》（今後）永遠に親睦し彼此《ひし》相安んじ福沢《ふくたく》（幸いと恵み）綿長《めんちょう》（長く続くなること実にこの一挙に基づくべし。なお貴大臣の熟慮して籌画《ちゅうかく》（計画）せられんことを望む」(31)。

日本政府は李の言葉に動かされず、日本は勝者であり清は敗者であることを李に説いた。もし談判が決裂すれば、その時点で日本から六、七十隻の輸送船が軍隊を搭載して戦場に向かう用意があり、北京の運命そのものが危ういのだ、と。伊藤は李に対し、日本提案に対する諾否の確答を求めた。

清国側は修正案を提出し、日本に割譲する領土の縮減と、賠償を一億両に引き下げるよう求めてきた。李はまた、将来において日清両国間の紛議または戦争を避けるため、講和条約および他の条約の解釈や実施に関して問題が生じた際には、両国協議のうえで第三国に依頼して仲裁者を選定し、その裁断に一任することを提案した。もし第三国をどこにするかについて日清間の協議が整わなかった場合は、米国大統領に仲裁者を指定してもらう、と。

日本側は四月十日、清国の修正案に対し最終案を提出した。ここでもまた日本は、清国全権に諾否の確答を求めた。日本側は領土割譲を遼東半島、台湾、澎湖列島に縮減し、賠償金を二億両に削減した。他の規定はそのままとされた。李は、もう一度大幅な譲歩を獲得しようと試みたが無駄に終わり、日本側の条件を呑んだ。講和条約は四月十七日に調印された。陸奥は書いている。「わが国光を発揚しわが民福を増進し、東洋の天地再び泰平の盛運を開きたるは、一《いっ》にみなわが皇上の威徳によらずんばあらず」と。(32)

四月二十一日、天皇は日清両国の友好関係回復に関する詔書を発した。冒頭で天皇は、国運は平和時にのみ高められ得るという信念を言明している。平和を保持し続けることが祖宗から受け継がれてきた天皇の使命であり、即位以来、明治天皇が志してきたことだった。しかし不幸にも両国間で戦争が勃発し、やむなく十カ月以上にわたって戦闘を続けざるを得なかった。天皇は勝利をもたらしたすべての臣民、特に耐えがたい苦難を耐え抜いてきた陸海両軍に対して感謝の意を表した。「是《こ》レ朕ガ祖宗ノ威霊ニ頼ルト雖《いへど》モ、百僚臣庶ノ忠実勇武精誠天日《てんじつ》ヲ貫クニ非《あら》ザルヨリハ安《いづくん》ゾ能《よ》ク此ニ至ラムヤ(33)」。帝国の威武と光栄を内外に宣揚することができたのは確かに祖宗の威霊のお蔭ではあるが、しかし官吏と臣民が忠実、勇武、誠実な真心を尽くすことがなかったならば、どうしてこれを達成し得ただろうか、と。

詔書は最後に、日本が勝利に驕慢《きょうまん》となり、理由なく他を侮蔑し、友好国の信頼を失うようなことがあってはならないと警告している。清国との講和条約批准交換後は、両国の友好関係を回復し、善隣関係がこれまでに増して強くなることを望む、と。

天皇自身の手になるものかどうかはともかく、この声明は恐らく天皇の真情に一致するものだった。天皇は事実、（詔書で宣言したごとく）戦争を勝利に導き日本の威武が海外に宣揚されたのは天皇の力と徳のみによるものではないと述べている。勝利は、天皇の臣民の努力と犠牲なくしては達成し得なかった。天皇は、（二十世紀の西洋の元首たちの態度とは違い）憎むべき敵に勝利を収めたことを得意に思ったりはせず、また朝鮮独立に対する清国の脅威が取り除かれたことに満足の意を表明したわけでもなかった。むしろ天皇は、避けがたい戦争によって中断を余儀なくされた伝統的な友好関係を、両国が再開することを願ったのだった。日本と清国との善隣関係が今までに増して強くなることへの期待の表明は、あるいは清国への宣戦布告を決議したと聞いた際に示した、天皇の怒りの理由を明らかにしているかもしれない。

下関での講和条約調印後、天皇は京都行幸の意向を示した。常にこの古都を愛してきた天皇は、広島での窮屈な生活の後で、御所に滞在することを楽しみにしていたのではないか。京都への出発は四月二十七日とされた。

四月二十三日、ロシア、ドイツ、フランスの公使が外務次官の林董を訪問し、露、独、仏三国政府は清から日本への遼東半島の割譲に異議があると告げた。ロシア皇帝政府の覚書に言う。日本の遼東半島領有は朝鮮国の独立を有名無実とするのみならず、領有によって引き起こされる北京への威嚇は極東永久の平和にとって常に障碍となるだろう。ロシア皇帝政府は、天皇陛下の政府に対する誠実なる友誼の証《あかし》として、日本は遼東半島の領有を放棄すべきであると勧告する、と(34)。言うまでもないが、日本政府はこの口先だけの友好表明を額面どおりに受け取りはしなかった。

清国に領土的野心を抱くこれらヨーロッパ三国は、いずれも日本の大陸進出に対して猜疑の目を向けていた。先頭を切ったのはロシアだった。四月十一日、日本への対応策を決定するロシア国内での特別会議の席上、蔵相セルゲイ・ウィッテは次のように発言した。日本は勝利者としてそれなりの賠償を得る資格がある。ロシアは講和条約に規定されている台湾の割譲を認める用意があるが、いかなる犠牲を払っても（必要なら軍事力を行使しても）、遼東半島から日本軍を駆逐しなければならない、と(35)。ウィッテは、もし日本が同意しない場合は直接行動を取ることを提言した。すでに三月末頃から極東のウラジオストックにロシア海軍が集結し、また黒海の港オデッサで軍隊派遣が準備されているという報告が日本に届いていた(36)。

ロシア政府は、フランスとドイツを日本に圧力をかけるグループに誘い入れた。清国におけるフランスの利害は、それまでほとんど南部地域に限定されており、フランスの参加は少なくとも表向きは不可解なことだった。フランスは英国が参加を拒否したと知って、一時は去就に迷った。しかし最終的に、同盟国ロシアに反対することはできないと心を決めた。通常であれば東洋の新情勢を切り開く指導的立場にあった英国が参加しなかったのは、講和条約が現状では英国の利益を害さないと考えたからだった。ドイツが参加したのは、ロシアとの関係の緊密化が、前年の一八九四年までに結ばれた「露仏同盟」の弱体化につながるかもしれないと期待したからである。ドイツはまた、清に恩恵を施すことによって清に軍事基地を確保する手掛かりを得ようとしていた。

日本人の大方の反応は、言うまでもなく狼狽以外の何物でもなかった。勝利と講和条約によってもたらされた幸福感は、ヨーロッパの強国三ヵ国の脅し、すなわち「三国干渉」によって冷水を浴びせられた形となった。四月二十四日、伊藤は日本が取るべき三策を列挙した。

①たとえ新たに敵国が増加する不幸を見ることになっても、三国の勧告を断然拒否する。

②列国会議を開き、遼東半島の問題を処理させる。

③三国の干渉を受入れ、清国に恩恵を施す意味で遼東半島を還付する。[37]

これら三策を検討した閣僚は、第一策は一致して斥けた。陸海軍の主力は清国にあって日本の内地は無防備だったうえ、兵士は十ヵ月に及ぶ戦闘で疲弊し、軍需品も欠乏していた。三国どころかロシア一国にさえ対抗できる態勢になかった。第三策は、確かに寛大の意気を示すには足りるものの、ヨーロッパに対する怯《きょう》懦《だ》のしるしと取られるかもしれず、したがってこれも斥けられた。いったんは第二策を採用することで内決したが、主要国を集める列国会議は準備にも至らなかった。[38] 結局、いやいやながらも第三策が採られることとなった。

英国と米国は共に中立を主張したが、日本は米国がおおむね好意的であると判断した。[39] 日本にとって意外なことに、イタリアは日本を援助する立場になかったにもかかわらず無条件の支持を表明した。

露、仏、独の三国間には違いがあった。ロシアとフランスは、個々の要求を主張しながらも物腰は柔らかだった。しかしドイツ公使は、語気荒くまくしたてた。日本はドイツの好意ある助言を無視して過度の譲歩を要求する条約を結んだ。ドイツが抗議するのは当然である、と。これに対し林董は、もし日本が要求に応じなかった場合、ドイツは日本に対して戦争の脅威をもって迫るつもりか、と反問した。ドイツ公使は自らの非を認め、不穏当な発言は記録から削除すべきだと応えたものの、その態度が威嚇的であることに変わりはなかった。

四月二十七日、天皇は広島を発って京都に向かった。大本営は以後、京都に置かれることになった。三国干渉に対する天皇の個人的反応は何も記されていないが、遼東半島を諦めざるを得ないことは明らかに受け入れていた。民衆はいまだに列強三国の要求について何も知らず、広島から京都に向かう沿線の家々は、勝利を祝って国旗を掲揚した。人々は天皇の御召汽車に向かって心から万歳を唱え、各停車場では大群衆が天皇を歓呼の声で迎えた。

前日すでに京都に到着していた皇后は、紫宸殿《ししんでん》の階下で天皇を出迎えた。天皇にとっては数年ぶりの御所訪問であり、滞在中は嬉々として御所の建物や庭を巡覧した。天皇は侍臣に向かって、それぞれの殿舎や庭苑の由来を語り、子供の頃に遊んだ場所を示した。父孝明天皇の命令で造られた池苑の小丘にのぼった天皇は一個の石を拾い上げ、自ら土を拭《ぬぐ》い侍従武官に与えて言った。永く保存せよ、と。侍従武官は天皇の孝心の厚さに感泣したという。

天皇は、茶亭「聴雪《ちょうせつ》」のような小さな建物まで見てまわった。「聴雪」は父孝明天皇の創意に基づいて、安政《あんせい》四年（一八五七）に建てられたものだった。天皇は洗濯物干し場まで見てまわった(40)。天皇はまた、徳川将軍家の京都宿所だった二条離宮も訪れた。すでに天皇は、嘉永《かえい》七年（一八五四）の御所炎上の際に避難した桂宮《かつらのみや》御殿を二条離宮内に移し、先朝の遺跡の保存に努めていた。御殿の三階に昇った天皇は、その美しい眺望に繰り返し感嘆したという。

天皇は明らかに、里帰りした京都に愛着を持っていた。大本営を東京に移す話が持ち上がった際には、天皇はまだ清国から大総督らが凱旋《がいせん》していないことを理由に京都を離れたがらなかった。しかし大総督彰仁親王が五月二十二日、第二軍司令官大山巌が同二十五日、第一軍司令官野津道貫が同二十八日に凱旋したからには、もはや京都に滞在する理由はなかった。天皇は五月二十九日、東京に向けて発った。

その一方で、戦争は完全に終わってはいなかった。講和条約の合意事項によれば、日本は台湾島を受け取ることになっていたが、まだ日本軍は台湾に上陸していなかった。海軍大将樺山資紀《かばやますけのり》が台湾総督に任じられ、清国の行政官から台湾の統治権を受け継ぐよう指示された。台湾が日本の所有権に属することをできるだけ早く示すことが必要だった。清国は再び三国干渉が行われることを期待し、樺山の出発延期を要請した。しかし日本政府はその魂胆を見抜き、台湾問題は遼東半島の場合と完全にその性質を異にすると、延期要請を拒絶した。樺山は五月十七日、台湾赴任のため京都を発った。

台湾島民は、島を日本に領有されることを決して望んではいなかった。講和条約の条項が伝わるや、島内に暴動が頻発した。日本側は若干の反抗は予期していたが、鎮定に必要な兵力を決定するための判断材料は何もなかった。大総督府は、天皇の「親兵」である近衛師団を派遣することにした。清に派遣されたものの戦闘に参加する機会を逸していた近衛師団は、五月二十二、二十三の両日、台湾へ向けて出発した。台湾では駐屯《ちゅうとん》軍の任務につくことになっていた。同じ頃、日本政府は清国政府から通報を受け取った。五月二十日を以て清国政府は、台湾駐在の文武諸官に本国への帰還を命じた、と。統治権を引き継ぐべき相手が消え、台湾はいわば無政府状態に置かれたも同然だった。

自分たちのために三国は干渉しないと分かった台湾島民の一部は、台湾巡撫《じゅんぶ》（長官）の唐景崧《とうけいすう》を大統領とする共和国建設を目指した。国旗（藍《あい》地に黄色の虎《とら》）を作り、新共和国の独立を全島のみならず欧米諸国にも通知した。当時、島には約五万の清国正規軍が駐屯しており、さらに、それに近い数の不正規兵——事あれば武器を取って立ち上がる農民たちがいた。

能久親王指揮下の近衛師団は、五月二十九日、基隆《キールン》付近の三貂《サンティヤオ》湾に上陸し、六月三日に基隆を占領した。日本軍言うところの「賊兵」の抵抗があり、その数は推定二千ないし三千だった。最初の戦闘でそのうち少なくとも二百人が死んだ。敗報に接した反乱軍指導者の唐景崧は、六月六日、清国兵千余人と共に島を脱出し、大陸の廈門《アモイ》に逃れた。中心都市の台北《タイペイ》は六月七日早朝に日本軍の手に落ちた。台湾北部の鎮定は六月二十五日までにおおよそ完了したが、南部では日本軍への抵抗がなお続いていた。樺山は戦闘が島民に与える苦難を憐れみ、台湾南部の反乱指導者劉永福《りゅうえいふく》に書を送って慇懃《いんぎん》に降伏を勧めたが、劉は拒んだ。

日本側は、台湾の戦闘がこれほど手間取るとは予期していなかったようである。死傷者は確実に増え続け、七月九日、皇后は負傷兵のために手製の包帯三千個を賜った。八月三日より前までに「賊徒」は台北、新竹《シンチュー》の間の一帯から一掃された。台湾中心部の台中《タイチュン》、彰化《チャンホワ》は八月末までに陥落した。推定によれば台湾南部にはまだ二万の反乱軍がいるはずだった。近衛師団、第二師団を主体とする南進軍を編成して南部の平定に当たり、十月二十一日には前衛部隊が反乱軍の最後の拠点である台南《タイナン》に入った。こうして台湾全島が平定された。

戦費は膨大な額にのぼった。日本軍の戦闘による死者は三百九十六人だけだったが、一万二百三十六人が熱帯病で死んだ。(41) マラリアに斃《たお》れた者の中に、近衛師団長の能久親王がいた。(42) 親王の死は十一月四日まで秘密にされた。その間、親王はあたかも生きているかのように戦場での功績を称えられ、天皇から大勲位菊花章頸飾、金鵄勲章を授けられ、陸軍大将に昇進した。能久親王の死が公式に発表されたのち、天皇は、このかつての反逆者のために国葬を命じ、軍務に挺身《ていしん》した生涯を称えて誄詞《るいし》（弔辞）を賜った。(43)

戦闘の結果、日本は台湾領有という大きな戦果を得た。しかし、十一月八日に清国との間で遼東半島還付条約が調印され、批准を経て十二月三日に日本政府はこれを公布した。遼東半島の放棄は愛国者たちを激怒させ、その苦い思いはなかなか消えることがなかった。だが日本は今や、その歴史上かつてないほどの大きな「帝国」となったのだった。あらゆる声明文書は、勝利をもたらした中心人物として天皇を称賛した。多くの日本人がこれを真実と受け取ったのは疑いもない。海外でもまた天皇はいまだかつてない称賛を浴びた。

明治二十七年（一八九四）十二月二十七日付「ザ・ニューヨーク・サン」の論説を『明治天皇紀』は翻訳引用している。「本年の初《はじめ》に於《おい》ては、天皇の事に就き聞知《ぶんち》する所尚稀《なほ》なりしも、本年の終《をはり》に於ては、既に各国君主中最優等の位置を占めらるゝに至れり、而《しか》うして其《そ》の事跡を知らば、何人《なんぴと》と雖《いへど》も其の不世出の英主たることを疑はざるべし、天皇は維新の大業《たいげふ》を完成し、封建制度を廃し、次いで憲法を制定し、議会を創設し、帝国古昔《こせき》の習俗を保存しながら欧洲文明を採用し、海陸軍を整理して東洋の最強国たらしめ、又産業を奨励する」など、世界史上、いまだかつて見たことがない君主だと記事は書いているというのだ(44)。

日本のある新聞は、明治二十八年四月、次のように報じた。「シカゴ府大博覧会以来、我国の文明も漸《やうや》く外人の知るところとなりしも、开《そ》は唯《ただ》奇麗の陶器、茶、絹糸を出《いだ》すの国なりとして知らるゝ位に止《とど》まりしが、昨年日清交戦以来は、日本を尊敬するの気風、至るところに頓《とみ》に興《おこ》り、何も日本、かも日本と、（中略）殊《こと》に可笑《をか》しきは、日本婦人服の流行にて、彼等に取り服装の如何《いか》にも不恰好《ぶかっかう》なるに拘《かか》はらず、婦人は多く之《これ》を宴会の席に着《ちゃく》し、事々物々《じじぶつぶつ》戦勝国としての日本を誇賞すること、恰《あたか》も自国の自慢話を為《な》すに異《ことな》らず(45)」。

岡倉天心《おかくらてんしん》は皮肉をこめて書いている。平和で穏やかな芸術にふけっている間、日本は野蛮国とみなされた。しかし戦争に勝った途端、外国人は日本を文明国と呼ぶようになった、と(46)。

註

第二十六章　江華島事件と東輿巡幸

（1）西村は当時、文部省四等出仕《しゅっし》だった。『明治天皇紀』第三巻三七八ページ。

（2）正二位柳原光愛《やなぎわらみつなる》の娘。『明治天皇紀』第二巻二九二ページ参照。愛子《なるこ》は明治六年二月二十日、権典侍《ごんのてんじ》に任じられた。明治天皇の皇子皇女を三人産み、二人は死去、残る一人がのちの大正天皇となった。

（3）これより早く一月十八日、皇子皇女誕生の際の諸式が定められている。清和《せいわ》天皇以来の皇室の慣習に倣《なら》い、皇子の名は最後に「仁《ひと》」をつけ、皇女の名は「子」をつけることが明記されている。『明治天皇紀』第三巻三八四―三八五ページ。

（4）『明治天皇紀』第三巻三八九―三九〇ページ。

（5）同右三九九ページ。皇后は一月七日、天皇と薫子《しげこ》内親王は二月十九日、それぞれ種痘《しゅとう》を受けた。天皇は幼少の頃、ひそかに種痘を受けている。しかし、今回は公表された。

（6）『源氏物語《げんじものがたり》』に登場する女人の名（これは巻名でもある）を側室につけるのは、昔からの慣習だった。もともとは遊女を買った商人などに、あたかも光源氏《ひかるげんじ》のように紫《むらさき》の上《うえ》、六条御息所《ろくじょうのみやすどころ》らと寝た気分にさせるためのものだったかもしれない。明治天皇は女官《じょかん》たちに、好んで植物や樹木の名をつけた。これらの名は天皇が使っただけでなく、女官がお互いを呼び合う時にも使った。源氏名《げんじな》のほかに、女官には天皇が気まぐれにつけた愛称があった。

柳原愛子は、明治十一年（一八七八）に出版された一連の版画で浮世絵師月岡芳年《つきおかよしとし》が描いた七人の権典侍の一人だった（「美立七曜星《みたてしちようせい》　燈台の火」）。女たちはみな同じような顔の美人画として描かれているが、愛子の版画は宮内省《くないしょう》を怒らせた。愛子の姿態が、芳年がよく描いた遊女の姿態に似ていたからである。その結果、浮世絵師たちは以後一切、天皇を版画に描くことを禁じられたという。しかし、仮にそのような命令が実際に出ていたとしても、この禁制は頻繁に破られることになった。

（7）日清《にっしん》戦争中、広島の大本営に天皇を訪ねた際、皇后は権典侍を伴っている。権典侍は、最初から明治天皇に随行して広島に行ったという噂《うわさ》が流れた。しかし、これはありそうにない。

（8）山川三千子《やまかわみちこ》「禁断の女官生活回想記」（「特集人物往来」一九五九年四月号）一九六ページ。

（9）山川三千子『女官』一六ページ。

（10）加藤仁《かとうひとし》「明治天皇お局《つぼね》ご落胤《らくいん》伝」（「新潮45」一九八八年九月号）六〇ページ参照。ほとんど明治天皇の生涯を通じて女官長を務めた高倉寿子《たかくらかずこ》は、恐るべき人物であったらしい。高倉は、夜毎《よごと》に天皇の相手に選んだ権典侍に「今日は、あなた」と告げた。

（11）山川三千子が明治四十二年（一九〇九）に天皇の側《そば》に仕えた時、天皇の夜伽《よとぎ》を務めていたのは小倉文子《おぐらふみこ》、園祥子《そのさちこ》の二人だけだった。

（12）山川「禁断の女官生活回想記」一九六ページ参照。山川は、長年柳原愛子に仕えていた老女の言葉を引用している。それによれば、産所での愛子のヒステリーがあまりにひどく、侍女はおろか看護婦さえ逃げてしまったという。

（13）詳細は『明治天皇紀』第三巻六二三ページ参照。

（14）『明治天皇紀』第三巻四〇六ページ参照。この言葉は、中国の史書『春秋左氏伝《しゅんじゅうさしでん》』にある。互いに助けあう一方が滅びると、他方も危うくなることのたとえ。

（15）大久保利謙《おおくぼとしあき》『岩倉具視《いわくらともみ》』二一八―二一九ページ参照。

（16）三条実美《さんじょうさねとみ》は天皇の意を奉じ、西郷隆盛《さいごうたかもり》に書簡をしたためた。三条は西郷に出仕を促し、忠臣として民衆の意気を奮い立たせ、富国強兵に力を尽くすよう説いた。『明治天皇紀』第三巻四二七―四二八ページ参照。

（17）『明治天皇紀』第三巻四二五―四二六ページ。

（18）同右四四四―四四五ページ。条約は五月七日、特命全権公使榎本武揚《えのもとたけあき》とロシア全権委員アレクサンドル・ゴルチャコフ公爵によって調印された。

（19）この裁断は五月二十九日、ロシア皇帝によって行われた。『明治天皇紀』第三巻四五三ページ参照。歓迎すべき進展にもかかわらず、多くの日本人はロシアの東アジアへの領土拡張を日本の安全にとって重大な脅威と考えていた。

（20）岩倉は、瑣末《さまつ》なことばかりに拘泥する島津久光《しまづひさみつ》を訪ね、説得しようとしたが、久光は聞き入れようとしなかった。『明治天皇紀』第三巻四九八ページ参照。久光には時弊を正すため胸中秘するところがあった。それは唐《とう》の玄宗《げんそう》皇帝の故事に倣うことだった。玄宗皇帝は謀叛《むほん》を鎮圧したのち、奢侈《しゃし》を厳禁し、華美なものをことごとく焼き捨てるよう命じた。岩倉はこの「秘策」を聞いて、一笑に付した。『明治天皇紀』第三巻五〇〇ページ参照。

(21) この事件の朝鮮側の解釈、また日朝間の条約に到る一連の出来事における朝鮮側の立場については、姜在彦《カンジェオン》『朝鮮の攘夷《じょうい》と開化』一四〇―一四二、一六三―一七一ページ参照。

(22) 『明治天皇紀』第三巻四九六―四九七ページ。他の資料は、少し異なった日付を挙げている。「雲揚《うんよう》」の短艇が上陸しようとした場所は江華島《こうかとう》の砲台の真ん前であり、朝鮮の守備陣にとって、これは明らかに挑発だった。姜『朝鮮の攘夷と開化』一六四ページ参照。

(23) この直後、軍艦「春日《かすが》」が長崎から朝鮮に向かった。

(24) 『明治天皇紀』第三巻五〇五―五〇七ページ。

(25) この事件に関する日本側の報道（明らかに世論に影響を与えたはずである）については、杵淵信雄《きねぶちのぶお》『日韓交渉史――明治の新聞にみる併合の軌跡』三〇―四八ページ参照。

(26) 『明治天皇紀』第三巻五二四ページ。また、『木戸《きど》孝允《たかよし》日記』明治八年十月二十二日。

(27) Woonsang Choi（崔雲祥《チェウンサン》）. *The Fall of the Hermit Kingdom* 六ページ。記述が少々異なるが、『明治天皇紀』第三巻五六八ページ参照。二隻の軍艦は「日進《にっしん》」と「孟春《もうしゅん》」。

(28) Choi. *The Fall of the Hermit Kingdom* 六ページ。『明治天皇紀』では、第一回談判の日付は十一日となっている。

(29) Choi. *The Fall of the Hermit Kingdom* 六―七ページ。

(30) 条約の英訳は同右一二四―一二七ページ。条約は十二款《かん》から成っている。第四款は、交易が釜山《プサン》の倭館《わかん》で行われるべきこと、相手は対馬《つしま》藩に限らないことを規定している。釜山の他に二港が「日本の臣民との通商のため」開港されることになった。

(31) Joseph H. Longford. *The Evolution of New Japan* 一〇五ページ。

(32) 小宮豊隆《こみやとよたか》「明治の音楽・演芸」（『明治文化史』第九巻、音楽・演芸編）

(33) 木戸の別邸は現在のJR駒込《こまごめ》駅近くにあった。明治天皇臨幸《りんこう》を記念する石柱が立っている。

(34) 木戸は日記（明治九年四月十一日）に書いている。「士族の家へ臨幸被為在《あらせら》るゝ事は臣孝允を始《はじめ》とす曾《かつ》て九年前御前《ごぜん》へ被召《めされ》しことあり布衣《ふい》のものにして奉按咫尺《ほうあんしせき》は臣孝允を以始《もって》とす」（天皇が士族の家に臨幸されるのは自分が初めてである。九年前、御前に召されたことがあった。位階《いかい》をもたない人間が天皇に拝謁したのは自分が初めてだった）。

（35）『木戸孝允日記』明治九年五月十九日。同様の意見は、天皇に上書《じょうしょ》した建言の中にも示されている。『明治天皇紀』第三巻六〇八ページ参照。

（36）巡幸《じゅんこう》の旅の一部始終は吉野作造《よしのさくぞう》編『明治文化全集』第十七巻三二七―六〇〇ページに極めて詳細に記されている。また、『明治天皇紀』第三巻六一四―六八二ページ参照。

（37）岸田吟香《きしだぎんこう》『東北御巡幸記』（『明治文化全集』第十七巻）三四二ページの記述による。また、『明治天皇紀』第三巻六一六ページ。

（38）例えば『明治天皇紀』第三巻六七一ページの、青森の学校に臨幸《りんこう》した際の記述を参照。

（39）同右六二一―六二二ページ。また、岸田『東北御巡幸記』三四六―三四七ページ。

（40）『明治天皇紀』第三巻六四六ページ。支倉常長《はせくらつねなが》の肖像画は、現在、仙台市博物館に展示されているものだと思われる。

（41）七月十一日、しかし木戸は安堵《あんど》した。天皇は急坂約四十四間《けん》（約八十メートル）を歩いて下った。『明治天皇紀』第三巻六六四ページ。

第二十七章　西国不平士族の乱

（1）「神風連《しんぷうれん》」は「じんぷうれん」とも言う。「しんぷう」は、一般には「かみかぜ」と発音される漢字の音読《おん》みである。神風連が自分たちの集団にこの名を冠したのは、かつて蒙古《もうこ》襲来を食い止めた「神風」と同じように、自分たちが外敵から日本を守るという自負からだった。

（2）『明治天皇紀』第三巻七〇九ページ。実学《じつがく》党の理想は、彼らの思想上の教主横井小楠《よこいしょうなん》に発するもので、アメリカ式民主主義の建設にあった。

熊本は国粋主義の士族の活動が顕著だった一方で、キリスト教思想でも知られていた。神風連の乱（明治九年）が起きた同じ年、米人教師L・L・ジェーンズによってキリスト教の洗礼を受けた若者三十五人から成る「熊本バンド」が、キリスト教を通して日本を救う誓いを立てている。ジェーンズについて詳しくは、F. G. Notehelfer. *American Samurai: Captain L.L. Janes and Japan* 参照。

（3）『明治天皇紀』第三巻七一〇ページ。加屋霽堅《かやはるかた》が書いた檄文《げきぶん》（神風連の同志の前で読み上げられた）の原文は、荒木精之《あらきせいし》『神風連実記』一三八ページ参照。政府官吏を攻撃する檄文には、次のような告発の一節がある。「醜虜《しゅうりょ》に阿順《あじゅん》し、固有の刀釼《たうけん》を禁諱《きんき》し、陰に邪教の蔓延《まんえん》を慫慂《しょうよう》し、終《つひ》に神皇の国土を彼に売与し、内地に雑居せしめんとするのみならず、畏《かしこ》くも聖上を外国に遷幸なし奉《たてまつ》らんとするの姦謀《かんぼう》邪計顕然し……」。すなわち、外国人におもねって日本固有の刀剣を禁じ、密かにキリスト教の普及を助長し、ついには皇国の土地を外国人に売却し、彼らを内地に雑居させようとするのみならず、天皇を外国に遷幸させようとする企みまでが露顕した、と。引用の字句に一部相違があるが、司馬《しば》遼太郎《りょうたろう》『翔《と》ぶが如《ごと》く』第六巻二一九ページも参照。

（4）太田黒《おおたぐろ》は明治八年（一八七五）、新開《しんかい》大神宮の神官になった。熊本県令安岡良亮《やすおかりょうすけ》の方針で、神風連の党員を県下の主な神社の神官に任命することにした結果だった。（太田黒が行なった）神道の占いの儀式は「宇気比《うけひ》」として知られた。神々から神慮を得るために、三種類の行動の案件を紙片に書き記し番号をつける。神前で木製の筒を振り、中から出てきた細い竹製の棒の番号を見て、案件の番号と照合し、それが神々の意思とみなされる。神風連の重大な決断はすべて、この方法をもって行われた。欲する行動を否定され質問者が失望するものであっても、神々から与えられた答えには絶対に従わなければならなかった。それまでに太田黒は数度にわたって政府軍襲撃の宇気比を行なっていたが、いずれも結果は「否《いな》」だった。最後の宇気比で、ついにこれが是認されたのだ。司馬『翔ぶが如く』第六巻二二七—二二八、二七一—二七二ページ参照。

神風連の宗教的思想における宇気比の重要性については、荒木『神風連実記』三五—三六ページ参照。神風連が師と仰ぐ林桜園《はやしおうえん》（一七九八—一八七〇）に『宇気比考《うけひこう》』という著述がある。その中で桜園は、宇気比の起源が『古事記《こじき》』に記された須佐之男命《すさのおのみこと》と姉の天照大神《あまてらすおおみかみ》の高天原《たかまがはら》における勝負にあるとしている。須佐之男命に高天原を姉から奪おうという邪心がないことを確かめるために、姉と弟の二柱《はしら》の神は、それぞれ相手の剣と玉を使って子供を生み、できた子供の性によって神意を判断しようとした。

（5）神風連は僧侶《そうりょ》を忌《い》み嫌《きら》い、不潔なものと見なした。仏教は外国から渡来したもので、したがって神風連にとって相容《あいい》れないものだった。

（6）これらを含めて神風連の狂信的行為の興味深い例が、小早川秀雄《こばやかわひでお》『血史《けっし》熊本敬神党《くまもとけいしんとう》』二二一—二二三ページに記されている。小早川は一般に神風連の行動に対して共感を寄せているが、この種の行為は「病的」と呼んでいる。

（7）三島由紀夫《みしまゆきお》は小説『奔馬《ほんば》』の中で、太田黒が最初に決起を思い立って神々に神慮を問うところから最後の敗北にいたるまで、神風連のきわめて劇的な挿話を紹介している。三島の記述を歴史的事実として受けとることはできないが、三島が手に入る限りの資料を幅広く読んだことは間違いない。

（8）「盾《たて》と城の部隊」を意味する干城《かんじょう》隊という名称は、主君（天皇のことを指していると思われる）をあらゆる敵から守る彼らの決意を示していた。

（9）彼らは明らかに、熊本の反乱がすでに失敗に終わったことを知らなかった。

（10）木戸は当時、宮内省出仕内閣顧問だった。

（11）『明治天皇紀』第三巻七四二―七四四ページ。

（12）『木戸孝允日記』明治十年一月四日。天皇の短い詔書《しょうしょ》の原文は、『明治天皇紀』第四巻四ページ参照。

（13）『明治天皇紀』第四巻六ページ参照。

（14）当時の日本の気温は「華氏《かし》」で表示された。摂氏《せっし》で言えば約三十五度にあたる。

（15）明治十年、天皇は『続日本紀《しょくにほんぎ》』（福羽美静《ふくばびせい》）、『英国史法律』（西村茂樹《にしむらしげき》）、『大学《だいがく》』（元田永孚《もとだながざね》）、『古今集序《こきんしゅうじょ》』（近藤芳樹《こんどうよしき》）、『万葉集《まんようしゅう》』（渡忠秋《わたりただあき》）の進講を、それぞれ受けることになっていた。しかし以後は十月二十二日までこれらの進講は中断されている。『明治天皇紀』第四巻一一―一二ページ参照。

（16）大和国《やまとのくに》および京都への行幸《ぎょうこう》の発表は、明治九年十一月二十二日に行われた。『明治天皇紀』第三巻七二八―七二九ページ参照。

（17）皇后は前年の明治九年十一月、陸路を京都に向かった。『明治天皇紀』第三巻七二八ページ参照。

（18）御製《ぎょせい》および詞書《ことばがき》は『新輯《しんしゅう》明治天皇御集《ぎょしゅう》』上巻四五ページ。『明治天皇紀』第四巻一九ページは、和歌の順番を入れ替えて収録している。

（19）『明治天皇紀』第四巻二一ページ。

（20）『新輯明治天皇御集』上巻四六ページ。詞書も御製も、鳥羽《とば》の港に船を戻すことを「漕《こ》ぐ」と表現している。汽船の操縦を形容する際の詩的な言い回しと思われる。

（21）同右四六ページ。

（22）東幸《とうこう》以来わずか八、九年で御所《ごしょ》が荒廃している姿を見て、明治天皇は深く悲しんだ。建物補修のため毎年金四千円を給し、最良の保存の方法を講ずるよう京都府に命じている。『明治天皇紀』第四巻四八ページ参照。

（23）これらの学校を鹿児島であくまで「私学校《しがっこう》」と称したのは、政府が推進している教育制度の支配下にない鹿児島県独自の学校であることを明らかにしたかったからである。

(24)『明治天皇紀』第四巻二六ページ参照。ここで「王」とは天皇のことを意味している。西郷の書として残っている有名な言葉に「敬天愛人」がある。しかし私学校においては、尊王《そんのう》攘夷の時代からお馴染《なじ》みの「尊王」が使われた。

(25) 士風教育の伝統は、主として儒教《じゅきょう》を基本にしている。しかし私学校における教育は、儒教のいわば主流である『孟子《もうし》』『大学』『中庸《ちゅうよう》』は扱わなかった。これらの漢籍は、むしろ官吏になる者たちが学ぶべき書物で、士族の学ぶべきものでないと信じられたからである。司馬『翔ぶが如く』第四巻一〇六ページ参照。

(26) 彼らの中には警部・巡査十数人と学生数人がいた。すべて鹿児島県出身者であり、いずれも士族だった。しかし、地方の出身であることから鹿児島城下に住む士族からは軽蔑《けいべつ》されていた。双方とも、互いに含むところがあったようである。中原らがあえて中央政府に協力した理由は、そんなところにあったかもしれない。

(27) 供述の要点は、斎藤信明《さいとうのぶあき》『西郷と明治維新革命』三六一―三六二ページにある。中原は信頼する旧友（彼はただちにその情報を上司に伝えた）に、自分の帰郷の目的は士族同士を離間させ、私学校を瓦解《がかい》させることにあると話していた。これは市外の各郷《ごう》では比較的容易でも、市内（城下）では難しかったであろう。市内の私学校を瓦解させる最も手近な方法は、西郷を暗殺し、桐野《きりの》利秋《としあき》、篠原国幹《しのはらくにもと》の側近二人も殺してしまうことだった。公式の口供書の中で、中原は次のように言っている。「西郷を暗殺し速やかに電報を以て東京に告げ陸海軍併《あわ》せて攻撃に及び私学校の人数を鏖《みなご》ろしにいたし候儀を決定し……」。

中原の供述が事実であると断定する斎藤は、それが拷問によって得られたことを認めながらも、当時は拷問が合法的だったと主張している。

(28)『明治天皇紀』第四巻三五―三六ページ。上田滋《うえだしげる》（『西郷隆盛の悲劇』一五七―一五九ページ）は、中原らが大警視川路《かわじ》利《とし》良《よし》の命令で西郷の暗殺を計るなど客観的常識では考えられないと言う。「明治初年以来、西郷は常に正論的立場、つまり大義名分によって行動し、権謀や暴力を用いる態度は一度も見せなかった」大人物で、広く天下の人望を得ていた。もし政府が西郷を暗殺したりすれば、日本全土が「蜂《はち》の巣をつついたような騒ぎ」になり、四方から囂々《ごうごう》の非難を浴びることは間違いなく、それは政府も十分承知していた。むしろ政府は「暗殺の噂」を流すことで鹿児島士族を挑発したのではないか。この説の方が説得力があると上田は言う。川路利良は、すでに萩《はぎ》の乱の直前に、偽《にせ》の手紙で相手を挑発する手を使っている。

(29) 天皇は『翁《おきな》』『三輪《みわ》』『羽衣《はごろも》』『安宅《あたか》』『正尊《しょうぞん》』『殺生石《せっしょうせき》』を観《み》ている。『明治天皇紀』第四巻三四ページ。もしこれらの演目の全場が上演されたなら、まる一日はかかったはずである。

(30)『木戸孝允日記』明治十年二月五日。一月三十日、三十一日の鹿児島士族による陸軍、海軍の火薬庫襲撃について記した後、木戸は次のように書いている。「一月初旬林友幸《はやしともゆき》等の目撃せし処《ところ》とは大《おほい》に異なるものあり当時薩州《さっしゅう》の強名四方に響き不平好事《こうず》の士族十余県皆薩州の挙動を窺《うかが》ひ一旦有事《ことある》ときは響応せんとするの色あり」（一月初旬に林友幸らが目撃した状況とは大いに異なっている。現在、薩摩《さつま》の威名は四方に響いており、何かあることを好む不平士族たちのいる十数県は皆、薩摩の挙動に目を凝らし、いったん事が起こった時には相呼応して蜂起《ほうき》しようとしている）

(31)『明治天皇紀』第四巻四六ページ。例として挙げられたのは、熊本、佐賀、福岡、高知、岡山、鳥取、彦根《ひこね》、桑名《くわな》、会津《あいづ》、庄内《しょうない》の旧諸藩である。

第二十八章　西南戦争と西郷隆盛の最期

(1)『明治天皇紀』第四巻五三ページ。

(2) 能の金春流《こんぱる》は奈良で特に勢力が強く、現在もそれは変わらない。

(3)『明治天皇紀』第四巻五四ページ。

(4) この日は紀元節《きげんせつ》として知られた。明治五年（一八七二）に、翌六年から太陽暦を採用するのに合わせて祝日と定められたが、当初は一月二十九日だった。明治六年十月には、二月十一日とするように改めた。

(5)『明治天皇紀』第四巻五九ページ。

(6) 山県は鹿児島に呼応して立ちそうな旧藩の名として、肥前《ひぜん》、肥後《ひご》、久留米《くるめ》、柳川《やながわ》、阿波《あわ》、土佐《とさ》、因幡《いなば》、備前《びぜん》、備中《びっちゅう》、備後《びんご》、彦根、桑名、静岡、松代《まつしろ》、大垣《おおがき》、高田《たかだ》、金沢《かなざわ》、酒田《さかた》、津軽《つがる》、会津、米沢《よねざわ》を挙げた。

(7)『明治天皇紀』第四巻六一ページ。また、Roger F. Hackett. *Yamagata Aritomo in the Rise of Modern Japan* 七七―七八ページ参照。

(8)『明治天皇紀』第四巻七六ページ。

(9) 同右七七ページの引用文。また山下郁夫《やましたいくお》『研究西南《せいなん》の役《えき》』一三二ページ参照。

(10) 山下『研究西南の役』一三三ページの引用文。

(11) これは、『明治天皇紀』第四巻七七—七八ページに記された数字である。西郷の傘下で戦った約三万人の内訳は、山下『研究西南の役』一三七ページに載っている。主力戦闘部隊は、私学校徒一万三千人だった。
(12) 山下『研究西南の役』一五二ページ。この情報は河東《かとう》祐五郎『丁丑《ていちゅう》弾雨日記』、武野正幸『血史西南役《けっしせいなんのえき》』など当時の様々な資料に基づくものである。
(13) 『明治天皇紀』第四巻八六ページ。
(14) 同右八九ページ。
(15) 歌の全文は、山下『研究西南の役』一二七—一二九ページ。作者は不明。最後の行に「死出の旅」とあることから、熊本への出撃の際に作られたものと思われる。
(16) 『明治天皇紀』第四巻一〇〇ページ。
(17) 『木戸孝允文書』第七巻三三四ページ(『明治天皇紀』第四巻一〇八ページに引用されている)。この言葉は、木戸が伊藤《いとう》博文《ひろぶみ》に宛《あ》てた明治十年(一八七七)三月四日付と思われる書簡に記されている。
(18) 猪飼隆明《いかいたかあき》『西郷隆盛』二二四ページ参照。
(19) 『明治天皇紀』第四巻一二一ページ。
(20) 同右一二〇ページ。また『木戸孝允文書』第七巻三三一ページにある三月四日付の宍戸璣《ししどたまき》宛の書簡を参照。
(21) 『明治天皇紀』第四巻一一九ページ。驚くべき偶然の一致だが、メッツおよび熊本城の攻囲戦はいずれも五十四日間続いた。
(22) 同右一二五ページ。また『木戸孝允日記』明治十年三月十四日参照。抜刀隊《ばっとうたい》の名は詩歌《しいか》に詠まれ、不滅となった。
(23) 『明治天皇紀』第四巻一二九ページ。
(24) 同右一三四ページ。木戸が進言したのは三月二十二日だった(『木戸孝允日記』三月二十二日参照)。
(25) 『明治天皇紀』第四巻一四六ページ。
(26) 同右二三七ページ参照。八月十九日、三田井《みたい》村での西郷軍の勝利が記されている。
(27) 同右一八一ページ。
(28) 同右二二三ページ。
(29) 同右二四七—二四九ページ参照。高崎は八月末、明治天皇の御歌掛《おうたがかり》に任じられた。

(30) これは皇太后の住む青山御所《あおやま》の敷地内にある建物。

第二十九章　大久保利通暗殺さる

(1) 『明治天皇紀』第四巻二六九ページ。

(2) 同右二七六ページ。天皇は休日、祭日は閣議に出席しなかった。京都で罹《かか》った脚気《かっけ》からいまだ完全には回復していなかったため、侍医たちの勧めでもっぱら保養に努めていた。

(3) 同右二七九―二八〇ページ。讃《さん》の顔回《がんかい》（前五一四―前四八三）とは、孔子《こうし》の高弟。「一箪《いったん》の食《し》、一瓢《いっぴょう》の飲《いん》」という『論語《ろんご》』中の言葉で、その清貧の姿勢がたたえられている。豊臣秀吉《とよとみひでよし》は、千成《せんな》り瓢箪《ひょうたん》を馬印《うまじるし》にした。

(4) 同右三二九ページ。この日、福羽美静、西村茂樹、西周《にしあまね》らの講演があった。明治十一年一月七日、天皇・皇后の御《ご》前で御講書始《こうしょはじめ》が行われた。この時始まった一連の厳しい進講の中に元田の『論語』、西村茂樹の米国人ヒコックの著書『修身学』、近藤芳樹の『古事記』などがあった。これらの進講は天皇が気分の悪い時や暑中休暇、北陸、東海巡幸中を除いて行われた。講習の内容について詳しくは『明治天皇紀』第四巻三五〇―三五一ページ参照。

(5) 『明治天皇紀』第四巻三三〇ページ。明治十年十二月十七日に出された返書は、翌年パリで開催される万国博覧会への日本からの出展を受諾したものだった。

(6) 同右三三八ページ。国書は十二月二十八日、新任の清国《しんこく》公使から手渡された。

(7) 同右三三一―三三二ページ。天皇は、敗軍の将兵たちの口述書に到るまで西南戦争に関する全資料を修史館《しゅうしかん》に集めるよう命じた。また、その戦役史の編纂《へんさん》も命じた。

(8) 同右三六八―三六九ページ。

(9) 高島鞆《たかしまともの》之助《すけ》「神武《じんむ》以来の英主《えいしゅ》」三三ページ（太陽臨時増刊『明治聖天子《めいじせいてんし》』）。

(10) 日野《ひの》西資博《にしすけひろ》『明治天皇の御日常』八〇―八一ページ。

(11) 『明治天皇紀』第四巻三七二―三七三ページ。

(12) 同右三九九―四〇〇ページ。

(13) 遠矢《とおや》浩規《ひろき》『利通暗殺《としみちあんさつ》』二四―二七ページ参照。

(14) 遠矢『利通暗殺』三三ページ。この原稿を書く上で私（キーン）が多くを負っている大久保暗殺に関する優れた研究書の著者である遠矢は、長連豪《ちょうつらひで》は士族による軍事独裁制への夢を鹿児島滞在中に抱くようになったのではないかと示唆している。

（15）この名称は、同志たちが集合場所にした金沢の寺院、三光寺《さんこうじ》に由来している。

（16）遠矢『利通暗殺』八〇ページ参照。斬奸状《ざんかんじょう》（「斬姦《ざんかん》状」）についての遠矢の解釈は、八一—九二ページに述べられている。

（17）この時期に先立つ陸義猶《くがよしなお》の活動のすべてについては、黒龍会《こくりゅうかい》『西南記伝』下巻（一）四〇七—四一八ページ、下巻（二）一〇一四—一〇一七ページ参照。陸は鹿児島滞在中、西郷の副官である桐野利秋とたびたび会っている。長連豪を桐野に紹介し、桐野の「薫陶」を受けるよう計らったのは陸である（下巻〔一〕四一一ページ）。

（18）黒龍会『西南記伝』下巻（二）一〇〇四ページ。遠矢『利通暗殺』六五ページも参照。

（19）島田はまた、金沢から東京へ向かう旅の途中、次の和歌を詠んでいる。「我《わが》思ひ積るも知らぬ山の雪解けゆく春をまつぞかなしき」。遠矢（『利通暗殺』二一七、二一九ページ）は、一ヵ月以上前に長連豪が詠んだ次の和歌との類似に注意を向けている。「我が思ひ積るは富士の峯《ね》の雪解け行く春に逢《あ》ふぞうれしき」。この長の和歌は、黒龍会『西南記伝』下巻（二）一〇〇六ページに明治十一年二月の日付で収録されている。遠矢（『利通暗殺』二一七ページ）は、長の上京の時期を前年十一月とする資料を引用している。そうであれば、島田は長の和歌を見る機会があったかもしれない。

（20）「斬姦状」全文ならびにその経緯については黒龍会『西南記伝』下巻（一）四三六—四五八ページ参照。

（21）黒龍会『西南記伝』下巻（一）四三六ページ、また遠矢『利通暗殺』八二ページ。「斬姦状」に挙げられたこれらの罪状の全解説は『西南記伝』下巻（一）四四〇—四五四ページ参照。

（22）黒龍会『西南記伝』下巻（一）四三九ページ。また、遠矢『利通暗殺』八四ページ。

（23）遠矢『利通暗殺』一〇〇ページ。島田はまた、暗殺の時に相手にいろいろ話している余裕はない、とも言っている。

（24）これらの手紙の抜粋は、遠矢『利通暗殺』一〇二—一〇五ページにある。

（25）同右一〇三ページ。

（26）同右一五四—一五五ページは、英「ロンドンタイムズ」の記事の翻訳を引用している。

第三十章　ふたたびの巡幸と、その座を追われた琉球王

（1）多木《たき》浩二《こうじ》『天皇の肖像』八一—八二ページ参照。多木はカール五世、カトリーヌ・ド・メディシス、シャルル九世の巡幸

の例を引いている。多木はまた、明治二十年代に入って巡幸が行われなくなった時期と、全国の小学校に「御真影《ごしんえい》」（写真。といっても描かれた原画を写真に複製したもの）が下付され始めた時期とが一致していることを指摘している。多木（同八三ページ）は「写真は生《な》ま身《み》の天皇同様に機能する」ようになったと言い、「写真が民衆にたいして天皇の代理物になりえたのは、こうしてそれを見る視線が巡幸によって準備されていたからである」と書いている。

（2）明治七年三月、政府は許可できないとして、みだりに売買する者を監視するよう東京府に指示を出した。九年五月、外務宮内卿《くないきょう》の徳大寺《とくだいじ》実則《さねつね》は、写真を自由販売しても構わないという意見だった。徳大寺は太政大臣に販売の聴許を上申したが、卿寺島宗則《てらしまむねのり》は、次のような意見を述べた。外国人は天皇の写真が手に入らず失望している。西洋では、皇帝の写真などはすべて自由売買を許されている。日本でも「人智《じんち》漸《やや》く開《ひら》くるの今日、其《そ》の売買を許すとも恐らくは不敬に渉《わた》るが如《ごと》き事なかるべく、卻《かへ》りて敬愛の念を長ずべし」と。売買が許可されないのは、天皇の写真が公使など特別待遇の外国人にしか入手できないことを意味した。十二月、神奈川県権令《ごんれい》が宮内省に問い合わせをした。県下で天皇、皇后、皇太后の写真を売買する者があるが、いまだ禁令が出ていない。したがって警察官はこれを不問に付している。なにとぞ裁定を願う、と。十年三月、政府は天皇の写真の売買を禁止した。『明治天皇紀』第四巻四三五―四三六ページ参照。

（3）供奉《ぐぶ》する者は右大臣、参議らの高官を始めとして侍従、侍医、騎兵、夫卒《ふそつ》、馬丁《ばてい》に到るまで三百余人。これに大警視、巡査ら約四百人が加わった。『明治天皇紀』第四巻四六六ページ参照。これだけの人数をもってしても、なお江戸時代の大《たい》藩《はん》の大名行列の規模にはかなわなかった。

（4）『明治天皇紀』第四巻四六八ページ。

（5）同右四九〇ページ。

（6）同右五二八ページ。

（7）同右五一一―五一二ページ。

（8）「親方《おやかた》」（発音は wekata）は琉球《りゅうきゅう》の位階の一つ。内政外交の要職についた。中山盛茂《なかやませいも》編『琉球史辞典』七一ページ参照。

（9）George H. Kerr. *Okinawa* 三七四ページ。なお、ジョージ（ジャック）・ケーアは、私（キーン）が最初に日本語を学んだときの仲間の一人である。

（10）大田《おおた》昌秀《まさひで》『近代沖縄の政治構造』九二ページ参照。大田はのちに沖縄県知事（在職一九九〇―九八）を務めた。

（11）『明治天皇紀』第四巻五八五ページ。また Kerr. *Okinawa* 三七七ページ参照。

(12)『明治天皇紀』第四巻六〇三―六〇四ページ。

(13)同右六〇五ページ。

(14)明治天皇の勅令原文は同右六二八ページ参照。

(15)Hugh Borton. *Japan's Modern Century* 一六〇―一六一ページ参照。同書（一六九ページ）でボートンは、殺害された漁師の身元が日本人であることを確認する中国語の一節「日本国従前被害難民之冢《ちょう》（墓）」を引用している。

(16)この数字は『明治天皇紀』第四巻六八〇ページに基づく。大田『近代沖縄の政治構造』一〇四ページによれば、随行者は九十六人だった。

(17)ハワイ女王リリウオカラニがアメリカ人によって退位させられたのは明治二十六年（一八九三）だが、その待遇はとてもこんなものではなかった。

(18)開化《かいか》党と呼ばれる一派は、近代化を支持していた。頑固《がんこ》党という別の一派は、伝統破壊につながる変革にすべて反対していた。前者は日本支持に回り、後者は清国支持だった。これら二党について詳しくは、仲原善忠《なかはらぜんちゅう》『琉球の歴史』一三一―一三二ページ参照。

(19)中山編『琉球史辞典』四一九ページ。

(20)笹森儀《ささもりぎ》助《すけ》『南嶋探験《なんとうたんけん》』（一）一三一ページ。

(21)笹森『南嶋探験』（二）一二三ページ。

(22)同右二〇四ページ。大田『近代沖縄の政治構造』（一〇六―一〇七ページ）は、日本の沖縄併合に対する激しい反対運動の例を挙げている。

第三十一章　グラント将軍が与えた大いなる影響

(1)William S. McFeely. *Grant* 四五〇ページ。

(2)同右四五七ページ。

(3)同右四七二ページ。

(4)李鴻章《りこうしょう》は、グラントが南部諸州の反乱を収めたのと相前後して、太平天国《たいへいてんごく》の乱が鎮圧されたことを指している。McFeely. *Grant* 四七四ページ参照。

（5）John Russell Young. *Around the World with General Grant*（*II*）四一一ページ。

（6）同右四四七―四四八ページ。

（7）同右四五一ページ。

（8）これは七月七日朝、日比谷《ひびや》陸軍操練所で行われた。Young. *Around the World with General Grant*（*II*）五三二ページ参照。詳細な記述は『明治天皇紀』第四巻七〇二―七〇三ページ参照。

（9）Young. *Around the World with General Grant*（*II*）四七七ページ。また『明治天皇紀』第四巻六九七―六九八ページ参照。

（10）Young. *Around the World with General Grant*（*II*）四八一ページ。

（11）同右五二九ページ。これが事実かどうかは明らかではない。明治天皇が、ケンブリッジ公爵のように以前に訪れた訪問者と握手を交わした可能性はある。

（12）Young. *Around the World with General Grant*（*II*）五三三ページ。また『明治天皇紀』第四巻六九九ページ参照。

（13）Young. *Around the World with General Grant*（*II*）五三〇ページ。

（14）同右五二七―五二八ページ。この話の要約は『明治天皇紀』第四巻七〇〇―七〇一ページにある。

（15）天皇からグラントへの正式な歓迎の挨拶《あいさつ》とグラントの返礼の挨拶は『明治天皇紀』第四巻六九九ページにある。明治天皇は、かねてより名声を聞き知っていた人物に会えた喜びを表明し、大統領時代に日本の使節（特に岩倉使節団の時）に対してグラントが示した友好に感謝し、またグラントが世界周遊旅行の途次に日本を訪問したことに喜びを表明した。

（16）『明治天皇紀』第四巻七〇三ページ。

（17）同右七〇四ページ。

（18）『新聞集成明治編年史』第四巻七五ページ参照。

（19）『明治天皇紀』第四巻七一一―七一二ページ。西郷従道《さいごうつぐみち》と森有礼《もりありのり》も日光《にっこう》に派遣された。

（20）Young. *Around the World with General Grant*（*II*）五五八―五五九ページ。

（21）『明治天皇紀』第四巻七〇八―七一〇ページ。琉球問題をめぐる日本と清国の対立する見解の詳細については、一八七九年八月十五日と九月一日付の「ニューヨーク・ヘラルド」紙にジョン・ラッセル・ヤングが書いている。これが日本語に翻訳され、十月十四日から二十七日まで「郵便報知新聞」に掲載された。この翻訳は『グラント将軍との御対話筆記』六九―九五ページに見ることができる。

（22）英語の筆記録の稿は、『グラント将軍との御対話筆記』に収載されている図版に再現されている。速記ではなく、そのまま英語で書かれた見事な稿である。後から手を入れている箇所も幾つかある。恐らく急いで書きとったための語句の誤りか、それとも即興で話したグラント自身の文法的誤りを正したものだろう。訂正の文字はグラント自身が書き込んだものらしい。天皇の言葉は、グラントの助言の量に比べて極端に短い。また、「清国との最も平和的で協調的な関係を願う彼（天皇）の希望を表明した」のように、間接的表現になっている部分もある。どうやら通訳は、天皇の言葉の要約だけをグラントに伝えたようである。英語の稿と島田《しまだ》胤則《たねのり》による翻訳は、吉田《よしだ》清成《きよなり》家に保存されていた。のちに京都帝国大学に寄託され、国史研究室の所蔵となった。『グラント将軍との御対話筆記』九九―一〇〇ページ参照。

（23）『グラント将軍との御対話筆記』一五―一六ページ。英語の表現は不自然だが、意味は明らかである。その誤りは、グラントや通訳の誤りというより、むしろ私（キーン）が引用した英語原稿の活字を組んだ植字工のせいかもしれない。

（24）同右二二―二三ページ。

（25）ジョン・ラッセル・ヤングは次のように書いている。「東洋における英国の奇妙な政策の一つに、こういうことがある。英国は自分のところの植民地には好き勝手な関税を許したり、自由貿易や保護を与えている。その一方で日本と清国に対しては、ひたすら英国貿易の利益になる方向でのみ輸入や関税を取り決めるべきだと主張している」（*Around the World with General Grant (II)* 五八二ページ）。

（26）一八七九年一月五日、ハリー・パークスは「江戸」からの手紙の中で、次のように書いている。「米国は日本と条約を結んだが、とんでもない条約です。しかし、他国が同様の条約を結ばない限りは発効しない、という規定を設け、自分が損をしないように自衛手段を講じている。英国としては、同様の条約を結ぶことはあるまいと思う」（F・V・ディキンズ、高梨健吉《たかなしけんきち》訳『パークス伝　日本駐在の日々』二六五ページ）。アメリカの条約（施行には到らなかった「日米和親通商条約改定」のこと）の条文については、『新聞集成明治編年史』第四巻七二―七三ページ参照。ワシントンで吉田清成、米国務長官ウィリアム・M・エヴァーツが調印したこの条約の日付は、明治十一年（一八七八）七月二十五日である。明治天皇は翌明治十二年二月七日、これを裁可している。

（27）『グラント将軍との御対話筆記』二六ページ。

（28）飛鳥《あす》井《かい》雅道《まさみち》『明治大帝』一八三ページ。

(29) 飛鳥井（『明治大帝』一八三ページ）は、「グラントのこの漸進《ぜんしん》論は、文明国指導者からのお墨附きとして天皇を大いに力づけたと思われる」と書いている。天皇は、すでに議会創設への漸進的進展が望ましいと表明していた。当時、これと対照的に大隈重信《おおくましげのぶ》は二年以内に議会を召集する案に賛成だった。

(30)『明治天皇紀』第四巻七二九―七三二ページ参照。グラントは、日本人には清国に対する罵詈《ばり》雑言《ぞうごん》を撤回するよう勧め、同時に清国人にも日本に対する罵詈雑言を撤回するように勧めている。日清間の交渉について英語でうまく要約した解説が、George H. Kerr. *Okinawa* 三八九―三九二ページにある。

(31) Kerr. *Okinawa* 三八九ページ。

(32)『新聞集成明治編年史』第四巻七五ページ。

(33) 明治十二年八月十三日付「東京日日新聞」によれば、引幕は「猩々緋《しやうじやうひ》に白羅紗《しろらしや》を以て中央に泰平の二字、かたはらにグラントよりの六字を縫ひ、いづれも金糸を以て其字《そのじ》に欄を施せり」とある。すなわち引幕はわずかに黒みを帯びた鮮やかな深紅色で、中央に「泰平」の文字、一方の隅に「グラントより」という文字が白く縫い込まれ、どちらも金糸による囲みが刺繍《ししゅう》されていた。『新聞集成明治編年史』第四巻九一ページ参照。

(34) この芝居については『演劇百科大事典』第二巻四七七ページ参照。役者は九世市川団十郎《いちかわだんじゅうろう》、初世市川左団次《さだんじ》、三世中村仲蔵《なかむらなかぞう》など歌舞伎《かぶき》の大立者《おおだてもの》が揃《そろ》っていたが、芝居は当たらなかった。

(35) 柳沢英樹《やなぎさわひでき》『宝生九郎伝《ほうしょうくろうでん》』三四ページ。

(36)『明治天皇紀』第四巻七四一ページ。似てはいるが同一ではない謝辞が『新聞集成明治編年史』第四巻九七ページにも収録されている。両方の資料から編集して引用した。

(37) Young. *Around the World with General Grant (II)* 六〇二ページ。

第三十二章「教育勅語」への道

(1) この読みは、皇太子を意味する「春《はる》の宮《みや》（春宮《とうぐう》の訓読み）」を意識したものであったかもしれない。もっとも、この乳児は、まだ皇太子に指名されたわけではなかった。

(2)『明治天皇紀』第四巻七五五―七五六ページ。恐らく愛子は、出産時に起きたヒステリーの発作にいまだ苦しんでいた。

(3)『明治天皇紀』第四巻八二七ページ。これらの作品は六月に日本に到着していた。政府は宮内省が受納すべきものと考えたが、天皇によって正式に受領されたのは十二月になってからだった。ウゴリーニはお金と高価な贈物の品々を賜った。

(4)『明治天皇紀』第四巻七四六、八二〇ページ。明治天皇はこのあと間もなくアルフォンソ十二世が暗殺の危機を免れた報に接し、慶賀の電信を発した(『明治天皇紀』第五巻二ページ参照)。

(5)彼らは二人とも、黒田と同じ薩摩の出身だった。

(6)どの決定が実際に天皇によって下され、またどの決定が天皇の名の下に実は側近が下したものか、ほとんどわからない。天皇が自主的に決定を下した例として、次の三つがよく引き合いに出される。すなわち外債募集を中止した明治十三年(一八八〇)の決定、条約改正交渉を打ち切った明治二十年(一八八七)の決定、明治二十五年(一八九二)の選挙干渉である(笠原英彦《かさはらひでひこ》『天皇親政』九ページ参照)。天皇は確かに、最初のうちは側近に意見を質《ただ》していた。しかし治世のこの時期以降、天皇は多くの場合にわたって自主的に決定を下していたように思われる。

(7)坂本一登《さかもとかずと》『伊藤博文と明治国家形成』一四ページ参照。

(8)『明治天皇紀』第四巻二四五ページ参照。「侍補《じほ》」は伊藤博文の提案による名称で、宮内省に設置された一局。行政の欠陥を補うために天皇を補佐し助言するのが侍補の役目だった。また、国を正しく統治するために知っておくべきことに天皇の関心を向けるのも務めの一つだった。さらに、例えば「(楠木《くすのき》)正成《まさしげ》、(諸葛《しょかつ》)孔明《こうめい》、孰優《いずれがまさる》」といった問答をすることによって、天皇の思考能力を鍛えもした。侍補の顔ぶれは、天皇親政への信念の強さによって選ばれたようだ。笠原『天皇親政』一一四ページ参照。

(9)飛鳥井雅道『明治大帝』一七四ページ参照。

(10)これは元田側にとっては手痛い失策だった。元田は、この提案が取り上げられるとは夢にも思っていなかった。笠原『天皇親政』一四九ページ参照。

(11)元田は明治十一年一月三十一日、『論語』進講を再開した(『明治天皇紀』第四巻三五一ページ)。この時から同書を毎月十二回進講した。天皇は『論語』を読むことを喜び、熱心に進講を聴いた。元田が『論語』を使ったのは古今の道徳、政治の得失を論じる恰好《かっこう》の題材だからだった。元田の進講は、引用に富む極めて自在なものだった。古今東西の出来事に言及し、天皇の知識を高めることに努めた。元田の教えの根底にあったのは、儒教の教えである孔孟《こうもう》の道だった。しかし元田は常に日本人の視点を失わず、伝統文化に即した考えを保持した。渡辺幾治郎《わたなべいくじろう》『明治天皇』上巻一二二ページ参照。

(12)これと先の御製は、二首とも渡辺『明治天皇』上巻一五九ページからの引用である。渡辺は、前者が明治四十年(一九〇七）の、後者が明治四十二年（一九〇九）の作であることを指摘していない（『新輯明治天皇御集』下巻九一一、一〇二三ページ参照）。渡辺は、これら教育に関する二つのおよそ異なった見解が双方とも明治天皇の特徴であると考えていたようである。

(13) 岸田吟香『東北御巡幸記』（吉野作造編『明治文化全集』第十七巻三九六ページ）。

(14) 元田《もとだ》竹彦《たけひこ》、海後《かいご》宗臣《ときおみ》編『元田永孚文書』第一巻一七七ページ。また飛鳥井『明治大帝』一七三ページ参照。

(15) 『明治天皇紀』第四巻三六四—三六五ページ。

(16) 同右四三八ページ。

(17) 『グラント将軍との御対話筆記』二六ページ。

(18) 渡辺『明治天皇』上巻二一三ページ。「おほしたつ」は「生《お》ほし立つ（養い育てる）」。この御製は明治三十七年（一九〇四）の作である（『新輯明治天皇御集』上巻六〇九ページ参照）。これと似た次の御製が同じ時に詠まれている。「外国《とつくに》の草木のなへもわが園のうちにあつめてみるぞたのしき」。

(19) 文部省が明治五年八月三日（一八七二年九月五日）に公布した「学制《がくせい》」についての簡略な解説は、国立教育研究所『日本近代教育百年史』第三巻四七七—四八九ページ参照。計画によれば、全国を八つの大学区に分け、各大学区を三十二の中学区に分け、各中学区を二百十の小学区に分けた。計五万三千七百六十の小学校が全国に設置される計画で、人口六百に対して小学校が一校の割合だった。「学制」の制定にあたった起草委員は、すでにフランスの教育制度について研究書を書くか、フランスの教育制度そのものを翻訳していた人々で、自《おの》ずとフランスの影響の強さが見られた（勝部《かつべ》真長《みたけ》、渋川《しぶかわ》久子《ひさこ》『道徳教育の歴史』一一ページ参照）。教科の中身は、ギド・フルベッキら米国人の影響下でアメリカの教科を模範とした。しかし、教科の中に「修身及ビ奉教ノ道（道徳と宗教）」を設けていたのは、欧米列強の中ではフランスだけであり、それが（学校制度の組織と同じく）日本人には魅力的であった。勝部、渋川『道徳教育の歴史』二一ページ参照。

(20) 勝部、渋川『道徳教育の歴史』一三ページ。修身という教科は、「修身口授《ギョウギノサトシ》」と説明された。修身は昭和二十年（一九四五）末まで教科の一部として残った。

(21) 『明治天皇紀』第四巻七五八ページ。

(22) 同右七五八—七五九ページ。

(23) これは、明治十一年秋の「北越《ほくえつ》」巡幸の際に訪問した教室で天皇が体験したこととされている。生徒が英語で話したことを、天皇は「日本語ニ反訳《はんやく》セヨト仰《おほ》セツケラレタ」が、生徒は訳せなかった。元田、海後編『元田永孚文書』第一巻一七七ページ、また飛鳥井『明治大帝』一七三ページ参照。

(24)『明治天皇紀』第四巻七五九ページ。

(25)飛鳥井『明治大帝』一七八ページ参照。

(26)『明治天皇紀』第四巻七四五ページ。寺島は文部卿就任のため外務卿の任を解かれた。外務卿の後任には、それまで参議兼工部卿法制局長官だった井上馨《いのうえかおる》が就いた。

(27)『明治天皇紀』第五巻二五ページ。河野《こうの》は、恩人江《え》藤新平《とうしんぺい》の裁判で冷酷な判事を務め、江藤から叱責《しっせき》を浴びた。本著作集第十二巻「第二十五章　江藤新平の首、台湾出兵」三四一ページ参照。

(28)河野の教育令改正の理由は十二月九日、天皇に進奏された（『明治天皇紀』第五巻二四八―二五〇ページ参照）。河野は、学校の運営に関して政府の行き過ぎた「干渉」があったという説を否定している。国立教育研究所『日本近代教育百年史』第三巻九三〇ページも参照。

(29)飛鳥井『明治大帝』一七八ページ。

第三十三章　財政危機とようやく緒についた憲法起案

(1)二月十九日、明治天皇はロシア皇帝アレクサンドル二世にも、王宮爆破の際に危機を免れたことに対し慶賀の電信を発した（『明治天皇紀』第五巻二一ページ）。

(2)『明治天皇紀』第五巻二一―二二ページ参照。天皇は、六月三日から年末までの間に皇太后を三回しか訪問しなかった。また乗馬の回数は過去七年間の平均百六十三回に比べ、百四十四回にとどまった。

(3)坂本一登『伊藤博文と明治国家形成』二四ページ。以前（明治十一年十二月一日以降）は毎週月曜、水曜、金曜の午前のみ内閣会議に臨御していた。しかし明治十三年三月十七日の内閣日則制定上聞《じょうぶん》の翌日からは、日曜、祭日を除く毎日の会議に臨御することになった。日則については『明治天皇紀』第五巻三五―三六ページ参照。当時の「内閣」は、現在使われている内閣の意味とは異なり、天皇を輔弼《ほひつ》する大臣を補佐する参議らの諮問《しもん》会議を指した。坂本『伊藤博文と明治国家形成』二〇ページ参照。

(4)坂本『伊藤博文と明治国家形成』一二、一五、一九ページは、伊藤が天皇の内閣臨御を強く望んだ理由について論じている。本質的には象徴的指導者としての天皇の権威を借りようとしたもので、天皇が独自の政治意思を表明したり旧侍補グループの保守的見解の代弁者となったりすることを期待したわけではなかった。

（5）これは、正貨一円に対して紙幣一円十五銭五厘五毛の交換率を前提としたものだった。『明治天皇紀』第五巻七一ページ参照。

（6）同右七四―七五ページ。

（7）巡幸の途中、実際に訪れた県は他にもある（例えば神奈川、長野、滋賀県など）。しかし巡幸の正式な目的地は、これら二県一府だった。

（8）野田《のだ》千秋《ちあき》という記者が書いた随行記（朝野《ちょうや》新聞）の抜粋が、遠山茂樹《とおやましげき》編『天皇と華族』八二―八六ページにある。最初の抜粋には、天皇に直訴しようとして警衛の巡査に押しとどめられた老人の話が出てくる。巡査たちは老人を狂人として片づけたが、野田は、直訴の中身は国会開設の請願だったらしいと書いている。二番目の抜粋はもっぱら景色の描写にあてられているが、最後に「いろは新聞」の記者に対する警察の処分の挿話が載っている。この記者は、天皇に随行した「雲《うん》客《かく》（公卿《くぎょう》）」が、東京から連れてきた芸妓《げいぎ》と山梨県の笹子《ささご》村で同衾《どうきん》しているところを巡査に見られたという記事を掲載した。警察は随行の記者たちに、事実無根の記事を掲載することは計り難い害を及ぼすとして、記事はすべて警察が事前に一覧すると申し渡した。これは、随行報道記事に対する検閲が始まったことを意味する。

（9）遠山編『天皇と華族』九三―九四ページ。五月二十九日付の「大坂新報」からの引用。

（10）遠山編『天皇と華族』九四―九五ページ。新潟巡幸に関する滝沢繁《たきざわしげる》の論文「北陸巡幸と民衆統治（上）」（「新潟史学」二十四号三六ページ）は、この時の経費が事実、地元の資産家によって賄《まかな》われたことを確認している。彼らは天皇の歓迎にあたって浪費を慎むよう申し渡されていたため、多くは実際にかかった費用とは違う報告書を作成した。極端な例を挙げると、実際には四万五千円かかった費用が、報告書では九十円三十銭になっている。

（11）遠山編『天皇と華族』八六―八九ページ。

（12）歴史研究家は、よく「六大巡幸」のことを言う。天皇の巡幸のすべてが「大巡幸」というわけではなかった。後年の長期にわたる三巡幸のうち、明治十四年巡幸（東北、北海道）、明治十八年巡幸（山口、厳島《いつくしま》、広島、岡山）は「大巡幸」とされている。しかし呉《くれ》、江田島《えだじま》、佐世保《させぼ》を訪れた明治二十三年巡幸は違う。恐らく、陸路でなく海路だったからではないか。

明治天皇はまた、横浜の競馬場、千葉の演習場、横須賀《よこすか》の進水式など、何度も日帰りで外出している。また日清戦争中は、明治二十七年から二十八年にかけて広島に長期滞在している。これらの旅はもちろん巡幸とはまったく性格の異なるものだった。

(13) 遠山編『天皇と華族』九〇―九二ページ。記事の筆者は草間《くさま》時福《ときよし》。

(14) 遠山編『天皇と華族』一〇〇―一〇四ページ。

(15) 特に、**T. Fujitani.** *Splendid Monarchy* 五五―五六ページ参照。「これらの壮麗な行列、それを描写した記事、また口から口へと伝えられる噂を通して、人々は想像をたくましくしたのだった。すなわち天皇はすべてを一目で見渡せる制度の頂点にあって、その視野にある国土と民衆を統御する『監督者』である、と」。

(16) 例えば明治十四年四月十一日、吹上御苑《ふきあげぎょえん》で競馬を天覧した際には百六十名以上が随行した。『明治天皇紀』第五巻三二八ページ。

(17) 同右八五ページ。

(18) 同右一二六―一二八ページ。また『明治天皇紀』第二巻七六―七七ページ参照。

(19) 迫害については、James Edward Ketelaar. *Of Heretics and Martyrs in Meiji Japan* に詳しい。

(20) 『明治天皇紀』第五巻一四四ページ。

(21) 分裂の顔触れは、外債問題で対立した時と幾分異なっていた。米納賛成派は岩倉具視《いわくらともみ》、大木《おおき》喬任《たかとう》、黒田《くろだ》清隆《きよたか》、西郷従道、川村純義、山田《やまだ》顕義《あきよし》で、これに後から寺島宗則が加わった。反対派は有栖川宮熾仁《ありすがわのみやたるひと》親王、三条実美《さんじょうさねとみ》、伊藤博文、大隈重信、井上馨、山県有朋《やまがたありとも》だった。

(22) 恐らく浪費の最たる例は海軍省だった。欧米の新発明の器械などをなんでも買いたがり、注文したつもりの品物とまったく違った製品が届くこともあった。『明治天皇紀』第五巻一八二ページ参照。

(23) 渡辺《わたなべ》昭夫《あきお》「天皇制国家形成途上における『天皇親政』の思想と運動」(『歴史学研究』二五四号)二ページは、明治天皇の節倹の奨励には、元田、佐佐木の見解が「極めて濃厚」に出ていると指摘している。これは、この時期に発された天皇の別の布告についても言える。少し以前の侍補の論調にも似て、それは「儒教的徳治主義に依拠する伝統的・人格的支配原理で」あった(同一ページ)。

(24) 『明治天皇紀』第五巻一八〇―一八一ページ。内勅は「是《こ》の月」、すなわち明治十三年九月に下されたと記されているのみで、『明治天皇紀』は日付を明らかにしていない。坂本一登は、これを九月十八日としている（坂本『伊藤博文と明治国家形成』三七ページ）。

（25）学者の中には、御誓文《ごせいもん》の発布を短期的な措置に過ぎないとして低く評価する者もいる。彼らはまた、その重要性に欠ける理由として次のような例を挙げている。いわく、大久保利通は御誓文発布の際の儀式に出席しなかった。いわく、木戸孝允は数年後に御誓文について問われ、その文言《もんごん》を思い出せなかった云々《うんぬん》と。

（26）明治四年（一八七一）に設置され、明治十年（一八七七）に廃止された国家の最高政治機関。太政《だじょう》大臣、左大臣、右大臣、参議で構成された。

（27）『明治天皇紀』第三巻六九六ページ。天皇が熾仁親王に国憲の起草を命じたのは明治九年九月七日。『明治天皇紀』第五巻二四五ページ参照。

（28）『グラント将軍との御対話筆記』一七ページ。『明治天皇紀』第四巻七二二ページ参照。

（29）山県は、十二年前の維新以来の変革が民心にもたらした政府不信の四つの要因を詳述している。

（30）『明治天皇紀』第四巻八三二―八三五ページ。

（31）『明治天皇紀』第五巻一六八ページ。

（32）同右一六九ページ。

（33）熾仁親王は英国、米国、フランスの憲法から意図を汲《く》み、ドイツ、オーストリア、オランダ、ベルギー、イタリア、スペイン、ポルトガルの憲法から形を取ることを提唱している。『明治天皇紀』第五巻二四六ページ参照。

（34）笠原英彦『天皇親政』一七四ページ参照。

（35）『明治天皇紀』第五巻二三五ページ。自由党結成に関しては複雑な事情が多々ある。「第三十五章」で詳述する。

第三十四章　自らの言葉を発し始めた天皇

（1）『保古飛呂比《ほごひろい》　佐佐木《ささき》高行《たかゆき》日記　十』一―二ページ。

（2）例年の御講書始の一月七日、天皇は横浜港に停泊中のイタリア軍艦「ビザニー号」に、間もなく離日するジェノヴァ大公を訪問した。『明治天皇紀』第五巻二五七ページ参照。

（3）『明治天皇紀』第五巻二五八―二五九ページ。これは、それまでで最も低い数字だった明治十三年（一八八〇）の進講二十三回さえも下回った。副島種臣《そえじまたねおみ》は儒教の古典『中庸』を進講した。西村は当時熱中していた道徳思想について進講したかもしれない。元田は、副島の進講には常に陪侍《ばいじ》した。

（4）『明治天皇紀』第五巻二六五—二六六ページ。『保古飛呂比　佐佐木高行日記　十』六六—六七ページも参照。佐佐木の日記には、さらに詳しい意見のやりとりが載っている。

（5）森銑三《もりせんぞう》『明治人物夜話《やわ》』一九—二〇ページ。また『明治天皇紀』第五巻二八一—二八二ページ参照。

（6）日本駐在の米国総領事ロバート・ウォーカー・アーウィン（ベンジャミン・フランクリンの子孫）が、ハワイで宣教師をしていたことのある在日外国人女性から国歌の楽譜を借り、日本の軍楽隊に渡した。William N. Armstrong. *Around the World with a King* の荒俣宏《あらまたひろし》訳・解説『カラカウア王のニッポン仰天旅行記』七〇ページ参照。

（7）William N. Armstrong. *Around the World with a King* 三七ページ。

（8）同右四七—四八ページ。

（9）指輪の交換は恐らく、天皇が口頭での約束を破らないことを示すためのものだったろう。見たところ、天皇がカラカウア王に指輪を渡した形跡はない。

（10）『明治天皇紀』第五巻二九四—二九六ページ。

（11）明治天皇とカラカウア王との秘密会談の内容は、『明治天皇紀』第五巻二九四—二九七ページから要約したものである。アームストロングの *Around the World with a King* には該当箇所がない。これはカラカウア王が自分の提案の中身を随行の者たちに明かさなかったことを示すものである。アームストロング（同六二ページ）は、王が宿舎からこっそり姿を消したことに対して不快感を表明している。「王が随員を無視するとは、まったく礼儀に反することだ。ふだんは我々に全幅の信頼を置いていただけに、その隠密行動は我々を戸惑わせた」。『明治天皇紀』は、この会談内容について十三種類もの出典を列記している。しかし恐らく中でも「井上馨書翰《しょかん》」、「長崎省吾《ながさきしょうご》（通訳）談話速記」が出典の根幹をなしていると思われる。

（12）『明治天皇紀』第五巻二九六ページ。山階宮定麿王《やましなのみやさだまろおう》（のちの東伏見宮依仁《ひがしふしみのみやよりひと》親王。一八六七—一九二二）は、伏見宮邦家《ふしみのみやくにいえ》親王の第十七王子だった。定麿王がカイウラニ王女と結婚できない理由を述べた一八八二年（明治十五年）一月十四日付のカラカウア王宛ての書簡（原文は英語）は、荒俣訳『カラカウア王のニッポン仰天旅行記』一一八—一一九ページに翻訳がある。定麿王は断りの理由として、幼少の頃から決められた許嫁《いいなずけ》がいるため王女との結婚を考える自由がない、と書いている。

定麿王は直接には触れていないが、皇族が外国人と結婚することへの反対があったことは間違いない。アームストロング（*Around the World with a King* 六三ページ）によれば、「天皇は、王の提案に上機嫌かつ丁重に耳を傾けたが、それは熟慮を要することだと言った。日本の伝統から大きく逸脱することになる、と」（ヨーロッパ滞在中にドイツ貴族の娘と婚約した能久《よしひさ》親王は、勅許を求めたが許されず、帰国させられている）。アームストロングは、この結婚話を「王のポリネシア的脳髄《のうずい》の珍妙な奥底」で思いつかれたものとして腐《くさ》している。「もし天皇がこのとんでもない計画を承諾していたら、ハワイは日本の属国になっていたことだろう。世界の列強にとって、不快極まりないことに」と。

（13）この書簡（原文は英語）の日本語訳は、荒俣訳『カラカウア王のニッポン仰天旅行記』二九八―三〇〇ページにある。海底電線網の敷設に関しては、問題が二つあった。第一に、このような計画に見合う日本側の資金が欠如していた。第二に、すでに米国人サイラス・フィールド（米国と大英帝国とを結ぶ大西洋海底ケーブルの敷設に成功していた）から同様の申し出があり、やるとしたらそちらを優先すべきだった。『明治天皇紀』第五巻六七四ページ参照。

（14）荒俣訳『カラカウア王のニッポン仰天旅行記』一五一ページ。

（15）例外が一つあった。日本人のハワイ移住を奨励する王の要請に、井上馨は多大な興味を示した（荒俣訳『カラカウア王のニッポン仰天旅行記』二九九―三〇〇ページ参照）。また『明治天皇紀』第五巻六七四ページ参照。

（16）明治十五年一月二十四日、明治天皇はカラカウア王に書簡を送った。その中で天皇は、自分をアジアの君主連盟の盟主に推してくれたカラカウア王の提案に感謝し、この計画に対する心からの支持を表明した。しかし天皇は、この連盟に加わることになっている国々の多様性を理由に、連盟結成が極めて困難であるという信念を繰り返した。また連盟の盟主となることも、丁重に断っている。天皇の書簡は、ホノルルのビショップ博物館（カピオラニ－カラニアナオレ・コレクション）に保存されている。荒俣訳『カラカウア王のニッポン仰天旅行記』二九六―二九七ページ参照。

（17）**Hugh Cortazzi.** *Royal Visits to Japan in the Meiji Period* 八四ページ。この話の出典は二人の王子の日記、書簡、手帳を編纂した *The Cruise of Her Majesty's Ship 'Bacchante' 1879-1882* である。

（18）**Cortazzi.** *Royal Visits to Japan in the Meiji Period* 八四ページ。

（19）同右八七ページからの引用。

（20）天皇はまた資産家の家、仏寺、博物館（山形）、郡役所、医学校（福島）などにも宿泊している。

(21)『明治天皇紀』第五巻五〇六ページ。米沢《よねざわ》では中学優等生が『日本外史《にほんがいし》』を、小学優等生が『日本略史《にほんりゃくし》』を講じた（『明治天皇紀』第五巻五二一ページ）。

(22) 私（キーン）は、日野西資博子爵が語った逸話を思い出す。明治天皇がアスパラガスを食べている時、侍従の米田虎雄《こめだとらお》が御前にいると、天皇はわざと一つ二つを絨毯《じゅうたん》の上に落とす。アスパラガスは当然ほこりだらけになってしまうが、米田は「これは、これは」と声を上げ、落ちたアスパラガスを拾って食べる。その様子が、いかにも天皇には面白かったようである。日野西資博『明治天皇の御日常』八七―八八ページ。

(23) 三菱《みつびし》財閥の創設者。伝えられるところによれば、岩崎は払い下げの官有物を購入する機会を与えられなかったことに怒っていた。

(24) 私（キーン）は、川村のどこが明治天皇の気に障ったのか知らない。エドワード・ジェイムズ・リードは、明治十二年（一八七九）、息子と共に来日した。リードは英国で日本の軍艦「扶桑《ふそう》」、「金剛《こんごう》」、「比叡《ひえい》」の三艦の建造を監督した。来日の際、リードは明治天皇に謁見した。天皇は、日本海軍の主力となるべき軍艦の進水に果たしたリードの尽力を高く評価した。『明治天皇紀』第四巻五九六―五九七ページ。また、Ian Nish (ed.). *Britain & Japan: Biographical Portraits* 一一〇ページ参照。

(25)『保古飛呂比 佐佐木高行日記 十』四九五ページ。『明治天皇紀』第五巻五五八ページの記事は、佐佐木の日記に基づくものである。しかし、言葉遣いと細かいところに異同がある。

第三十五章　自由民権運動の「生と死」

(1) 海外各国の例を斟酌《しんしゃく》して憲法を制定する意図を表明した天皇の短い勅語は、『明治天皇紀』第三巻六九六ページ参照。天皇は元老院に対して、憲法を起草し上奏するよう命じた。

(2) 民選議院開設に対する反対はすでにあった。例えば、「明六雑誌《めいろくざっし》」第四号（三―五ページ）に発表された加藤弘之《かとうひろゆき》の論文『ブルンチュリ氏国法汎論《はんろん》摘訳民選議院不可立ノ論』は、ブルンチュリの『国法汎論』の抄訳に続けて指摘している。「今此文《このぶん》ヲ訳スルヤ決シテ公議輿論《よろん》ヲ不可トスルニアラズ、唯《ただ》時勢ヲ視《み》ズ人情ヲ察セズ漫《みだり》ニ公議輿論ヲ張ラントスルノ非ヲ弁ゼント欲スルノミ、看者請フ怪シム勿《なか》レ」（この文をここに訳したのは、公議輿論がだめだという意味ではない。ただ、時勢や人情を無視し、みだりに公議輿論を主張することはよくないと言いたいだけである。読者よ、どうか誤解しないでいただきたい)。また後藤靖《ごとうやすし》『自由民権』三九ページ参照。

(3) 米価は明治十年から明治十三年の間に倍となり、他の物価も同様に高騰した。後藤『自由民権』一三五ページ参照。

(4) 『明治天皇紀』第五巻二二七―二三四ページ。また坂本一登『伊藤博文と明治国家形成』四二一―四三ページ参照。

(5) 『明治天皇紀』第五巻三〇九ページ。大隈は明らかに英国の議会制度から多大な影響を受けていた。これが原因で、プロシア憲法を模範にしようとした人々との間に後々までしこりを残すことになった。

(6) 『明治天皇紀』第五巻三一〇ページ。もちろん、大隈の提案には何ら目新しいものはなく、ただ英国議会の仕組みを説明したに過ぎない。しかし、民衆(あるいは、どういう範囲であれ有権者)の意思に応える形で運営される政治という概念は、まだ日本人にはまったく馴染《なじ》みがなかった。本文では、大隈の説明の詳細については割愛した。

(7) 『明治天皇紀』第五巻三一四ページ。多田好問《ただこうもん》編『岩倉公実記』(下)六九八―七〇〇ページに、岩倉から見たこの出来事の経緯、また伊藤の書簡の原文がある。岩倉は、この問題に関する大隈の意見が、明治十三年十二月十四日に上奏された伊藤の建白書に表明されている意見と同じかどうか大隈に尋ねている。大隈は、違いはわずかだと応えた。数日後、岩倉は三条に会い、伊藤の意見が大隈の意見と同じかどうか確認のため、意見書を伊藤に見せてはどうかと勧めた。三条は承知し、意見書を御前より請下し、伊藤に示した。伊藤は読んで愕然《がくぜん》とし、「予《よ》ハ其《その》意見ヲ異ニスル人ト共ニ廟堂《べうだう》ノ上ニ立チ大政《たいせい》ニ参議スルコトヲ欲セズ願クハ本職ヲ解カンコトヲ」と述べた。本文では、同時代の複数の資料に基づいて編集された『明治天皇紀』の記述に従った。

(8) 『保古飛呂比 佐佐木高行日記 十』一五二―一五三ページ。また『明治天皇紀』第五巻三一九ページ参照。言葉遣いはわずかに異なっている。しかし、意味は基本的に佐佐木の記述と同じである。

(9) 「明六雑誌」第七号(三―四ページ)掲載の加藤弘之「武官ノ恭順」参照。

(10) 後藤『自由民権』四五ページ。三人の陸軍少将は山田顕義、鳥尾小弥太《とりおこやた》、三浦梧楼《みうらごろう》。

(11) 後藤『自由民権』一四四―一四五ページ。『明治天皇紀』第五巻四七ページは、集会条例十六条の公布に触れているが詳細は述べていない。しかし、条例の施行が政府に対する民衆の反発を招くとして佐佐木高行は条例の施行に反対し、岩倉具視、大木喬任らに陳述していたことが記されている。しかし、これは取り上げられなかった。

(12) 『明治天皇紀』第五巻六〇二ページ。

(13) 自由党結成の期日については、様々な説がある。まず、本文で記したように、国会期成同盟有志が東京で会合を開いた明治十三年十二月十五日を結成の日とする説がある。十一月十日の大会で演説した植木《うえき》枝盛《えもり》は、政党結成の必要を論じ、同盟の名称を自由党と改称することを提案した。この提案はかなりの反発を浴びたが、最終的に国会期成同盟員たると否《いな》とを問わず、同主義の者が相会して一政党を組織することに決定した。その後、数回の会合を経て十二月十五日、自由党結成盟約四条が制定され、翌年十月を期して再会を約した。『明治天皇紀』第五巻二三五ページ、米原謙《よねはらけん》『植木枝盛』九六ページ参照。

より頻繁に挙げられているのは、国会期成同盟が解体して自由党に合同し、自由党の大団結が成った明治十四年十月二十九日である。前年十二月に達した合意よりも正式な党結成と言える。党結成盟約三章、自由党規則十五章が決定された(『明治天皇紀』第五巻五六六ページ、また後藤『自由民権』一七三—一七四ページ参照)。

(14) 植木は高知の藩校「致道館《ちどうかん》」が廃止された後、東京の「海南私塾《かいなんしじゅく》」の生徒に選抜された。そこでの教育内容は、主としてフランス語と兵学だった。植木が退学したのは、恐らくフランス語が手に負えなかったからだと思われる。植木の青少年期の生活の詳細については、米原『植木枝盛』一七—二六ページ参照。

(15) この儒学の一派は、知識と行為は本来同一であるとする「知行合一《ちこうごういつ》」の学説を規範としている。

(16) 『植木枝盛集』第七巻二五八ページ。日付は明治十四年二月一日。

(17) 同右三三八ページ。

(18) 米原『植木枝盛』八六—八七ページ。

(19) 『植木枝盛集』第七巻二〇五ページ。

(20) 米原『植木枝盛』一四ページ。家永三郎《いえながさぶろう》編『植木枝盛選集』三〇〇ページ参照。

(21) 外崎光広《そとざきみつひろ》『植木枝盛と女たち』五三ページ。

(22) 米原『植木枝盛』一一二ページ。憲法草案の作成に関する日記の記述は簡潔そのもので、「日本国憲法を艸《さう》す」とある(『植木枝盛集』第七巻二七三ページ、日付は明治十四年八月二十八日)。

(23) 選ばれた期日は、三条実美と薩摩出身の参議の勧告に従った。岩倉は七年後の、大木喬任は三十年後の国会開設を主張していた。天皇の勅諭の原文は『明治天皇紀』第五巻五四七ページ参照。勅諭は「夙《つと》ニ立憲ノ政体ヲ建テ後世《こうせい》子孫継グベキノ業ヲ為《な》サンコトヲ期ス」と述べ、その基礎固めとしてまず明治八年に元老院を開設し、次に十一年に府県会を開設したことを述べている。明治二十三年の議員召集と国会開設は、すなわち天皇の初志を実現することにほかならなかった。

(24) 萩原延壽《はぎわらのぶとし》『馬場辰猪《ばばたつい》』一四五―一四六ページに抜粋されている馬場の自伝を参照。萩原は、この自伝が明治十八年に書かれたことを指摘している。すなわち馬場が板垣退助《いたがきたいすけ》と決裂した後である。したがって、自由党結成に関する話(特に板垣との関係について)は「たえず留保を付して聴かねばならない」と述べている。また米原『植木枝盛』一一七―一一八ページ参照。

(25) 大橋昭夫《おおはしあきお》『後藤象二郎《ごとうしょうじろう》と近代日本』二一七ページによれば、(投票が行われた時は東北遊説《ゆうぜい》で不在だった)板垣は、後藤の総理就任を望み、会議は事実、後藤を選出した。しかし後藤は固辞した。

渡辺幾治郎『大隈重信』九三ページ。「尊王主義の党派」と言った時、大隈の頭には立憲帝政党のことがあったかもしれない。この右派政党は、民衆から生まれる憲法よりむしろ天皇から与えられる憲法を支持した。党を結成したのは福地源《ふくちげん》一郎《いちろう》で、明治十五年三月のことだった(明治十三年当時の福地の意見を簡潔に述べたものは、『福地桜痴集《ふくちおうち》』三六四―三六六ページにある「国約憲法会議ヲ開クノ議」を参照)。主として神主《かんぬし》と僧侶が支持者の母体となっているこの党は、明治十六年に解散した。しかし、他の政党のように死んではまた息を吹き返し、昭和十五年まで生き永らえた。

(26) 渡辺『大隈重信』九三ページ。

(27) 例えば、大橋『後藤象二郎と近代日本』二二一―二二二ページ参照。大橋は、(この板垣の台詞《せりふ》が有名であるにもかかわらず)実際にそう叫んだかどうか不明であると言う。刺客《しかく》は小学校の教員で、(福地桜痴が主幹の)「東京日日《にちにち》新聞」の激しい板垣批判の影響を受けていた。岐阜県令が反自由党派であったため、地元の医師は自分が自由党支持と見られることを恐れて板垣の治療を断ったと伝えられている。板垣は代わりに愛知県病院長の後藤新平《ごとうしんぺい》の治療を受けた。後藤はのちに傑出した政治家となった。

(28) 『明治天皇紀』第五巻六八七ページ。最初、宮内卿の徳大寺実則は侍従長を勅使として派遣するよう天皇に進言したが、天皇はこれに反対し、侍従の派遣となった。板垣に対する一種冷淡な態度を感じさせるが、岐阜県令(悪名高き反自由党派)はこれに増して冷淡だった。岐阜県令は事件について何も知らないように振舞い、板垣の状態を尋ねることさえしなかった。これに怒った自由党支持者は、板垣暗殺は官憲の煽動《せんどう》によるものであると主張した。板垣の信奉者の中には、天皇が板垣に菓子料として賜った三百円を受け取るべきでないと言う者までいたが、板垣はそれをたしなめ、「是《こ》れ聖恩の微臣に及ぶものなり、奚《な》んぞ之れを奉受せざるべけんや」と言明し、謹んで受領した。県令は天皇が板垣に菓子料を賜ったことを知って驚き、初めて板垣の様子を尋ねさせた。

（29）通訳の今村和郎《いまむらかずろう》はフランス留学体験があり、フランス語の通訳として適任だった。少し前までは、井上らの推薦で内務権《ごん》大書記官の地位にあった。大橋『後藤象二郎と近代日本』二二九ページ。

（30）大橋『後藤象二郎と近代日本』二三六ページ。板垣の論議に対するスペンサーの反応の話は、当時ロンドンで日本公使だった森有礼《もりありのり》から伊藤に宛てた書簡にある。

第三十六章　条約改正挫折、壬午の変

（1）『明治天皇紀』第五巻六〇〇ページ。「軍人」という言葉には当然、陸軍と同じく海軍も含まれた。海軍卿の川村純義もこの歴史的な機会に招かれたが出席できなかった。

（2）これらの命令は、残念ながら日本の軍隊において常に守られたわけではない。上級の者は下級の者に対して親切というよりは残忍であったし、非戦闘員に対しては日本であれ征服した外地であれ、軍人は「温和」の印象を与えなかった。

（3）『明治天皇紀』第五巻六〇八ページ。

（4）明治天皇の念持仏《ねんじぶつ》（常に身につけて祈願する仏像）だったと言われる文殊菩薩《もんじゅぼさつ》の小立像は、皇室と最も密接な関係にある京都の真言宗泉涌寺《しんごんしゅうせんにゅうじ》に保存されている。この真言宗との関係は、天皇が高野山《こうやさん》の塔の再建に積極的であった理由であるかもしれない。天皇は滋賀県大津《おおつ》市坂本《さかもと》の天台《てんだい》宗真盛《しんぜい》派の総本山西教寺《さいきょうじ》祖堂の再建には、金五十円だけを賜っている（『明治天皇紀』第五巻六五一ページ参照）。皇族の中で、特に明治天皇だけが寺に寄進したわけではなく、皇太后、皇后は京都の臨済《りんざい》宗東福寺《とうふくじ》堂宇再興のため金五百円を賜っている（同右六九〇ページ参照）。

（5）**Frank Prochaska.** *Royal Bounty: The Making of a Welfare Monarchy* は、英国王族（主として十九世紀の）が学校、病院、孤児院その他様々な慈善団体に行なった寄付について書いている。明治天皇は折りに触れて学校、病院に寄付をした。天皇が眼病に苦しむ患者の治療、予防のために資金を提供したことは、読者の記憶に残っているかもしれない。明治十二年八月五日、悪疫流行の際に天皇は東京府に衛生および病気予防のため内帑《ないど》から七万円という大金を寄付した（『明治天皇紀』第四巻七三六―七三七ページ）。明治十五年七月二十六日、コレラ流行の際に天皇は新たに金千円を衛生費として賜った（『明治天皇紀』第五巻七四七ページ）。さらに、天皇は宗教的、科学的団体に頻繁に気前よく大金を投じている。例えば明治十五年二月三日、国典の講究、礼楽《れいがく》の修習、漢洋の学問、武技体操の術習得のための「皇典講究所」新設にあたり、天皇は十年間にわたって毎年二千四百円を賜ることを約束している（同六二四―六二五ページ）。

（6）天皇の私有地に関する問題は、よく議題に上った。理論的には日本全土は天皇の土地だったが、それを証明する文書は何もなかった。明治五年（一八七二）、土地永代《えいたい》売買の禁が解かれた際、平民にも土地私有の権が与えられるようになった。明治九年（一八七六）、すでに木戸孝允は皇室が相応の財産を保有することの重要性に気づいていた。もし皇子皇族がその地位にふさわしい形で生活する財政的余裕がなければ、その威厳をどうして保つことができるだろうか。木戸は、世界広しといえども日本の皇室ほど財産のない王族はないと述べている。『明治天皇紀』第五巻六四四ページ参照。

（7）『明治天皇紀』第五巻六五三―六五五ページ。伊藤がヨーロッパに出発する直前、随行する西園寺《さいおんじ》公望《きんもち》らに調査事項として次の三項が与えられた。一、立憲君主国における皇室に関する制度典章について、二、貴族の制度および貴族の皇室に対する関係の諸事について、三、国家に尽すべき貴族の義務および上院の組織について（同六六二ページ）。

（8）外国人が国内を旅行する際の制約を定めた証明書が作られることになる。外国人には、例えば「健康、植物調査ないしは科学的調査」という申請に対して旅券が発行されることになっていた。明治十一年（一八七八）、英国公使ハリー・パークスの仲介で手に入れた旅券を持って東京から北海道まで旅したイギリスの女性旅行家・紀行作家のイザベラ・バードは、旅券の表紙に英語で明記された旅行規定について、次のように記録している。「この旅券の所持者は、森林で火を焚《た》いてはいけない。乗馬のまま火事場に乗り入れてはいけない。田畑、囲いの中、鳥獣保護区域に立ち入ってはならない。寺、神社、壁などに落書きをしてはならない。路地を馬で駆け抜けたり、『通行止め』の掲示を無視してはならない。日本の官憲、国民に対して法にかなった従順な態度で接しなければならない。求められたらいかなる役人に対しても旅券を提示しなければならず、さもないと逮捕される。国内にいる間は狩猟、交易を禁じ、また日本人と商業契約を結んではならない。また旅行に要する期間以上の長きにわたって家屋や部屋を賃借してはならない」（Isabella L. Bird. *Unbeaten Tracks in Japan* 三三三―三三四ページ）。なお、『日本奥地紀行』（イサベラ・バード著、高梨健吉訳）の訳書がある。

（9）『明治天皇紀』第五巻六五七ページ。

（10）同右七四三ページ。また Hugh Cortazzi. *Sir Harry Parkes, 1828-1885* 一五ページ参照。

（11）Cortazzi. *Sir Harry Parkes, 1828-1885* 一五ページ。ここに引用された部分の出典は、S. Lane-Poole and F. V. Dickins. *The Life of Sir Harry Parkes (II)* 三一九―三二二ページ。

（12）「閔《ミン》」は彼女の個人名のようにして使われるが、これは彼女の一族の名称である。例えて言えば、マリー＝アントワネットが「ハプスブルク妃」と呼ばれているようなものである。

（13）Woonsang Choi（崔雲祥《チェウンサン》）. *The Fall of the Hermit Kingdom* 一七ページ。また『明治天皇紀』第五巻七四六ページ、片《かた》野《の》次雄《つぎお》『李朝《りちょう》滅亡』五六ページ。

（14）角田《つのだ》房子《ふさこ》『閔妃《ミンビ》暗殺』一一五ページ。この作品は小説の形式をとっているが、明らかに本格的な研究の所産である。

（15）同右一二一ページ。また Choi. *The Fall of the Hermit Kingdom* 一八ページ参照。

（16）彼はこの呼び名で知られている。大院君は、一般に、国王の父で王位に就いたことがない人物に対する尊称である。彼の本名は李昰応《イハウン》である。

（17）角田『閔妃暗殺』一二二―一二三ページ。葬儀は、王家の伝統を遵守して厳格に執り行われた。中には、死体のない葬儀に反対を唱える者もいた。

（18）済物浦《チェムルポ》は、ソウルの外港仁川《インチョン》の古名。

（19）『明治天皇紀』第五巻七六六―七六七ページ。

（20）同右七七一ページ。花房《はなぶさ》がソウルを離れた直接の原因については様々な説がある。崔雲祥《チェウンサン》（*The Fall of the Hermit Kingdom*）によれば、それは花房が日本人が被《こうむ》った損害の賠償を要求した際、大院君《テウォングン》が「もし日本人があくまで賠償金を主張すれば、朝鮮政府は朝鮮で商売するすべての日本の商人に税金を課さざるを得ないと反駁《はんばく》した」からだという。片野（『李朝滅亡』六八ページ）は、猶予期間の三日間が過ぎた時、花房は閔妃の葬儀を理由に回答が当分ないことを知らされたと述べている。内事である王妃の葬儀を、使臣としての自分の使命より優先させたことに花房は激怒し、洪淳穆《ホンスンモク》に対して、これで危機の平和的解決の希望はなくなったと一喝したという。崔碩莞《チェソクワン》（『日清戦争への道程』三三ページ）によれば、朝鮮側は花房の要求、特に三日以内という回答期限に衝撃を受けた。国王から談判の専権を委《ゆだ》ねられた洪淳穆は、別の国務の処理を理由に回答期限の延期を謀《はか》った。しかし花房は、これを真剣に交渉する気がない証拠と解釈し、国王に八月二十二日付で最後通牒《つうちょう》を送り、仁川に向けて発った。

（21）この書物は『征韓偉略』だった。『明治天皇紀』第五巻八一八ページ参照。

（22）これは岩倉具視の意見だった。『明治天皇紀』第五巻八四一ページ参照。

第三十七章　岩倉具視との別れ

（1）これだけの演目がすべて完全に上演されたかどうかは明らかではない。もしそうであれば、この日の上演は優に十二時間を越えていたであろう。『明治天皇紀』第六巻六〇ページ参照。当日は、宝生九郎、梅若実《うめわかみのる》、梅若六郎《ろくろう》、桜間伴馬《さくらまばんま》、三宅《みやけ》庄市《しょういち》、山本東次郎《やまもととうじろう》など一流の能楽師《のうがくし》、狂言師《きょうげんし》が出演した。

(2) 政府による待遇は、雅楽師《ががくし》の方がまさっていた。言うまでもなく、雅楽は朝廷の儀式と直接関係があったからである。雅楽師は生活費として十分な年金を支給されていた。『明治天皇紀』第六巻二九九ページ参照。

(3) 任子《ことこ》は、公家《くげ》の千種有任《ちぐさありとう》の三女。

(4) 橋本綱常《はしもとつなつね》（一八四五―一九〇九）は、松本良順《まつもとりょうじゅん》に西洋医学を学び、その後、長崎でオランダの医師A・ボードインに学んだ。明治五年（一八七二）、橋本は兵部《ひょうぶ》省の医官となり、ドイツ留学を命じられた。明治十八年（一八八五）、日本陸軍の軍医総監となった。

(5) 天皇は皇子皇女に加えて、養子博厚《ひろあつ》親王も失った。親王（当時八歳）は危篤《きとく》に陥った際に養子とされ、二月十五日の死去の直前に親王の位を与えられた。博厚親王は、孝明《こうめい》天皇の養子となった博経《ひろつね》親王（伏見宮邦家親王の第十二王子）の息子だった。『明治天皇紀』第六巻一七ページ参照。

(6) 漢方医浅田宗伯《あさだそうはく》（一八一五―九四）は、幕末時代は幕府の奥医師として仕えた。

(7) 二人は伊東方成《いとうほうせい》（一八三二―九八）、岩佐純《いわさじゅん》（一八三六―一九一二）で、共にオランダ医学を修めた。

(8) この翌年の明治十七年十一月、嘉仁《よしひと》親王はインフルエンザと思われる感冒に罹った。天皇は大いに憂慮し、中山忠能《なかやまただやす》（親王の曾祖父《そうそふ》）、中山慶子《よしこ》（親王の祖母）が神仏に回復を祈願していると聞き、祈願を続けるよう非公式に伝えた。嘉仁親王は一カ月ほどで全快した。『明治天皇紀』第六巻三二六ページ参照。

(9) 天皇が最初に脚気を発症したのは、明治十年の京都でだった。それ以来、夏秋の季節の変わり目に発症する傾向があった。明治十五年の症状は特に重く、回復まで数カ月を要した。『明治天皇紀』第六巻一二九ページ参照。脚気は当時、特に軍隊に多かった。海軍の兵員総数の三分の一以上が脚気に罹り、軍艦は航海力をそがれた。天皇の要請で海軍軍医が調査した報告によれば、脚気の原因は海軍軍人の食物不良にあるということだった。兵食の改善によって患者の数は劇的に減少し、三年間で脚気はほとんど無くなった（同一四〇―一四一ページ）。

(10) 天皇の脚気の原因としては、当時はまだ認められていなかったが今では定説となったビタミンB_1の不足によるものだったと思われる。

(11) 例えば四月十六日から二十日にかけて、天皇は埼玉県飯能《はんのう》町およびその近辺で近衛《このえ》諸隊の春期小演習を観覧している。

(12)『明治天皇紀』第六巻三七―四二ページ。

(13)グナイスト(一八一六―九五)は、政治思想において自由主義だった。政治哲学を形成するにあたって英国の民主主義に多くを負っていた。

(14)シュタイン(一八一五―九〇)は、ウィーン大学の教授だった。政治思想は保守的で、普通選挙権と政党政治に反対していた。彼の影響は、日本の憲法の立案者に特に顕著だった。

(15)『明治天皇紀』第六巻一二一ページ。年間の手当として銀貨一千円がシュタインに支給された。

(16)例えば維新以後廃絶されていた賀茂《かも》、男山《おとこやま》両祭の旧儀を再興することが決定された。岩倉具視が再興を推進した中心人物で、これは岩倉の京都保存計画の一環だった(『明治天皇紀』第六巻五六、一一一ページ)。旧儀に則《のっと》った祭典が初めて復活したのは、明治十七年五月十五日だった(同二〇六ページ)。

(17)争点の一つは、藩閥の実力者たる士族を華族に含めるべきか否かだった。伊藤博文は、藩閥の実力者を華族と同じく来《きた》るべき国会の上院に加えるべきだと強く主張した。しかし岩倉は、頑強に反対した(例えば大久保利謙『岩倉具視』二三六ページ参照)。この問題は岩倉の死後、明治十七年七月の華族令の制定で決着を見た。旧制の公家の肩書に代わって爵《しゃく》五等が設けられ、これが家格と勲功に応じて授与されることになった。『明治天皇紀』第六巻二二〇―二二五ページ参照。

(18)天皇自身は北陸巡幸(明治十一年)で京都に立ち寄った際、京都の荒廃に愕然とさせられた。その時、天皇はロシアの大礼(王族の葬儀や戴冠式)が旧都モスクワで挙行されているのに倣《なら》って、我が国でも大礼(即位式、大嘗会《だいじょうえ》など)を京都で挙行すればいいのではないかと考え、明治十六年四月、正式に勅令を発した。岩倉は早くも(この年一月)、京都保存について詳細な建議を提出していた。岩倉は単に御所保存のみならず、昔の平安京の規模を維持することで、京都の将来の繁栄を計ろうと意図したのだった。岩倉は京都の美しい自然環境と輝ける歴史を語り、その保存は今日の急務であると述べた(『明治天皇紀』第六巻四六―四八ページ)。岩倉が一月に建議した京都保存計画の大半が具体的に実行に移されたのは、岩倉が五月に京都へ行ってからである。

(19)『明治天皇紀』第六巻六八ページ。伊東方成は、まず著名な伊東玄朴《いとうげんぼく》にオランダ医学を学び、のちに長崎でポンペ・ファン・メールデルフォールトに学んだ。伊東はまたオランダのユトレヒト大学に留学し、維新後間もなく帰国した。著名なドイツ人医師エルウィン・ベルツもまた、岩倉の診察をした。ベルツと伊東は岩倉の診療に尽したことで各々《おのおの》金三百円を賜った(同九二ページ)。

（19）岩倉は京都から神戸《こうべ》に行き、六月二十六日、そこから船で横浜へ向かった。

（20）『明治天皇紀』第六巻八一ページ。皇后は事実、一条忠香《いちじょうただか》の娘だった。その身分（皇后より下）で岩倉を訪ねることによって、自分を迎える際に岩倉が病床を離れなくてはならない義務を免除しようとしたのである。

（21）『明治天皇紀』第六巻八九―九〇ページ。

（22）岩倉の功績を列挙した勅撰《ちょくせん》の碑文が作られた。筆者は重野《しげの》安繹《やすつぐ》だった（同右九六ページ）。

（23）『明治天皇紀』第六巻九九ページ。

（24）**Hugh Cortazzi.** *Sir Harry Parkes, 1828-1885* 一六ページ参照。サトウの論評は、明治十四年（一八八一）、のちのパークスの伝記作者F・V・ディキンズに宛てた書簡の中にある。多年にわたってパークスの通訳を務めたサトウは、*A Diplomat in Japan*（『一外交官の見た明治維新』）の中で頻繁にパークスの癇癪《かんしゃく》について触れている。例えばサトウは次のように書いている。「キリスト教の問題でも大いに議論があった。これに関する日本側の言い分はきわめてもっともであり、またハリー卿の言うところにも一応の理屈はあった。しかし、まずい事には長官が木戸の議論に癇癪をおこし、ここで繰りかえすに忍びぬようなひどい暴言を吐いた」（アーネスト・サトウ、坂田《さかた》精一《せいいち》訳『一外交官の見た明治維新（下）』二三五―二三六ページ）。

（25）サトウ『一外交官の見た明治維新（上）』一七三ページ。ただし、「彼が多数の公使仲間と一緒に単純な行動に組していたならば」の部分を、「もし彼が多数の公使仲間に与《くみ》して行動していたに過ぎなかったとしたら」と変更した。

（26）布告は明治十七年三月十九日。これより早く（明治十六年十二月二十八日）、天皇は母方の祖父中山忠能に対して、故閑《かん》院宮典仁《いんのみやすけひと》親王に尊号を贈ることが内定したと伝えている。慶光《きょうこう》天皇は、学者によっては慶光《けいこう》天皇とも呼ばれている。

（27）藤田覚《ふじたさとる》『幕末の天皇』一〇二―一一二ページ参照。

（28）『明治天皇紀』第六巻二〇〇ページ。

（29）同右二一〇ページ。この記録の日付は六月一日である。すでに病気は一ヵ月以上続いていたことがわかる。

（30）同右三三九―三四二ページ。より詳しくは、藤波《ふじなみ》の回想の小説版と言ってもいい渡辺幾治郎『明治天皇と輔弼《ほひつ》の人々』一三五―一四〇ページを参照。渡辺は、言忠《ことただ》の読みを言忠《げんちゅう》としている。

（31）渡辺の説によれば、吉井《よしい》はもし藤波が天皇の怒りに触れたら、吉井自身が全責任を負うと言っている（渡辺『明治天皇と輔弼の人々』一三七ページ）。

（32）日本人はキリスト教禁令について思い煩うことをやめたようだ。信者の数は着実に増えていった。明治十五年までにプロテスタント教会は九十三、信者数は四千三百人以上に達した。しかしキリスト教禁令は、明治二十二年の憲法発布まで解かれることがなかった。大日本帝国憲法二十八条は規定している。「日本臣民ハ安寧秩序ヲ妨ゲズ及《およ》ビ臣民タルノ義務ニ背カザル限《かぎ》リニ於《おい》テ信教ノ自由ヲ有ス」。日本臣民は、平和と秩序を妨げたり、臣民の義務に背いたりしない限り、信教の自由がある、と。

（33）竹添進一郎《たけぞえしんいちろう》（一八四二―一九一七）は、清国旅行を綴《つづ》った極めて面白い旅日記『桟雲峡雨日記《さんうんきょううにっき》』を書いている。ドナルド・キーン『続 百代《はくたい》の過客《くわかく》』（本著作集第三巻所収）参照。

（34）戦争勃発の結果として一つの興味深い出来事は、フランスが日仏両国の共通の利益を引き合いに出し、日仏同盟を提案したことだった。もし日本が清国との戦争に際して十分な資金がない場合、フランスはパリで最も有利な条件の公債募集を斡旋《あっせん》すると約束した。日本側はこれに応じることなく、同盟は立ち消えになった。『明治天皇紀』第六巻三二八―三二九ページ参照。

（35）『明治天皇紀』第六巻三一八―三二一ページ。私（キーン）は、資料をWoonsang Choi（崔雲祥《チェウンサン》）. *The Fall of the Hermit Kingdom* 二一―二三ページからも取った。崔雲祥の本は、主として当時のソウルに滞在していたヨーロッパ人の証言に基づいている。

第三十八章　鹿鳴館完成、内閣制度発足

（1）磯田光一《いそだこういち》『鹿鳴館《ろくめいかん》の系譜』二三ページ。また富田仁《とみたひとし》『鹿鳴館―擬西洋化の世界』一一六ページ参照。建物の建築費用は外務省、陸軍省など各省および東京府で分担されたと富田は述べている。

（2）富田『鹿鳴館―擬西洋化の世界』七ページ。鹿鳴館という名称は、井上馨の夫人武子《たけこ》の前夫である中井弘《なかいひろし》の命名だった。中井は中国の詩に詳しかったばかりでなく、パリにも通じており、パリで見たレビューから京都の「都踊《みやこおど》り」を着想したという。同五一ページ参照。鹿鳴館は主に舞踏会、夜会、慈善会、社会的行事に使われたが、東京滞在中の外国貴賓の宿泊施設でもあった。

（3）同右一八八―一九〇ページに典型的な献立《こんだて》表が載っている。

（4）特に適任とされた教師は、東京駒場《こまば》農学校のドイツ人教師、ヨハネス・ルートヴィヒ・ヤンソンだった。富田『鹿鳴館―

擬西洋化の世界』一六五―一六七ページ参照。

（5）富田『鹿鳴館―擬西洋化の世界』一七四ページに引用されている「女学雑誌」（明治二十年七月九日）から引いた。

（6）富田『鹿鳴館―擬西洋化の世界』一六四ページ。

（7）同右二一五ページに風刺漫画の写真が載っている。また、ピエール・ロチが洋装姿の婦人たちの異様な髪型について触れている表現の幾つかが同書一五三ページに引用されている。

（8）昔の名称「江戸」を知っていることを誇りとする外国人は、明治十八年（一八八五）になってもなかなか新しい名称「東京」を使いたがらなかった。この小説はロチの『秋の日本』に収録されている。

（9）磯田『鹿鳴館の系譜』二三ページに引用されている。

（10）近藤富枝《こんどうとみえ》『鹿鳴館貴婦人考』一五四ページに引用されている。三島由紀夫の戯曲『鹿鳴館』の主人公で政府の要人と結婚した元芸者朝子は井上武子がモデルのようである。

（11）同右一四六ページ。末子《すえこ》はこの四年前、カラカウア国王訪日の際に皇后の通訳を務めた。「第三十四章」参照。

（12）主な出席者と仮装については近藤『鹿鳴館貴婦人考』一八七―一八九ページを参照。七福神《しちふくじん》の恵比寿《えびす》と大黒天《だいこくてん》に扮《ふん》した政府官吏二人、また能『松風《まつかぜ》』の塩汲《しおく》みの海人《あま》、松風と村雨《むらさめ》に扮した二人の婦人の写真が富田『鹿鳴館―擬西洋化の世界』一七七ページに収録されている。また『明治天皇紀』第六巻七三二―七三三ページ参照。

（13）この時代を好んで作品に取り上げた作家の中に、芥川龍之介《あくたがわりゅうのすけ》と三島由紀夫がいる。

（14）James E. Hoare. *Extraterritoriality in Japan, 1858-1899* 九五ページ。

（15）富田『鹿鳴館―擬西洋化の世界』七〇ページ参照。英国外相は明治十六年十二月十一日、この趣旨の覚書を森有礼駐英公使に送った。

（16）同右七一ページ。また『明治天皇紀』第六巻二七二ページ参照。プランケットの友好的な態度はパークスの非妥協的態度とは著しく対照的で、明治天皇から賞賛された。天皇は明治十九年七月、プランケットを引見し、感謝の意を表した。この時の天皇の勅語（ドイツ公使の同様な友好的態度に対する賞賛も含む）は、『明治天皇紀』第六巻六一五―六一六ページ参照。

（17）Hoare. *Extraterritoriality in Japan, 1858-1899* 九五ページ。

（18）同右七二ページ。また富田『鹿鳴館―擬西洋化の世界』三一ページ参照。

(19)『明治天皇紀』第六巻四四七—四四八ページ。
(20)皇后と皇太后は明治十八年十一月十九日、鹿鳴館に行啓《ぎょうけい》した。しかし舞踏のためでもなければ、祝宴に出るためでもなかった。婦人慈善会があり、出品陳列品の幾つかを買った。『明治天皇紀』第六巻四九七ページ参照。天皇は西洋の文物を好むハイカラ趣味が嫌いで、これが儒教による君主のあるべき態度と相まって、鹿鳴館を訪れることなど考えもしなかった。しかし同年六月、彰仁《あきひと》親王邸に行幸した際、天皇は「ダンスとは、どんなものか」と尋ねた。親王は妃殿下と踊って見せた。天皇は「ああ、そういうものならよろしい」と言った。この伝聞については、近藤『鹿鳴館貴婦人考』一八六ページ参照。彰仁親王邸への行幸については『明治天皇紀』第六巻四二一ページ参照。
(21)同右四三五ページ。中でも被害を受けたのは京都、大阪、滋賀、富山だった。富山では、四月八日の洪水に続き、五月三十一日には大火があり、五千九百戸以上の家屋が焼失し、救助を要する者数万に及んだ。
(22)八月、巡幸中に天皇は特に洪水の被害のひどかった大阪、京都、滋賀の巡視のため能久《よしひさ》親王を派遣した。例えば滋賀県の場合、河川は二千カ所以上にわたって堤防が破壊され、四万人近くが飢餓に脅かされ救助を受けた。このうち、将来自活に苦しむとされた者が二万三千人以上いた。金井《かない》之恭《ゆきやす》『西巡日乗《せいじゅんにちじょう》』(吉野作造編『明治文化全集』第十七巻・皇室篇)六二七—六二八ページ。また『明治天皇紀』第六巻四六二—四六三ページ、四六九ページ参照。
(23)巡幸についての詳細は、金井『西巡日乗』六〇四—六三一ページ参照。金井は内閣大書記官。
(24)『明治天皇紀』の律儀な編纂者は、次第に激しさを増す炎暑を描写する形容詞を使い果たした挙句、八月十日「炎日人《えんじつ》を射る」と記述している(第六巻四六五ページ)。
(25)同右四六二ページ。徳大寺の学校訪問の詳細については金井『西巡日乗』六一五ページ参照。
(26)謝罪の国書は『明治天皇紀』第六巻三六五ページにある。これに対する明治天皇の短い勅語は三六六ページ参照。朝鮮国王は明治天皇を「大皇帝」と呼び、自身を「大君主」と呼んでいる。明治天皇は朝鮮国王を「大王」と呼んだ。
(27)三条の内諭の原文は『明治天皇紀』第六巻三七三ページ参照。
(28)同右三九五—三九八ページ。多くの日本人は、日本政府の軟弱外交に憤慨していた。日本の旧自由党員数名が、清国からの干渉を斥けて朝鮮を独立させようと画策した。清国に近い朝鮮の事大党の首領を殺害し、代わりに朴泳孝《パクヨンヒョ》、金玉均《キムオクキュン》らの独立党を据えることで、清国の干渉を根絶しようと謀った。彼らは、このことが同時に日本の立憲政治の創始にも役立つと信じた。二十余名の日本人壮士が、渡航して事大党撲滅を図ることになった。彼らは檄文《げきぶん》を作成し、朝鮮全土に散布するつもりだった。しかし資金不足と仲間割れが原因で、渡航前に捕縛された。全部で百三十余名が関与し、そのうち五十八名が明治二十年（一八八七）四月、大阪重罪裁判所に移された。同五〇〇—五〇二ページ参照。

（29）同右四〇六ページ。この事実は、公的記録でなく徳大寺実則の日記によるものである。この時、下賜《かし》の対象となったのは伊藤だけではなかった。井上馨はソウルの事変後の外交努力に対して金一万円を賜った。西郷従道、榎本武揚はそれぞれ金六千円を賜った。記録によれば井上は五月九日に天皇から金一万円を下賜されたが、伊藤らの賞賜の日時は明らかではない。

（30）同右四三六ページ。天皇行幸に際し、万端の準備が整えられた。天皇は伊藤に御紋附銀杯一組、御紋附銅花瓶一対および金千円を賜った。これらの下賜は清国特派全権大使としての働きに対してでなく行幸を記念しての贈物だったようである。

（31）黒田が明治七年に陸軍中将に任命されるに到る奇妙な状況については、井黒弥太郎《いぐろやたろう》『黒田清隆』九一—九二ページ参照。山県は同意を渋り、左大臣有栖川宮《ありすがわのみや》などは「陸軍少将ヲ兼任セシムル如キ、大害《たいがい》ノ名ヲ招ク而已《のみ》」と反対した。

（32）『明治天皇紀』第六巻三七一ページ。黒田は明治十八年五月末、清国南部から北京へ向かう途中の上海《シャンハイ》にいた。そこから三条に宛て、ヨーロッパ帝国主義の東洋政略の動きを報告している。黒田はまた、広東、福州などにおける沿岸防備の状況についても見聞するところを書いている。黒田はこの書簡を、同時に天皇の御覧に入れるよう三条に依頼している。

（33）井黒『黒田清隆』二〇一ページ。明らかに佐佐木の見解は天皇に伝えられ、天皇に影響を与えた。

（34）『明治天皇紀』第六巻五〇三ページ。通常、天皇が貴顕の邸宅に行幸した際は能の上演でもてなされた。しかし黒田は、代わりに屋敷の庭内に特設した土俵で相撲を天覧に供した。

（35）井黒は、興味深い指摘（『黒田清隆』一九六—一九七ページ）を行なっている。明治天皇は（藤波言忠《ふじなみことただ》の諫言《かんげん》に対して自分が辛《つら》く当たったことを認めたのでも明らかなように）自分の欠点に気づいていた。つまり、天皇は「黒田の失敗などについても、ある程度の理解があったのではなかろうか」と。

（36）井黒『黒田清隆』一一八ページ。酔った勢いで黒田が妻を斬殺《ざんさつ》したか殴殺《おうさつ》したのではないかという風評が立った。

（37）伊藤は政府の機構改革を着々と進めた。これについては、坂本一登『伊藤博文と明治国家形成』に詳しい。明治十六年（伊藤がプロシア憲法を研究していたヨーロッパから帰国した年）から明治十八年（伊藤の内閣制度の構想が天皇に承認された年）に到る伊藤の活動については同書の一〇五—一三六ページ参照。

（38）『明治天皇紀』第六巻五一四ページ。動機を説明した天皇への上奏文は五一四—五一六ページにある。

(39) 同右五一六―五一七ページ。内閣組織の改革を説いた十二月二十三日の天皇の詔勅は、五一八―五一九ページにある。

第三十九章　嘉仁親王皇太子となる

(1) 天皇の病状に触れた稀《まれ》な一節が、『明治天皇紀』第六巻五九五ページにある。その伝えるところによれば天皇は明治十九年（一八八六）六月頃、「胃疾」に罹っていた。

(2) 『明治天皇紀』第六巻五七一―五七三ページ。その後間もなく、天皇の馬車から数十歩のところに流弾があった。弾は馬《ば》丁《てい》の脚部を貫通し負傷させた。近衛《このえ》都督《とく》は深く責任を感じ、辞任を願い出た。しかし約一ヵ月後、天皇から「其の儀に及ばざる」旨の沙汰《さた》があった。

皇后はこの演習以来、軍事にますます関心を抱いたようである。明治二十年三月二十八日、皇后は陸軍士官学校に行啓し、観兵式を始め様々な行事、活動を視察した。同七二一ページ参照。

(3) 山川三千子《やまかわみちこ》「禁断の女官生活回想記」（「特集人物往来」一九五九年四月号一九六ページ）によれば、天皇は晩年、特に二人の権典侍、すなわち園祥子と小倉文子に目をかけていた。小倉には子供ができなかったため、天皇の側室として写真に登場することがない。

(4) 伯爵園基祥《そのもとさち》は、園基茂《もとしげ》の三男だった。中山忠能（明治天皇の母方の祖父）の妻愛子は、基茂の養女だった。すなわち基茂は、明治天皇の曾祖父にあたると同時に園祥子の祖父ということになる。

(5) 『明治天皇紀』第六巻五四四ページ。この一節からは、皇女の誕生にあたって実際に漢・西どちらの医術が用いられたかは明らかではない。

(6) ここで意見が対立した医師は、西洋医学の岩佐純と漢方の浅田宗伯。

(7) 定麿王は別の女性と婚約していることを理由に、この栄誉を辞退した。カラカウア国王に宛てた定麿王の書簡は、ビショップ博物館に保存されている。「第三十四章」参照。

(8) 飯沢匡《いいざわただす》『異史明治天皇伝』五三ページ。

(9) 『明治天皇紀』第六巻六三〇ページによれば、それまで親王の養育はすべて中山慶子（天皇の生母）の手に委ねられていた。慶子は睦仁《むつひと》（明治天皇）には厳格だったが、病弱な嘉仁親王に対しては甘やかし過ぎたかもしれない。

(10) 東京大学の名称は、明治十九年三月一日、「帝国大学」と改められた。この改称は、文部大臣森有礼の慫慂《しょうよう》によるものだった。教育の主眼は国家に有用な人材を養成することにあるという森の信念を反映していた。当時の帝国大学の機構改革については、『明治天皇紀』第六巻五五一―五五二ページ参照。

(11) この書物は西村の死後、明治三十八年に出版された。

(12) 西村茂樹『日本道徳論』一一七ページの吉田《よしだ》熊次《くまじ》の解説に引用されている。講演は十二月十一日、十七日、二十六日に大学講義室で行われた。しかし学生だけでなく、広く一般に公開された。

(13) 西村『日本道徳論』一〇―一四ページ。

(14) 同右一五ページ。

(15) 儒教の欠点五項目（例えば、尊属に対して卑属の者が不利であること、男尊女卑であることなど）については、同右二八―二九ページ参照。また、哲学の欠点四項目については、三一―三三ページ参照。

(16) この記述は、主として川合《かわい》彦充《ひこみつ》「ノルマントン号事件」四―五ページ（「日本古書通信」第一六六号、昭和三十三年二月十五日）に拠るものである。また『明治天皇紀』第六巻六四四、六六六―六六七ページ参照。

(17) 歌（「ノルマントン号沈没の歌」）の冒頭部分および英訳、楽譜は、William Malm. *The Modern Music of Meiji Japan* 二八七ページにある。歌の冒頭は以下の通りである。「岸打つ波の／音高く／夜半《よわ》の嵐《あらし》に／夢さめて／青海原《あおうなばら》を／眺めつつ／わがはらからは／いずくぞと／呼べど叫べど／声は無く……」。

(18) この措置に不満を抱いたのは、なにも日本人だけではなかった。フランスの画家ジョルジュ・ビゴーの風刺漫画に、こういうのがある。英国人乗組員はボートの上の安全地帯にいる。日本人は首だけ出して波間に漂っている。船長は、救助を求める日本人に金を要求している。この漫画は、色川大吉《いろかわだいきち》『近代国家の出発』（「日本の歴史」二一）四三八ページに再録されている。

(19) 例えば一月、天皇はイタリア皇帝ウンベルト一世から、トリノ王国文庫所蔵の原本を復刻したダンテの『神曲《しんきょく》』を贈られた（『明治天皇紀』第六巻六八四ページ）。

しかし、日本の宮廷が外国の王族を温かくもてなしたのに対して、それが十分に報いられなかったということはあり得る。明治二十年六月、彰仁親王は、天皇名代《みょうだい》としてロンドンで行われたヴィクトリア女王の即位五十年祝祭式に出席した。親王は自分の名前が式典参列者名簿に欠けていることを知り、不愉快だった。また割り当てられた宿舎の格式は、ヨーロッパ諸国の王族に劣っていた。ウェストミンスター寺院での礼拝式に臨むにあたって国儀車は与えられず、わざわざ馬車を雇わなければならなかった。寺院における親王の席次はシャムやハワイの王族と一緒で、ヨーロッパ王室と区別された。これらのこと（他の無礼な行為も含めて）から親王は、英国がいまだに日本を「東洋の一孤島」に過ぎないと考えていることを知った。『明治天皇紀』第六巻七六四―七六五ページ参照。

(20) 天皇皇后は、すでに同月十四日に到着していた皇太后と京都で合流した。

(21) 『明治天皇紀』第六巻七〇〇ページ。この官吏は宮内次官吉井《よしい》友実《ともざね》。

(22) 同右七一二―七一三ページ。金剛石《こんごうせき》はダイヤモンドの別称。

(23) ほかに東京倶楽部《クラブ》があり、日本の皇族、高官、有力者らと在留外国人との交際機関として明治十七年に組織された。

(24) 『明治天皇紀』第六巻七三二ページ。また、Donald H. Shively. *The Japanization of the Middle Meiji* 九四ページ参照。シャイブリーは、明治十七年刊の高橋義雄《たかはしよしお》『日本人種改良論』から一節を引いている。その中で高橋は主張している。脆《ぜい》弱《じゃく》な精神と肉体を持った日本人が、白人と張り合うことは期待できない。やるだけ無駄だろう。唯一の救済策は、白人種と国際結婚することで人種強化を図ることである、と。ハーバート・スペンサーは、明治二十五年に意見を問われた際、そういうことはしない方がいいと助言した。

(25) 『明治天皇紀』第六巻七三五―七三六ページ。また井上清《いのうえきよし》『条約改正』一〇八―一〇九ページも参照。

(26) 谷干城《たにたてき》は一年あまりヨーロッパ各国で農、商、工業を視察し、明治二十年六月二十三日に帰国した。列国の軍備拡張の実態を見た谷は、国際情勢の不穏さに気づいていた。恐らく、ウィーンでロレンツ・フォン・シュタインから国際法を学んだのは、そのためだった。『明治天皇紀』第六巻七六五―七六六ページ、七七七ページ参照。

(27) 七月二十六日、土方久元《ひじかたひさもと》が谷の後任に指名された。『明治天皇紀』第六巻七八六ページ参照。

第四十章　憲法発布、そして条約改正反対高まる

(1) 『明治天皇紀』第七巻二〇ページ。症状は、かなり詳しく記述されている。痰《たん》に血が混じり、三十九度以上の高熱を発し、数回の下痢があった。カタルはオランダ語、ドイツ語から。粘膜細胞に炎症が起きて多量の粘液を分泌する状態をいう。

(2) 明治二十一年（一八八八）夏、（四月に百日咳《ひゃくにちぜき》に罹った）嘉仁親王の御教養主任は、静養と避暑を兼ねて親王の箱根《はこね》行きを提案した。明治天皇の承認が求められたが、天皇はもとより喜ばなかった。天皇は日程を一週間に限り、元田永孚が付き添うことを条件に、しぶしぶ同意した（『明治天皇紀』第七巻一一六ページ）。恐らく天皇は、親王を遠くにやるのが心

配だったに違いない。同時に天皇は自分と同じく、何千万という日本国民と共に夏の暑さに耐えることが親王に課せられた義務であると感じていたかもしれない。しかし箱根滞在は、目に見えて親王の健康に幸いした。以後、親王が避暑、避寒のため東京を離れて比較的気候のいい土地で過ごすことは習慣となった。

(3)『明治天皇紀』第七巻二一―二二、一三四―一三五、七七ページ。皇后は一月十六日、芝《しば》公園の弥生社《やよいしゃ》で開催された柔術《じゅうじゅつ》、剣術の観覧もしている(同七ページ参照)。

(4)漢方の侍医は明治二十一年十一月、西洋医学の医師と交代させられた。『明治天皇紀』第七巻一五六、一六七―一六八ページ参照。同月、天皇は陸・海軍軍医総監および侍医らを召し、なぜ皇子皇女が多く夭折《ようせつ》するのか調査を命じた。『明治天皇紀』第七巻一五九―一六〇、二〇三ページ参照。

(5)『明治天皇紀』第七巻四ページ。すでに述べたように(「第二十章」)、明治天皇は特に景行《けいこう》天皇を高く評価していた。もっとも景行天皇の重要性は、皇子の倭建命《やまとたけるのみこと》の功績のために影が薄くなりがちである。

(6)写真の方がもちろん肖像としては正確だが、当時は写真の撮影にはかなりの時間(その間、被写体は静止している)と照明が必要だったので、天皇に気づかれることなく室内にいる天皇を撮影することはできなかった。

(7)『明治天皇紀』第七巻七―八ページ。キオッソーネはその後、芝離宮《しばりきゅう》で晩餐《ばんさん》を賜った。宮内大臣など高官が陪席した。思うに肖像画制作に対する感謝のしるしであったろう(同一二一ページ)。キオッソーネは翌年八月十九日、再度晩餐に招待され、御紋付銅花瓶一対、香炉一個を賜った(同三三六ページ)。多木浩二『天皇の肖像』一六四―一六七ページに、キオッソーネの作成した肖像画に対する評価と、御真影のもととなったその写真への言及がある。

(8)ベルギー公使の妻ダネタン男爵夫人は、日記に次のように記している。「わたしたちは、もう長いこと日本に住んでいるイタリア人のキオッソーネ氏の家にお茶に呼ばれました。そこで銅器、漆器《しっき》、日本の版画、古代刺繍《ししゅう》など、すばらしい所蔵品を見ました。彼はまた、わたしたちに天皇と皇后を描いた肖像画を見せてくれました。それは現存する両陛下の唯一の肖像の原画でした。キオッソーネ氏は、これらの真に迫った肖像を記憶とスケッチから創《つく》り出したのです。それというのも、天皇や皇后がわざわざ肖像画や写真のモデルを務めることは、君主に対する日本の礼儀や忠義の考え方に反することだったからなのです」(Baroness Albert d'Anethan. *Fourteen Years of Diplomatic Life in Japan* 五三―五四ページ)。しかし皇后は、明治天皇のように写真嫌いだったわけではない。明治二十二年六月十四日、皇后は写真師鈴木真一《すずきしんいち》を召し、肖像写真を撮影させている。翌日、もう一人の写真師丸木利陽《まるきりよう》を召し、丸木もまた皇后の写真を撮影した。『明治天皇紀』

第七巻二八七ページ参照。

御真影の公立高等小学校への下賜については、『明治天皇紀』第七巻四二四ページ参照。
（9）『明治天皇紀』第七巻一六ページ。井上辞任の直後に後任となったのは伊藤だった。伊藤は内閣総理大臣と臨時外務大臣を兼任した。
（10）立憲改進党の掲げる目的については、Joyce C. Lebra. *Ōkuma Shigenobu* 六九―七六ページ参照。
（11）黒田と大隈との会談についての簡単な経緯は、渡辺克夫《わたなべかつお》『明治二十二年の条約改正反対運動』四ページ参照。
（12）国会議員の中から選ばれて構成される内閣で、英国の議会制民主主義の方式。
（13）『明治天皇紀』第七巻一七ページ。また Lebra. *Ōkuma Shigenobu* 八四、一六四ページも参照。大隈は交渉の過程で条件を変えた。詳細は渡辺『明治二十二年の条約改正反対運動』六―一八ページ参照。
（14）Lebra. *Ōkuma Shigenobu* 八六ページ。
（15）『明治天皇紀』第七巻五〇ページ。
（16）枢密院《すうみついん》の五つの審議事項は、『明治天皇紀』第七巻五一ページに列挙されている。主として憲法および憲法に付属する法律の内容、またその条文の修正の手続きに関連するものである。
（17）『明治天皇紀』第七巻七四―七五、九二、九四ページ。また土方久元「叡明比《えいめいたぐひ》なき大皇帝」（太陽臨時増刊『明治聖天子』）五八ページも参照。土方は次のように書いている。「時には熱烈火《ひ》を発する如きの激論数刻に渡る事もあつたが、陛下には一々熱心に御聴取遊《おききとりあそば》され、御入御《ごにふぎよ》の後《のち》も今日《こんにち》の議論は誰々《たれたれ》のが至当である、誰々のはからうであつたと御批評遊され、其《その》善悪も直《ただち》に御判断あるが常であつた。其御批評の的確なる、其御判断の明《あきら》かなる、実に裁決流らるゝが如くであつた」。
（18）Dallas Finn. *Meiji Revisited* 九四ページ。彼女は次のように書いている。「しかしほとんどの外国人、例えばベルツ博士、ベルギーのダネタン男爵夫人、英国のリーズデイル卿、ニューヨークの財界人ジェイコブ・シフなど様々な人々が、宮殿の壮麗であることを認めた」。例えば男爵夫人は謁見《えっけん》の間《ま》について、それが「壮麗かつ巨大な部屋で、寄木《よせぎ》張りの床が敷き詰められている」ことを書いている（Baroness d'Anethan. *Fourteen Years of Diplomatic Life in Japan* 四八ページ）。
（19）これらの建物は昭和二十年、空襲で破壊された。
（20）日野西資博『明治天皇の御日常』七一ページ。
（21）嘉仁親王が避寒のため冬の数カ月を過ごしていた熱海《あたみ》に、谷干城も同じく滞在していた。曾我《そが》が足繁《あししげ》く谷を訪問するには便利だった。

(22)『明治天皇紀』第七巻一九二―一九三ページ。谷は、上院の議官として出仕するつもりであると述べた。すでに谷は軍務の功績で子爵を授けられていた。

(23)谷は枢密顧問官への就任を再三にわたって拝辞したが、天皇は聴き入れなかった。天皇は侍従長を通じて宮内次官吉井友実に命じ、考えを変えるよう谷を説得させた。谷は、天皇の失望を語る吉井の言葉に心を動かされた。しかし、今しばらく返答の猶予を求めた。『明治天皇紀』第七巻二〇一―二〇二ページ参照。谷はその後、枢密顧問官就任か入閣かの選択を迫られた。谷は入閣にはやぶさかではなかったものの、後藤象二郎と同時に内閣の空席を埋めるつもりはなかった。最終的に内閣総理大臣黒田清隆は、谷でなく後藤を指名した（同二四六ページ）。榎本武揚が文部大臣に横すべりし、後藤は榎本の後任として逓信《ていしん》大臣になった。

(24)『ベルツの日記（上）』（菅沼竜太郎《すがぬまりゅうたろう》訳）一三四―一三五ページ。「徳川亀之助《とくがわかめのすけ》」は、徳川家達《いえさと》の幼名である。家達は、憲法の作成に重要な役割を果たした。「三条公」は、もちろん三条実美のこと。ベルツは三条のことを、ドイツで首相にあたる "imperial chancellor" だった、と書いている。

(25)ヒュー・ボートン（*Japan's Modern Century* 四九〇―五〇七ページ）は、昭和二十一年憲法の条項を、それに該当する明治二十二年帝国憲法の条項と並べて紹介している。

(26)天皇の黒田嫌いを知っている元田は、鼻持ちならない人物に褒美《ほうび》を与えた故事として中国の歴史から一つの逸話を引用した。漢《かん》の高祖《こうそ》はあえて寵臣《ちょうしん》の一人を斬り、自分が嫌う家臣に領土を与えることによって万民を心服させた、と（『明治天皇紀』第七巻二一三―二一四ページ）。天皇は元田の説得に承服せず、伊藤だけに叙勲した。

(27)ベルツ博士によれば、新聞は暗殺者を英雄に仕立て上げた。そのため「上野《うえの》にある西野の墓では、霊場参りさながらの光景が現出している！　特に学生、俳優、芸者が多い」と書いている。『ベルツの日記（上）』一四一ページ参照。

(28)『明治天皇紀』第七巻二一七ページ。共和党のベンジャミン・ハリソンが一八八九（明治二十二）年三月四日、大統領に宣誓就任した。

(29)『明治天皇紀』第七巻二三六ページ。

(30)大日本帝国憲法第二十四条は「日本臣民ハ法律ニ定メタル裁判官ノ裁判ヲ受クルノ権ヲ奪ハル、コトナシ」としている。第五十八条には「裁判官ハ法律ニ定メタル資格ヲ具《そな》フル者ヲ以《もっ》テ之《これ》ニ任ズ」、また「裁判官ハ刑法ノ宣告又ハ懲戒ノ処分ニ由《よ》ルノ外《ほか》其ノ職ヲ免ゼラル、コトナシ」とある。

（31）『明治天皇紀』第七巻二八四―二八五、二八七ページ。この相手国はオランダ、ポルトガル、ベルギー、ハワイ、スペイン。

（32）同右三四二ページ。こう問いかけているのは勝安芳《かつやすよし》（海舟《かいしゅう》）。

（33）同右三六四―三六五ページ。出典は明治二十二年九月に書かれた西村茂樹の『建言稿《けんげんこう》』。日本弘道会《にほんこうどうかい》編『泊翁叢書《はくおうそうしょ》』第一巻三九七―四一一ページ参照。特に三九九―四〇六ページには、もし外国人を居留地の外に雑居させたり、大審院の判事として雇ったりすると、日本人がどんな目に遭うかという、ぞっとする事態が描かれている。英文による西村研究としては、Donald H. Shively. *Nishimura Shigeki: A Confucian View of Modernization* を参照。この時期以前、多くの日本人が外国人の内地雑居に非常に期待を寄せていたことは注目に値する。稲生典太郎《いのうてんたろう》『条約改正論の歴史的展開』二六六―二六八ページ参照。

（34）『明治天皇紀』第七巻三二五ページ。また、『ベルツの日記（上）』一四七ページ参照。ベルツはイタリア公使の言葉として「日本人は条約改正に当り、いっさいを取得しようとしているが、そのくせ、何一つとして与えようとはしない」と書いている。

（35）『ベルツの日記（上）』一五〇―一五一ページ。

（36）同右一五二ページ。

第四十一章　第一回選挙、教育勅語、議会開設

（1）『明治天皇紀』第七巻六〇〇ページ。

（2）同右四六三ページ。また同五六八ページも参照。朝鮮国大王大妃《たいひ》崩御《ほうぎょ》の後には、宮中は九日間の喪に服した。

（3）同右四六二ページ。例えば一月十九日、嘉仁親王は熱海に行啓し、約一ヵ月間滞在した。皇太子は皇太后、皇后に準じ、特別に誂《あつら》えられた御召《おめし》汽車を利用した。同四五七ページ参照。

（4）同右五三〇、六九一―六九三ページ。また、七月三日、群馬県伊香保《いかほ》町に御料地《ごりょうち》を設け、皇族保養の地とした（同五八六ページ参照）。

（5）明治二十三年（一八九〇）七月十五日、長いこと待たれた条約改正に関する日本の提議に対する英国の回答が、外務大臣

青木周蔵《あおきしゅうぞう》のもとに届いた。英国首相侯爵ソールズベリーは、日本の提議が前年提出のものと大いに異なっていることを指摘したうえで、英国がこれまでの特権を放棄するに到るまでには少なくとも五年はかかると予告した。

（6）『明治天皇紀』第七巻五一九ページ。天皇は時に、目下の者と同じ粗食を食べた。思うに、彼らとの連帯を示すためだろう。例えば軍艦「八重山《やえやま》」に乗艦した際、天皇は艦内で下士官以下の常食を食べている（同四八六ページ）。

（7）メアリー・フレイザー『英国公使夫人の見た明治日本』（ヒュー・コータッツィ編、横山俊夫《よこやまとしお》訳）一六七ページ。

（8）同右一七四ページ。

（9）すでにそれまでに、薩摩、長州、土佐、肥前の出身者に加えて四藩のいずれの出身でもない勝安芳（海舟）、榎本武揚もまた閣僚に任じられている。恐らく幕府に対する長年の貢献のゆえだった。

（10）Roger F. Hackett. *Yamagata Aritomo in the Rise of Modern Japan* 一三五ページ。

（11）陸奥宗光《むつむねみつ》は明治十一年（一八七八）、政府転覆を企《たくら》む土佐立志社《りっししゃ》の陰謀に加担したとして、禁獄五年の刑に処された。陸奥が実際に投獄されたのは四年と四カ月だった。天皇はこの陰謀の関係者に恩赦を与えたが、陸奥の恩赦は拒否した。これらの出来事に関する簡潔な解説は、萩原延壽『陸奥宗光紀行』（『日本の名著』第三十五巻「陸奥宗光」）四七―四八ページ参照。

（12）『明治天皇紀』第七巻二一一ページ。この時に発布された三つの法律は議院法、衆議院議員選挙法、貴族院令。R.H.P. Mason. *Japan's First General Election 1890* 二七ページ参照。

（13）貴族院は衆議院と同時期に召集されたが、選挙の方法は異なっていた。貴族院議員二百五十一名（皇族議員は除く）は、華族および勅選議員、多額納税者議員から成っていた。

（14）メイソン（*Japan's First General Election 1890*）は末松謙澄《すえまつけんちょう》の次の文章を引用している。「無筆者が代書を頼むとき町村長と書記と同腹なれば、権兵衛と云ふを八兵衛と書き五助と云ふを六助と書くも之《これ》を奈何《いかん》ともすべからざるの恐《おそれ》あり。是《こ》れ撰挙人《せんきょにん》の最も痛心する所なるは予《よ》が広く実見したる所にして……」（『二十三年の総撰挙』〔『明治文化全集』第十巻〕二一七ページ）。

（15）Mason. *Japan's First General Election 1890* 五二ページ。

（16）Hackett. *Yamagata Aritomo in the Rise of Modern Japan* 一三七ページ。伊藤は十月二十四日、正式に貴族院議長に任命された。『明治天皇紀』第七巻六五八ページ参照。

（17）例えば、『明治天皇紀』第七巻五三二、五六四、五六五、五八六、五九五、六〇二、六〇七、六一四、六二一、六二二ページなどを参照。明治二十三年十一月に作成された皇室の所有地の一覧は同六九八―七〇〇ページに記されている。これが所有地のすべてではない。代々伝えられる世伝《せでん》御料としての所有地だけが挙げられているためである。同七〇一ページには十二月三十一日現在の所有地として、宮城《きゅうじょう》および離宮地を含む第一種世伝御料の面積として合計百一万六百四十五町《ちょう》（約一万平方キロ）以上、また他に第二種御料地として二百六十三万三千七百五十六町以上が挙げられている。

（18）建議書は同時に枢密院議長、各大臣にも提出された。『明治天皇紀』第七巻六三六ページ参照。

（19）同右六三六―六三七ページ。佐佐木の建議書は、津田茂麿《つだしげまろ》『明治聖上《せいじょう》と臣高行《たかゆき》』六九八―七〇四ページ参照。教部《きょうぶ》省は明治十年に廃止され、これに代わるものは無かった。

（20）『明治天皇紀』第七巻六四五ページ。三大節とは元日（四方拝《しほうはい》）、紀元節（神武天皇の即位記念日）、天長節《てんちょうせつ》（天皇誕生日）。

（21）同右六七五ページ。教育勅語の英訳は Ryūsaku Tsunoda et al. *Sources of Japanese Tradition* 六四六ページにある。

（22）同じく英訳は同右六四七ページ。

（23）『内村鑑三《うちむらかんぞう》全集』第二十巻二〇六―二〇七ページ（岩波書店昭和八年版）。原文は英語。

（24）同右二〇八―二〇九ページ。同じく原文は英語。

（25）『ベルツの日記（上）』一五四ページ。

第四十二章　ロシア皇太子暗殺未遂の衝撃

（1）すでに見たように、ハワイのカラカウア王は天皇に謁見したが、公式訪問ではなかった。他の賓客《ひんきゃく》は、主として君主の二番目か三番目の王子（英国の二人の王子の場合は孫）だった。

（2）Count Sergei Iulevich Witte. *The Memoirs of Count Witte* (translated by Sidney Harcave) 一二六―一二七ページ。ニコライの弟ゲオルギーは船がインドに到着後、ロシアに帰国した。『明治天皇紀』第七巻七九五ページ参照。

（3）『明治天皇紀』第七巻七五一ページ。これと対照的に天皇は、素晴らしい仏像で知られる京都最古の寺広隆寺《こうりゅうじ》の修復には金二百円だけを賜っている（同七八〇ページ参照）。

（4）恐らく彼女が言っているのは浜離宮《はまりきゅう》のことだと思われる。

（5）メアリー・フレイザー『英国公使夫人の見た明治日本』二六七ページ。

（6）保田孝一《やすだこういち》『最後のロシア皇帝ニコライ二世の日記増補』九ページ。また、*The Memoirs of Count Witte* 一二五ページも参照。ニコライは明治二十四年（一八九一）五月三十一日、鉄道起工式に臨席している。

（7）ロシア皇太子の長崎訪問に関する詳細については、野村義文《のむらよしふみ》『大津事件』九―八八ページ参照。

（8）保田『最後のロシア皇帝ニコライ二世の日記増補』二二ページ。

（9）同右二一ページ。

（10）同右二五ページには長崎で人力車に乗ったニコライの写真が収録されている。

（11）買った品物はすべて価格、店名と共に野村『大津事件』八〇―八五ページに記載されている。

（12）保田『最後のロシア皇帝ニコライ二世の日記増補』二四ページ。ニコライの従兄である未来の英国王ジョージ五世が日本滞在中に入れ墨をした事実が思い出されるだろう。

（13）献立は、野村『大津事件』五二―五三ページに記載されている。

（14）保田『最後のロシア皇帝ニコライ二世の日記増補』三一ページ。

（15）同右三二―三三ページ参照。ある郷土史家によれば、ニコライの相手は芸者菊奴《きくやっこ》、ゲオルギオスの相手はお栄《えい》だった。しかし野村（『大津事件』八六ページ）は、ニコライの相手はお栄だったのではないかと言っている。

（16）保田『最後のロシア皇帝ニコライ二世の日記増補』三六ページ参照。同三九ページには、この時演じられた侍踊りの写真が収録されている。

（17）同右三九ページ。

（18）野村『大津事件』一一一ページ参照。同じ日、午餐《ごさん》の席で、ニコライは連隊長に向かって日本の兵士から受けた素晴らしい印象について、しきりと賛辞を述べている。日本到着以来、ニコライが日本の兵士を見たのはこれが初めてだった。社会問題資料研究会編『大津事件に就《つい》て（上）』一四四ページ参照。

（19）（同時代の資料による）周遊についての細部にわたる報告は、社会問題資料研究会編『大津事件に就て（上）』一四一―一四四ページに収録されている。

（20）襲撃時のそれぞれの人力車の位置についての図解は、社会問題資料研究会編『大津事件に就て（上）』一七七ページ参照。

（21）保田『最後のロシア皇帝ニコライ二世の日記増補』一一―一二ページ。

(22)『明治天皇紀』第七巻八二八ページ。ニコライ皇太子は車夫二人を軍艦に召し、自ら金二千五百円をそれぞれに贈った。また神聖アンナ勲章を授け、年金千円を与えると告げた。しかしニコライは、両人が大金を手にして身を誤ることを恐れた。明治天皇もそのことを憂慮し、外務大臣青木周蔵に命じて、巨額の金を無益に浪費しないよう両人に言い含めさせている。青木は二人に訓辞を与えたばかりか、(二人の出身地である)京都府知事、石川県知事に対しても、二人の将来に目を配るよう命じている。二人の車夫、向畑治三郎《むこうはたじさぶろう》、北賀市市太郎《きたがいちいちたろう》については、尾佐竹猛《おさたけたけし》『大津事件——ロシア皇太子大津遭難』二五二—二五七ページ参照。

(23) 保田『最後のロシア皇帝ニコライ二世の日記増補』一六—一七ページ。最後に彼の日記に大津事件のことが出てくるのは一九一六年、彼の死の二年前である。

(24) 同右一二ページ。

(25) 尾佐竹『大津事件——ロシア皇太子大津遭難』五一—五三ページ。

(26) *The Memoirs of Count Witte* 一二六—一二七ページ。

(27) フレイザー『英国公使夫人の見た明治日本』二七二、二七五ページ。

(28) 同右二七四ページ。

(29)『明治天皇紀』第七巻八一七—八一八ページ。天皇が派遣した医師の一人は、実は日本人ではなかった。スクリバ博士は、医科大学雇《やとい》の外国人教師だった。ベルツ博士は「スクリバや日本一流の外科医連は、天皇の命で京都に差遣されたが、露太子に引見すらされなかった。かれらは、ロシア側の素っ気ないさまをこぼしている」と書いている(『ベルツの日記(上)』一五六ページ)。

(30) 尾佐竹『大津事件——ロシア皇太子大津遭難』一〇〇—一〇一ページ。また『明治天皇紀』第七巻八二一ページ参照。後者の記述にはいささか混乱が見られる。同ページに、ニコライは身の安全を危惧《きぐ》し、天皇に同行してくれるよう希望したとある。しかし、これは当時ニコライが別のところで言っていることと食い違っている。

(31) この親電の日本語訳は『明治天皇紀』第七巻八二五ページにある。

(32) 天皇は通常、煙草《たばこ》を持ち歩かなかった。しかし、この時は特に用意していた。誰かが、このロシアの習慣のことを知らせたに違いない。

(33) フレイザー『英国公使夫人の見た明治日本』二七六—二七七ページ。

（34）Lafcadio Hearn. *Out of the East* 二五四ページ。

（35）同右二五六ページ。

（36）同右二六〇ページ。畠山勇子《はたけやまゆうこ》に関する伝記的事実は、尾佐竹『大津事件――ロシア皇太子大津遭難』二五七―二六三ページに紹介されている。そこには、ハーンからの引用はない。

（37）フレイザー『英国公使夫人の見た明治日本』二七九ページ。保田『最後のロシア皇帝ニコライ二世の日記増補』五五ページに収録されている絵は、簾《すだれ》、箪笥《たんす》、その他かさばった品物で混み合っている船の甲板を描いている。フレイザー夫人によれば、非常に貧しい人々もまた贈物を持参した。例えば米、醬油《しょうゆ》、卵などである。贈物は、長持《ながもち》十六棹《さお》分に及んだという（『明治天皇紀』第七巻八二三ページ）。

（38）社会問題資料研究会編『大津事件に就て（上）』四八九―四九三ページには、負傷した皇太子に見舞状を送った団体が一覧表になっている。

（39）尾佐竹『大津事件――ロシア皇太子大津遭難』七九―八〇ページ。

（40）フレイザーは、津田のことを「年輩の陸軍曹長」と書いているが、大津事件当時、まだ三十六歳だった。

（41）西南戦争中の津田の軍務の詳細は、社会問題資料研究会編『大津事件に就て（上）』二五一ページにある。また児島惟謙《こじまこれかた》『大津事件日誌』一九三―一九四ページ参照。

（42）児島『大津事件日誌』一九三ページ。さらに詳しい伝記的事実は、尾佐竹『大津事件――ロシア皇太子大津遭難』二四八―二五二ページ。

（43）ここで言っているのは、歴史に名を残すためにエフェソスのアルテミス神殿に火をつけた古代ギリシャのヘロストラトスのことである。訳書では省略されているが、ベルツの原文には Herostratus の名があり、そのまま訳せば「この犯罪者は、恐らく売名行為を狙ったヘロストラトスのような者に過ぎなかった」となる。

（44）『ベルツの日記（上）』一五五ページ。

（45）これら三つの点に関する彼の怒りは、予審尋問での証言に見られる。尾佐竹『大津事件――ロシア皇太子大津遭難』一三三―一三四ページ参照。また『明治天皇紀』第七巻八三四―八三五ページも参照。

（46）社会問題資料研究会編『大津事件に就て（上）』二四八―二五四ページ参照。彼の義弟の証言によれば津田はその噂を信じ、西郷の帰還の成り行きについて心配していた。

(47) 児島『大津事件日誌』一九二ページ。また尾佐竹『大津事件――ロシア皇太子大津遭難』一三五ページ参照。
(48) 尾佐竹『大津事件――ロシア皇太子大津遭難』一三五―一三六ページ。
(49) Barbara Teters. *The Ōtsu Affair: The Formation of Japan's Judicial Conscience* 五五ページに、この時の状況が実に明快に紹介されている。
(50) 同右五九ページ。
(51) 児島『大津事件日誌』一九四ページ。特にひどい待遇が原因で肺炎になったという形跡はない。
(52) 児島の手記と関連資料は、「東洋文庫」に家永三郎編注の『大津事件日誌』が収録されている。
(53) 『ベルツの日記（上）』一五五ページ。
(54) 米ヴァージニア大学図書館所蔵の西田千太郎《にしだせんたろう》宛英文書簡。

第四十三章　不正選挙と混迷議会

(1) ドナルド・キーン『日本人の美意識』本著作集第七巻二七三ページ参照。
(2) 同右二七四ページ。この見解を示したのは、のちに東京帝国大学総長を務めた外山正一《とやままさかず》。
(3) 同右二七五ページ。
(4) どの写真が送られたかは明らかではない。恐らく写真でなく、キオッソーネの肖像画の複製だったと思われる。同年十一月二十五日、天皇、皇太后、皇后の肖像の販売が黙許された（『明治天皇紀』第七巻九三四ページ参照）。ニコライに宛てた天皇の書簡の内容は『明治天皇紀』に記載されていない。
(5) 死者二十五人、負傷者四百人近くが出た。
(6) 『明治天皇紀』第八巻一九ページ。Roger F. Hackett. *Yamagata Aritomo in the Rise of Modern Japan* は、民党の議席として一八三の数字を挙げている。
(7) 『明治天皇紀』第八巻六七ページ。衆議院も同様の決議案を可決した。官吏による選挙干渉が行われたことを事実と認め、閣僚の責任を追及している（同六八ページ）。
(8) 『明治天皇紀』第八巻三一―三二ページ。
(9) 品川弥二郎《しながわやじろう》は、選挙の際に自らのとった方法について悔いるところはなかったようである。選挙干渉の理由について品川は次のように説いている。「若《も》し破壊主義の徒をして再び選に当らしめば、国安を保維《ほゐ》するに於《おい》て大害ありと認め、乃《すなは》ち此《この》徒を斥《しりぞ》けて忠良の士を挙げんが為に、凡百《ぼんぴやく》の手段を施して選挙に干渉せり。単《ひと》り既往のみならず、将来同様の場合に際会せば、亦《また》必ずや選挙干渉を行ひ、神明に誓ひて破壊主義を撲滅せんことを期す」（奥谷松治《おくたにまつじ》『品川弥二郎伝』二八七ページ）。

（10）『明治天皇紀』第八巻三九ページ。周辺の人物に関する天皇の評価は、同一〇七、一二六―一二七ページに引用されている佐佐木高行の日記にある。なお、引用中の「予戒令」は、当時存在した、公共の治安保持のための行政処分。対象者に一定期間の謹慎を命ずるなどする。

（11）例えば『明治天皇紀』第八巻二〇ページを参照。震災後の学校再建のため、岐阜県に金千五百円、愛知県に金千円を賜ったことが記録されている。

（12）『明治天皇紀』第八巻一〇四ページ。皇后はその後も（明治二十五年〔一八九二〕十一月二十五日）、世界博覧会日本婦人会に対して金五千円を賜っている（同一六〇ページ）。

（13）例えば五月九日、天皇は滋賀県の園城寺《おんじょうじ》（三井寺《みいでら》）の保存資金として八百円を賜った。これは比較的少額だが、天皇の仏教美術への関心が復活したことを窺《うかが》わせる（『明治天皇紀』第八巻六二ページ）。明治二十五年六月、天皇は正倉院御物《しょうそういんぎょぶつ》整理ならびに明治宝庫の創設を聴許した。正倉院御物、塵芥《じんかい》（「塵芥」と名付けた櫃《ひつ》に収められていた古布帛《こふはく》、古文書類の断片）の修復は実行に移されたが、明治宝庫の創設はなされなかった。同八一―八二、一二一ページ参照。

（14）例えば閑院宮（載仁《ことひと》親王）邸宅建築費として金五万円を賜っている（『明治天皇紀』第八巻一七四ページ）。

（15）同右一一七ページ。

（16）同右一八六―一八八ページ。すでに見たように（「第四十一章」一二五二ページ）、明治天皇はこの可能性を予期していた。伊藤は当時、そのような場合、内閣は議会の協賛を得るために最大限の努力をしなければならないと天皇に答えている。

（17）原文は『明治天皇紀』第八巻一九五―一九七ページにある。

（18）『明治天皇紀』第八巻三四〇ページ。

（19）同右三六〇ページ。

（20）同右三七二ページ。

第四十四章　清国ニ対シテ戦ヲ宣ス

（1）事実、大正天皇は能書家となり、作った漢詩も非常に優れたものだった。また英語、フランス語、ドイツ語を流暢《りゅうちょう》に話したと言われる（Julia Meech-Pekarik. *The World of the Meiji Print* 一二八ページ参照）が、これはあまりありそうにない話である。

（2）嘉仁親王が歌御会始《うたごかいはじめ》に初めて出席したのは明治三十二年（一八九九）一月、数えで二十一歳になってからだった。『明治天皇紀』第九巻五八四ページ参照。

（3）明治二十年八月八日に発表された「扶桑高貴鑑《ふそうこうきかがみ》」と題する楊洲《ようしゅう》（橋本《はしもと》）周延《ちかのぶ》の錦絵《にしきえ》では、立っている皇太子の右に天皇、左に皇后が坐《すわ》っている。皇太子の姿勢は天皇に向けられているが、顔は皇后を見ている。皇太子の後ろのテーブルの上に置かれた三冊の本は、恐らく皇太子が勤勉な学生であることを暗に語ろうとしたものである（Meech-Pekarik. *The World of the Meiji Print* の plate 23 にカラー複製が収録されている）。少し後（明治二十年八月二十三日）に発表された同じ周延の「女官洋服裁縫之図」では、皇太子、皇后と一人の少女が部屋にいて、そこで一人の女官がミシンを踏み、もう一人の女官が鋏《はさみ》で生地を裁断している（同書の plate 24 にカラー複製が収録されている）。丹波《たんば》恒夫《つねお》（『錦絵にみる明治天皇と明治時代』一九七ページ）はこの少女を「皇女」としているが、明治二十年当時、天皇の皇女は一人も生存していない。

（4）金製の祝典章は皇族用だった。『明治天皇紀』第八巻三八二―三八三ページ参照。

（5）しかし、祝典を描いた錦絵の中で最も知られている作品は内外の貴顕が天皇に祝辞を述べている図で、題は「大日本帝国銀婚御式」（南斎年忠《なんさいとしただ》）となっている。「銀婚式」という言葉は、少なくとも非公式には使われていたことがわかる。この錦絵に描かれた光景は想像の産物で、実際の儀式が行われる以前に発表されている。複製は、「錦絵　幕末明治の歴史」第十一巻の小西四郎《こにししろう》『日清戦争』一六―一七ページに収録されている。同じ時期に豊原国輝《とよはらくにてる》、春斎年昌《しゅんさいとしまさ》らによって発表された他の錦絵には、題に「銀婚式」の文字が入っている。同一八―一九ページ参照。

（6）『明治天皇紀』第八巻三八四―三九〇ページ。皇居の豊明殿《ほうめいでん》で出された晩餐の献立については秋偲会《しゅうしかい》編著『天皇家の饗宴《きょうえん》』四一ページ参照。

（7）金玉均ほか朝鮮の知識人と福沢諭吉《ふくざわゆきち》の関係については、姜在彦《カンジェオン》『朝鮮の攘夷と開化』一九三―二〇三ページ参照。福沢の朝鮮論を全面的に論じた研究に杵淵信雄『福沢諭吉と朝鮮――時事新報社説を中心に』がある。

（8）金玉均は明治十七年（一八八四）に来日して間もなく岩田周作《いわたしゅうさく》と名乗ったが、明治二十七年（一八九四）に清国に渡った時には岩田三和《さんわ》と名を変えた。「三和」とは、東アジアの日韓清三国が協調して欧米列強の侵略を防ごうとする「三和主義」から取ったと思われる。姜『朝鮮の攘夷と開化』一七四、一八四ページ参照。

（9）明治二十七年五月十七日、自由党の党員三十五人は、金玉均暗殺ならびに朴泳孝暗殺未遂に関して、政府に質問書を提出した。彼らの主張によれば、朝鮮人の刺客は二人を殺害する使命を帯びて前後三回にわたって来日し、三回とも朝鮮国王の命令であると称していた。『明治天皇紀』第八巻四一二ページ参照。

（10）姜『朝鮮の攘夷と開化』一八五ページ参照。また、『明治天皇紀』第六巻六二四―六二五ページ参照。

（11）姜『朝鮮の攘夷と開化』一八三ページ。

（12）同右一八五ページ参照。また、杵淵信雄『日韓交渉史――明治の新聞にみる併合の軌跡』一〇七ページ参照。

（13）角田房子『閔妃暗殺』一八六ページ。

（14）例えば当時外務次官だった林董《はやしただす》は回顧録の中で、金玉均に上海行きの計画を断念するよう勧めたことを述べている。林が「彼地《かのち》は君が為には敵地にあらずや」と問うと、金玉均は「上海は中立地（恐らく国際居留地のことを言っていると思われる）なる故《ゆえ》危きことはなかるべし」と応えた。しかし金玉均は、福沢諭吉が四国巡遊から帰り次第に大阪で会い、上海行きの是非について相談すると約束した。林董『回顧録』（由井正臣《ゆいまさおみ》校注『後《のち》は昔《むかし》の記《き》 他』所収）七三ページ、『後は昔の記』同二五三ページ参照。

（15）金が話した相手は宮崎滔天《みやざきとうてん》である。姜『朝鮮の攘夷と開化』一七四―一七五ページ参照。

（16）同右一七六ページ参照。姜は、この為替《かわせ》手形は偽物《にせもの》だったと述べている。

洪鍾宇《ホンジョンウ》は朝鮮人のフランス留学生第一号だった。明治二十六年にパリを離れた後、ソウルに戻らず東京に姿を現わした。そして日本在住の朝鮮人と連絡を取り、朝鮮政府の官職を得ようと奔走している。李逸植《イイルシク》は、金玉均を殺せば官職に推薦すると約束したようである。角田『閔妃暗殺』一八八ページ参照。林董（個人的に洪鍾宇を知っていた）は、洪鍾宇は朝鮮王妃の気に入ろうとして殺害を引き受けたのではないかと述べている（林『回顧録』七三ページ）。

（17）金玉均の人物と業績については、姜『朝鮮の攘夷と開化』一八七―一九三ページ参照。また『明治天皇紀』第八巻三九五―三九六ページの短い紹介を参照。

（18）この話は、姜『朝鮮の攘夷と開化』一七九―一八〇ページにあるように、和田延次郎の回想談からの引用である。国際居留地の実力者だった英国総領事は、正規の手続きを経ずに金玉均の遺体を清国官憲に引き渡した。その結果、棺《ひつぎ》を奪うという不正な行為を容認したとして、英国は非難にさらされることになった（杵淵『福沢諭吉と朝鮮』一六〇ページ参照）。これについては別の報告が五月十八日、衆議院で行われている。立憲改進党の議員が中国進歩党の犬養毅《いぬかいつよし》ら三十一名の賛成を得て、政府に次の質問書を提出した。すべての手続きを完了し、船に積み込まれた後、なぜ金玉均の棺は清国政府によって掠奪《りゃくだつ》され、その軍艦に積み込まれたのか。質問者は、清国の行為は日本に対する重大な侮辱にほかならないとした。五月三十一日、政府はこの非難に対し、また別の報告をもって応えている。それによれば、和田延次郎は棺を受け取ったが、船に積み込む前に路傍に置いたまま、その場を離れた。清国居留地警察は、規則に従って棺を警察署に移した。和田は、これを引き取る手続きを何ら取らないまま日本に帰国した。清国政府が遺体の処分を命じたのは事実だが、質問書にあるように遺体を「掠奪」した事実はない。すなわち、この事件に関して日本政府が干渉すべき余地はない、と。この公式発表が正しいかどうかはともかくとして、これは日本側がこの時点で事件に干渉するのに乗り気でなかったことを示している。『明治天皇紀』第八巻四二二―四二三ページ参照。

(19) ぞっとするような光景の挿絵《さしえ》が、明治二十七年四月二十四日付「時事新報」に掲載された（杵淵『日韓交渉史』一一八ページ参照）。杵淵は、この犯罪を報じる日本の新聞から幾つかの記事を抜粋している。また、斬首された頭と幟《のぼり》の文字の輪郭のぼけた写真が、藤村道生《ふじむらみちお》『日清戦争』四八ページに収録されている。

(20) 藤村『日清戦争』四九ページ。

(21) 林『回顧録』七四ページ。林は「牙山《アサン》の派兵は日清戦争の導火線たるに相違なきも、之《これ》を促したるは実に金の暗殺と、此《この》時《とき》の清国の挙動なりと予は信ずるなり」と書いている。

(22) 杵淵『福沢諭吉と朝鮮』一五六―一六〇ページ参照。

(23) 陸奥宗光『蹇蹇録《けんけんろく》』（『日本の名著』第三十五巻）五九ページ参照。

(24) 片野次雄『李朝滅亡』一〇三ページ参照。

(25) 同右一〇四ページ参照。

(26) 同右一〇四ページ参照。

(27) 『蹇蹇録』の翻訳者ゴードン・マーク・バーガーは書名をそのままローマ字で記しているが、書名の元となった「蹇蹇匪《けんけんひ》躬《きゅう》」の意を取って“A Record of Arduous and Selfless Service to the Throne”（君主への根気強く献身的な貢献の記録）の逐語訳を当てている。Mutsu Munemitsu. *Kenkenroku* (translated by Gordon Mark Berger) 二五七ページ参照。

(28) 陸奥『蹇蹇録』五九ページ参照。

(29) 例えば大江志乃夫《おおえしのぶ》『東アジア史としての日清戦争』二八二ページ参照。東学党《とうがくとう》の乱（大江は農民戦争の本質を歪《ゆが》めるとして、この呼び方を避け、甲午《こうご》農民戦争で統一している）を、イングランドのワット・タイラーの反乱、ボヘミアのフス派農民戦争、ドイツ農民戦争、清国の太平天国《たいへいてんごく》内戦と比較している。

(30) 陸奥『蹇蹇録』六二ページ。

(31) 同右六三ページ。

(32) 林『回顧録』六九ページ。

(33) 陸奥『蹇蹇録』六八―六九ページ。また『明治天皇紀』第八巻四三三―四三四ページ参照。

(34) 陸奥『蹇蹇録』七三ページ。

(35) 同右七八ページ。また『明治天皇紀』第八巻四四一―四四二ページ参照。

(36) 陸奥『蹇蹇録』七八ページ。

(37) 『明治天皇紀』第八巻四六八―四六九ページ。英国の国際公法の権威T・E・ホランド博士の意見については、陸奥『蹇蹇録』一三二ページ参照。博士は日本が適切に行動したことを述べ、「わが政府においては日本をして謝罪せしむるの理由もなく、高陞号《こうしょう》（英国商船）の持主或《あるい》はこの事件に関してその生命を失いたる欧人の親族にもまた賠償を要求すべき権なきものとす」と結論している。

(38) 『明治天皇紀』第八巻四七二ページ。

(39) 『福沢諭吉全集』第十四巻五〇〇ページ。また、ドナルド・キーン『日本人の美意識』本著作集第七巻二七七ページ参照。

(40) 『内村鑑三全集』（昭和八年版）第十六巻二六ページ。また、キーン『日本人の美意識』本著作集第七巻二七七―二七八ページ参照。

(41) 『内村鑑三全集』（昭和八年版）第十六巻三三―三四ページ。また、キーン『日本人の美意識』本著作集第七巻二七八ページ参照。

(42) のちに、この身元確認が間違っていたことが判明した。喇叭《らっぱ》卒は白神《しらが》でなく、木口小平《きぐちこへい》だった。木口の名はやがて白神に取って代わり、伝説的性格を帯びた。木口は忠義の美徳の象徴となった。「キグチコヘイハ　シンデモ　ラッパヲ　クチ

カラ　ハナシマセンデシタ」という一節は、忠義の完璧な例として、尋常《じんじょう》小学校の教科書に採用された。キーン『日本人の美意識』本著作集第七巻二九八―二九九ページ参照。

(43) 外山正一《とやままさかず》『丶山存稿《ちゅざんそんこう》』後編三〇九ページ。また、キーン『日本人の美意識』本著作集第七巻二九七ページ参照。

(44)『明治天皇紀』第八巻四八一―四八二ページ。

(45) キーン『日本人の美意識』本著作集第七巻二八一ページ参照。

第四十五章　連勝の戦果と「旅順虐殺」の汚名

(1)『明治天皇紀』第八巻四八六ページ。陸奥宗光は、これら様々な提議を「いずれも大概個々人々の対話私語に止《とど》まるものだと斥けている。『蹇蹇録』（『日本の名著』第三十五巻）八二ページ。さらに陸奥は、「朝鮮内政の改革なるものは、第一にわが国の利益を主眼とするの程度に止め、これがためあえてわが利益を犠牲とするの必要なしとせり」と言っている（同八三ページ）。藤村道生『日清戦争』一〇六ページも参照。

(2) 白井久也《しらいひさや》『明治国家と日清戦争』八一―八二ページ。

(3)『明治天皇紀』第八巻四九七ページ。伊藤は政治的決定と同様に軍事的決定にも関与していた。伊藤が特に強調したのは、大国が介入の機会を得る前に速やかに勝利を決める必要があるということだった。天皇は戦時の方針について、頻繁に伊藤と相談している。白井『明治国家と日清戦争』八二ページ参照。

(4) 八月二十五日、陸奥は天皇に、前年十二月に全権を委任した青木周蔵のロンドンにおける談判が、様々な障碍《しょうがい》にもかかわらず成功したと報告した。陸奥には同様の改正条約を漸次、他の締盟国とも結ぶ自信があった。陸奥は今や、改正条約がヴィクトリア女王によって批准された旨を天皇に伝える「栄ヲ荷《にな》フ」ことができたのだった。新しい日英通商航海条約は八月二十七日に公布された（『明治天皇紀』第八巻四九三ページ）。

(5) 藤村（『日清戦争』一二二ページ）は、大本営の移駐を唱えた伊藤の真の狙いは、「日清戦争が天皇のリーダーシップによって戦われていることを事実をもって民衆にしめし、かれらを戦争に統合しようとした」ものであったと指摘している。

(6) 豊臣秀吉の武将の一人、毛利輝元《もうりてるもと》が天正《てんしょう》十八年（一五九〇）に完成させた広島城の構内にあった。明治天皇が広島に移駐した時に城で残っていたのは五層の天守閣と門、いくつかの櫓《やぐら》だけだった。

(7)『明治天皇紀』第八巻五一一ページ。土方久元は、天皇の御座所が八畳と十畳の二間であったと回想している。一間を寝所に、他の一間を政務の場としていた。極めて狭かったが、「我陸下には、此《この》粗末なる行在所《あんざいしよ》に御起居遊ばされて、陸続として到着する戦地電報を一々覧《みそなは》す外《ほか》に、絶えず出征将校等《ら》に拝謁を賜ひ、御繁忙を極めさせらるれど、日頃より御勇武絶倫に渡らせ給《たま》ふ御事《おんこと》とて、更に御倦怠《ごけんたい》の御模様《おんもやう》とてはなく……」と土方は述懐している。「叡明比なき大皇帝」（太陽臨時増刊『明治聖天子』）六〇ページ。

（8）『明治天皇紀』第八巻五一二ページ。

（9）白井『明治国家と日清戦争』八三ページ。なお『明治天皇紀』（第八巻五一六ページ）によれば、日本軍は一万二千余、清国軍は一万五千余となっている。

（10）戦闘中の原田を描いた数枚の錦絵が、Shumpei Okamoto. *Impressions of the Front* 二四ページに収録されている。また、Henry D. Smith. *Kiyochika: Artist of Meiji Japan* 八六ページ参照。

（11）ドナルド・キーン『日本人の美意識』本著作集第七巻二九九―三〇〇ページ。

（12）同右三〇〇ページ参照。また、棟田博《むねたひろし》『兵隊百年』一〇九―一一四ページ参照。

（13）『明治天皇紀』第八巻五一七ページ。

（14）日本と清国の軍艦の総トン数は現代の水準からすると規模が小さいが、当時としては大したものだった。それは、次に挙げる明治二十七年（一八九四）八月十一日付の *L'Illustration*（フランスの週刊紙）の記事から推測できる。記事（原文はフランス語）は、期待を込めて次のように書いている。「近代科学が作った最も強力で最も完璧な兵器が、この闘いで初めて二つの国に配備されることになる。この二国は確かに野蛮ではないが、私たちとは完全に異なる文明の国々である」（横浜開港資料館編『「イリュストラシオン」日本関係記事集』2、一六六ページ）。

（15）『明治天皇紀』第八巻五一八―五二〇ページ。黄海《こうかい》の海戦（大孤山《たいこざん》沖の海戦、海洋島《かいようとう》の海戦としても知られる）を描いた十枚の錦絵が、Okamoto. *Impressions of the Front* 二五―二八ページに収録されている。

（16）キーン『日本人の美意識』本著作集第七巻三〇一ページ。死に瀕《ひん》した水兵を描いた小林清親《こばやしきよちか》（一八四七―一九一五）の錦絵は、Okamoto. *Impressions of the Front* 二八ページに収録されている。

（17）著名なジャーナリストの徳富蘇峰《とくとみそほう》は、日清戦争が軍部のみならず全国民を皇室に近づける結果となったと言っている。白井『明治国家と日清戦争』八九―九一ページ参照。

（18）日野西資博『明治天皇の御日常』四四ページ参照。日野西は自分自身を「私のやうな不束者《ふつつかもの》」と語っている。

(19) 同右四六ページ。

(20) 『新輯明治天皇御集』（上巻二五二ページ）には、日清戦争に触れた和歌が二つだけある。一方、『明治天皇紀』（第八巻五二八—五二九ページ）には、「御集」は収録しない軍歌が紹介されている。また、別の軍歌二つ（「黄海の大捷《たいしょう》」「平壌《へいじょう》の大捷」）にも言及している。

(21) 『明治天皇紀』第八巻五二九ページ。

(22) 堀内敬三《ほりうちけいぞう》は『音楽五十年史』（一五五—一五六ページ）で、加藤義清《かとうよしきよ》が白神源次郎の勇敢な行為を知ってそれに刺激を受け、ただちに詩を作り曲をつけたことを述べている。加藤は最初、旋律をクラリネットで吹こうとした。しかし息が弾んで吹けなかった。次に加藤はバリトンのラッパでやってみた。しかし再び息が切れた。ついに加藤は、思いつくまま黒板に詩を走り書きしながら歌い、歌いながら詩を作っていった。創造力の白熱した状態の中で、仲間の楽手荻野理喜治《おぎのりきじ》の助けを借り、わずか三十分ほどで詩と曲が同時に完成した。

(23) 私（キーン）は残念ながらこの作品を調べることができなかった。『明治天皇紀』第八巻五二九ページは、皇后が広島に天皇を訪ねた際に（天皇の要請で）作った平壌での勝利を歌った軍歌のことに触れている。桜井能監《さくらいよしかた》は皇后の詩にも曲をつけた。

(24) 上演された能は、いかにもその場にふさわしく勇壮な『大江山《おおえやま》』と『烏帽子折《えぼしおり》』、狂言は『靫猿《うつぼざる》』だった。『明治天皇紀』第八巻五六九ページ。

(25) 陸奥『蹇蹇録』一七〇—一七一ページ。また『明治天皇紀』第八巻五七六ページ参照。『蹇蹇録』の翻訳に付されたゴードン・マーク・バーガーの註釈によれば、陸奥の原文と違って、ダンがこれらの訓令を受けたのは十一月八日だとしている。

(26) 陸奥『蹇蹇録』一七一ページ。

(27) 『明治天皇紀』（第八巻五八九ページ）は「総数一万以上に及ぶ」としているが、白井（『明治国家と日清戦争』一四一ページ）は一万五千の数字を挙げている。

(28) 白井『明治国家と日清戦争』一四三ページ。戦闘の目撃者による記事については、亀井茲明《かめいこれあき》『日清戦争従軍写真帖《ちょう》——伯爵亀井茲明の日記』一七二—一七七ページ参照。日本人初の従軍写真家である亀井は、極めて詳細な戦争日記をつけていた。そこには他の資料からの情報も含まれている。一七二—一七三ページに、亀井は第二軍の観戦士官として従軍していた一外国人将校による戦評を引用している。

(29) 陸奥『蹇蹇録』一七二ページ。また『明治天皇紀』第八巻五九四ページ。

(30) 井上晴樹《いのうえはるき》『旅順《りょじゅん》虐殺事件』二五ページ。私（キーン）はこの部分以降の原稿の大半を、井上の優れた学術的な書物に負っている。英国の「海軍中将」とは、恐らく英国東洋艦隊司令長官エドモンド・ロバート・フリーマントル中将だったと思われる。フリーマントルは十一月二十五日、日本の勝利後間もなく旅順に上陸した。同一二七ページ。

(31) 井上『旅順虐殺事件』二六―二七ページ。亀井茲明は十一月二十四日、写真前面に横たわる清国人の死体を埋めるための穴を掘っている軍夫《ぐんぷ》を撮影した。街中に散らばっている死体の山についての亀井の記述は、コーウェンの記述を上回って凄《すさ》まじい。しかし亀井は、旅順付近の住民の十五歳以上の男子すべてが日本軍に抵抗することを命じられていたため、市民と兵士を識別することは事実上不可能だったという説明を加えている。亀井『日清戦争従軍写真帖』一九七―一九九ページ。

(32) 井上（『旅順虐殺事件』二九ページ）は、日本に買収された通信社「セントラル・ニューズ」が海外の新聞にどのような「情報」を流したかを記述している。例えば、コーウェンの最初の記事に対して、「セントラル・ニューズ」は戦時に「合法的に」殺害された者以外、清国人は一人も殺害されなかったと打電している。

(33) 井上『旅順虐殺事件』七二ページ。日本政府は、外国報道機関の買収に常に成功したわけではなかった。十二月十六日過ぎ、政府寄りの新聞「東京日日《にちにち》新聞」の社長伊東《いとう》巳代治《みよじ》は、コーウェンとの面会の折に、日本政府がコーウェンの経費を負担し、かつ長さに関係なく「ロンドンタイムズ」への電報費用は請求しないことを申し出た（同九八ページ）。コーウェンはこの申し出を断わった。

(34) 特に、横浜の「ジャパン・メイル」の社主で、数種の英字紙を発行していたフランシス・ブリンクリーはそうだった。ブリンクリーは日清戦争中、日本政府から毎月一定の補助金を受け取ったばかりでなく、勲三等旭日章《きょくじつしょう》を授与され賜金《しきん》五千円を得ている（井上『旅順虐殺事件』三一―三二ページ）。

(35) 井上『旅順虐殺事件』四〇ページ。

(36) ジョゼフ・ピュリッツァーが社主の新聞「ワールド」は、この時期、主に赤新聞（暴露紙）として知られていたが、だからと言ってクリールマンの記事が信用されなかったわけではない。

(37) 英語の原文は井上『旅順虐殺事件』五五ページに収録されている。当時の日本の新聞に引用された日本語訳は五四ページにある。

(38) 同右五八ページ。

(39) 英国人作家ジェイムズ・アランは *Under the Dragon Flag* 六七ページで次のように描写している。「その地点に接近した際に敵との遭遇で殺された日本兵の死体は、首や右腕、時に両腕の無いものが多かった。その上、死体は残忍にも切り裂かれ、切り刻まれていた。要塞《ようさい》が陥落した時、死体は木々から吊り下げられたままだった。死体の元戦友たちが、その光景に逆上したとしても無理はない。しかしもちろん、その結果起きたこれほどまでに度を越した恐ろしい報復をなすがままにさせたことの責任は将校にあると言わなければならない」。

(40) 井上(『旅順虐殺事件』一四六—一四七ページ)は、旅順の戦闘の三日前に土城子《とじょうし》付近の戦闘で生け捕りにされた三人の日本兵の生首が、道路脇《わき》の柳《やなぎ》の木に吊るされていたことを述べている。鼻は削《そ》がれ、耳は無くなっていた。さらに進むと、家屋の軒先に針金で吊るされた二つの生首があった。清国人はまた、土城子付近で敗れた第二軍の日本人の死体の首をはねていた。腹部は切り裂かれ、石が詰められていた。また右腕と睾丸《こうがん》が切り取られていた。清国政府は、日本兵の首に懸賞金をかけていた。一人の外国人ジャーナリストはクリールマンに、懸賞金が支払われる現場を見たと語っている(同一四七ページ)。

この事件は、「JUSTICE」と名乗る人物の投書によって、英字紙「ジャパン・メイル」の読者の注意を引きつけた(井上『旅順虐殺事件』四九、五八ページ)。

(41) 井上『旅順虐殺事件』八二ページ。十二月二十日付「大阪毎日新聞」に、六千から一万人のアルメニア人が殺戮《さつりく》されたと報じられた。

(42) 井上『旅順虐殺事件』八五ページ。

(43) 同右一五三、一五七ページ。

(44) 同右一五四ページ。

(45) 同右一五六ページ。

(46) 同右一六六ページ。

(47) 同右一七六ページ。

(48) 同右六四ページ。捕虜たちは日本に到着した。しかし彼らは必ずしも旅順で捕まった者ばかりではなかった。

(49) 同右一八五—一八六ページ。捕虜を取らないという決定は、捕虜を養うには大量の食料が必要になるという理由からも正当化された。

(50) 同右二〇二—二〇四ページ。また陸奥『蹇蹇録』一二〇ページ参照。当時の英国で「国際公法学の巨擘《きょはく》」として知られ、「日清交戦の事件に関し初めより日本の行動に対し毎事賛賞を惜しまざりし人」と紹介されているT・E・ホランド博士が、ある論文の中に書いたこととして、陸奥は次の一節を引用している。「この際に殺戮を免れたる清人《しんじん》は全市内僅《わず》かに三十有六人に過ぎず。しかも此《この》三十有六個の清人はまったくその同胞人の死屍《しし》を埋葬するの使役に供するがために救助しおかれたる者にして、その帽子に『この者殺すべからず』といえる標札を付着し僅かにこれを保護せり」。

(51) 井上『旅順虐殺事件』四八、一八九ページ。

(52) 同右一九二ページ。

(53) ドナルド・キーン『日本文学の歴史』第十巻一七三ページ参照。

(54) 井上『旅順虐殺事件』一九五ページ。

(55) 同右八六ページ参照。

(56) 一日本兵が友人に宛てて書いた手紙の中に、最初は気味悪かったが、数回繰り返すうちに清国人の首をはねるコツを会得した様子が描かれている(井上『旅順虐殺事件』一八七ページ)。

(57) 例えば、ボンベイ(現在のインドのムンバイ)の一英字紙は社説で、日本の開化は上《うわ》っ面《つら》だけのことで、機会があれば野蛮の正体を現わすと述べている(井上『旅順虐殺事件』一〇二ページ)。

(58) 米国務長官ウォルター・Q・グレシャムは、クリールマンの記事を掲載したことに対して「ワールド」に謝意を表した。グレシャムは当初、クリールマンが誇張して書いたに違いないと思っていた。そのような大事件を米国公使など政府の代表が、国務長官たる自分に報告しないはずはないからだった。しかし、グレシャムは陸奥が「ワールド」に宛てた弁解声明の電報を、クリールマンの記事を裏付けるものと見た。グレシャムは今や、旅順陥落後の残虐行為が当初報道された以上に酷《ひど》いものであったことに気づいたのだった。井上『旅順虐殺事件』七〇ページ参照。

(59) 陸奥『蹇蹇録』一二一ページ。

(60) 同右一二一ページ。

(61) 井上『旅順虐殺事件』二二二ページ。

(62) 丹頂鶴《たんちょうづる》は金州《きんしゅう》で捕獲された。天皇の戦利品観覧については、『明治天皇紀』第八巻六〇六ページ参照。同六一〇ページによれば、天皇は庭上に陳列した旅順その他からの戦利品に目を通している。天皇はまた黄海海戦の写真と清国錦絵も見た。

(63) 子爵堀河康隆《ほりかわやすたか》は当時、正倉院の皇室財産の目録作成係だった。

(64) 堀河と駱駝《らくだ》についての逸話は、日野西『明治天皇の御日常』四五―四六ページ参照。また『明治天皇紀』第八巻六〇七ページ参照。清国人捕虜が連れてこられた時、日野西によれば天皇は、ただ「上から御覧になりました」とある。これは天皇が清国人とはどういうものか見ることに興味はあっても、間近で見るのは欲しなかったことを示している。

(65) 井上『旅順虐殺事件』一九一―一九二ページ。

(66) 『新輯明治天皇御集』上巻二五二ページ。二番目の和歌は、もとは「せめおとしたる突撃の声」と終わっていた。これらの和歌は明治二十八年（一八九五）に作られた。恐らく旅順陥落の数ヵ月後だと思われる。

第四十六章　下関条約を結び、三国干渉に遭う

(1) 陸奥宗光『蹇蹇録』（『日本の名著』第三十五巻）一六二―一六三ページ。また同補注四二五ページ参照。

(2) 同右一六三ページ。また『明治天皇紀』第八巻六〇〇―六〇一ページ参照。

(3) しかし政府の中に、外国列強が干渉の機会を摑《つか》む前に戦争を早期に終結するほうが望ましいと考える者がいたことも事実だった。『明治天皇紀』第八巻六八〇ページ参照。

(4) 白井久也『明治国家と日清戦争』一四五ページ。

(5) 勅語の原文は『明治天皇紀』第八巻六〇一ページ。また白井『明治国家と日清戦争』一四六ページ参照。山県は十二月八日に勅語を拝受し、同日、電報で熾仁《たるひと》親王に次のように伝えている。自分は召還を拝命した、第一軍の指揮は野津道貫《のづみちつら》中将に一任し、明九日帰朝の途に上る、と（『明治天皇紀』第八巻六〇二ページ）。

(6) 反撃は明治二十八年（一八九五）一月十七日、二十二日、二月十六日、二十一日、二十七日に行われた。『明治天皇紀』第八巻六四二―六四三、六四五―六四六、六七九、六八七、六九五ページ参照。

(7) 白井『明治国家と日清戦争』一四六―一四七ページ。

(8) 同右一四七―一四八ページ参照。乃木希典《のぎまれすけ》指揮下の第二軍歩兵第一旅団を主力とする混成旅団は、一月十日、防御の堅い蓋平《がいへい》を占領していた。『明治天皇紀』第八巻六三四―六三六ページ参照。劉坤一《りゅうこんいつ》の作戦は、海城《ハイチョン》や蓋平などの奪還を企図

したものだった。

（9）寒さと雪を生き生きと再現した錦絵数枚の複製は、丹波恒夫『錦絵にみる明治天皇と明治時代』一六〇―一六五ページに収録されている。小林清親、田口米作《たぐちべいさく》の錦絵は、特に強い印象を与える。

（10）白井『明治国家と日清戦争』一四六ページ。

（11）陸奥『蹇蹇録』一八二―一八七ページ。また『明治天皇紀』第八巻六五八―六六一ページ参照。

（12）威海衛《いかいえい》は旅順に増して大規模な軍港で、堅固に要塞化されていた。日本軍の攻撃を受けた時、威海衛には八隻の軍艦（旗艦「定遠《ていえん》」を含む）その他が錨《いかり》を下ろしていた。『明治天皇紀』第八巻六三七ページ参照。

（13）攻撃の詳細は『明治天皇紀』第八巻六六五―六六六ページ参照。白井『明治国家と日清戦争』一六一―一六二ページによれば、水雷艇部隊に最初の夜襲決行命令が出たのは一月三十日だが、当夜の気温は零下三十度（摂氏）だった。波をかぶった水雷艇の甲板は凍結し、魚雷発射管の管口には氷柱《つらら》が下がり、攻撃は不可能となった。

（14）白井『明治国家と日清戦争』一六二ページ。

（15）三宅雪嶺《みやけせつれい》『同時代史』第三巻四四ページ。Shumpei Okamoto. *Impressions of the Front* 四四ページに引用されている。

（16）白井『明治国家と日清戦争』一六三ページ。

（17）『明治天皇紀』第八巻六八四ページ。

（18）Trumbull White. *The War in the East: Japan, China and Corea* 六四一ページ。Okamoto. *Impressions of the Front* 四四ページに引用されている。伊東は当時まだ伯爵ではなかった。

（19）前年十二月某日、天皇が蹴鞠《けまり》を楽しんでいた時、侍従の一人が蹴った鞠が天皇に当たり、侍従は大いに恐懼《きょうく》した。しかし天皇は「海軍が水雷を発射せり」と微笑し、哀れな侍従を叱《しか》らなかった。『明治天皇紀』第八巻六〇九ページ。

（20）伝えられるところによると、例えば天皇は適当な女官がいないため、自ら手足の爪を切らなければならなかった。『明治天皇紀』第八巻七二一ページ。

（21）加藤仁「明治天皇お局ご落胤伝」（『新潮45』一九八八年九月号）六〇ページ参照。加藤によれば、権典侍は「いっさい公《おおやけ》の場所には姿を現わせないことになっていた」。

（22）日野西資博『明治天皇の御日常』一七七ページ。

（23）『明治天皇紀』第八巻七二八、七三四ページ参照。病棟を訪問する皇后を描いた小林清親の錦絵は、丹波『錦絵にみる明治天皇と明治時代』一四九ページに収録されている。

(24) 李は狙撃された時、轎輿《かご》に乗っていた。弾丸は李の左眼の下の頬《ほお》をかすめ、傷は軽かった。日本の新聞記事による詳細は石田《いしだ》文四郎《ぶんしろう》編『新聞記録集成　明治・大正・昭和大事件史』二五五―二六二ページ参照。

(25) 例えば歌の一つは「り、り、李鴻章の鼻べちゃや……」と始まっている。ドナルド・キーン『日本人の美意識』本著作集第七巻二八三ページ参照。

(26) 陸奥『蹇蹇録』一九九ページ。また『明治天皇紀』第八巻七三八―七三九ページ。

(27) 陸奥『蹇蹇録』一九九―二〇〇ページ。

(28) 同右二〇一ページ。

(29) 休戦区域には台湾、澎湖《ほうこ》列島は含まれていなかった。澎湖列島は三月二十四日から二十六日にかけて全島が日本軍に占領された。『明治天皇紀』第八巻七三三―七三四ページ参照。

(30) 陸奥『蹇蹇録』一九三ページ。

(31) 同右二〇七ページ。

(32) 同右二一七ページ。

(33) 『明治天皇紀』第八巻七七三ページ。

(34) 陸奥『蹇蹇録』二一九―二二〇ページ。ドイツ、フランス両政府も、ほぼ同じ内容の勧告を行なっている。また『明治天皇紀』第八巻七七六―七七九ページ、白井『明治国家と日清戦争』一八三ページ参照。

(35) 『明治天皇紀』第八巻七七八ページ。また白井『明治国家と日清戦争』一八二ページ参照。

(36) 陸奥『蹇蹇録』二二六ページおよび白井『明治国家と日清戦争』一八三ページ。

(37) 『明治天皇紀』第八巻七八〇―七八一ページ。また陸奥『蹇蹇録』二三二ページ参照。

(38) 『明治天皇紀』第八巻七八一ページ。また陸奥『蹇蹇録』二三二ページ参照。

(39) 陸奥『蹇蹇録』二三七ページ参照。

(40) 『明治天皇紀』第八巻八〇一、八〇九、八一九ページ。「聴雪《ちょうせつ》」については本著作集第十二巻五七ページ参照。

(41) 藤村道生『日清戦争』一八三ページ参照。日清戦争における犠牲者の数が表になっている。大陸遠征中の日本人死者が二千六百四十七人であるのに対し、台湾遠征では一万八百四十一人の死者が出た。

(42) 能久親王《よしひさ》は、それまでの生涯の中で満宮《みつのみや》、公現《こうげん》、輪王寺宮《りんのうじのみや》、北白川宮《きたしらかわのみや》など様々な名で知られた。親王は十月二十八日、台《タイ》南《ナン》で死去した。『明治天皇紀』第八巻九二三―九二四ページ参照。維新時の親王の活動の詳細については本著作集第十二巻「第十七章」参照。

(43) 誄詞《るいし》の原文は『明治天皇紀』第八巻九三二―九三三ページ。

(44) 同右六二二―六二三ページ。『明治天皇紀』の翻訳によれば、記事は当時のロシア、ドイツ、オーストリア＝ハンガリー、イタリア、英国、フランス、米国の各国君主、大統領と明治天皇を比較し、「天皇に比すべき者殆《ほとん》どなし」と断定している。さらに、「天皇は真に古今独歩の君」であるとして、歴史上の名君（例えばローマ皇帝アウグストゥス、英国王アルフレッド、フランス皇帝ナポレオン一世、ドイツ皇帝ヴィルヘルム一世など）の名を列挙し、彼らも天皇には「遥《はる》かに及ばざる所なるべし」と書いている。

(45) キーン『日本人の美意識』本著作集第七巻三一九ページ。

(46) Kakuzo Okakura. *The Book of Tea* 七ページ参照。岡倉覚三《おかくらかくぞう》（天心《てんしん》）『茶《ちゃ》の本《ほん》』の邦題で、数種の訳書がある。

本作品は、〔上〕〔中〕〔下〕に分けて第十二〜十四巻に収めます。「参考文献」「解題」「索引」は第十四巻にまとめて収載します。

（ドナルド・キーン著作集編集室）

＊本巻に登場する人物の年齢は、原則として「満年齢」とした。

本書の引用・解釈・記述の一部には、今日の観点から、差別的とみなされる語句や表現があります。しかし、作品の文学性、歴史性、資料性に鑑み、原文通りの表記としました。引用・記述した著者の意図も、もとよりそうした差別を助長しようとするものではありません。

カバー：京型染め友禅の型紙より
表紙：馬麟「月波圖」（『國華』第二十五号／明治二十四年刊より）
シンボルマーク：碁子／正倉院御物（『東瀛珠光』第一輯／明治四十一年刊より）
装幀：新潮社装幀室

ドナルド・キーン著《ちょ》作《さく》集《しゅう》

第十三巻　明《めい》治《じ》天《てん》皇《のう》〔中《ちゅう》〕

The Collected Works of Donald Keene

Volume 13

発行
二〇一五年一一月二五日

著者
ドナルド・キーン

発行者
佐藤隆信

発行所
株式会社新潮社
〒一六二―八七一一 東京都新宿区矢来町七一
電話
編集部 〇三―三二六六―五六一一
読者係 〇三―三二六六―五一一一
http://www.shinchosha.co.jp

本文印刷所
大日本印刷株式会社

装幀印刷所
錦明印刷株式会社

製本所
大口製本印刷株式会社

ISBN978-4-10-647113-1 C0395

ドナルド・キーン著作集

全十五巻の内容　巻数順刊行

第一巻　日本の文学　〈日本文学論〉日本文学散歩、古典の愉しみ　ほか

第二巻　百代の過客　〈日記文学論〉百代の過客―日記にみる日本人

第三巻　続 百代の過客　〈日記文学論〉続 百代の過客―日記にみる日本人・近代篇

第四巻　思い出の作家たち　〈近現代作家論〉日本の作家　ほか

第五巻　日本人の戦争　〈太平洋戦争と日本〉日本人の戦争―作家の日記を読む　ほか

第六巻　能・文楽・歌舞伎　〈古典芸能論〉能・文楽・歌舞伎　ほか

第七巻　足利義政と銀閣寺　〈文化・芸術論〉日本人の美意識　ほか

第八巻　碧い眼の太郎冠者　〈随筆・紀行・音楽論〉生きている日本、日本細見　ほか

第九巻　世界のなかの日本文化　〈講演・対談〉日本人と日本文化、反劇的人間　ほか

第十巻　自叙伝 決定版　〈自伝〉自叙伝 決定版、私の大事な場所

第十一巻　日本人の西洋発見　〈評伝〉渡辺崋山　ほか

第十二巻　明治天皇〔上〕　嘉永五年―明治七年　〈評伝〉

第十三巻　明治天皇〔中〕　明治八年―二十八年　〈評伝〉

第十四巻　明治天皇〔下〕　明治二十八年―大正元年　〈評伝〉

第十五巻　新作評伝／補遺、著作一覧、年譜、全巻目次、総索引　など